정치경영연구소의 자유인 인터뷰 4

자유혼을 가진 놈은 노예가 될 수 없다

정치경영연구소의 자유인 인터뷰 4
자유혼을 가진 놈은 노예가 될 수 없다

1판 1쇄 펴낸날 2016년 04월 15일

기획 정치경영연구소
인터뷰이 자유를 실천하는 18인

펴낸이 서채윤
펴낸곳 채륜
책만듦이 오세진
책꾸밈이 이한희

등록 2007년 6월 25일(제2009-11호)
주소 서울시 광진구 천호대로 798 현대 그린빌 201호
대표전화 02-465-4650 | **팩스** 02-6080-0707
E-mail book@chaeryun.com
Homepage www.chaeryun.com

ⓒ 정치경영연구소, 2016
ⓒ 채륜, 2016, published in Korea

이 도서의 국립중앙도서관 출판예정도서목록(CIP)은 서지정보유통지원시스템 홈페이지
(http://seoji.nl.go.kr)와 국가자료공동목록시스템(http://www.nl.go.kr/kolisnet)에서 이
용하실 수 있습니다. (CIP제어번호 : CIP2016008404)

정치경영연구소의
자유인 인터뷰 4

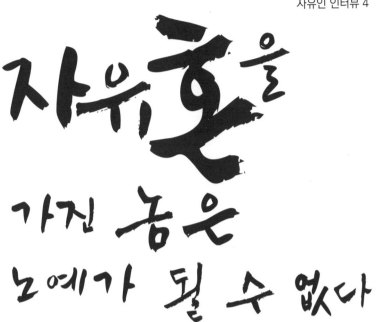

자유혼을
가진 놈은
노예가 될 수 없다

정치경영연구소

채륜서

일러두기

- 본문에 수록된 모든 사진의 출처는 〈프레시안〉에 있다. 단, 한대수의 일부 사진은 본인으로부터, 김근수의 사진은 조경일 전 연구원에게 제공받았다.
- 새로운 인터뷰이의 내용이 시작하는 페이지에 인터뷰 시기를 밝혔다.
- 인터뷰이의 직함은 그당시를 기준으로 하였다.
- 제목 '자유혼을 가진 놈은 노예가 될 수 없다'는 본문 중 하종강의 인터뷰에서 발췌했다.

인간이 '자유'롭다는 것은 가능한 일일까

　　1974년 "물 좀 주소, 물 좀 주소, 목 마르요 물 좀 주소" 라 노래
하던 청년은 무엇에 그토록 목말랐을까? 청년은 이어 "물은 사랑이요"
라 했으니, 아마도 그는 사랑에 무척 목말랐는지 모른다. 그와 더불어
동시대를 살았던 많은 청년들 역시 곳곳에서 타는 목마름을 호소했다.
지독한 가난으로부터의 해방과 분단된 한반도의 평화통일을, 짓밟힌
민주주의의 회복과 인간으로서 최소한의 존엄을, 그리고 생각할 수 있
는 자유와 표현할 수 있는 자유를 부단히 노래했다. 하지만 엄혹한 권
력은 그들에게 사랑을 노래할 자유도, 내 집 앞 담벼락에 소리칠 자유
까지도 빼앗았다. 그런 시절이었다. 40년이 지난 2016년, 지금을 살아
가는 우리 청년들은 과연 어떤 노래를 부르고 있을까. "아직도 목 마르
요, 이러다 나 죽겠소…" 라고 이야기하진 않는지. 이제는 더 이상 노래
할 목소리까지 잃어버린 것은 아닌지 스스로와 주변을 돌아보는 나날
들이다.

　　지난 2015년 유엔난민기구UNHCR의 세계난민현황 보고서Global
Trends Forced Displacement에 따르면 한국을 제외한 전 세계 13개국에서
난민 지위를 받은 한국 국적의 탈북자 수가 1,173명이고, 난민 신청 대
기자는 약 3,500명이라고 한다. 자유를 찾아 목숨을 걸고 북한을 탈출
해 남한으로 들어온 사람들이 결국 남한사회에 적응하지 못하고 또 다
시 제3국으로 나가고 있다는 것이다. 비교적 최근 남한을 떠나 서유럽
의 한 국가에 정착한 젊은 부부가 있다. 맨 처음 부부는 자유와 풍요를
찾아 북에서부터 남으로 왔지만, 남한은 자본과 경쟁의 천국이었다. 돈

과 권력, 학벌 및 배경이 아무 것도 없는 젊은 부부가 '탈북자', '새터민' 또는 '북한이탈주민' 등으로 분류되어 아이들을 키우며 산다는 것은 무척 어려운 일이었다. 결국 이들은 유럽행을 결정했다. 하지만 제 아무리 유럽일지라도 삶은 녹록치 않은 것이다. 개인에게 있어서 불행은 언제든지 찾아올 수 있으며, 법과 제도에 의한 구속과 제한은 어디든 있기 때문이다. 이들은 또다시 유럽을 떠날 계획을 하고 있다.

인간이 '자유自由'롭다는 것은 가능한 일일까? 과연 '자유'라는 개념이 존재하기는 할까? 만약 있다면 우리는 무엇으로 자유를 정의할 수 있으며, 어디에서 이것을 찾을 수 있을까? 위의 젊은 부부가 북한과 남한, 그리고 유럽의 제3국에서도 자신들이 진정 원하는 자유를 찾을 수 없었던 것은, 자유라는 것이 특정한 이데올로기 또는 체제에 의해 주어지거나 정의될 수 있는 것만은 아니기 때문이었다. 이번에 발행된 정치경영연구소의《자유인 인터뷰》는 우리 사회가 오랫동안 자유에 대해 그것이 갖는 본래 의미를 지극히 제한하여 사용할 때 담대하게 자신의 길을 자유롭게 걸어왔던 분들의 삶을 담은 이야기다. 33명의 자유인은 각각 정치, 경제, 사회, 문화·예술, 교육 등 다양한 영역에서 자신은 물론이거니와 타인을 위한 우리 사회의 자유의 개념을 확장시켰음에 틀림없다. 왜냐하면 그들과의 만남을 통해 많은 청년들이 마음이 뜨거워지고 시원해지는 해갈解渴의 순간을 맛보았기 때문이다.

올해로 여든여섯의 강천剛泉 김낙중 선생께서는 50년대, 60년대, 70년대, 90년대를 지나는 동안 고문이란 고문은 다 경험해봤다. 북한정부에 의해, 남한정부에 의해 사형선고만 5번을 받았다. 지난날의 끔찍했던 고통과 두려움을 생생하게 떠올리며 마주앉은 청년들에게 "(평화운동을 하다가) 간첩으로 몰려 사형선고를 받았다가 사형은 면하고 감옥에 갇혔을 때, 그 때 감옥에서 본 풀 하나가 그렇게 아름다울 수가 없었어요. 그래서 내가 '참 아름다워라(개신교 찬송가 78장)' 찬송을 참 좋아해요. 셀 수 없이 많은 어려움이 있었고 돌아보니 백 년, 천 년을 살았던 것처럼 까마득하지만 후회하지 않아요. 팔십년 넘도록 살아서 이렇게 청년들을 마주하는 것이 또 얼마나 기뻐요." 라고 하시며 눈시울을 붉히는 그분 앞에서 우리는 흘러내리는 눈물을 주체할 수 없었다. 선생께서는 우리에게 '이 사회에서 누군가와 함께 조화(하모니)를 이루며 살아가는 그런 아름다운 그림을 그려 달라' 간곡히 부탁했다. (자유인 인터뷰 4권《자유혼을 가진 놈은 노예가 될 수 없다》 사회·역사·교육)

세상에서 '자유인自由人'과 가장 어울리지 않는 사람이 '정치인政治人'아니고 또 누가 있을까. 그런데도 이번에 발행된 《자유인 인터뷰》에는 자유로운 정치인들이 포함됐다. 그 중에는 지난 2월 국회 본회의에서 '테러방지법' 반대 필리버스터에 참여하여 10시간 18분 동안 발언한 은수미 의원도 있었다. 그의 발언이 1969년 3선 개헌을 막기 위해 10시간 15분 동안 발언한 고 박한상 의원의 기록을 경신한 것이었다는 것에 놀랍지 않았던 것은, 그가 푸르른 청춘이었을 때 정의에 편에 서건 반대에 서건 간에 개인에게 처해지는 모든 억압적인 상황에 대해 오랜 시간 괴로워했으며, 불의한 거대 권력의 폭력과 감시에 몸과 마음을 다쳐봤다는 것을 알고 있었기 때문이다. 그는 20대의 은수미에게, 그리고 오늘을 살아가는 청년들에게 말한다. "너 참 예뻐. 나는 네가 옳다고 생각해. 그러니 네가 즐겁고 네가 원하는 것을 그냥 해도 괜찮아. 너무 걱정하지 마. 너는 결코 혼자가 아닐 거야." (자유인 인터뷰 3권《희망을 갖고 분노하자!》 정치)

세월이 흘러도 여전히 입술을 떨며 붓을 쥐고 있는 김중배 선생은 자유를 인간주권과 만유인력으로 설명했다. "(모든)인간에게는 자기 주권을 자각하고 원래의 진화방향으로 자신을 끌어나가는 힘의 원천이 있다고 생각한다. 이 '인간 주권'을 가지고 잠재하는 야만성을 함께 다듬어 인간다운 진화의 길을 열어야 한다. 그렇기 때문에 이 '인간 주권'의 자유는 평등한 상관관계 함수로 모두에게 주어져야 하는 것이다. 칼 폴라니Karl Polanyi(1886~1964)는 '만유인력이란, 중력을 뚫고 나는 새의 힘'이라고 했다. 땅을 딛고 비상하는 힘, 모두에게 적용되는 그 힘이 자유가 아닐까." 그가 이야기한 자유의 개념이 절묘한 이유는 우리가 만난 대부분의 자유인들이 자유의 개념과 평등의 개념을 함께 사용하고 있었기 때문이다. "함께 자유로운 것. 내가 자유로우니 너도 자유로운 것" 이것이 '진보적 자유주의'가 갖는 자유의 언덕 그 어디쯤이진 않을까. (자유인 인터뷰 4권《자유혼을 가진 놈은 노예가 될 수 없다》 사회·역사·교육)

한림국제대학원대학교 정치경영연구소의《자유인 인터뷰》가 〈프레시안〉에 연재되고 책으로 발간되기까지는 많은 분들의 성심어린 참여가 있어 가능한 것이었다. 김경미, 조경일 연구원과 함께 자유인을 만나러 가면서 나누었던 설렘과 만나고 돌아오면서 나누었던 충만함에 감사하다. 또한 김민희, 정인선 인턴의 값진 수고와《자유인 인터뷰》발행에 마지막 힘을 보태주었던 오진주, 문혜진 연구원께도 무척 감사하다. 또한 자유인을 만나는 것에 기꺼이 함께 해주신 한림국제대학원대학교 정치경영전공의 김병수, 김예리, 민호기, 박주연, 손정욱, 송윤찬, 윤예지, 이재환, 이지연, 정초원, 황만기 님께도 감사드린다. 이번《자유인 인터뷰》3, 4권에 수록되지 않은 여러 자유인들과 인터뷰에 함께 해주셨던 문유진, 오세연, 전형우 님께도 감사드린다. 청년 연구원들과 청년

인터뷰어들이 인터뷰에 관한 모든 과정을 주체적이고도 자유롭게 진행할 수 있도록 배려해주신 최태욱 소장님을 비롯해 〈프레시안〉에 연재할 수 있도록 애써주신 박인규 대표께 감사드리며, 매번 거친 인터뷰를 새로운 글로 단장해주시는 이명선 기자, 사계절 변함없이 묵묵히 함께해주시고 마지막까지 멋진 사진을 제공해주신 최형락 기자께도 진심으로 감사하다. 마지막으로 인터뷰가 나올 때 마다 매번 반갑게 읽어주시던 독자들과 출판의 기회를 주신 채륜 출판사께 감사드린다.

이번 《자유인 인터뷰》에는 마지막으로 지난해 10월 진행한 서민들의 부실채권 탕감을 위해 설립한 쥬빌리 은행의 제윤경 상임이사의 인터뷰를 담았지만, 우리에게는 아직 만나야 하는 자유인들이 많이 남아있다. 제주 올레길의 서명숙 대표, 짚풀역사박물관의 인병선 관장, 청년 예술가 홍승희 님, 가수 이효리 님, 루시드 폴 님 등. 앞으로도 우리 사회 구석구석에 살고 있는 멋진 자유인들을 계속 만나게 되길 기대한다.

정치경영연구소 연구원들을 대표하여 손어진 씀

스스로 그러한 것을 그대로
허용하게 할 때 그것이 '자유'다

김미화

'인간 김미화'가 꿈꾸는 '순악질 프로젝트'

2013. 3. 20 / 4. 3

김미화

인터뷰 당시 김미화는 2011년 성균관대 언론정보대학원 석사학위 논문으로 표절 논란에 있었다. (-편집자 주)

표절 시비는 어떻게 난 것인가?

나이 들어서 석사논문을 처음 써보는 거라 의욕은 넘쳤으나 실수가 있었다. 교수인 남편한테 한 번만 확인을 받았어도 됐을 텐데, 서로 바쁘다 보니 그러지 못했다. 남편도 '어련히 잘하겠거니' 하고 나도 '내가 열심히 한 거니 만족스럽게 했다'고 생각했는데, 표절논란이 생겼다. 이론적 배경을 설명하는 부분에 평판연구에서는 익히 알려진 학설이라, 외국학자의 번역을 인용하면서 옮겨 적은 한국학자 이름을 몇 군데 빼먹은 부분이 있다. 예를 들어 소크라테스가 '악법도 법이다'라고 말했는데 '악법도 법이다' 하면 소크라테스가 한 말이라는 사실은 다 아는 것 아닌가. 이 부분이 내 실수라는 것인데…. 논문에 문제제기를 한 사람들은 외국학자의 이론을 옮길 때 처음 옮긴 사람의 이름을 안 적었으니 잘못이라고 지적하면서 빨간 줄로 박스 표시까지 해놓고 '표절이다!'라고 하니까, 정말 무시무시해 보이더라(웃음). 외국학자의 이론을 일부 재인용한 부분에서 그 이론을 인용한 한국학자의 이름을 함께 표기했어야 하지만, 글귀를 일부 옮김으로써 연구자로서 도리를 지키지 못한 점 인정한다. 하지만 분명한 것은 사소한 실수다. 이런 시시비비를 빨리 가려주길 학교에 요청한 상태다. 에잇! 어떻게 코미디 좀 더 잘 해보고 싶은 마음에 공부한 건데, 논문을 쓰지 말 걸 그랬나?(웃음)

지난 3월에 만났을 때만 해도 "이제 시사프로를 진행한 지 10년이 다 되어간다. 그래서 조만간 그만두려고 한다는 이야기를 공식적으로 할 예정"이라고 말했다. 그런데 이후 논문 표절 의혹이 일면서, 본의 아니게 진행하던 시사프로그램에서 중도 하차를 하게 되었다. 원래는 붉은 카펫 위에서 면류관을 쓰면서 내려오려고 했는데, 어떻게 '꽝' 미끄러진 모양이 되어버렸다.

면류관을 쓰고 내려오고 싶었는데 스타일 완전 구겼다(웃음). 내 인생이 원래 코미디다(웃음). 그런데 이것조차도 그냥 받아들이기로 했다. 이 또한 삶의 한 과정이니까. 그때 사람들 반응보고 이 와중에 나 혼자 웃었는데, 어떤 사람이 '쿨'하게 표절했다 선언하니까 일부에서 오히려 칭찬하더라. 그거 보고 나도 선언하고 싶었었다(웃음). 그런데 안 했는데, 어떻게 했다고 선언을 하냐고!(웃음) 어쨌든 내가 부주의한 것은 부주의한 거다. 이것도 벌어질 일이니까 벌어졌나 보다. 당분간 농사지으라고 시간이 주어졌나 싶다.

그렇다면 논문 표절과 관련해 학교 결정이 난 후, 프로그램에서 중도 하차 하지 왜 먼저 내려왔나?

'끝에 가서 모양 빠지게 내려오는 것이 참 안됐다'라고 생각할지 모르지만 내가 정해놓은 기한에 맞춰 사는 거다. 내 인생은 내가 주도하면서 사는 것이지 남이 대신 살아주는 것이 아니지 않은가. 사실 질문한 것처럼 방송국 사람들이 "아니, 아직 결정이 내려진 것도 아닌데 왜 먼저 그만두느냐. 문제가 있다는 판단이 내려졌을 때 관둬도 되는 것 아니냐"라면서 많이 만류했다. 그런데 그렇게 되면 지금이 딱 10년인데, 또 내 의지와 상관없이 상황에 끌려가게 되는 거다. 그렇게 되기는 싫었다. 그리고 프로그램을 하다가 관두게 되면 '아, 내가 할 일은 여기까지인가 보다'라고 생각하는 편이다. 내가 그만뒀다고 해서 세상이 안 돌아가는 것도 아니고, 내가 꼭 그 자리에 있어야 한다고도 생각하지 않는다. 나에겐 '맡은 자리에서 얼마나 최선을 다하고 성실하게 했느냐'가 중요하다. 시사프로그램을 10년 동안 진행한 경험은 소중한 것이고, 결코 헛되지 않을 것이라고 생각한다. 코미디언이 꾸준히 시사프로그램을 했다는 것도 대단하다고 생각하고, 그것이 나였다는 것에 감사하고, 스스로는 아주 만족한다.

"내 의지와 상관없이 나에 대한 오해가 쌓여갔고, 내가 의도하는 바와 달리 상황이 흘러가더니 '좌파'라는 이름으로 불렸다. 당시 앞으로 다시는 코미디를 할 수 없을지도 모른다는 절망에 누워 있으면 몸을 뒤집을 수도 없을 정도의 깊은 좌절에 빠졌었다"고 말한 것을 보았다. 활발한 사회참여와 시사프로 진행 등이 6살 때부터 꿈꿨던 코미디언의 길을 막을 수도 있는 상황이었는데, 사회 참여와 시사프로 등 모두 내려놓고 싶지는 않았나?

　　원래 시사 프로그램을 맡은 것도 '나중에 시사코미디를 하는데 자양분이 되지 않을까'라는 생각 때문이었다. 그리고 처음에 시작하면서 "10년은 해야 된다"고 생각했다. 그래서 그렇게 뚜벅뚜벅 온 건데, 원하지 않던 시비가 벌어지니 계속해서 일어났다. 하지만 그렇다고 해서 내가 걷기로 정해놓은 길을 다른 사람들의 시선 때문에 못 걸어간다? 그건 아니다. 나는 그냥 처음처럼 뚜벅뚜벅 걸어가는 거다.

　　방송생활 30년에 무슨 일이 없었겠는가. 실제로 방송을 맡은 지 얼마 안돼서 잘린 프로그램도 허다하고, 망한 프로그램도 많다. MC로 섰다가 한 달 뒤에 "그만 나와 주세요"라는 말을 들었던 쓸쓸한 기억도 있다. 그렇다고 해서 내가 코미디를 그만두거나 방송계를 떠났나? 그렇지 않다. 알려진 사람이다 보니, 늘 대중의 호기심 대상이었고 사실과 다른 일로 여러 의혹이 제기될 때도 있었다. 내가 사람들에게 "이게 진짜 팩트fact예요"라고 아무리 이야기해도, 사람들은 진실보다 미디어가 전하는 이야기를 더 믿는 듯하다. 그럴 땐 세월이 해결해 주겠거니 한다. 주변에서 벌어지는 일들에 일일이 신경 쓰고 살았다면, 지금 이 자리까지 올 수 없었을 것이다.

실제로 만나보니 코미디프로에 나온 모습과 달리, 여린데도 단단한 느낌이다.

이혼하면서 나 스스로가 많이 단단해졌다. 이혼 전에는 내 인기를 지키고 싶었고 사람들이 나에 대해서 뭐라고 하는지 눈치를 봤다면, 그 이후의 김미화는 다시 태어났다. 내 인생을 다시 한 번 진지하게 돌아보고, '사람들의 시선을 쫓아서 살지는 않겠다'고 다짐했다. 아직도 그렇게 살았다면 나는 평생을 매우 불행하게 살고 있을 것이다. 지금은 아이들도 행복해하고, 나도 행복하고, 남편까지 가족 모두가 행복하다. 물론 이혼이 좋은 것이라고 말하는 것은 아니다. 안 좋은 경험은 피할 수만 있다면 피하는 게 좋다. 적어도 내 경우는 그렇다는 것이다.

지금은 '코미디언 김미화'가 아닌 '소셜테이너 김미화'로 더 많이 알려졌다. 그것이 혹시 부담스럽진 않나? 그리고 시사프로를 진행한 것을 후회해본 적은 없나?

라디오에서 고정 시사프로를 맡으면서 타 활동을 못해 경제적으로 큰 손해를 감수해야 했다. 하지만 후회는 없다. 돌이켜보면 정말로 재미있었고, 내 인생을 내가 주도적으로 선택할 수 있어서 행복했다. 그리고 새로운 것을 창의적으로 만들어내는 것을 즐겼기 때문에 돈보다는 성취감을 따라 생활했다. 특히 용기를 내서 시사프로그램을 맡은 것은 앞에 말했듯이 이후 시사코미디를 할 자양분이 되지 않을까라는 생각에서였다. 이 생각을 할 때마다 사실 김형곤 선배가 일찍 세상을 떠난 것이 정말 아쉽고 애석하다. 그 어렵고 엄혹한 시기에 '김형곤'이라는 천재가 있어서 '회장님, 회장님' 같은 시사코미디 프로그램을 만들 수 있었다. 그가 살아 있었다면, 함께 손발을 맞춰가며 새로운 것들을 잘 만들 수 있었을 텐데 참 안타깝다.

그런 마음으로 시사프로를 시작하게 되었는데, 노무현 정권 말기 때 인터넷 기자협회에서 '대통령과의 대화' 사회를 봐달라고 했다. 퇴임 1년을 남겨놓은 레임덕 중에 레임덕 시기라 주변에 있는 사람들은 다 사회를 맡지 말라고 했다. 그런데 나는 생각이 달랐다. 내가 1983년도에 코미디언이 되었으니까 노태우, 김영삼, 김대중, 노무현 대통령 등 정권을 두루 거쳤는데, 1986년 이후부터 여야를 막론하고 청와대 공식행사 사회를 많이 봤다. 물론 프로니까 보수를 받으면서 말이다(웃음).

그런데 여타 정부에서 요청했던 '코미디언 김미화'로서 분위기를 재미있게 해달라는 것이 아니라, 이번엔 '시사프로 진행자 김미화'로 와달라는 요청이었다. 인터넷 신문 기자들이 대통령에게 궁금했던 정치, 경제, 사회 전반에 대한 사항들을 질문하는 자리였는데, 아마도 김미화가 진행을 하면 시사에 대한 질문도 부드럽고 편하게 진행하겠다 싶어 나를 사회자로 선택했던 것 같다. 평소에 보통 사람들의 눈높이에서 편안하게 질문했던 것을 높이 샀던 것 같다. 사실 처음 제안을 받았을 때 "저는 손석희 씨가 아닌데요"라고 할 정도로 전화가 잘 못 온줄 알았다(웃음). 시사프로 진행자로서의 나를 인정해준 것 같아 기쁘기도 했고, 대통령을 모시고 사회 전반에 대한 토론을 진행한 경험이 이후 '시사코미디를 하는데 좋은 경험이 될 거다'라는 판단에 사회를 보겠다 했다. 그런데 이것이 내가 친노좌파 연예인으로 매도되고, 여러 정치적 판단에 의해 곤란을 겪게 되는 계기가 될 줄은 전혀 몰랐다. 이러니 인생이 재미있다는 거지(웃음).

이야기한 것처럼 따뜻한 뉴스를 하고 싶다는 마음에 시사프로를 시작했는데, 이후 여러 정치적 이유들 때문에 뜻하지 않게 '전사'가 되어버렸다. 그런 일들을 거치며, 멀미가 나지는 않았나.

가만 생각해 보니, 나는 약한 것에는 약하고 강한 것에는 강하게 부딪치는 기질이 있나 보다. 사회 통념상, 이게 상식이고 정의라는 생각이 들면 그 길을 걸었다. 참았어야 했는데, 어느 부분에 대해서 비상식적으로 잣대를 들이대는 것에 대해서는 참지 못했다. 나를 향해 '친노좌파'라는 표현을 쓰는 인터넷 매체에 법적으로 강하게 문제제기를 했었다. 주위에서는 '대중 연예인이 구설에 오르면 좋지 않으니 따지지 말고 그냥 못 본 척,

못 들은 척 무시하라'라고 했는데, 그러니까 그때 그 말을 들을 걸 그랬나?(웃음). 아주 그냥 지긋지긋한 무좀보다 더 오래 공격을 받고 있다. 그런데 잘못된 것은 잘못된 것 아닌가. 작은 인터넷 매체지만 아닌 것을 마치 사실인 것처럼 쓰고 퍼트리는 것은 문제가 있는 거다.

말했듯이 그냥 '그래 저자들은 저렇게 먹고 사는 자들이야' 하고 넘어갔다면, 내가 '전사'가 될 이유도 없고 이런 이미지로 비칠 이유도 없었을 것 같다. 하지만 너도나도 다 좋은 게 좋은 거면, 무엇도 바로 잡히지 않는다. 이런 일을 겪을수록

'나처럼 알려진 사람도 이렇게 고통을 당하는데, 알려지지 않는 다수의 사람들은 얼마나 큰 고통을 당할까'라는 생각이 들었다. 언론도 잘못하면 불이익을 받는다는 사실을 알아야 조심한다. 그래서 강하게 문제제기를 한 건데, 거꾸로 내가 계속 고통 받고 있다. 우리 사회, 참 이상하다.

'친노좌파.' 이 표현 때문에 혼자서 8년 동안 법정 싸움을 했다. 그동안 두 번 이겼고, 첫 소송에서 손해배상금으로 500만 원, 두 번째도 똑같은 사안으로 고등법원까지 가서 800만 원을 받았다. 더불어 법원이 "김미화에게 '친노좌파'라는 표현을 쓰면 한 회당 500만 원을 물어야 한다"는 조정판결을 내렸다. 사실 나는 대법원까지 가서 판결을 받으려 했지만, 법원에서 넉 달 동안 설득해 조정을 한 것이다. 친노조차 "우리 때문에 아무 상관없는 김미화 씨가 고통을 받는다"라며 나에게 미안해할 정도였으니, 말 다 했지 뭐…(웃음). 이거 또 소송하고 손해배상금 받았다고 프레시안에 나가면 '독하네' 소리가 나올 텐데…. 사실 8년 동안 변호사 없이 나 홀로 소송 한다는 게 외롭고 고독하더라. 다시 겪고 싶지 않은 일이다. 왜 하필이면 나인가 싶었다. 커다란 권력을 향해서는 칼집에서 칼조차 꺼내지도 못하면서 연예인을 향해 칼날을 사정없이 휘둘러 대는 모습, 우습지 않은가. 지금도 마찬가지다. 표절 여부 심판은 해당 대학에서 판단하면 되는 건데, 매체가 벼슬인양 권한 밖의 일을 권한인양 행사하는 경우가 비일비재하다.

소송에 있어서 베테랑이 됐겠다(웃음).

서울 중앙 법원 길을 다 외울 정도다. 어느 길로 가야 지름길인지도 안다(웃음).

이제 정치적인 이야기보다 '코미디언 김미화'에 대해서 이야기해 보자. 얼마 전 KBS2 〈개그콘서트〉(이하 개콘) 공사창립 40주년 특집 '코미디는 흐른다'에서 '쓰리랑 부부'를 재연했다. KBS 코미디 40년 역사에서 30년을 함께했고, 함께하는 동안 직접 본인이 기획하고 이끌던 〈개콘〉의 KBS 창사 40주년 특집에 섰을 때 기분이 무척 새로웠을 것 같다. 특히, 무대에 선 지 오랜만이라 더 그랬을 것 같은데 어땠나?

그냥 덤덤했다. 특집방송 덕분에 옛날에 고락을 함께했던 사람들과 오랜만에 만나서 후배들이 속 썩였던 이야기, 속상해서 한강 변에 가서 맥주 마셨던 이야기 등 옛날 이야기를 하면서 '프로그램이 잘 성장해서 좋다'는 이야기를 나눴다. 15년 전에는 서수민 씨가 AD(조연출)였는데, 지금은 CP(책임프로듀서)가 됐다. 막내 PD가 대장 PD가 된 것이다. 후배들과 함께하니 기분이 좋았다. 내 자리로 돌아온 것 같았다. KBS 홍보실에서 기자간담회도 준비해 줘서 많은 기자들 앞에 코미디언으로 다시 설 수 있었고, 그러면서 한 3년 정도 소원했던 KBS와의 관계도 많이 해소가 되었다.

〈개그콘서트〉를 기획하게 된 이유가 있다면?

관객이 없는 스튜디오에서 연기를 하면 감각을 잃어버리

게 된다. 그래서 후배들이 냉정한 관객에 의해서 관객이 진짜 웃는 포인트를 익혔으면 했다. 그리고 일단 무대를 하나 만들어 놓으면, 후배들이 그 위에서 빛을 발할 것이라고 믿었다. 그래서 〈개콘〉을 시작하게 되었다. 그리고 실제로 그 안에서 후배들이 감각적으로 많이 성장했더라(웃음).

'후배들의 감각을 키워줘야겠다'고 생각한 것이 인상적이다.

당시로써는 굉장히 위험한 발상이었고, 용기도 필요했다. 사실 '새끼 호랑이들 키워서 내가 종이 호랑이 되는 것 아니야?' 하는 생각도 했다. 하지만 나이가 들고 선배가 되면, 어느 정도 후배들을 위해서 길을 내주고 하는 흐름은 어느 계층에서나 자연스럽게 이루어져야 한다고 생각했다. 그런데, 그렇게 생각했음에도 불구하고 사실 밥줄과 관련된 문제이기 때문에 주저하긴 했다(웃음). 당장 행사 사회를 봐도 내가 하던 것을 내가 키운 후배가 할 수도 있는 문제였기 때문이다. 하지만 용기를 내 KBS에 〈개콘〉 기획서를 들고 찾아갔고, 방송국에서도 좋은 기획이라고 생각해서 진행하게 되었다.

실제로, 나는 개콘을 시작하고 3년 정도 지나서 후배들에게 밀려났다(웃음). 그렇지만 이것을 계기로 방송가의 PD들이 나를 인정하기 시작했고 다른 방송사에서도 내게 관심을 보이기 시작했다. 왜냐하면 〈개콘〉은 비용 대비 효율이 굉장히 높았다. 완전히 신인들로 무대를 채웠고, 세트도 필요 없이 조명만 가지고 진행하는 형태였다. 또 코미디는 사람들을 집중시키는 것이 중요한데, 예전에는 세트를 지었다 부쉈다 하느라 관객들이 집중을 못했다. 〈개콘〉은 완전히 연극 식으로 만들어서 관객의 기분이 흐트러지지 않게, 몰입할 수 있게 했다. 그리고 쉬는 시간에는 관객을 배려해서 라이브로 연주했다. 이런 기획들이 방송가에 소문이 나면서 여기저기서 강의 요청도 들어오고, MBC는 놀랍게도 시사프로그램 진행자로 나를 뽑았다. 그러고 보니, 〈개콘〉에서 밀린 일이 손해는 아닌 것 같다(웃음).

〈개그콘서트〉 기획안을 들이 내미는 순간 '내가 밀려날 수 있다'는 것을 예상했음에도 추진했다는 사실이 인상적이다. 걱정도 많이 되었을 텐데….

그런 걱정은 20% 정도였고, 나머지 80%는 '나도 후배들 덕을 본다'고 생각했다. 지금 내가 아이들에게 장난으로 "아줌마 알아요?"라고 물으면 "네, 알아요"라고 대답한다. 그러면 나는 '그래, 네 덕에 아줌마 10년은 더 활동할 수 있겠다'라고 생각하는데, 지금 이 아이들이 나를 알아보는 것은 내가 젊은 친구들이랑 함께 호흡 한 덕분이라고 생각한다.

초창기 〈개콘〉은 그 안에서 부단한 노력이 있었다. 내가 후배들을 많이 괴롭혔다. 그래서 나를 싫어했을지도 모른다(웃음). 기존의 코미디를 아예 배제하고 새로운 것을 시도했다. 광고나 영화의 한 장면에서 무언가를 끄집어내는 패러디도 많이 했다. 새로운 것을 찾기 위해 난타 공연도 같이 보러 가고, 돌아와서 몇 시간씩 두들겨 보기도 했다. 그렇게 끊임없이 노력했던 것은 '아, 내가 나이가 들어도 노력을 게을리하지 않고, 후배들과 함께 열심히 하고 있구나. 그래서 전체적으로 발전하는구

나. 후배 코미디언들이 가수 이상으로 사랑받게 되면, 더불어 내 수명도 연장될 수 있겠다라'는 나의 얄팍한 계산도 깔려 있었다(웃음).

당시 코미디는 한물갔다고 여겨, PD들도 코미디를 맡지 않으려 했다. 하지만 나는 어릴 때부터 코미디가 모든 대중 예술 장르 중에 가장 뛰어나다고 생각했고, 여전히 그렇게 생각했다. '이런 뛰어난 장르를 왜 사람들이 '저질'이라고 하지? 이건 아닌데…. 뭔가 똑같은 거라도 모양이 다른 그릇으로 담으면 새로워 보이는 건데…'라는 생각을 했다. 그래서 사람들에게 사랑받지 못한 이 불모지에 새롭게 키운 새싹들을 투여했다. 드라마에서는 나이 든 사람들은 자연스럽게 나이 든 역할을 하지, 우리처럼 스물 살짜리가 주름을 그리고 할머니 역할을 하지는 않는다. '코미디에도 계속해서 새 피를 수혈하면, 드라마처럼 장년·중년·청년… 이렇게 탄탄한 3층 집이 될 수 있을 것'이라는 생각으로 의욕적으로 〈개콘〉 기획을 시작한 것이다.

그래서 내가 PD에게 의견을 낸 것이 당시 〈젊음의 행진〉이라는 음악 프로그램에서 대학생 위주로 '짝꿍'을 뽑았었는데, 춤추는 사람들을 짝꿍1기, 2기, 3기, 4기 이런 식으로 졸업을 시켰다. 그런 개념을 〈개콘〉에도 넣자고 했다. 그래서 먼저, 연기는 정말 잘하는데 빛을 못 보는 신인 예닐곱 명을 뽑았다. 심현섭은 SBS에서 오랫동안 객석 바람을 잡던 친구였고, 김준호는 심현섭 친구라서 데려왔다(웃음). 김지혜, 김대희, 김영철 같은 친구들은 그때 KBS에서 뽑힌 지 3개월 된 신인들이었다.

그런데 한 가지 내가 간과한 것이 있었다. 방송도 철저한 상업주의와 자본주의를 따른다는 것이다. 〈개콘〉이 너무 잘되다 보니, 탄탄한 3층집, 새로운 피의 수혈은 커녕 그 프로그램에서 후배들을 다른 프로그램으로 내보내지 않았고, 그러면서 오히려 나머지 프로그램들이 없어지는 일이 생겼다. 〈개콘〉이 인큐베이터 역할을 할 수 있을 것이라고 생각했는데, '저低비용으로 굉장한 고高효율을 낼 수 있구나.' '제작비 많이 드는 기존 코미디는 폐지.' 이렇게 된 것이다. 내 예상과 완전히 달랐다. 그 점이 무척 속상하고 안타까웠다.

한국이라는 나라는 지난 근현대를 지나오면서 많은 사람들이 웃으면서 살기에는 어려운 나라였고, 지금도 여전히 웃으며 살기에 힘든 상황이다. 코미디언으로 한국 사회에 어떤 메시지를 보내고 싶었나?

1986년도부터 1993년까지 '쓰리랑 부부'를 하면서 많은 사람들에게 사랑을 받았고, '쓰리랑부부' 인기 덕으로 지금까지 사랑을 받으며 살고 있다. 80년대는 정말 여성들이 굉장히 힘들었고, 여성들의 노동 가치나 역할에 대해서 사회적으로도 높이 평가하지 않았다. 그래서 '여자가 결코 약하지 않다'는 상징적인 메시지들을 주기 위해 강한 일자눈썹을 그리고, 야구방망이를 들고 나왔다. 심지어 남자들에게 방망이를 휘두르기도 했다. 여성들이 약한 존재이긴 하지만, 그것을 통해 기운도 받았으면 했다. 남자들도 '여자가 저렇게 까부네!' 하고 재밌어했다. 내가 코미디를 시작한 1983년도는 사회가 굉장히 어려웠는데, 그때 나는 여러 가지 사회 문제에 대해 그렇게 심각하게 생각하지 않았다. 내겐 그야말로 등 따뜻하고 배불렀던 시기였던 것이다. 김형곤 선배처럼 '코미디에 시사적인 것을 넣어서 무엇을 해 볼까?' 하는 생각은 못 했었다. 그리고 한참 뒤인 1997년 IMF 시절에도 힘든 상황에 있던 분들에게 더 가까이에서 따뜻한 위로가 될 수도 있었을 텐데, 그렇게 하지 못했다. 그땐 사람들이 그렇게 힘든지 잘 몰랐다.

그런데도 다행히 내게는 코미디언으로 성공하면 반드시 어려운 분들 곁에 가서 봉사 활동하고 싶다는 생각이 있었다. 어린 시절 영향이 컸던 것 같다. 우리 동네 사람들은 대부분이 가난했는데, 그 마을이 나를 키웠다고 할 수 있다. 골목을 지나 마당 넓은 공터에 평상이 있었고, 동네 어른들이 광주리에 생선이나 과일을 담아 팔러 나갔다 돌아오면, 거기서 공동으로 쉬곤 했다. 그러면 어른들이 심심하니까 어린 나한테 "미화, 노래나 한번 해봐라"라고 해서 노래를 하면, 어른들이 1원도 주고 5원도 주고 팔다 남은 자두도 주었다. 당시 아버지가 폐병에 걸려 누워 계셨는데, 자꾸 입이 마르니까 숟가락으로 옆에 앉아 물을 떠 먹여 드려야 했다. 그래서 보건소에서 나눠주는 가제 수건에 물을 묻혀서 아버지 입에 대놓고 나가 놀았다. 내가 어릴 때부터 'JQ, 잔머리 지수'가 높았다(웃음). 엄마는 보따리 장사를 나가 일주일을 안 들어오지, 내가 여덟 살 때 어린 동생이 태어나서 애기 기저귀 갈아야 하지. 이런 것들이 너무 싫었다. 우리 엄마, 아빠가 날 돌보지 못했던 그 시기에 마을 사람들이 1원, 5원 주는 것으로 눈깔사탕도 사 먹고 할 수 있었던 것이 너무 고마웠다. 그것이 마을 사람들에게 내가 받았던 사랑이었고, 이다음에 코미디언이 돼서 돈 많이 벌면 이렇게 어려운 사람들과 함께하고 싶다는 생각을 했다. 내가 80군데가 넘는 NGO 단체들 홍보대사를 하는 이유는 간단하다. 그들과 함께 같이 웃고, 걸레질도 하고, 손잡고 마주 보면서 위로하고 위로받는 게 참 좋아서이다.

그렇게 어려운 상황에서 살다 보면, 사회에 반항적이 되기 쉬운데 참 밝고 건강하게 자랐다.

　참, 가난했다. 집세를 못 내서 살던 문간방에서 쫓겨나 길바닥에서 잔적도 있었다. 장롱으로 사방을 막고 장판 뜯어온 것을 깔고 자는데 너무 행복했다(웃음). 하늘을 봤는데 별이 보이고 달도 보였다. 너무 아름다웠다. 마치 캠핑 온 것 같았다(웃음). 그렇게 우리 집이 어려워서 고등학교 때까지 기초생활수급 대상자였는데, 밥이 없어 못 먹을 때 구청에서 라면도 주고 밀가루도 줬다. 지금처럼 봉지에 나오는 라면도 아니고 비닐 한

봉지에 열댓 개의 라면이 한꺼번에 들어 있었는데, 그 라면 한 상자를 머리에 이고 집으로 오는 길이 행복했다. 그때 구청에서 나눠준 것과 같은 '공적 부조'가 없었으면, 우리는 아무것도 못 먹었을 거다. 참, 감사하다.

　　나는 부끄러운 것을 감추는 것이 아니라, 오히려 소문을 내는 성격이다. 초등학교 5학년 때 소풍을 앞두고 담임선생님에게 "선생님, 우리 집이 가난해서 김밥을 못 싸서 소풍을 못 가요"라고 했더니, "아니, 오락부장인 네가 안 가면 우리 소풍 다 망친다"라고 하시면서 직접 김밥을 싸 주셨다(웃음). 이런 잔머리를 썼다(웃음). 고등학교 때는 우리 엄마를 장한 어머니라고 글을 써서 엄마가 '장한 어머니' 상을 두 번이나 받았다(웃음). 당시 엄마가 국밥집을 했는데 담임선생님 손을 끌고 조그만 국밥집에 모시고 가서 "선생님, 우리 엄마가 이렇게 어려운 환경에서도 저희를 기르셨어요" 하고 자랑스럽게 말했다(웃음).

　　한편으로는 엄마가 나를 거의 놓아기른 것도 내가 성공한 요인이 아니었나 싶다. 내가 어디에 가서 놀던 관심을 안 뒀다. 완전 신여성이었다(웃음). 공부를 할 수 있는 환경도 안 됐다. 두세 평 되는 국밥집이라, 손님들이 방에서도 밥을 드시거나 술을 드시면 거기 앉아서 공부할 수 있는 상황이 아니어서 바깥으로 쫓겨나곤 했다. 그러면 동생과 골목에 나와 동생은 관객이 되고 나는 가수가 되어 동생 앞에서 쇼를 하면서 시간을 보내다 집에 들어갔다. 삐라를 주우러 다니면서, 남의 자두밭에 가서 자두를 따면서, 쑥을 캐러 다니면서 '이렇게 웃겨볼까? 이렇게 노래해볼까?'를 생각하며, 계속해서 상상력을 키웠다. 옆집 쌀가게 텔레비전을 통해 코미디를 보면서 '내가 만약 코미디언 되면 저런 것을 이렇게 해봐야겠다'라고 혼자서 생각했다. 날 놓아기른 엄마가 고맙다(웃음).

배우란 직업이 원래 그렇지만, 희극 배우는 본인이 울고 싶을 때도 상대방을 늘 웃겨야 하는 숙명을 지닌 존재다. 본인이 울고 싶은 상황과, 웃겨야 하는 상황 사이에서 고통 받은 적은 없나? 그런 일들을 경험할 때 어떻게 그 상황을 극복하나?

전 남편과 19년을 살고 이혼했다. 돌이켜 생각해보면, 가정적으로는 불행했다. 행복했던 기억이 한 개도 없다. 지금은 오히려 너무나 행복하다. 당시에는 욕심이 많았다. 이혼했다는 것에 대한 사회적인 편견이 두려웠고, '내가 쌓은 인기가 다 무너지면 어떡하나' 하는 불안감 등 여러 마음이 들어 혼란스러웠다. 그래서 '그냥 돈으로 때울 수 있는 부분은 때워 버리자'라며 감내하고 살았던 부분들이 있었다. 그때는 정말 뜨거운 돌 황무지 땡볕에 우산도 그늘도 없이 홀로 외로이 서 있는 것 같았다. 어깨에는 너무 무거운 짐들이 올라와 있는 것 같았다. 그것들에서 탈피하기 위해서는 내가 가장 행복할 수 있는 다른 무언가에 미치는 수밖에 없었다. 그래서 정말 코미디에만 몰입했고, 아이러니하게도 그것이 나름의 성공의 열쇠였다. 웃기지만 슬프다(웃음). 희극이나 비극을 쓰는 작가들을 보면 자기 내면의 깊은 곳의 슬픔을 끌어올리는 우물이 있는 것 같다. 그때 일기를 보면 '내가 정말 극한의 슬픔 속에 살았구나' 싶어 나도 놀란다.

왜 그렇게 슬펐나?

아이를 정말 좋아하는데 내 아이를 내가 직접 키울 수 없었다. 친정어머니가 아이를 키워주고 주말에만 잠깐, 반짝하고 봤다. 정말 탯줄을 딱 끊는 것과 동시에 아이들이 친정집에 갔다.

아이 탯줄을 떼어내자마자 부모님께 보내야만 했던 이유가 있었나?

남편이 집에서 아이들을 키우는 것을 원하지 않았다. 될 수 있으면 집 안에서 큰소리 나는 게 싫어서 남편 말을 들어줬는데, 어느 순간 '다 부질없다. 내가 인기에 목을 매고 바보같이 살았구나!' 하는 후회가 밀려왔다. 금보다 옥보다 귀했던 아이들이 커가는 과정을 한 번도 보지 못하고, 어느 순간 초등학교

3·4학년이 돼버린 아이들을 보았다. 참, 아팠다. 물론 아이들은 친정엄마가 잘 키워주셨고, 내가 돌보지 못한 부분도 보완을 해주셨지만….(울음) 내가 캥거루라면 배 주머니에 내 아이들을 넣어 다니고 싶을 정도로, 나는 아이들을 내가 키우고 싶었다. 코미디언으로서의 성공은 내가 가졌던 슬픔의 반대급부였다. 슬픔이 있었기 때문에 내가 개그에 몰입할 수 있었고, '쓰리랑 부부'로 많은 사람에게 사랑을 받았고 〈개콘〉도 탄생하게 된 것이다.

어려운 시절을 이겨내게 해준 좌우명이 있다면? 용기를 주는 말이 있나?

인생을 그다지 심각하게 바라보지 않는 것이다. 예를 들어 어떤 어려움이 나에게 닥쳐왔을 때 거기에 너무 몰입을 해서 '왜 이렇게 됐을까? 정말 억울하다'고 생각했다면 벌써 여러 번 좌절했을 것이다. 하지만 '이것 또한 지나갈 것이다'라고 생각하니 괜찮더라. 매번 좋은 일만 있으면 뭐가 재미있나? 바나나를 먹고 싶은데, 바나나 한 트럭을 갖다 줘 봐라. 질리지(웃음). 인생을 너무 심각하게 살지 않는다. 그래서 그냥 받아들일 수 있다.

현재 '경기도 용인시 처인구 원삼면'에서 8년째 살고 있다는 이야기를 들었다. 거기서 농민들이 친환경적으로 가꾼 농산물 직거래 장터도 열 수 있고, 시낭송회나 유명한 분들의 강의 같은 것도 꾸준히 열리는 문화행사 같은, 일종의 '농촌 생협'인 '순악질 프로젝트'를 계획하고 있다던데…. 현재 어느 정도까지 진척이 되었나?

　내가 사는 동네는 시골이 온전히 살아 있는 동네다. 거기에 정미소도 있고 방앗간도 있다. 서울 강남에서 한 시간 거리인데 용인시에서도 자연이 가장 많이 남아 있는 곳이다. 동네의 80%가 농사를 짓는데 주민들이 욕심 없이 착해서 농사의 달인인 농부들과 뭔가를 하는 것도 의미 있겠다 싶었고, 집 바로 옆이니 우리 부부가 함께 문화행사를 기획하고 논밭 한가운데서 사람들과 북적북적 뚱땅거리는 것도 재미있겠다 싶어 시작하게 되었다. 농사짓는 걸 보면 농사가 힘들뿐 아니라 시간과의 싸움인데, 고생한 만큼 대가가 적다는 게 안타깝다. 내 바람으로는 소비자 가격이 아니라, '농민 가價'를 받게 해주고 싶다. 나는 이 농산물을 길러 내는데 이만큼의 비용이 들었고, 그래서 이것을 생산하기 위해선 이 정도의 가격은 받아야 한다는 걸 써놓고, 소비자가 직접 보고 판단하게 할 예정이다.

　예를 들어 김영록이란 농부가 있는데 "쌀 한 가마니를 생산하는데 담배를 몇 갑을 피웠고, 막걸리를 몇 되 받아먹었고, 아이들이 세 명인데 학비가 얼마 들었소. 그래서 이 쌀은 이 정도는 받아야 하오." 이런 이야기를 담는 것이다. 그리고 도심에 사는 사람들이 여기 와서 차도 마시고, 우리 동네 구경도 하고, 아이들과 함께 밤하늘에 별도 보고 달도 보고 반딧불이도 보고 개구리 우는 소리도 듣게 하고 싶다. 바람이 불 때 벼가 바람에 '샤샤샤샤…' 하고 부딪치는 소리는 정말 아름답다. 그리고 개구리는 한 마리가 울면, 말 그대로 개구리 모두가 떼창(합창)을 한다. 가끔 논두렁 사이를 지나가다 그 소리를 들으며 한참을 서 있기도 한다. 도심에 사는 사람들에게 그 소리를 들려주고 싶다. 우리 동네 농민들에게도, 도심에 사는 친구들에게도, 나에게도 '순악질 프로젝트'가 기쁘다. 이거 내가 '순악질 프로젝트'라고 거창하게 이름을 붙였지만, 실은 '우리 동네 내려와서 쉬고 놀고 즐겨라' 이런 건데…. 어찌 되었건 이 일에 집중해야 할 때쯤, 이 일에 집중하라고, 이번 일이 일어난 건가?(웃음).

지금 꿈이 있다면?

하루하루 열심히 살아간다. 8년 전에 시골로 이사를 오면서 농민들에게 많은 것을 배웠다. 그들에게는 풀 한 포기도 허투루 하지 않는, 생명을 아낄 줄 아는 마음이 있었다. 브레이크를 잡아줄 사람도 없었던 일상에서 벗어나 지금은 진정한 다운 쉬프트down shift(여유생활)를 하고 있다. 신영복 선생의 말씀 중에 '늘 100km로 달리는 차 안에서 코스모스를 보는 사람들은 그것을 한 개의 점으로만 보는데, 걸으면서 코스모스를 보는 사람들한테는 꽃이다'라는 말이 있다. 실제로 그렇다.
지금 내 꿈은 농사를 잘 짓는 거다. 얼마 전에 자원봉사를 하러 온 친구들과 함께 감자를 심었는데 "감자가 싹이 안 나면 어떡하나, 싹이 있는 데를 잘 잘라서 심어줘야 하는데…" 이런 걱정들을 했다. 젊은 친구들이 처음으로 감자 싹을 자르고 흙 속에 파묻고, 그 위에 다시 흙을 북돋아 주고 함께 하면서 어떤 정이 흐르더라. 나중에 감자가 뿌리에 달려나올 때 느끼는 수확의 기쁨도 있을 테고, 감자를 먹으면서도 '내가 직접 심은 감자 하나가 이렇게 소중한 것이구나!' 하는 것을 느낄 수도 있을 것이다. 이 과정을 많은 이들과 공유하고 싶고, 그래서 가능한 많은 사람들을 부르려고 한다. 그런데 한 가지, 밥값이 많이 들더라. 큰 솥을 걸어놓고, 국밥을 끓이던가 해야겠다(웃음).

다음에 모임이 있다면 나도 가서 수확해보고 싶다.

　　좋다. 농사는 몸빼바지가 최고다. 어울리겠다(웃음). 가끔 '화려하고 늘 스포트라이트를 받으며 방송에 주류로 나오는 삶만이 진정 아름다운 삶일까? 그런 게 나에게 어울리는 삶일까?' 하는 생각을 한다. 그러나, 그렇다고 내가 코미디나 방송을 다 내려놓고 농사만 짓는다는 것은 아니다. 지금은 농사 중, 잠시 쉬어 가는 것도 괜찮다는 거다.

김미화에게 '사랑'이란?

　　나는 싸인을 할 때 항상 맨 위에 '사랑합니다'라고 쓰는데, 사랑이 없으면 아무것도 안 된다는 생각을 한다. 이기적으로 내가 사랑받으려고 하는 것이 아니라, 내가 먼저 사랑하면 된다. 일을 할 때도 마찬가지다. PD에게 먼저 가서 "내가 뭐 해줄까, 어떻게 해줄까? 내가 열심히 할게"라고 하면 얼마나 예쁘겠는가? 나는 프로그램할 때 '내가 이 프로그램에서 혹시나 폐가 되면 어쩌나?' 그런 생각이 들면 절대로 안 한다. 내 할 도리를 하는 거다. 그러니 서로가 신뢰가 쌓이는 거다. 그게 사랑이다.

사랑이 지금까지 겪었던 여러 어려움을 이기는 힘이 되었던 것인가?

　　그렇다. '사랑이 힘'이라고 생각한다. 방송국 높은 분 중 몇 분은 나를 싫어할지 몰라도, 다행히 젊은 PD들이 '누님, 언니' 하면서 좋아해 준다. 나는 아날로그식 사랑을 좋아하는데, 그런 좀 옛날 식 정을 따지는 사랑을 나는 좋아한다. 그런 '정情스러운' 사랑으로 맺어진 인연들이 내가 힘들 때마다 위로가 되는 힘이다.

김미화에게 '자유'란?

　　사람들은 나타나는 현상만 가지고 나를 평가할 수는 있다. '김미화가 이런 프레임에 갇혀서 꼼짝 못할 것이다' 혹은 '김미화에게 이런 이미지가 규정됐다'라고 이야기 할 수 있다.

하지만 나는 늘 이런 것을 타파하며 살아왔다. 나는 코미디언이기 때문에 코미디언으로 늙어 죽는 게 최고의 행복이다. 내가 웃기고 자빠지는 거, 그것이 사람들에게도 행복을 주는 거라고 생각한다. 지난 30년 내 개인적으로 행복하기도 했고, 또 여러 사건에 얽히기도 했다. 웬만했으면 쓰러졌을 거다. 그런데 나는 쓰러지지 않고, 나를 규정하는 모든 틀을 깨부수기 위해서 부단히 노력했다. 생각에서부터의 자유, 틀에서부터 자유로운 사람이 진정한 자유인이라고 생각한다.

이 시대를 살아가고 있는 청년들에게 하고 싶은 이야기가 있다면?

'좌절을 두려워하지 말라'라고 말하고 싶다. 좌절도 경험이다. 그런 경험들을 안 해보고 어떻게 삼라만상森羅萬象의 맛을 알겠나. 그런데 좌절했을 때 거기서 빠져나오지 못하면 지는 거다. 나는 항상 큰일이 닥쳤을 때 생각이 더 맑아진다. 대담해지고 담대해진다. 오히려 작은 것에 흔들린다(웃음). '저 떡을 내가 먹고 싶은데? 과자가 세 개가 남았는데 나는 두 개 먹고 싶은데' 하는 것들 말이다(웃음). 하지만 인생을 가름할 큰 일이 닥쳤을 때 그때는 정신을 똑바로 차린다. '커다란 권력에 복종하면 나한테 도움이 되지 않을까'와 같은 유혹이 실제로 온다. 하지만 만약 그렇게 산다면, 코미디언으로서 '웃기고 자빠졌네!'라는 묘비명을 못 쓰게 될 것이다. 그렇게 된다면, '인간 김미화'는 결국 불행할 것이다.

한 TV 프로그램에서 이런 이야기를 했다. 후배 중에 나하고 연기 패턴(형태 또는 스타일)이 안 맞는 애들이 있으면 속으로 '저게, 도대체 재미있나?' 하고 비웃었다. 그런데 사회가 그 친구의 개그를 원하게 될 때가 있다. 나와는 웃음 코드가 다르지만, 그 친구의 개그가 시대와 딱 맞아떨어질 때가 있다. 그러면 내가 잘못 판단한 거다. 그럴 때마다 인생에는 정답이 없다는 것을 새삼 알게 된다. 그래서 젊은 친구들에게 '인생에서 이것저것 다 해봐야 성공한다'는 이야기를 해주고 싶다. 실패하는 경험을 두려워하지 않고, 나한테 실패가 오면 '땡큐입니다' 하고 받아들이며 의연히 넘겼으면 좋겠다.

인터뷰 담당 김경미, 손어진

한
대
수

솔직히 행복이 뭔지 잘 모르겠다

2013. 5. 8

"제가 대수지 예수는 아니잖아요. 지금의 상황은 평생을 내 마음이
내키는 대로 자유분방하게 살아온 형벌이라 생각합니다. 그래도 여
섯 살이 된 양호가 너무 예뻐 지금의 삶을 견뎌내고 있습니다"라고
한 인터뷰를 읽었다. 지금의 삶이 형벌이라고 느껴지는 때는 구체적
으로 언제인가?

나는 참 자유롭게 살았다. 지금 와서 생각해보니 내가 참
자유롭게 살아왔구나 하는 게 더욱 느껴진다. 당시엔 내가 그
렇게 자유로웠다는 걸 몰랐다. 혼자 살 때는 음악을 하면서 공
연도 하고 앨범을 만들면서 조금씩 돈이 들어오니 사는 데 전
혀 문제가 없었다. 친구들과 술을 한 잔 마시더라도 내가 계산
할 수도 있고, 어떤 때는 나를 알아보는 술집 주인 덕에 공짜
술을 마시기도 했다. 사실상 돈이 별로 필요하지도 않았다. 뉴
욕과 서울을 오가면서 공연하는 동안 호텔에서 머물기도 하고
돈에 구속받지 않고 자유롭게 살았다.
그런데 아이를 낳고 나서 모든 것이 달라졌다. 어떤 책임
감 같은 것이 생겼고, 난생 처음 자본주의가 무섭다는 걸 깨달
았다. 양호를 낳는 첫날부터 화폐가 필요했다. 서양 여자들은
보통 자연분만을 꺼려 제왕절개를 하는데 거기에 드는 수술비,

입원비 등 화폐가 많이 들었다. 망치로 머리를 한 번 맞은 기분이었다. 그동안 37년을 뉴욕에 살면서 한 번도 돈을 모아본 적이 없었다. 뉴요커들은 주급을 받기 때문에 돈을 모으는 개념이 없다. 금요일에 주로 돈을 받는데, 받은 즉시 돈을 다 써도 며칠만 참으면 다시 돈이 나오니 모을 필요가 없다. 게다가 워낙 방값이 비싸니 돈을 모을 엄두조차 내지 못한다. 억대 연봉을 받는 1퍼센트의 사람을 빼놓고는 다들 한 주 한 주 살아간다. 이런 내가 59세에 아이를 낳고 보니 '사는 것은 바로 이런 거구나, 이것이 바로 자본주의구나' 하는 깨달음이 온 것이다. 갑자기 돈의 노예가 된 것 같았다.

동시에 옥사나의 약물 중독 증세까지 더 심해졌다. 아이를 낳고 난 뒤 산후우울증이 더해져 상태가 더 안 좋아졌다. 한쪽에서는 부인, 한쪽에서는 아이, 나는 양쪽에서 얻어맞았다. 미치겠더라. 주위에 손을 벌릴 수 있는 일가친척도 없고 도움을 구할 사람이 아무도 없었다. 아버지, 삼촌, 고모도 없고 어머니는 지금 요양원에 계시는데 생명이 위태로운 상태다. 나는 모자란 게 있어도 아이는 모자라면 안 되는데, 분윳값도 그렇고 기저귓값도 장난이 아니었다. 정말 막막한 상황에서 직장을 구해야겠다는 마음이 들던 차에 아리랑TV에서 연락이 왔다. 록 프로그램을 맡아달라는 제안을 했다. 그래서 라디오 진행을 시작했다.

누군가는 '음악을 계속하면서 수입을 얻을 수 있지 않나' 하는 이야기도 한다. 하지만 음악 인생이라는 것이 클라이맥스가 있고 또 내려오는 시기가 있는데 나는 이미 12년 전에 클라이맥스를 맞았다. 내가 일본 공연 후에 25년 만에 서울에 왔을

때 난리가 났었다. 그때 같으면 이렇게 나와 인터뷰하지 못했을 거다(웃음). 올림픽 체조 경기장에서 두 번, 펜싱 경기장에서 한 번, 세종문화회관에서 세 번, 이대 운동장에서 한 번 공연을 했고 3만 명이 몰렸다. 그때 속으로 '다들 왜 이러지?' 하고 생각했을 정도였다. 그랬던 음악인생의 절정기에서 이제는 내려온 것이다. 당연히 음악으로부터 얻어지는 수입은 많지 않다.

　　내 딸 양호는 새로운 생명이기도 하다. 그렇기에 아이의 미래를 최대한 보장해 주고 싶다. 그래도 아버지인 내가 딸이 이 거친 세상에 나가 싸울 수 있는 총알은 보급해 줘야 하지 않나. 그러기 위해서는 내가 변해야 했는데 막상 사회에 뛰어들어 보니 이 사회가 참 많이 변해있더라. 인류 역사에 B.C와 A.D가 있는데, 나는 마치 B.C에 살다가 A.D로 온 것 같았다.

양호가 태어난 순간이 형벌이라는 의미는 무엇이었나?

뒤늦게 양호를 가진 것은 상당한 축복이었다. 하지만 아이를 키울 수 있는 조건이 전혀 안 된 상태에서 양호를 낳은 것도 사실이다. 요즘 청년들이 일자리가 없다고 하는데 이 늦은 나이에 돈을 벌어야 하니 참 어렵다. 출퇴근하는 것도 힘이 들지만, 옆에서 나를 뒷받침 해 줄 사람이 없다는 점도 힘들다.

내 하루는 예전과 완전히 반대가 됐다. 옛날엔 아침에 일어나면 커피를 마시며 곡을 구상하면서 여러 자료들에 대해 연구하고 고민하곤 했다. 동네 한 바퀴를 돌면서 사람들이 어떻게 사는지도 보고, 아침 겸 점심을 먹고, 다시 집에 들어와서 책을 쓰기도 하고 곡 구상도 하고 작곡도 했다. 오후에는 (노래 가사처럼) 국수나 한 그릇 마시고, 낮잠 한숨 자고, 또 산책을 하러 나간다. 저녁쯤 되면 친구들에게 전화가 온다. 그러면 나가 친구들과 이야기하면서 떠들다 집에 돌아와 TV를 보다 잠이 드는 정말 자유로운 생활이었다.

지금은 새벽에 일어나자마자 아이 입힐 옷을 준비하고, 아이가 일어나면 씻기고 유치원에 데려다 준다. 그런 후에 9시 라디오 방송을 준비하기 위해 방송국에 8시까지 칼같이 출근한다. 그리고 두 시간 동안은 굉장히 몰입해서 방송을 한다. 요즘 사람들은 말에 대해 매우 예민하기 때문에 방송에서 말 한 번 잘못 하면 난리가 난다. 방송국 국장에서부터 청취자들까지 모두 신경을 써야 한다. 그래서 재미있게 말을 하되, 종교적·정치적·사회적으로 어떤 입장에 있든 사람들로 하여금 모욕을 받는 느낌이 들지 않도록 신경을 많이 쓴다. 또 내가 남자이기 때문에 여성에 대해 지나친 농담을 하면 여론의 뭇매를 맞을 수 있다. 그러다 보면 사실 두 시간 동안 참 피곤하다. 그러고 나서 집에 돌아오면 부인이 몸이 좋지 않으니 내가 직접 밥을 한다. 그것도 한번이 아니라 나는 된장찌개, 그녀는 스테이크 이렇게 두 번을 요리한다. 밥을 먹고 나면 집이 엉망이니 청소도 하고 집안일을 하다가 양호 유치원이 끝날 때쯤 데리러 가서 집에 와 목욕을 시키고 놀아 준다. 애들이 힘이 좋으니 같이 놀아 주는 것도 엄청 힘들다(웃음). 이렇게 하루가 다 간다. 밤에 누가 나오라고 해도 나갈 수가 없다. 그래서 '이런 게 형벌을 받는 거구나' 싶었던 거다.

지금 생각해 보니 내가 너무 자유롭게 살아왔더라. 1958년도에 태평양을 왔다 갔다 한 사람이 몇 명이나 되겠나. 당시는 여권도 안 가진 사람들이 대부분이었고 보통 사람들은 여권이 뭔지도 몰랐다. 그런데 나는 그때부터 태평양을 자유롭게 왔다 갔다 하면서 너무 일찍이 자유를 느꼈던 것 같다. 그래서 요즘 예수 생각이 많이 난다. 〈패션 오브 크라이스트〉라는 영화를 보면 예수가 얻어맞고 또 얻어맞고 하는데 지금 내가 그런 느낌이다.

"어떤 때는 내가 정신병자가 되나 싶기도 한데 그 누가 채찍질해줄 사람이 가까운 사람이 몇 명 안 된다. 내가 나 자신을 스스로 채찍질해야 된다"라고 한 인터뷰를 보았다. 자신이 힘들고 어려울 때 채찍질해주고 챙겨줄 사람이 없다는 것은 평생을 구속당하지 않고 자유롭게 살기를 희망했던 것의 결과이기도 한데, 지금 이 시점에서 그렇게 살아온 삶이 후회스럽지는 않은가?

하나도 후회하지는 않는다. 그동안 그렇게 자유롭게 살았기 때문에 내 음악을 추구할 수 있었다. 결혼생활도 평탄치는 않았지만 많은 사랑을 나눴다. 그리고 50년대·60년대 히피문화가 꽃피던 뉴욕의 황금기에 그곳에서 살았다는 것은 굉장한 행운이고 고마운 일이었다.

사실 지금도 그때만큼 한국과 뉴욕을 그렇게 자유롭게 움직이는 사람이 없다.

　　그때는 'Flower Power'라고 모든 게 변하는 시기였다. 1964년도에 비틀스가 나왔고 지미 핸드릭스, 롤링스톤즈 등 여러 록 가수들이 세상에 나왔다. 사랑에 대한 시위, 평화에 대한 시위가 일어났고 사람들이 길에서 마주치면 "형제들이여 평화를!"이라고 외치곤 했다. 굉장히 아름다웠다. 젊은이들이 집을 뛰쳐나오니 나이 든 히피들이 'Digger's Free Store'라고 해서 작은 가게를 열어 물건 같은 것은 놓고 공짜로 가져가게 했다. '우리는 서로 형제'라는 의식이 평화로운 세상을 만들 수 있고 체제도 바뀔 수 있다는 생각이었다.

　　여성들은 역사상 처음으로 성적인 자유를 얻었다. 1965년도에 피임약이 발명되었는데 이것을 통해 이제는 여성들도 성을 선택할 수 있게 되었다. 동시에 60년대 여성 운동도 시작됐는데, 여성들이 거리에서 브래지어를 태우며 자유를 외치며 시위를 했다. 이때부터 여성들이 직장을 갖기 시작하면서 성적 자유를 넘어 경제적 자유를 얻었다. 성과 화폐로부터의 자유, 이 두 가지로 이 시기에 여성의 자유가 완성됐다.

　　흑인운동도 활발했다. 지금의 버락 오바마 미국 대통령

을 만든 것은 60년대 마틴 루터 킹의 인권운동을 통해서였다고
할 수 있다. 마약 문화도 그때 시작됐다. 인류 역사 내내 존재하
던 마약이 고급 기호품으로 주로 상류사회에서 자기들끼리만
즐겼던 것이었다면 이제는 그것이 대중에게도 풀리게 된 것이
다. 마리화나, LSD, 코카인 등이 시중에 마구 풀리니 사람들이
다른 세상을 보게 되었다. 지미 핸드릭스의 첫 번째 앨범 이름
이 《Are you experienced?》이다. 즉 마약의 환상적인 여행을 해
봤느냐는 거다. 결국 그 사람은 마약을 너무 많이 해서 27살에
죽었지만 말이다.

　　당시는 이렇게 전체적인 관점이 달라지는 시기였다. 우리
의 일상이 아버지가 열심히 일하고 봉급 인상을 받고, 1년에
2~3주 휴가를 내서 놀러 가고, 방이 두 개인 아파트에 살면서
큰 자동차 타고 다니는 그런 개념에서 완전히 벗어났다. 다들
그런 깨달음을 얻는 시간이었다.

행복했던 뉴욕에서의 삶과는 전혀 다른 현재의 삶을 살아가고 있다. 스스로 채찍질을 해가며 살아갈 힘은 어디에서 나오나?

솔직히 힘이 하나도 없다. 겨우겨우 하루살이 인생을 살고 있다. 이제 할아버지가 다 됐고 힘이 다 빠졌다. 근래에 옥사나의 알코올 중독 증세가 더 심해지면서 병원에서 여러 번 치료를 받았는데, 사실상 우리나라 남자들의 1/3이 알코올 중독이라고 한다. 중독자가 있는 집안은 그냥 하루살이 같은 삶이 이어질 뿐이다. 오늘 하루 잘 지내면 감사한 것이고 미래를 생각할 수가 없다. 'One day at a time'이다. 오늘 하루를 안전하게 잘 보내고 나면 그다음 하루를 잘 보내면 되고 그 하루가 1년, 2년이, 평생이 될 수 있는 거다.

하루하루가 소중하겠다.

소중하면서도 굉장히 어렵다.

양호와 아내는 한대수에게 어떤 존재인가?

보통 사람들이 결혼할 때 '가난하든 부유하든 병이 들든 건강하든 서로 한평생 의지하며 살겠다'고 약속을 한다. 나도 그 약속처럼 아내와 좋은 시간을 많이 보냈다. 그리고 양호는 새 생명이므로 숙녀가 될 때까진 내가 끝까지 책임져야 한다. 특히 나는 아버지가 실종되고 어머니가 재가하면서 부모가 없이 자란다는 것에 말도 못할 아픔을 경험했기 때문에 이것을 양호한테 물려주면 안 된다는 생각을 갖고 있다.

"작곡은 내 마음의 상처의 치유다. 그리고 내 음악이 여러분들의 상처에 치유가 되면 더 이상 바랄 것이 없다"라고 했다. 스스로에게 가장 치유가 되는 노래가 있다면?

　내 노래는 다 좋다(웃음). 모두 그때그때의 기분을 담은 것들이기 때문이다. 하지만 사람들에게 많이 알려진 것은 서너 곡 밖에 안 되는데 아무래도 음악은 그 작곡가가 죽어야 귀에 들리는 모양이다. 베토벤도 그랬고, 모차르트의 음악들도 그랬고, 그들도 죽은 뒤에야 사람들의 사랑을 받았다. 지미 핸드릭스, 존 레논 등의 음악도 그랬고, 우리나라의 김광석 씨도 마찬가지였다.

　두 가지 이유에서 그런 것 같다. 첫째는 그 사람이 그리워서 음악을 듣게 되는 것이고, 둘째는 이미 죽은 사람이기 때문에 동료 음악인들이 더 이상 질투를 느끼지 않기 때문인 것 같다. 연예인들 사이도 그렇고, 어느 전문 분야나 그들 사이에 질투심이 있기는 마찬가지 인데 아티스트들의 질투는 굉장히 무섭다. 어떤 아티스트가 굉장한 실력이 있으면 당시는 열렬한 질투의 대상의 되었다가 그가 죽어 버리면 더 이상 질투의 대상이 안 된다. 그러면서 그제야 그의 작품이 꽃을 피운다.

'물 좀 주소'라는 노래를 통해 여러 사람들이 상처를 치유 받았다는 사람들이 많다. 특히 '물'이라는 말에서 오는 상징적인 의미가 군사정권 하 엄혹한 시절에 무언가 '희망'을 이야기 것 같아 힘을 얻곤 했다는 사람도 있다.

고함을 지르는 창법이라서 그런가 싶다. 'Primal Scream'
이라는 창법인데, 인간이 자기의 분노와 슬픔을 원시인처럼 내
지르는 방법이다. '물 좀 주소'는 내 모든 억눌린 감정과 욕망을
모두 표현하는 노래다. 그래서 답답할 때 이 노래를 부르면 참
좋다. 시원하게 한 번 지르고 나면 속이 풀린다.

(사람들이) '물'의 의미를 상징적으로 해석해 주니 나도 고
맙다. 그러나 지금 생각해 보면 그 땐 '물'에 어떤 의미가 있는

지 생각하지 못했던 것 같다. 지금 우리나라가 물 부족 국가라고 하는데 전 지구적인 상황도 마찬가지다. 지금은 전 세계가 석유를 갖고 전쟁을 하지만 미래엔 물을 두고 전쟁을 할 것이다. 사람이 물이 없으면 죽기 때문에 석유 전쟁보다 물 전쟁이 더 무섭다. 지금 보니 '물 좀 주소, 물 좀 주소, 물은 사랑이요~' 누가 작곡했는지 참 잘했다(웃음).

그 당시 한대수에게 '물'은 어떤 물이었나?

사랑에 대한 목마름이었다. 어머니에 대한 갈증이라고 할까. 어릴 때 어머니하고 같이 살다가 집에서 쫓겨난 적이 있다. 어느 날 탤런트 애인이 우리 집에 찾아왔는데, 그 여인과 양호하게 사랑을 나누고 있다가 갑자기 어머니가 방문을 여는 바람에 들켜 버렸다. 그것을 본 어머니가 우리에게 물을 확 끼얹으며 나가라고 했다.(일동 웃음) 어머니와의 관계도 아주 복잡했다.

가사를 쓸 때 보통 가장 신경을 쓰는 부분이 있나?

나의 경우는 작곡과 작사 중 작곡을 더 중요하게 여긴다. 클래식, 재즈 등 가사가 없는 음악은 많지만 곡이 없는 노래는 많지 않다. 그렇기 때문에 곡이 중요하고 곡이 훌륭해야 좋은 가사도 나올 수 있다고 생각한다. 곡이 몸이라면 가사는 패션이라고 할 수 있는데, 몸매가 아름다우면 아무거나 입어도 예쁜 것과 같다. 안 입으면 더 예쁘다.(박장대소) 나는 가사는 그렇게 신경을 쓰지 않는 편인데 당시의 느낌을 최대한 살려서 표현하지만 돌려 말하지 않고 노래하려고 노력한다. 그러면 '국수나 한 그릇 마시고, 치마 구경하고~' 하는 가사들이 나올 수 있다.

'지렁이'라는 노래 듣고 깜짝 놀랐다. 가사를 먼저 쓰고 작곡을 했나, 작곡을 먼저 하고 가사를 쓴 것인가 궁금했다.

이 노래는 곡과 가사를 동시에 작업했다. 어느 날 옥사나가 치료를 받고 있는 병원에 갔다가 영감을 얻었다. 그 곳엔 정신병자도 많이 있었는데 그 중 어떤 할머니가 벽에 대고 혼자서 계속 이야기를 하는 것이다. 무언가 본인이 억울한 것들을 이야기 하는 것 같았는데, 네 시간 내내 혼자서 그러고 있는 거다. 그래서 계속 듣다보니 마치 랩처럼 느껴졌다. 그래서 바로 집에 돌아와 '지렁이'의 가사를 썼다.

다른 노래에 있는 '베토벤 생각이 나는구나', '피카소같이 마지막 연애나 한 번 하고 싶구나'와 같은 가사들도 나름의 의미가 있다. 베토벤이나 반 고흐 같은 사람들은 죽고 난 뒤에 명성을 얻은 사람들이라 할 수 있다. 반면 피카소는 근래의 화가 중에 자기가 살아 있는 동안에 부귀를 누린 거의 유일한 사람이다. 그는 돈, 사랑, 명예 등 모든 걸 누렸는데 부인 뿐 아니라 애인도 있었고, 정력도 좋아 아흔 살 정도까지 살았다. 그런데 그런 피카소도 마지막에 가서는 "연애나 딱 한 번 더했으면 좋겠다"라고 했다더라. 언젠가 뉴욕에서 피카소의 마지막 작품을 봤는데 전부가 포르노였다. 그것도 끔찍한 하드코어였다. 붓을 들 힘이 없어 연필로 드로잉을 하며 포르노를 그리면서 자신의 욕망을 드러낸 거다. 이처럼 피카소같이 늙고 아플지언정 우리에게 '마지막으로 연애나 한 번'하는 소망이 있지 않을까 해서 그런 가사를 쓴 거다.

노래를 듣다보면 특정한 형식이 없이 매우 자연스러운 기운이 절로 넘친다. 어쩔 때는 그냥 고함이나 흥얼거림 자체도 리듬으로 들린다. 그런 실험들을 과감히 해볼 수 있는 힘은 어디서 나오는 것인가?

　　　형식이 없는 것도 있지만 꽹장히 짜임새 있는 형식을 갖춘 것도 있다. 재즈 풍, 하드 록 풍 등 앨범마다 조금씩 다르다. 고의적으로 형식의 변화를 주는 것은 아니지만 가능한 이 전 앨범들과는 다른 방향으로 작업해야겠다는 생각을 늘 한다. 음악이 너무 똑같으면 나도 그렇고 듣는 사람도 별로다. 음악을 만들 때는 당시 내 주위에 어떤 음악가들이 있는지가 가장 중

요한데, 뉴욕에 있을 때는 이우창 씨와 잭 리라는 재즈 뮤지션을 알고 지냈다. 그러다 보니 내 음악도 자연스럽게 재즈 분위기로 가더라. 또 어떤 때는 뉴올리언즈에서 프리저베이션 홀 밴드를 보면서 당시 내 음악도 블루스 느낌이 많이 났다. 함께 있는 사람들뿐만 아니라 내 인생의 전환점마다에도 음악이 달라져 왔다.

유신 시절 머리가 길다는 이유로 TV 출연이 금지되었다. 이후에는 '물 좀 주소'라는 곡이 물고문을 연상케 한다는 이유로 금지곡이 되었고, 다른 곡들까지 연타로 금지곡이 되어 창작활동을 제한받게 되었다. 솔직히 현실과 타협하고 싶은 마음이 들지는 않았나?

음악은 음악일 뿐이기 때문에 타협이 힘들다. 예를 들어 베토벤은 나폴레옹이 유럽을 건진 사람이라고 생각하고 그를 위한 심포니(3번 교향곡)를 썼다. 그러다 나중에 나폴레옹이 스스로 왕관을 쓰는 것을 보고 '아, 저 사람은 아니다'라고 생각하고 그 곡을 에로이카로 고쳐 썼다. 어떤 사람에게 맞춰서 음악을 바꿀 수는 없는 것이다. '비가 오네, 눈이 오네'를 '너도 살고, 나도 살고'로 자꾸 고치면 음악의 맛이 없어진다. 그림도 그렇고 글도 마찬가지다. 예술은 창작자가 원래 생각한 대로 나가야 하지 안 그러면 창작이 죽어 버린다. Custom Make가 아니다. 아이스크림처럼 고객이 초코 맛과 바닐라 맛을 섞어달라고 해서 섞어 줄 수 있는 게 아니다.

돈이 툭툭 떨어져 나가는 게 보이면, 자유로울 수 있는 사람이 많지 않을 것 같다. 살짝만 입장을 바꾸면 돈이 들어올 텐데, 어떻게 그렇지 않을 수 있나?

나는 음악을 시작할 때부터 인기를 얻어야겠다거나 돈을 벌겠다는 목적이 없었다. 한국에 와서 음악을 하다 보니까 가수도 되고 인기도 얻게 된 것이다. 고등학교 때 기타를 배우면서 혼자 작곡하면서 노래를 내 마음으로 표현하다보니 양호한 여인들이 와서 음악도 좋다고 하고 같이 피자도 먹으러 가자고 데이트 신청도 했다(웃음). 그냥 즐거움으로 음악을 한 것이다. 한 동안 서울에 와서도 그런 식으로 음악을 했다. 오비스 케빈이나 세시봉 같은 가수들과 무대에 함께 서면서 자유롭게 노래한 것이지 한 번도 '나는 가수가 되겠다, 돈을 벌겠다'라는 생각을 해 본적이 없다. 그래서 정권이 강제로 내게 TV 출연을 하지 못하게 했을 때도 '오케이, 안 한다' 하는 식이었다.

그러다가 어느 시점이 되니 사람들이 내게 돈을 주면서 함께 음반을 만들자고 했다. 나는 속으로 '내가 가수가 됐나, 왜들 이러지?'하는 생각이 들었다. 그 때까지 전혀 목적의식이 없었던 거다. 요즘은 가수가 되려면 어릴 때부터 트레이닝을 받고 얼굴도 고치고 해야 한다는데 나는 그렇지 않았다.

사람들이 한대수를 가리켜 '한국 모던 록의 대부'라고 하는데, 어느 순간 스타가 됐을 때 그동안의 중심을 잃고 흔들리지는 않았나?

유명해진다는 것은 십자가와 같이 큰 짐을 지는 것과 같다. 일반인으로 살 때는 누구 하나 쳐다보는 사람도 없고 술을 마시건 애인과 키스를 하건 신경 쓰지 않는다. 하지만 이름을 얻고 유명해지기 시작하면서 달라진다. 유명인은 도마 위에 얹어진 생선과 같다. 사람들이 막 자르기 시작한다. 가장 대표적인 예가 마이클 잭슨이다. 그는 너무 어릴 때 유명해져서 나중에 가서는 가게에서 우유조차 사는 것이 어려웠다고 한다. 그러다 보니 프라이버시가 없어지고 정상적인 삶을 살기 어려운 것이다. 그렇기 때문에 유명해진다는 것은 다루기가 힘든 괴물과도 같다.

그렇지만 적당하게 유명해진다는 것도 불가능하다. 인간의 욕망이라는 게 조금 유명해지면 '누구누구는 알아보는데, 왜 난 못 알아봐' 하는 심리가 생기는데 그러면 더 유명해지려고 노력한다. 유명해지는 것은 양면성을 가진 칼이다. 잘 자르면 맛있는 사시미가 되고 못 자르면 희생을 낳는다.

양면성을 가진 칼을 본인은 어떻게 조절할 수 있었나?

자연스럽게 조절했다. 어떤 사람들은 유명인이 되면 선글라스를 끼고 태닝한 차 뒤에 앉아 다니는데, 난 그런 게 없다. 내 맘대로 거리를 다니고 지하철을 타고 백화점에 가서 쇼핑도 한다. 분위기에 따라 사람들이 많이 달려들 때도 있고 전혀 안 그럴 때도 있다. 사람들이 사인을 해달라면 해주면 된다. 물론 어떤 때는 피곤하기도 하고 부담스럽기도 하다.

지금과 같이 스마트폰이 있는 사회에서 스타는 개인의 사생활이 노출되기 쉽다. 사람들이 스마트폰을 가지고 오만 것(모든 것)을 다 촬영한다. '내 옆에 한대수 할아버지 있다'며 글을

올리고, '코를 후비고 있다'라며 사진을 올리는 것이 모두 가능하다. 심한 경우엔 스마트폰으로 한 사람의 인생을 완전히 망칠 수도 있다. 예를 들어 프랑스 유명 디자이너인 존 갈리아노가 술을 마시고 반反 유대인 이야기를 했는데 그것을 누가 촬영하여 대중에게 공개하는 바람에 한 방에 가 버렸다. 패션계 상권을 유대인이 모두 잡고 있는 상황에서 그 디자이너의 발언이 파장을 일으켰던 것이다.

《뚜껑열린 한대수》(도서출판 선 펴냄)라는 책에 보면 "큰곰은 군을 제대하고 나서 인생관이 많이 변했다. 인류에 희망을 더욱더 잃었고, 그것이 음악에 반영이 됐다"라고 했다. 구체적으로 어떻게 반영이 되었나? 그리고 군대를 굳이 안 가도 되지 않았나?

당시 미국과 베트남이 전쟁을 하고 있었고, 우리 군인도

베트남에 참전한 상태였다. 그런 상황에서 나도 물론 군대에 가야했다. 그런데 그 시간은 정말로 힘든 시간이었다. 거의 죽을 뻔 했다. '인간이 인간에게 어떻게 이렇게까지 할 수 있나' 싶을 정도로 많이 맞았다. 그때 인간은 악한 동물이란 것을 느꼈다. 선임들이 훈련을 가혹하게 시켰고, 군기도 심하게 잡았다.

3년 3개월이라는 시간을 어떤 식으로 견뎠나? 선임이 되었을 때는 어떻게 했나?

군인이란 존재를 철학적으로 본다면 무조건 복종하는 존재다. 계급적 질서에 따라 상관의 지시가 내려오면 질문도 못하고 무조건 복종해야 하는 것이다. '적을 왜 죽여야 하느냐'고 물으면 안 된다. 살인 기계처럼 그냥 죽여야 한다. 그 자체로 군인이라는 것은 내 철학과 너무 안 맞았다. '내가 왜 나와 아무런 이유도 불만도 상관도 없는 저 사람을 죽여야 하나? 국가적으로, 사상적으로, 종교적으로 다르다고? 저 사람도 한 인생이고 나도 한 인생인데 누구에게 죽일 권한이 있는 것인가?' 하는 의문이 들었다. 그 자체로 너무 괴로웠다. 매일같이 때리니 더욱 괴로웠다. 심지어 때리지 않을 때는 '언제 빠따 때리려고 하나? 언제 집합 시키려고 그러나?' 하는 생각에 잠이 안 왔다. 새벽 3시에 깨워서 때릴 때도 있었는데, 그날 그렇게 맞고 나서야 '이제 자겠구나' 하고 마음이 놓일 정도였다.

내가 병장이 됐을 때 나는 한 번도 후임들을 때리지 않았다. "대수 너 때문에 기합 다 빠졌다"라고 동료들에게 욕도 많이 얻어먹었지만 그래도 야구방망이로 사람을 때리는 것은 못하겠더라. 내가 원래 덩치가 크기도 했지만 그 당시 사람들은 모두 작아서 때릴 데도 없었다. 보통 선임이 되면 복수심 같은 게 있어서 후임들을 더 괴롭힌다고 하는데 나는 절대 그러지 않았다.

군대 시절에 평화에 대한 감수성을 갖고 있었던 것 같다. 사실은 지금 시대 청년들 중에도 육체적으로 힘들다 보면 인성이 바뀔 수도 있을 텐데, 본인이 생각하는 것을 높은 위치에 올라가서도 바꾸지 않는 힘은 철학으로부터 나오는 건가.

기본적으로 나는 평화주의자다. 나 같은 사람은 군인이 되면 안 된다. 사람을 때리는 것은 나와 맞지 않는다. 사람을 세워 놓고 어떻게 동물을 패듯이 할 수가 있나.

가족사가 참 평범하지 않다. 할아버지 한영교 박사는 언더우드 박사와 함께 연희대학교(현 연세대학교)를 설립하고 초대 학장과 대학원장을 지낸 분이고, 아버지는 핵물리학자, 어머니는 피아니스트인 소위 명문가 집안에서 태어났다. 그러나 미국에 유학 간 아버지가 실종되면서 굴곡진 삶을 살게 되었는데 결국 아버지를 만나게 되었지만 아버지는 너무나 달라져 있었다. 그런 아버지와의 만남이 본인에 어떤 영향을 준 것 같나?

이 모든 과정들이 내 음악의 소재들이 됐다. 소설도 그런 소설이 없다. 스무 살에 미국에 간 아버지가 실종되었고 그 아버지를 다시 찾았다는 것 자체도 그렇고, 그가 한국말을 완전히 잊어버렸다는 것도 있을 수가 없는 이야기다. 그렇게 그리워했던 아버지를 만났지만 기대했던 관계가 전혀 이루어지지 않았다. 록앤롤 자체가 그런 부모로부터 채워지지 않은 욕망, 인간과 사회에 대한 불만 등에 관한 것인데, 이것들이 다 음악의 소재가 된 것 같다.

아버님의 실종이라는 상황 뒤에 '빅 파워'가 있었던 것 같다고 한 적이 있다. 국가의 이익 때문에 한 개인의 인생이 지워질 수도 있었던 것이다. 그래서 정치, 사회 구조에 대한 분노를 갖게 된 건가?

그렇다. 사회구조에 대한 불만이 컸다. 미국과 비교하면 우리나라는 당시 말도 안 되게 힘이 약한 상태였고 가난도 극복하지 못한 상태였다. 미국에게 항의도 할 수 없는 그런 상태였다. 당시 미국의 힘은 필리핀 등 각국의 대통령도 마음대로 만들 수 있을 정도로 대단했다. 지금도 그렇지만 당시 미국은 전 세계의 가난한 나라에게 원조를 하고 있었는데 우리나라도 전쟁 이후 미국의 원조를 받고 있었다. 그것은 마치 부자 아저씨가 돈을 주면서 '너는 이걸로 머리 깎아라, 너는 여기로 시집 가거라' 하는 식으로 잔소리를 하는 것처럼 느껴졌다.

아버님이 그렇게 되는 걸 보면서 그 가족의 일원으로써 권력이 우리 가족을 주목하고 있는데 대한 두려움은 없었나? '빅 파워'의 존재가 무서웠을 수도 있는데, 그럴수록 위축될 수 있었을 것 같다. 그런데 오히려 저항적인 노래를 부른 게 신기하다.

무섭다는 생각은 안 해봤다. 만약 그랬다면 그것은 마치 편집증 같은 증상인데 그 정도는 아니었다. 대부분 나의 감정들은 음악을 통해 많이 해소됐다. 사실 내 노래 '파라노이아'가 있다. 바로 그것 때문에 작곡을 했는데 들어보세요.

노래나 책에 보면 평화, 빈곤, 민주주의, 전쟁, 인권 등에 대한 크고 작은 이야기들이 많다. 미국에서는 동양인으로, 한국에서는 양키로 놀림을 받으면서 늘 경계인의 삶을 강요받았다. 이런 것들이 사회 문제에 관심을 가지게 된 이유가 되었나?

그 당시는 유학이란 게 거의 없었기 때문에 미국에서 가서야 처음으로 내가 동양 사람이란 것을 느꼈다. 그들은 나를 무조건 '차이니즈', '칭총'이라고 불렀는데 말하자면 '중국 놈'이라고 부른 것이다. 그러면서 그들은 백인들의 우월감을 다시 한 번 느끼는 것 같았다.

한국에 돌아와서는 혼란의 시기를 보냈다. 물론 너무 어려서 체제에 대해 이해를 잘 못해서이기도 했지만, 스스로가 물 위의 기름처럼 이 사회에 잘 융화되지 못하고 있다고 느꼈다. 그때부터 나는 완전히 독립주의자가 됐다. 대부분의 사람들이 나와 같은 경험을 하지 않았기 때문에 나를 이해하지 못한다고 생각하고 내 나름대로의 독립적인 정체성을 찾으려 했다. 내 나름대로의 정체성을 찾아 계속 밀고 나갔다. 내가 싫어하는 말 중에 하나가 'Herd Mentality'인데 니체가 말한 '소떼 근성'을 별로 안 좋아한다. 왜냐하면 때로는 'Herd Mentality'가 옳지 않은 경우가 많기 때문이다. 대신 나는 각 개인이 행동하고 판단하는 'Individual Thinking'을 좋아한다.

　　　　여러 사회 중에서도 한국 사회에 이런 문화가 더 심하다. 예를 들면 경기고-서울대 출신, 경상도 출신, 전라도 출신, 해병대 출신 등의 그룹들이 있어 자기들끼리는 잘 돕지만 다른 그룹에는 그렇지 않은 경우가 많다. 과연 이런 그룹들이 형성되어 그들끼리만 위하는 것이 모든 사회에 유익할 지 의문이다. 영어로 이것을 '클리키즘Cliqusim'이라 한다. 양호하지 않다.

스스로의 정체성 만들어 갔다고 했는데 그렇게 하기가 쉽지 않았을 것 같다.

　　　　니체도 말했듯이 사람이 그룹에 속해 있으면 안정감과 편안함을 느낀다. 극단적인 예이긴 하지만 히틀러의 나치즘처럼 'Group Thinking'이 항상 옳은 것은 아니다. 히틀러의 국가사회주의로 인해 600만 명의 유대인이 사살됐다.

미국과 한국에서 경험했던 이방인의 느낌은 어떤 사람에게는 상처가 되기도 하는데, 이것을 오히려 혼자 다독이며 새로운 나만의 정체성을 찾는 홀로서기의 시간들로 어떻게 확보할 수 있었나?

　　　　홀로 설 수밖에 없는 상황이었다. 우리 모두는 양면성을 가지고 태어났는데 악함과 선함, 여성성과 남성성 등 전부 이중성을 갖는다. 나 같은 경우는 동양과 서양의 양면성이 표면적으로 드러난 것뿐이다. 이러한 양면적 정체성은 아티스트에게는 오히려 긍정적인 영향을 주기도 한다. 두 문화를 밀가루 반

죽하듯 활용할 수 있기 때문이다. 실제 아티스트들 중에는 두 문화를 가진 사람이 많은데 그 중에서 살바도르 달리, 피카소, 베토벤 등이 그렇다. 피카소는 스페인 사람으로 파리에 가서 프랑스 문화를 흡수해 초현실주의라는 새로운 장르를 만들었고, 독일인인 베토벤도 비엔나에 가서 오스트리아의 여러 문화를 흡수했다.

그렇지만 한 개인의 삶으로서 양면적 정체성을 갖고 산다는 것은 지옥이다. 누구로부터도 도움을 받을 수 없고, 어떤 그룹에도 낄 수 없으니 인생사가 항상 힘들고 고독하다. 나는 그 사람을 분명히 이해한다고 생각하는데, 저 사람은 내가 경험한 것을 해보지 않고는 나를 이해할 수가 없다. 그래서 고독해지는 길 밖에 없었다. 그 고독을 음악으로 풀어낸 것이다.

유신정권 때 노래가 금지되면서 많은 어려움을 겪었다. 그런데 2005년 CBS라디오에서 본인을 탄압했던 박정희 전 대통령에 대해서 "30년 동안 작고 가난했던 나라가 세계 경제 10위권으로 급성장한 예는 없었다. 당시 우리나라는 내 노래 '물 좀 주소'보다 줄 물조차 없었던 가난극복이 더 절실했다. 박 전 대통령은 나쁜 일도 많이 했지만, 국론분열보다 밝은 국가의 미래를 생각한다면 그 분이 이뤄낸 경제적 성과만은 평가해야 한다고 생각한다"라고 이야기해 논란이 된 것이 있었다. 한대수라는 인물이 1960년대부터 지금까지 자유·해방·억압에 대한 저항의 상징이었고, 더욱이 유신정권에 의해서 예술적 기회를 박탈당했던 장본인이었기에 이 발언의 진의에 대해 설왕설래가 많았다. 이런 이야기를 한 이유가 있었다면?

지금 세대는 과거 우리 세대가 어느 정도 가난했는지 실감이 안 날 거다. 고기도 없고 하얀 쌀밥도 없었다. 막 결혼 했을 때 작은 고기 한 점을 가지고 여러 번 먹기도 했다. 경제가 없으면 개인의 삶도, 문화 예술도 없는 것이다. 경제가 기본적으로 갖추어져 있어야 문화 예술이 있고, 거기에서 혁신적인 발명들도 나올 수 있고 평화로운 세상도 꿈 꿀 수 있다. 박정희 전 대통령이 그 부분을 가능케 하도록 엔진의 시동을 걸었다. 난 있는 그대로 말했다. 그 사실에 대해서 아니라고 할 사람은 없을 것이다. 그런데 다른 사람도 아니고 한대수가 말했기 때문에 문제가 되었던 것이다.

음악적 제재를 당했다고 해서 그 사람을 개인적으로 미워할 이유는 없다. 당시 박정희 대통령이 국가적으로 경제발전

의 시동을 걸었기 때문에 지금 우리나라가 이만큼 올 수 있었다는 건 누구라도 인정해 줘야 한다. 정치인 중에서 한 가지 문제도 없는 사람은 한 명도 없을 것이다. 칭기즈칸을 가리켜 '한 사람을 죽이면 살인자고 백만 명을 죽이면 정복자다'라는 말을 한다. 전 세계를 휩쓴 대단한 위인이지만 그도 많은 사람을 죽였다. '그 사람의 행위에 대한 결과가 무엇인가'라는 판단은 '그 사람의 90%의 나쁜 점을 볼 것인지, 나라를 위해 희생한 10%를 볼 것인지' 하는 사이에 있다. 내 생각에는 50 대 50이다. 좋은 50이냐, 나쁜 50이냐는 여러분이 판단하시오.

작년에 새누리당이 추진하는 일자리 프로젝트의 로고송을 만들었다. 이에 대해서 "1970년대 저항가수의 '원조' 격인 한대수가 새누리당이 추진하는 일자리 프로젝트의 로고송을 만들었다"라며 언론에 보도되기도 했다. 이와 관련해 기존의 저항가수 한대수를 기억하고 있는 사람들은 '한대수가 왜 굳이 새누리당의 로고송을 제작했나'라고 의문을 가지기도 했다. 이에 대해서 혹시 이야기를 해 줄 수 있나?

그건 정정해야 한다. 나는 새누리당 행사를 위해 노래한 적이 없다. 새누리당과 관련된 'K-move'란 단체에서 젊은이들을 해외로 보내 트레이닝을 시키는 프로그램을 진행했었는데, 그 단체의 로고송을 만든 것이다. 새누리당과 간접적으로 관계되어 있긴 하지만 새누리당을 위해 노래를 만든 건 아니다. 당 행사에 참여하지도 않았다. 다만 젊은이들의 일자리를 구하는 일을 한다는 취지가 좋아 참여하게 된 것이다.

12년 전 민주노동당에서 내 노래 '행복의 나라로'를 가지고 로고송을 만들어 선거에 쓴 적이 있다. 그 때 고맙게도 다섯 명이 당선돼 난리가 났다. 그 덕에 노회찬 씨와 술도 한잔 했다. 물론 내 노래를 써서 당선된 건 아니지만 노래 안에 있는 가사도 좋고 이것이 선거에 도움이 됐을 것이다. 내 노래를 로고송으로 쓰지 않는 당이 이상한 당이다(웃음). 특정 정당에 속한 것도 아니고 당보다는 인물을 본다. 사람들이 나더러 새누리당과 관련된 단체의 로고송을 불렀으니 "(새누리당을) 싫어하는 건 아니지 않나?"라고 하는데 맞다. 싫어하지 않는다. 하지만 문재인 씨와도 홍대 앞에서 만나 악수하기도 했다. 사람이 참 좋더라. 부산 출신에 나와 같은 학교를 나왔더라.

그런데 '정치가'라는 것은 전문 직업이기 때문에 경험이 있어야 하다. 그런 면에서 보면 박근혜 대통령은 성장 과정에서부터 정치를 물과 공기처럼 직접 경험한 사람이다. 그런 인물의 면모를 보는 것이지 당을 보는 게 아니다. 나도 그렇고 국민들도 모두 박 대통령이 잘하기를 바란다. 남북한의 갈등문제가 풀기 어려운 숙제처럼 남아 있지만 이것들까지도 앞으로 박 대통령이 잘할 것 같다는 생각이 든다.

지금 우리 정치인들이나 해주고 싶은 말이 있다면?

'Open Dialogue'라는 말을 좋아한다. 열린 마음으로 대화하자는 것이다. 경제적인 측면에서는 많이 성숙했다. 예를 들면 삼성, 엘지 등은 이제 애플이 겁낼 정도로 대단한 글로벌 회사가 되었다. 그러나 정치적인 면에서 아직 미성숙한 부분이 많이 있다. 항상 열린 마음으로 상대방을 포용해야 하는데 '저 사람하고는 맞지 않기 때문에 만나기도 싫어'라고 하면서 아예 안 만난다. 그러다보니 국회 안에서 온갖 투쟁이 일어나고 난리가 나는 거다. 당신과 내가 다르게 생각한다는 것을 인정하는 것이 중요하다.

한 가지 바람은 초등학교 때부터 토론 수업이 있었으면 좋겠다. 뉴욕에서 공부를 할 때 역사나 사회 시간에 서로 다 볼수 있도록 동그랗게 모여 앉아서 함께 토론을 자주 했다. 어릴 때부터 나와 의견이 다르더라도 화내지 않고 받아주는 훈련이 필요한 것 같다.

진보적인 영역에서 사람들을 많이 만나고 있고 스스로 저항인사로서의 상징적인 부분도 갖고 있다. 한국의 진보적인 정치인들를 볼 때 이들은 어떤 사람들인 것 같나? Open Dialogue가 잘되는 것 같은가?

아주 모자라다. 문제가 있으면 회의를 해 볼 생각도 안하는 경우가 많다. 회의를 하자고 불러내도 불참해 버리니 답답할 노릇이다. 문화 예술이 간접적으로 사회에 영향을 준다면 정치는 직접적인 영향을 준다고 할 수 있다. 그래서 정치를 잘하면 그게 최고의 예술인 것이다. 정치란, 바로 서로 다른 사람들이 계속 얼싸 안는 거다. 서로 다른 점이 있으면 '넌 그렇게 생각하니? 난 이렇게 생각한다. 그럼 밥이나 먹으러 가자'라고 해야 하는데 이게 잘 안 된다. '넌 그렇게 생각한다고? 그럼, 너랑 안 만나. 함께 밥 먹을 생각도 하지 마'라고 해버린다.

정치에도 위트가 필요하다. 나는 버락 오바마를 존경하는데 그는 연설을 참 잘하는 사람이다. 그 때문에 대통령이 됐다고 해도 과언이 아니다. 그는 심각한 경제 문제, 청년 실업 문제, 이민자 문제 등을 말할 때도 중간에 늘 농담을 한다. 그런 부분들이 참 좋더라. 우리 정치인들도 Open Dialogue로 이야기하고 토론하는 것을 많이 배웠으면 한다. 사상이 달라도 OK. 설득하려 노력해보고 그래도 설득이 안 되면 OK. "We agree to disagree(우리가 서로 다를 수 있는 것을 인정하자)" 이렇게 나와야 한다.

60·70년대 예술가들을 비롯해 한대수를 따르는 많은 젊은 음악 후예들이 많다. 한국 사회에서 예술가란 어떤 존재여야 할까?

인터넷 시대가 되면서 전 세계적으로 상당부분 예술과 예술가의 필요성이 떨어졌다. 인터넷 이전에는 음악을 듣고 울기도 하고, 그림을 보고 '아, 이런 그림이 정말 있구나' 하고 감명을 받기도 했다. 그런데 인터넷이 등장하고 나서는 사람들의 모든 것이 인스턴트가 돼버렸다. 이제는 인터넷에서 검색만 하면 원하는 정보가 다 나온다. 그러다 보니 창작자나 철학자의 필요성이 사라져 버렸다. 모든 것이 깊이 없이 피상적이 되어버렸다. 그게 조금 슬프다.

스마트폰 하나로 게임까지 모두 해결이 되기 때문에 사람들이 사고를 안 한다. 사고의 과정은 사라지고 결과만 남았다. 젊은 세대들이 점점 더 결혼하기가 힘들어지는 것도 자꾸 과정보다는 결과만 따져서 그런 게 아닌가 싶다. 사실 결혼이란 연애라는 과정 속에서 그 사람에 대해 알아보고 내가 이 여자와 살면 어떨까 생각하면서 이루어지는 것이다. 이런 과정 없이 이 사람이 얼마를 버는지, 얼마나 똑똑한지, 건강한지, 아이는 잘 낳을지, 집안은 어떤지 등을 빨리 분석해 버리고 결혼 여부를 결정해 버리기 때문에 쉽게 결혼할 수 없는 것 같다.

그런 면에서 보면 우리 사회에 문화 예술이 바로 서는 게 필요할 것 같다.

예술이 설 자리가 많이 없어졌다. 예를 들어 예전에는 사진을 하나 찍으려고 해도 노출, 셔터스피드 등 사진에 관한 모든 것들을 공부해야 했다. 그런데 디지털 시대엔 이제 그럴 필요가 없어졌다. 버튼만 누르면 사진이 다 잘 나온다. 그렇기 때문에 실은 사진작가도 필요가 없어진 것이다. 나도 뉴욕에서 사진을 배웠고 사진작가 생활을 했지만, 이제는 사진을 찍기 위해 유학을 할 필요가 없어졌다. 요즘 카메라 기술이 얼마나 좋은가. 사진을 비롯해 모든 예술의 중요성과 필요성이 많이 줄어드는 것이 사실이다.

우리 시대만 하더라도 예술인이 지식인이었다. 이런 예술가들을 통해 관념의 창구가 대중들에게 열려 있었고 이들의 작품을 통해 대중들이 '아, 이런 예술이 있고, 이런 조각이 있구나' 하고 경험하는 때가 있었다. 그러나 지금은 대중들의 수준이 너무 높아 예술로써 대중들의 마음을 움직이는 게 어려워졌다. 그러니 아티스트가 리더의 역할을 못 한다. 또한 대중들이 이미 너무 많은 정보를 갖고 있어서 마음의 캔버스가 좀 검다. 그래서 예술가들이 페인트를 칠해 줄 영역이 별로 없다. 대중들에게 어느 정도 하얀 부분이 남아 있어야 예술가가 칠해 그 영역을 칠해 줄 수 있는데 다들 이미 너무 많이 알고 있다. 최근에는 화가든, 철학가든, 소설가든, 음악가든 대가라고 할 만한 이들이 많이 나오지 않는다. 클래식 음악에서도 구스타프 말러가 마지막 대가이고, 록도 60년~70년대 이후 사실상 제자리걸음이라고 할 수 있다.

산업화가 가속화됨에 따라 예술도 산업화가 되면서 이 분야에서까지 빈익빈 부익부 현상이 일어나는 것에 대해서 어떻게 생각하나?

모든 예술이 산업화가 되면서 화폐와 바로 연결 되었다. 과거에는 화폐에 구애받지 않고 그저 각자의 예술만을 추구하면 된다고 생각하는 사람이 많았다. 하지만 포드주의Fordism(2차 세계대전 이후 대량생산과 소비를 지향하는 자본주의적 기술체계와 작업조직의 지배적인 방식) 이후 모든 게 화폐와 연관되기 시작하면서 음악가도 이젠 자신의 앨범을 CD로 만들어 팔지 않는다. 잘 팔리지 않는 씨디 보다는 유투브나 다운로드 서비스로 팬의 숫자를 확보한 뒤 대기업에서 그 노래를 광고로 사용할 때나 돈이 된다. 음악이 직접적으로 수익원이 되지 못하고 자동차 광고, 비누 광고, 영화 속 등에나 쓰여야 돈이 되게 됐다. 데미언 허스트라는 영국의 화가는 유명한 기타 브랜드에 그림을 팔아먹으면서 세계에서 가장 돈을 많이 버는 예술가 중 하나가 됐다. 이렇게 모든 것이 돈과 연관이 된다. 슬프다.

유럽의 경우에는 국가 차원의 문화예술을 육성하고 보호하는 정책들이 많다. 우리나라에도 뮤지션 유니온 등이 생겼는데, 국가가 예술인들을 지원해 주는 제도가 생긴다면 어떨까?

그런 제도가 생긴다고 해도 모든 예술인을 흡수할 수는 없다. 지금 홍대만 하더라도 인디밴드가 무척 많다. 100만 명의 예술인 중 하나를 흡수할까 말까일 것이다. 간단히 말해 예술을 추구하는 건 참 힘들다. 가시밭을 넘어 지뢰밭 같다. 그야말로 꼭 예술을 해야겠다는 용감한 사람만이 창작의 길을 걸을 수 있다. 나 스스로도 아무에게나 예술을 하는 것을 권하고 싶지 않다. 우리 양호도 예술의 길로 나가지 않았으면 좋겠다. 본인이 꼭 하겠다면 어쩔 수 없지만 말이다. 예술가들의 창작은 사람들로 하여금 감명을 줘야 하는데 이제는 그것이 어려워졌으니 고민이 필요한 것이다. 이런 부분에 대해 고민이 많다. 그런데 싸이는 참 잘하는 것 같다.

'싸이 신드롬'에 대해 어떻게 생각하나?

아쉬움이 있는 것은 싸이의 노래가 유투브의 조회 수는 높지만, 미국 라디오에서는 잘 안 틀어주고 있는 것이다. 미국에선 라디오에서 어떤 노래를 많이 틀어줘야 그 노래의 빌보드 순위가 올라간다. 그런데 그게 전혀 안 되고 있다. 싸이 열풍은 우리나라 대중문화의 역사적인 사건이다. 뉴욕에서 파리까지 사람들을 열광시켰으니 대단한 일이다. 싸이가 히트곡을 한 두 개 더 만들고 음악인생을 끝낼지, 아니면 비틀스나 롤링스톤즈와 같이 오랫동안 음악적 인생을 계속 살 것인지는 우리 예술이 풀어야할 큰 숙제다.

싸이에게도 약간의 반항적 기질이 있다. 선배로서 싸이에게 한마디 하고 싶은 말이 있다면?

　　싸이가 여기까지 걸어온 것은 그가 상당한 실력을 갖췄기 때문이다. 거기에 오동통한 게 참 귀엽다. 그리고 중요한 것은 인터뷰 할 때 영어가 된다는 것이다. 영어가 되지 않으면 그렇게 많은 해외 방송에 나갈 수가 없다. 지금까지 이런 사람이 없었다. 또한 그 스스로 공부도 많이 했고 고통도 많이 받았다. 군대를 두 번이나 갔지 않나?

　　복잡하게 볼 필요도 없이 할 말은 간단하다. 댄스든 블루스든 록이든 좋은 음악을 계속 발표 하는 수밖에 없다. 이 정도의 주목을 잘 활용해서 실력 있는 아티스트로 성장해야 한다. 이것은 간단하지만, 창작인에게는 꽹장히 힘든 이야기다. 그래서 꾸준히 히트를 이어갔던 비틀스가 위대하다는 거다.

앞으로 음악활동을 함에 있어서 어떤 활동들을 하고 싶나?

　　나는 나이가 들었기 때문에 육체적으로 곧 한계에 부딪힐 것이다. 어떤 사람은 건강관리를 잘하면 일흔 살까지 가기도 하지만, 대부분의 음악가는 예순이 넘으면 목소리를 잃는다. 파바로티도 죽기 전에 목소리 잃었고, 탐 존스도 재작년에 목소리 잃었다. 나도 점점 목소리를 잃어 가고 있다. 주위의 친한 음악가들이 날더러 더 늦기 전에 마지막 녹음을 해야지 않겠냐고 해서 곧 앨범 녹음에 들어갈 것 같다. 나중엔 하고 싶어도 못 하니까 말이다.

만약 앨범이 나온다면 앨범 이름은 '폐허'가 될 것이다. 타이틀 곡은 'Nuke me baby'라는 노래를 생각 중이다. 최근 핵무기가 전 세계적으로 가장 큰 이슈가 되고 있다. 모든 나라가 핵무기 보유국이 되고 싶어 하는데 이런 식으로 가다간 전 세계가 핵무장화 될 것이다. 그렇게 되면 지구가 참 슬플 거다. 핵무기를 각기 위해서는 실험을 해야 하는데 그 때마다 방사능이 새어 나오고 그것이 감당하기 어렵게 되면 지구는 사람이 살 수 없는 상태가 돼버릴 것이다. 이것에 대한 나의 생각을 블루스로 표현하려고 한다. 약간의 유머도 섞어가면서 말이다. 내 목소리를 잃기 전에 녹음에 들어갈 것이다.

인생에 있어 가장 행복했던 순간이 있다면?

내가 '행복의 나라로'라는 노래를 만들긴 했지만, 솔직히 행복이 뭔지 잘 모르겠다. 행복을 일부러 추구하지도 않는다. 그냥 매일 아침 'Thank you, lord'라고 하며 촛불을 켜놓고 기도하며 'One day at a time'라는 생각으로 하루하루 사는 것이다.

인생에 있어 가장 어두컴컴한 순간이 있었다면?

매일같이 어두컴컴하다. 절망에서 벗어날 수 없다.

그렇게 어두컴컴하다고 하지만 위트가 정말 넘친다. 그런 유머나 위트는 어디서 나오나?

글쎄, 나도 모르겠다. 그것도 아마 여러 문화를 겪었기 때문에 가능한 게 아닐까 생각한다. '양호합니다'라는 표현을 쓰는 것도 마찬가지다. 일상생활에 위트가 없으면 재미가 없다. 사는 게 비극이다 보니 많이 웃고 웃겨야 한다. 사람이라는 존재는 사실 많은 부분 비극적이다. 사실 양호가 태어났을 때 '내가 죽기 전에 아버지라는 걸 경험하는 구나' 하는 기쁨도 있었지만, '(아이가) 이 험악한 세상에 태어난 게 얼마나 힘든 일인가' 하는 슬픔도 있었다. 대학교도 들어가야지, 소울메이트도 찾아야지 하는데 말이다. 앞으로 양호가 갈 길을 생각하니 안되기도 했다.

예전에 자살을 생각한 적도 있었다는 내용을 봤다.

그동안 힘들 때가 많았다. 군대 시절도 힘들었지만 특히 첫 번째 결혼하고 그녀와 헤어졌을 때 정말 힘들었다. 스무 살 때 만난 그 여자는 내 몸의 반쪽이나 마찬가지였다. 그랬던 그와 헤어지고 나니 내 삶의 목적이 사라졌다. 매일 아침 일을 나가기 전 옷을 입을 때도 '내가 뭐하려고 출근하지?' 하는 생각이 들었고 일을 하면서도 '내가 뭐하려고 돈을 벌지?' 하는 생각이 들었다.

음악인이어서 참 다행이었던 게 그때 고맙게도 작곡을 많이 했다. 그러다보니 한국에 돌아와서 앨범을 낼 수 있었다. 그게 바로 3집 《무한대》다. 사람들이 내 음악을 들을 때면 그만큼 1/n만큼 내 고통이 나눠지는 것 같았다. 참 고마웠다. 음악가로서 좋은 점 중 하나가 바로 고통을 많이 나눌 수 있다는 점이다. 다른 사람이 나의 음악을 듣고 감명을 받을 때, 내게도 그것이 치유가 된다.

양호에게 어떤 아빠로 기억되고 싶나?

양호에게 많은 사랑을 준 아빠, 그리고 양호로 인해서 많은 행복과 즐거움을 받은 아빠로 기억되고 싶다. 그리고 부디 양호가 날개를 펴고 이 세상을 자유롭게 거리낌 없이 날아다니며 살아갔으면 좋겠다.

한대수에게 사랑이란?

사랑은 사람을 죽인다. 사랑은 희생이며 완벽한 사랑을 하려면 자기 자신을 다 줘야 한다. 그러지 않고는 사랑을 할 수 없다. 하지만 자신을 다 주다보면 상처가 클 수밖에 없다. 인연이 잘 연결돼 인생의 반려자를 만나게 된다면 참 양호한 일이지만, 그렇지 않은 경우엔 상처가 되기도 한다. 그러면서 사랑이 인생을 만들어 가는 거다. 인생사 화폐만을 바라보고 그 안에 사랑이 없으면 재미가 없다. 사랑이 있어야 세상이 돌아가는 것 같다.

청년들에게 해주고 싶은 말은?

우리 때는 가난해서 고통스러웠다. 지금 젊은이들은 굉장히 복잡한 사회 속을 살면서 넘치는 정보들 사이에서 자신의 정체성을 찾는 것에 고민이 많을 것 같다. 남녀 관계를 비롯해 사람과의 관계도 과거와 달리 너무 복잡해져서 생각하면 골치가 아프다. 그렇기 때문에 먼저는 우리가 사는 지금이 젊은 이들이 살아가기에 참 힘든 때임을 인정하는 것이 중요하다. 그런 뒤 각자의 목적의식을 뚜렷이 갖고 스스로가 이 사회를 위해서, 이 지구를 위해 어떻게 이바지 할 수 있는지 잘 고민해 실천하는 것이 중요할 것 같다. 물론 쉽지 않다. 하지만 'Peace &Love'가 주목적이 되어야 한다.

한대수에게 자유란?

자유란 것이 자기 자신과 싸우는 것인데 과연 완벽한 자유가 있을까. 너무 어려운 질문이라 완벽한 자유에 대해서는 나도 계속 고민해 봐야겠다. 정치적인 자유로는 인권, 평등 같은 것들이 있겠지만, 내적인 자유가 무엇인지는 공부를 더 많이 해야겠다. 내 자신의 껍데기로부터 해방될 수가 있나. 사실상 죽음이 마지막 자유야. 나도 모르겠다. 하하하.

인터뷰 담당 김경미, 손어진, 정인선

윤영배

사람은 '바뀐다'기보다는 '넓어진다'

2014. 5. 23

윤영배

5월, 농부로서 한창 바쁜 시기이다. 요즘 생활은 어떤가.

특별히 하는 게 없다. 제주도에서도 외진 곳에 있어 밖에 나가지 않고 거의 집에 머문다. 하루에 움직이는 거리도 뒷밭에 나무하러 가는 정도로 반경 1킬로미터도 안 된다. 굉장히 단조로운 생활이다. 농사도 텃밭 수준이라 농부라기보다는 '농가 주변인' 정도다(웃음).

1999년 네덜란드에서 학교를 다녔다. 당시 '생활에 제약이 없고 적응할 것이 따로 없어 온몸이 행복했고, 정서적으로 안정감을 느꼈다'라고 했는데, 당시 생활이 지금 제주에서의 삶과 연결되어 있는 것 같다.

서유럽 도시는 한국에서 나고 자라 음악을 즐겨듣던 나에게 늘 가고 싶은 나라였는데, 학교를 빌미삼아 2년 정도 네덜란드를 경험했다. 그곳에서는 주로 자전거를 타고 다니며 생활했고, 학교만 기차를 타고 다녔다. 학교는 금방 때려치웠다(웃음). 도시 외각에 마당이 있는 집을 운 좋게 구해서 그야말로 진짜 한가로운 생활을 했다. 마당에 불을 피워놓고 느긋하게 시간을 보내기도 하고 음악도 실컷 들었다.

제주도에서의 생활이 10년을 넘어간다. 단조롭고 소박한 삶 이면에 '제주도에서 산다'는 것은 어떤 의미인가.

도시에서는 굉장히 수동적이고 의존적인 삶을 사는데 비해, 제주도에서는 먹을 것을 농사 짓는다든지, 땔감을 마련한다든지, 필요한 물건을 만든다든지 하는 자신이 직접하는 독립적이고 자발적인 삶이 가능하다.

서울에 오면 늘 느끼는 것이지만, 도시에 있으면 마치 사육장에 들어온 것 같다. 가장 기본적인 것부터 시작해서 자발적으로 하는 게 전혀 없다. 점점 심해지는 것 같다. 어딜 가나 금지 표시판이 붙어있고, '하지 마라'라는 게 너무 많다.

제주도에서의 삶은 통제에서 벗어난 느슨함 같은 것이 있다. '너그러운 방관' 같은 삶이 가능한 것이다. 그러니 스스로가 적극적으로 개입할 수밖에 없다.

직접 머리카락을 다듬어 '이발사'라는 별명을 갖고 있다. '시장에 예속되고 싶지 않기 때문'에 머리카락을 직접 자른다고 했는데, 그렇게 생각하게 된 계기가 있는가.

머리카락을 자르는 기술이 좋다기 보다는 불편하면 잘라내는 식이다(웃음). 어릴 때는 거울도 종종 보고 그랬는데, 어느 순간이 되니 어떻게 입고 어떻게 보일 것인가에 대한 관심이 없어지더라. 지금은 촌에 있다 보니 맨날 장화만 신고 다닌다.

내 자신을 꾸미고 가꾼다는 개념은 일종의 정체 의식 같은 것이다. 다른 사람을 의식해서 만들었던 정체 의식을 왜 이제껏 '내 의지인냥 하면서 살았을까'라고 생각하게 된 시점이 있었다. 모든 것에 수동적으로 따라가고 의존적인 것 자체가 불편해진 것이다.

3집 앨범 《위험한 세계》가 '2014 한국대중음악상'에서 3관왕을 수상, 세 차례의 수상소감에서 '기본소득'을 재차 언급했다. 자본주의 사회에서 '기본소득'이란 개념을 받아들이기란 쉽지 않을 것 같은데….

지금 우리에게 '기본소득'이라는 개념 자체가 생소하다. 이것을 당연한 관심사로 활발하게 이야기할 수 있는 의제가 됐으면 좋겠다는 의도로 이야기했다. 이게 무슨 얘기인 줄 알아야 자기 의견도 낼 것 아닌가. '기본소득'은 아주 막연한 이야기가 아닐 수 있다. 우리가 살고 있는 자본주의 체제도 언제부턴가 당연하게 받아들여진 것 아닌가. 지금의 자본주의 방식에 대해 우리가 무력하게 의존하고 있지는 않은지, 불편하게 생각해 볼 필요가 있다.

인간이 살아가면서 만족할 수 있을 만큼 행복한 삶을 사는 것이 중요한데, 이것을 가능하게 하는 것이 자본주의밖에 없다는 생각은 잘못된 것 같다. 그보다는 인간이 삶을 살아가는 데에는 다양한 방식이 있다는 것을 생각해보는 게 중요한 것 같다. 좀 더 다양하고 비판적인 상상력이 필요하다.

3집 앨범 《위험한 세계》에는 사회적 메시지가 담긴 노래가 많다. 노래를 통해 사회에 하고 싶은 이야기는 무엇인가.

지금까지 음악을 진지하게 했던 사람이 아니다. 음악하는 친구들 주변에서 많이 놀았을 뿐이다. 주변이 그렇다보니, 나처럼 노래 못하는 사람도 느닷없이 노래하게 된 것이다. 음악을 같이 했던 대부분의 친구가 정서적으로 받아들이기 불편한 것을 노래해온 사람들이다. 나도 그 영향을 받아 관심은 늘 불편한 것에 있었는데, 성격도 그렇고 촌에 살다보니 굉장히 소극적이었다. 내 노래는 단지 현장에 있는 사람을 흉내 낸 것이다. 그들에 비해 많이 부족하다.

한편으로는 노래 하나 했다고 주목받는 것도 불편하다. 그게 뭐가 중요하다고. 그 노래 아무나 부르면 어떤가. 이야기한 사람에 집중하면 뭐하느냐는 거다. 주제에 더 집중해야 하는데…. 사실 온 세상이 '나 아파'라고 하며 아우성인데 말이다. 나같이 뭐 하나 했다고 매체에 실린다는 게 웃기다. 어디서 이런 방식이 시작됐는지, 매체가 주도한 것은 아닌지 들여다봐야 한다.

매일 아침 각종 신문을 챙겨보는 걸로 알고 있다. 특별히 관심가는 분야가 있나.

뉴스의 특성상 이슈나 소식이 하루에도 몇 개 씩 올라온다. 수시로 어느 분야든 대충 다 훑어보는 편이다. 눈에 띄는 기사가 있으면, 모아두기도 한다. 중요한 것은 이 매체가 갖는 특성을 경계하면서 너무 의존적이지 않게 봐야 한다는 것이다.

블로그를 통해 일상을 살펴보면, 서두르는 것 없는 생활에 책을 읽고 기록하며 본인이 살아가는 세상에 대한 의식을 넓혀가고 있는 것 같다.

자기중심적이 되면 안 된다. 그게 제일 위험하다. 보통 학생들은 '자기 능력 개발'이라는 이름으로 잘 하는 것, 또는 잘 할 수 있는 것만 한다. 하지만, 그렇게 하다 보니 그것밖에 못하는 사회가 돼버린 것은 아닐까? 물론 그들의 잘못은 아니다. 사회적인 분위기가 개개인을 압도하는 것이다.

자신을 찾고 싶으면, 본인이 어디에 속해 있는지를 제대로 봐야 한다. 주위를 둘러보며 '내가 여기 있구나'라고 하면서 자신이 속한 사회를 볼 수 있어야 한다. 이것은 하나의 인식에 다른 인식을 더해 가는 작업이다. 그러면, 자기 선택도 넓어지고 자유 의지도 넓어진다.

사람은 '바뀐다'기보다는 '넓어진다'고 생각한다. 자신은 그대로 있지만, 자신을 둘러싼 인식의 폭이 넓어지는 것 말이다. 인식의 폭이 넓어질수록 자신은 작아진다. 그렇게 전체 구성원들이 넓어지면 사회가 달라질 수 있을 것이다.

받아들이기 힘든 절망을 느꼈던 적은 언제였나?

지금이다. 조금만 들여다보고 생각해보면 매 순간이 그렇다. 생태다양성의 관점에서 보면, 지구상에서 3초에 한 개체 씩 영원히 사라진다고 하지 않는가. 늘 그런 인식으로 우리 삶을 돌아보면 매 순간 절망스럽다. 하지만 이렇게 끔찍해도 들여다 봐야한다. 그람시가 한 말도 있지 않나. 제대로 인식하는 게 출발이 되려면, 먼저 제대로 봐야 한다.

반대로, 인생에서 가장 행복했던 순간이 있다면 언제인가?

그런 건 없는 것 같다. 왜 그렇게 행복을 찾는지 모르겠다. 그만큼 만족스럽지 못하다는 이야기겠다. '웰빙'이니 '힐링'이니 많이들 이야기 하지만, 아무리 들어도 익숙해지지 않는다. '행복'이니 '절망'이니, 양 극단에 놓여 있어 특별하게 여겨지는 가치에 대해서 무심할 수 있는 그런 시기가 빨리 왔으면 좋겠다. 그냥 평온한 일상을 꿈꾸고 싶다. 요즘 세상은 너무나 당연한 것을 특별하게 만들고 있다. 우리 일상이 그만큼 그것을, 또

얼마나 상업적으로 이용하고 있나. 정서를 상품으로 만들고 결국 그렇게 감정을 팔아먹고 있다.

'내가 어떻게 행복할 수 있는가'는 누구라도 잠깐만 생각해보면 알 수 있는데, 그것을 알더라도 할 수 있는 게 많지 않다는 사실이 불행하다. 또 가만히 들여다보면 우리가 전적으로 의지하고 있는 것 중 큰 가치를 갖고 있는 게 많지 않다. 꼭 해야만 하는 일도 마찬가지다. 하지만 대부분의 사람들은 그런 일을 하며 불행하게 살아간다. 이렇게 반복되는 좌절감으로 사람은 피로해지는 것인데, 극복해야 한다.

최근 녹색당 당가 제작과 녹음에 참여했다. 어떤 내용을 담았나.

　　'우리는 노래도 없네?'라는 생각에 만들게 됐다. 녹색당 당원들의 의견을 노랫말로, 내가 곡을 붙이고 연주는 이상순, 편집은 고찬용, 노래는 이한철과 시와 그리고 당원들이 함께했다. 당가는 세 가지 버전으로 제작 될 것이다. 이번엔 시와 버전으로 만들었다. 아직 완성단계는 아니지만, 꼭 정치집단의 행사용 당가가 아니라 녹색의 정서를 담고 싶다. 당원이 아니더라도 듣고 싶은 노래 말이다. 만족할 만한 내용으로 채우기 위해 시간을 갖고 차분히 그리고 천천히 작업 중이다.

녹색당도 엄연히 정치 집단이다. 정치 참여, 윤영배에게 어떤 의미인가?

　　어떤 행태로든지 직접적이나 넓은 의미의 정치 참여가 필요하다. 스스로를 어떤 특정 정당에 가두지 않는 '모두의 정치'라는 인식 말이다. 그래야 내가 사육당하지 않을 수 있다. 하나의 국가에 예속되면, 자발적인 삶을 살 수 없다. 어딘가에서 벗어나고자 한다면, 적극적인 정치 의식이 필요하다.

　　상업 사회에서 우리는 완전히 수동적인 통제 상태에 들어와 있다. 여기서 '어떻게 자립적일 수 있을까, 어떻게 주도적으로 살아갈 수 있을까'를 끊임없이 고민해야 한다. 세상에는 우리가 상상할 수도 없는 끔찍한 일과 괴물이 수도 없이 나올 수 있다. 동시다발적으로 위기가 올 수 있다. 먹는 것에서 시작해 기후, 원전 모두가 위기다. 결국 우리 모두는 이대로 있다가는 무기력하게 휩쓸릴 수밖에 없을 것이다. 그때 가서 이 위기가 느닷없는 것처럼 깜짝 놀랄 것인가?

지금 우리가 의존하고 있는 생존 방식 자체가 위기를 키우고 있다. 하지만 이것은 개개인의 잘못이라기보다는 체제의 잘못이다. 지금의 정치는 우리가 가장 기본적인 영역에서부터 어느 것 하나 주도적으로 선택할 수 없게 만들어 놨다. 이 구조는 정교하게 짜여 있기 때문에 이를 볼 수 있는 사람들의 정치의식이 굉장히 중요하다.

왜 녹색당인가?

녹색당은 한국에만 있는 것이 아니라, 전 세계적으로 동일한 가치를 가지고 있다(이번 지방선거에 '국제녹색당'으로 나온 정당은 '녹색당'과 별개다). 녹색당은 기존의 정당 정치 패러다임이 아니다. 추첨제로 제비뽑기를 하는 당이다. 녹색당 방식은 이미 오래 전부터 《녹색평론》에서 꾸준히 얘기했던 것인데, 어떤 잘난 사람이 대신해서 민의를 수용할 수 없는 구조다. 승자독식은 잘난 놈이 다 먹고, 60~70%의 의견은 없어져 버리는 체제이다. 이를 극복하고 진짜 민의를 반영하는 것을 실현하는 정치 집단으로, 지금은 녹색당밖에 없다.

시류나 흐름에 끌려 다니는 가치가 아니라 근본이 되는 가치, 가장 지역적이지만 가장 지구적인 가치를 녹색당이 담고 있다. 지금까지 어떤 정당도 국가 단위를 벗어나 할 수 있는 게 없었다. 구체적인 현안으로 갖고 있는 정당도 없었다. 나는 녹색당이 우리가 사는 세상에 대해 가장 멀리 보고 가장 근원적인 문제에 이의를 제기할 수 있는 당이라고 생각한다. 생태적인 관점에서 보면, 사람이 문제가 아닌가. 그 자체를 문제 삼을 수 있는 가치를 녹색당이 가지고 있다.

윤영배에게 노래란 무엇인가?

아무것도 아니다. 안 해도 그만이다. 여러 번 말했다. 음악은 내가 오랫동안 놀아서 노는 방식에 익숙한 것이지 중요하지는 않다는 말이다.

음악을 울림이라는 개념으로 보면, 굉장히 오랜 역사를 가진 것이다. 그런데 이것이 상업화 되면서 상품이 됐다. 사람들은 시장에 예속돼 음악 시장이 바뀌면 바뀌는 대로, 항상 수동적으로 무엇인가를 사야 했다. 이런 상황에서 음악하는 사람들은 스스로를 철저하게 상업화하지 않으면, 소박한 그릇에 자신 정서를 담아내기가 어려워졌다. 나처럼 운 좋게 주변에 음악 하는 친구가 있으면 좀 더 쉽게 할 수 있겠지만, 그렇지 못한 친구들은 음악을 하는 것 자체가 힘들다. 사실 음악에 관심을 갖는 것 자체가 불편하다. 내가 특별히 음악 활동을 안 하게 된 것도 이런 것이 불편해서이다.

다른 시스템이 필요하다고 생각한다. 다시 한 번 '기본소득'과 연관시킬 수 있겠는데, 만약 기본소득이 실현된다면 대부분의 사람들이 음악가나 예술가가 될 것이다. 그러나 지금은 음악에서 상품의 영역이 너무 커졌고 완전히 괴물이 됐다.

생계유지는 어떻게 하나?

처지야 다들 비슷할 것 같다. 일단 기본적인 생활 규모가 작다. 생활 규모가 작으면 작을수록 여백이 많을 수밖에 없다. 차가 없으면 훨씬 한가해진다. 돈이 없어도 마찬가지다. 돈 없이는 할 수 있는 게 없게 된 세상이 아닌가. 그러니 돈이 없으면 안하면 된다. 하는 일도 별로 없고, 먹는 것도 별거 없다(웃음). 사람들에게 가장 예민한 부분이 보통 건강에 대한 두려움인데, 그게 다 먹는 것에서부터 온다. 의료자립, 개인위생, 건강을 위해서라면 별 거 안 먹으면 된다. (욕먹기 참 좋은 이야기인데) 실제로 간단하더라. 촌에 사니까 가능한 것이다. 제철 노지 음식 위주로 먹기 시작하면 먹을 게 별로 없다.

시골에 있으면 씻을 일도 없다. 의지의 차원이 아니라 그냥 익숙해지는 거다. 우리가 의존하고 있는 대부분이 상업적으로 왜곡되어 있는 것들인데, 이것에서 벗어나면 그만큼 자발적이게 되기도 하고 자유로워진다. 그렇게 되면 당연하다고 생각되는 가치들이 관념적으로 수월해지고 실제로 생활도 수월해진다.

동시대를 살아가고 있는 청년들에게 꼭 하고 싶은 말이 있다면?

그런 거 없다. 자기가 스스로 비판적으로 생각하면 되지 뭘 그렇게 남의 이야기를 들으려 하는지 모르겠다. 진짜 자신의 이야기를 스스로 귀담아 듣는 것, 그것이 필요하다. 우리는 이제껏 멘토니 뭐니 해서, 잘난 사람의 이야기를 듣거나 전문가가 시키는 대로 하고 살아왔다. 남의 이야기 들어서 뭐하나.

윤영배에게 자유란?

　　자기 이야기를 귀담아 듣는 게 스스로에게 자유를 주는 것 아닐까. 내 자유를 이야기하는 게 아니다. 당신이 자유로워야 내가 자유로운 것이다. 모두에게 이 자유를 줘야 한다. 자유란, 서로 다른 소리가 부딪치는 소리라고 하더라. 다른 생각, 다른 삶의 방식이 만나는 것.

　　이런 자유 의지는 결국 우리의 생활 방식을 확장시킨다. 나한테 이 세상을 살아갈 수 있는 또 다른 방식이 생기는 것이다. 한 가지 방식이 아니라, 두 가지 방식을 가지게 되면 세 가지 방식을 가지는 게 훨씬 수월해진다. 야생에 간다 해도, 여러 가지 방식을 가지고 있는 사람이 더 잘 산다. 자유란, 어떤 절대적인 방식에 자기를 가두지 않는 것이다.

인터뷰 담당 박주연, 조경일, 손어진

목
수
정

이땅의 청년들이여, 마음껏 '월경'하라!

2013. 7. 26

목수정

한국에 들어오기 직전인 지난 6월 '재불 한인 시국 선언 서명 운동'을 공동 발기해 현지에서 150여 명이 이 서명에 동참했다. 국가정보원을 비롯해 정부가 이 사안에 대해 예의 주시하고 있을 텐데, 한국에 들어오기 두렵지는 않았나.

국정원이나 한국 정부에 관해서는 별로 고민하지 않았다. 마침 지인들과 다른 프로젝트를 도모하고 있던 중이었는데, 갑자기 한국이 시국 선언 정국에 돌입하는 것을 보면서 '우리도 해야 하지 않겠느냐'는 이야기가 나왔다. 다들 동의했다. 함께 글을 작성하고 한인 사이트에 올려 온라인으로 서명을 받으려고 했는데 생각보다 참여가 많지 않아 한인 마트나 공연장, 한국 관련 행사가 있는 곳에 직접 가서 서명을 받았다. 처음에는 신이 나서 진행했는데, 막상 (한국에 오기 위해) 비행기를 타려니까 살짝 걱정이 됐다(웃음). 아이가 있었기 때문이다. 한국 집에는 내가 공항버스를 타고 바로 집으로 간다고 했기 때문에 아무도 마중을 나오기로 한 사람이 없었다. 만약 도착하자마자 '(당국에서) 나를 데려가면 아이는 어떡하지' 하는 생각이 들었다. 그런데 비행기에서 내릴 때쯤 되니까 아무 걱정이 안 됐다. 지금 정국에 시국 선언했다고 누군가를 잡아가면 이것은 완전히 불붙은 데다 기름을 붓는 격이 되기 때문에, '그런 짓을 해주면 나야 고맙지, 해봐라' 하는 생각이 들었다.

"국정원의 선거 개입을 당시 박근혜 후보가 알지 못했다 해도, 불법으로 치러진 선거는 무효라는 그 명백한 사실에는 변함이 없다. 가장 엄중한 헌법의 수호자가 되어야 할 대통령이 이 사실을 알지 못한다면, 그 지위의 정당성도 자격도 없다는 것을 스스로 실토한 셈이다. 부정선거의 결과로 당선된 박근혜 대통령의 사퇴를 준엄하게 요구한다"는 내용의 시국 선언을 했다. 어떻게 사퇴까지 요구할 생각을 했나?

사람들이 '박근혜 하야'를 말하지 않고 '책임자를 처벌하라, 국정원을 개혁하라'는 정도만 말하는 것이 도무지 이해가 안 된다. 결국 선거가 부정으로 치러졌다면, 선거 결과는 무효가 되는 거다. 그렇다면 당선된 사람이 물러나고 선거를 다시 해야 하는 것 아닌가. 1960년 3·15 부정선거 때는 학생들이 '이승만 하야' 요구를 바로 했었는데, 지금 우리는 왜 퇴진 요구를 직접 하지 않을까 의아하다. 시국 선언을 할 때 우리는 '다른 것 다 필요 없다. 선거는 무효니까 박근혜 당선인은 사퇴하라'고만 얘기하기로 했다. 파리 한인 시국 선언 이후, 이것을 그대로 불어로 번역해 프랑스 서명 사이트에 올렸다. 제목은 "2012년 대한민국 대선 무효 선언에 대한 서명 운동"이라고 붙였다. 지금까지 프랑스인들을 포함해서 약 2000명 정도가 서명을 했다. 이 사안과 관련된 책임자들에게 직접적으로 메시지를 전달할 수 있도록 해뒀다.

"이런 것들을 해야 하나 말아야 하나를 가지고 계산기로 두드릴 필요는 없다. 해야 한다고 생각하면 결과와 상관없이 나서야 하고, 가능한 한 모든 사람들이 거기에 동참하는 것밖에 할 수 있는 게 없다. 나 또한 다른 사람들이 함께 동참해주길 바랄 뿐이다.

박근혜 대통령이 사퇴 요구를 받을 것이라 생각하나?

사퇴는 박근혜 혼자 결정할 수 있는 게 아니다. 그 어떤 지도자도 스스로 혼자 힘으로 세상을 바꾼 적은 없다. 이승만도 그랬고 박정희도 그랬다. 결국 시민 혁명을 통해서만이 부패한 정권과 지도자를 무너뜨릴 수 있다. 김재규가 박정희를 총으로 쐈지만 그것으로 해결된 것은 아무것도 없었고 1987년 6월 항쟁으로 군사 정권을 종식시킬 수 있었다.

학창 시절, "운동이 권력이던 때, 선배들이 주도하는 소위 '세미나'는 멀리하고, 20세기 초 러시아 시의 참혹한 아름다움의 세계에 넋을 잃는 반동의 시절을 보냈다. 종종 마음이 움직이면 종로, 대학로 등지에서 열리는 집회에 평소처럼 원피스를 입고 참석하기도 했다"고 했다. 학창 시절 목수정은 어떤 사람이었나?

나는 글 쓰는 것을 좋아했던 사람이라서 대학에 오면 글을 좋아하는 친구들을 만날 수 있고 그들과 문학적인 영향을 서로 주고받으며 소양을 쌓을 수 있을 것이라는 기대도 많이 했다. 그런데 학교 안에 있는 신문사, 문학 동아리를 포함해 모두가 운동권적인 어휘가 아니면 받아들여지지 않는 분위기였

다. 그것에 대해 거부감이 들었다. 모든 시나 산문 등이 운동권의 어휘가 아니면 아예 실리지가 않았다. '이 또한 독재다, 갑갑하다, 어떻게 세상에 이것만 존재할 수 있나? 이건 거짓말이다' 하는 생각에 늘 불편한 마음이 있었다.

학교 생활을 하면서 나한테 다가오는 인간들이 딱 두 부류가 있었는데 하나는 운동권 선배들이었고 다른 하나는 기독교 동아리였다. 이 둘의 접근 방법이 너무 똑같았다. 이데올로기와 종교는 서로 똑같은 방식으로 사람을 포섭하고 맹목적으로 순수한 양심에 강요하는 방식을 택한다. '독재자' 혹은 '신'

이라는 신성불가침의 존재를 뒤에 세워두고 그의 말이 곧 과학인 것처럼 얘기하는 방식 말이다. 그것이 명확하게 보였다. 그래서 둘 다를 거부했다. 한 학생이 소위 운동권에 발을 들여놓게 되는 계기는 본인이 스스로 사회에 대한 모순을 느껴서라기보다 선배들의 포섭에 의한 것이 대부분이었다. 그게 대세였고, 대학 생활에 응당 누려보는 객기였다. 당시 운동에 앞장섰던 선배나 동기 중에 지금까지 운동을 하는 사람은 거의 없다. 오히려 그 이력을 발판삼아 권력깨나 쥐는 자리에 올라간 사람들은 있을지언정 말이다.

동료들이 운동 현장으로 나갈 때 일종의 부채의식 같은 것은 없었나?

어떤 부채의식도 갖고 있지 않다. 당시는 87년을 계기로 큰 싸움이 끝난 시점이었다. 그렇지만 노태우가 여전히 군부를 이어갔고 학교에서는 그동안 다져진 운동권의 세력은 여전했다. 학생운동의 이슈가 학내 문제로 넘어가면서 경찰과 계속 부딪치고 있었는데 1991년 명지대학교에서 '강경대 사건'(명지대학교 강경대 학생이 시위 도중 경찰의 강경 대응으로 맞아 죽었던 사건. 이 사건을 계기로 노태우 대통령의 사과와 책임을 요구하는 학생들의 분신자살이 이어졌다)이 발생했다. 그 당시에도 이번 국정원 선거 개입으로 시민들이 선거 무효를 외치는 것처럼 노태우가 대통령에 당선된 것과 군부가 종식되지 않고 책임자 처벌이 이뤄지지 않은 것에 대한 학생들의 불만이 굉장히 컸다. 그런 이슈에 대해서는 나도 현장에 나갔다. 다만 동료들과 같이 간 것이 아니라 혼자 갔다. 가급적 전투적이지 않은 스커트 복장으로 말이다. 전경들이 덮치려 들면 시민들 사이에 끼어들기만 하면 되니까 구타를 당하거나 구치소에 가는 일은 없었다.

스커트를 입고 시위를 나간 모습이 상상이 된다(웃음). 자기 세계가 뚜렷했고 글을 좋아하던 소녀가 어떤 계기로 사회 문제에 관심을 두게 되었나?

대학에 오기 직전 87년에 대선이 있었다. 선거를 며칠 앞두고 KAL기 폭파 사건이 발생했고, 대선 하루 전에 당시 주범으로 지목된 마유미(김현희)가 잡혀서 비행기에서 내리는 장면이 방송에 나왔다. 이것이 당연한 사실로 알고 대학에 들어와 보니 학내 게시판에 김현희는 조작된 인물이고 KAL기 폭파 사건은 정부가 만들어낸 사건이라는 내용의 대자보가 많이 올라와 있었다. 그 대자보의 내용을 완전히 믿건 안 믿건, 지금까지 내가 알던 세상과는 다른 세상이 존재한다는 것과 진실은 다른 곳에 있다는 걸 알게 되었다.

대학교 1학년 때 전국교직원노동조합이 발족했는데 많은 교사들이 우리 교단에서 벌어지는 모든 옳지 않은 것들에 대항하여 싸우기 시작했다. 이들의 가치와 연대에 동의했고 공감이 많이 됐다. 그 당시 내가 제일 좋아했던 노래가 바로 전교조의 '참교육의 함성'이었다. 그 노래를 들으면 눈물이 핑 돌았다. 조직적으로 운동에 몸을 담고 있지 않았지만, 닫혀 있지는 않았다. 전교조를 지지했고, 전교조 활동을 하는 옛 은사들을 응원했다.

그렇지만 그 당시까지만 해도 나에게 있어서 화두는 '문화'였다. '어떻게 하면 우리나라가 문화 사회가 될 수 있을까' 하는 고민이 있었다. 동숭아트센터에서 일하면서 자본에 문화가 종속되는 현실을 아프게 경험하면서 사회에 대한 근본적인 문제의식을 갖게 되었다. 그 때문에 유학을 결심하게 되었고, 이러한 문화 부분에 대한 고민을 사회적인 문제나 정치적인 사안으로 연결시키게 된 계기는 오히려 프랑스에 있으면서 생긴 것 같다.

1995년부터 1998년까지 동숭아트센터에 연극 기획자로 일하면서 "처음 연극 동네에 발을 디뎠을 때 감격의 눈으로 세포 하나하나가 깨어 있는 듯 새로운 부류의 인류를 만났다. 하지만 온통 '예술가님'들만 득실거리는 세계에서 예술은 그들에게 맡기고, 나는 서류를 만들고 계산기를 두드려야 했다"라고 했다. 연극 동네에서 경험했던 한국 문화의 취약점은 무엇이었나.

지금도 그렇지만 당시 연극계의 상황은 매우 열악했다. 그나마 내가 있던 동숭아트센터가 비교적 규모가 큰 곳이라서 자본금도 상당히 갖고 있었다. 극장을 갖고 있어 공연장을 대관하기 위해 돈을 빌릴 필요는 없었다. 빚으로 시작해서 표를 팔면 그 돈으로 빚을 갚는 곳도 많았고 배우들에게 한 푼도 주지 못하고 운영을 하면 할수록 빚만 쌓이는 극단이 허다했다. 동숭 공연팀도 인원이 달랑 3명밖에 없어서 홍보, 기획에서부터 경리, 협찬을 구하는 일까지 다 해야 했다. 그중에 제일 싫었던 일은 매 공연마다 기업 후원을 받으려고 기획안을 가지고 기업에 굽실거리며 들어가 브리핑을 하는 일이었다. 한 50군데를 돌면, 한 군데를 확보할 수 있었다. 그때마다 '우리가 이 일을 왜 해야 되지?' 하는 환멸이 컸다. '우리가 생산하는 문화가 사실은 전 국민이 같이 누리는 문화적 자산이 되는 건데, 왜 이런 짓까지 해야 하나, 정말 이 방법밖에는 없는 건가'라는 고민이 굉장히 많았다.

그래도 일하면서 행복했던 순간도 있었지 않나?

대학로는 마치 연극을 매개로 한 작은 커뮤니티 같은 곳이어서, 연극 동네에 있으면 마치 시골에 온 것 같은 느낌이 들었다. 사람들이 너무 순박했다. 연극은 영화나 드라마에 비해 비교적 작은 단위의 돈으로 시작한다. 주연 배우가 300만 원, 나머지는 50만 원 정도였다. 3개월 연습해서 한 달 동안 공연하는데 그만큼 받고 하는 거다. 그렇게 공연을 올리고 나면 버는 돈도 크지 않기 때문에, 또 애초에 공연을 통해 큰돈을 벌어야겠다는 욕심이 없어서 그 덕에 편안함과 포근함을 느꼈다.

그렇지만, 그 뒤에는 연습도 공연도 지하에서 하고, 옥탑방이나 반지하에서 사는 연극인들의 말로 표현하지 못하는 희생이 있었다. 송강호, 유오성, 장희순, 정은표, 성지루 등 지금은 이름만 들으면 알 만한 배우들이 작은 공연장에서 땀 흘리며 연극을 하던 시절을 공유했던 것도 큰 기쁨이다. 그러나 언제까지 이들의 희생으로 연극이 생존해야 할까 하는 물음이 가슴을 쳤다. 좋은 배우들이 영화나 TV로 옮겨가면 다시 돌아오지 않는 현실도 아팠다.

모든 것이 자본이라는 단 한 가지의 가치를 기준으로 일

렬종대로 나열되는 사회에서는 결국 문화도 투자의 대상일 뿐이라는 생각을 했다. 그러면서 문화란 사회 전체가 그것을 공공의 영역이라 인정하고 장기적으로 아낌없이 투자해야지만 광범위한 결과물들을 얻어낼 수 있다는 것도 알았다. 그렇기에 오늘 투자하고 바로 내일 결과를 봐야 하는 자본주의 시스템이 약화되지 않는 한 문화 사회는 이루어질 수 없다는 것을 경험했다. 자본을 제어할 수 없는 정치의 한계를 느끼며 문화 정책을 공부하기 위해 프랑스로 갔다.

누구에게나 젊은 날의 실패와 실연의 아픔이 존재하는 것 같다. 기획했던 공연이 큰 손해를 끼치며 막을 내렸고, 같은 시기 '내 머리카락 한 오라기까지 사랑하는 사람으로부터 불행 중독증에 걸려 광적인 폭력을 휘두르는 야만'을 경험했다고 했다. 그리고 프랑스로 떠난 당시 심정은 어땠나?

연애가 실패로 끝났지만, 그 경험이 약이 됐다. 나와 그와의 문제는 두 개인이 서로 조화롭게 만나는 방법을 찾지 못하고 실패한 만남으로 끝난 것을 넘어선 다른 차원의 문제였다. 평생을 지독한 가부장제 사회에서 아버지 권위 아래서 꼼짝 못하고 살아왔던 한 남자가 자기와 다른 생각을 가진 여자와 부딪쳤을 때 생겨나는 생각의 파열들이 폭력적으로 드러났다고 받아들였다. 나는 거기에서 처음으로 가부장제에 이마를 쾅 박은 것 같았다.

개인적인 차원에서 두 남녀 사이의 불화를 경험했다기보다는 지난 수세기 동안 그동안 수많은 여성들과 남성들이 겪어왔던 불평등과 억압, 착취의 구조를 경험한 것이라는 생각이 들었다. 남성 위주의 사회에서 자신이 희생양인줄 모르고 아버지의 목소리에 꼼짝달싹 못하고 짓눌려 살고 있던 남자를 보았다. 그로 인해 아픔을 겪었던 그 순간은 힘들었지만 동시에 껍질을 깨고 더 넓은 세상으로 나갈 수 있었다. '페미니즘의 첫 싹이 내게 싹텄다'고도 말할 수 있다.

우리는 보통 자신의 문제를 개인적인 차원에서 힘들어하곤 한다. 어떻게 개인의 문제를 사회적으로 확장시켜서 소화할 수 있었나?

고등학교 이후 교회를 냉정하게 바라볼 수 있는 눈이 생겼기 때문에 고통스러운 상황에서 위안을 구하기 위해 교회를 가지는 않았고 정신과의사를 찾지도 않았다. 대신 책을 읽었다. 책들을 통해 과거와 현재에서 나와 비슷한 상황에 처한 사람과 사회를 보게 되는데 그때마다 '아, 이게 이런 거였구나' 하고 깨닫게 되는 게 많았다. 고2 때 아빠가 돌아가셨을 때도 그랬던 것 같다. 갑작스럽게 닥친 큰 불행이었고, 우리 가족은 완전히 새로운 상황에 직면했었다. 그러나 이건 긴 인생사에서 약간의 굴곡을 내게 선사하는 사건일 뿐이란 생각이 있었다. 이미 책 속에서 많이 보았던 일들이 내게도 일어난 것이고 분명히 반전의 날이 올 것이라고 생각하며 상황을 객관화했다. 그러니 담담하게 고통으로부터 무뎌지게 되고 물리적인 어려움을 정신적 어려움으로 확대시키지 않을 수 있었다.

나는 개인적으로 문제를 겪은 모든 여성들에게 그 문제를 가지고 혼자서 힘들어 하는 것보다 사회로 나오는 것이 가장 좋은 것이라고 제안하고 싶다. 모든 개인의 문제는 사회의 문제다. 나 혼자만 겪을 수 있는 문제는 없다. 내가 살고 있지 않은 다른 나라에도 내가 겪고 있는 것과 똑같은 문제가 일어나고 있다는 사실은 이것이 개인의 문제만이 아니라 공동체 전체의 문제라는 것을 말해준다.

1999년에 프랑스로 갔을 때가 서른이었다. 그런데 파리에 도착해 파리 8대학 공연학과에 학부 3학년으로 편입했다. 어떤 마음으로 다시 학부 공부를 하게 되었나?

한국에서 학부로 러시아 문학을 전공했지만 공연계에서 3년을 일했기 때문에 원한다면 석사 과정에 들어갈 수 있었을 것이다. 보통 석사 과정에서는 기본적으로 일주일에 수업이 두 번밖에 없고 나머지는 학사 시절에 공부한 것에 대한 논문을 쓰기 위한 준비 과정에 해당했다. 바로 논문 과정을 들어가면 시간을 단축할 수는 있었겠지만 왠지 그것은 정직하지 않은 방법인 것 같았다. 대신 프랑스는 학부가 3년인데 나는 어학을 병행하면서 차근차근 2년 동안 3학년 License 과정을 들었다. 불어를 제대로 공부해야 프랑스의 문화 정책이 어떤 방식으로 흘러와서 오늘의 결과를 낳았는지 알 수 있을 것 같았다. 단순히 '문화란 무엇일까?' 하는 광범위한 주제에서 프랑스의 문화 정책이라는 구체적이고 예민한 주제를 끄집어내기 위해서 열심히 공부를 했다. 다른 누군가가 내게 줄 수 있는 것도 아니고 해서 학교 안에 외국인을 위한 무료 불어 강의를 있는 대로 다 들으면서 불어 공부 반, 전공 공부 반 열심히 공부했다.

프랑스에 있으면서 한국에서 경험했던 자본주의 하 문화 분야의 문제점들을 풀어나갈 답을 얻을 수 있었나?

유학을 갔던 1999년 당시 프랑스의 정치적 상황은 한국과 굉장히 달랐다. 한때 '트로츠키주의자'(레프 트로츠키의 마르크스주의 혁명 이론. 트로츠키가 제창한 영구 혁명론의 입장에서 이오시프 스탈린의 일국 사회주의론에 반대하며, 세계 혁명 없는 사회주의의 달성은 불가능하다고 주장. 아울러 전투적인 노동자 봉기와 노동자 독재 집권을 주장했다)였던 리오넬 조스팽이 총리를 맡고 있었다. 그는 총리 재임 당시에는 트로츠키주의자가 아니었지만, 어쨌든 좌파로 분류되는 총리였다. 또 대통령은 좌우 동거 정부의 수장이었던 자크 시라크였다. 이들을 중심으로 다양한 정당들이 의회를 통해 제도들을 법제화하면서 문화 예술인을 위한 좋은 복지 정책들이 시행됐다. 그것을 보면서 '아, 여기는 문화에서 자본주의의 독주가 무력화되는 시스템을 굉장히 많이 갖고 있구나' 하는 생각이 들었다. 문화가 자본주의 정책을 바꿀 수 있는 정치적인 시스템이 바뀌지 않는 한, 독자적으로 입지를 펼칠 수는 없다는 생각을 했다.

프랑스에는 연극, 영화, 공연과 같은 분야에서 일하는 사람들을 위한 다양한 복지 제도가 존재한다. 좌파 정부에 의해 1960년대부터 실행되어온 '앵테르미탕 제도'(앵테르미탕 제도는 1936년 당시 영화 산업 종사자들의 적은 임금을 감안해 부족한 수당을 보충하자는 의도로 시작되었다. 1958년 드골 정권 하에 국가상공업협회Association pour l'emploi dans l'industrie et le commerce, Assedic가 창설되면서 실업 수당이 본격화되었으며, 1969년부터 영화·공연·오디오영상 분야의 인력들을 대상으로 하는 현재의 실업 급여 제도로 확대되었다)는 정부가 연극, 영화, 공연과 같은 분야에서 계약직으로 일하는 사람들에게 실업 급여와 같은 사회적 안전 시스템을 제공하는 것이다. 이 제도로 1년에 2개월 정도의 계약에 근거해 일을 한 사람이면 누구나 나머지 기간에 실업 급여를 받을 수 있다.

한국에 돌아와 이 제도만큼은 꼭 도입시키기 위해 엄청나게 노력했지만 그것이 쉽지 않았다. 그때 문화부에서는 "프랑스에서 그런 시스템이 가능했던 이유는 다 노동조합의 요구가 있었기 때문이다. 한국에서도 노동조합이 요구를 해야 들어주는 거지, 정부가 알아서 해줄 수는 없다"고 하더라. 우리나라 예술인들도 노조 이야기를 하면 기겁을 하면서 '우리가 무슨 노동자냐 예술가지'라고 말한다. 다행히 '영화산업노조'가 만들어져서 그분들이 내가 제안한 제도에 전폭적으로 환영하면서 쟁취하려고 노력했다. 처음에 문화부를 통해서 했다가 안 되어 결국 노동부를 통해 프랑스 제도와 비슷한 한국식 제도를 얻어냈다. 이제는 영화 산업 노동자들이 촬영 이외의 기간에는 자신들의 기술적인 노하우를 기를 수 있는 연수 훈련을 받을 수 있게 됐다.

그럼에도 어떠한 사회 경제적인 문제들이 정치영역 속에서 해결되는 경우가 많지 않은 것 같다. 특히 자본주의 하 소외되어 있는 경제적 약자들의 요구들이 정치에서 반영되기는 힘든 구조이다.

　　같은 뜻을 품은 사람들이 연대하여 요구하고 투쟁하지 않으면 절대로, 저절로, 진보할 수 없다. 아무도 그걸 대신해주지 않는다. 자신들이 원하는 바를 큰 목소리로 요구하지 않으니 정치 영역에서 그들의 요구가 내팽개쳐져 있는 것이다. 요구하고, 만들어내고, 이후에 만들어진 제도들이 내가 원하는 방식으로 시행되도록 참여하는 사람들이 많아져야 한다. 또한 시민사회단체와 함께 그것을 같이 공유하고 공감하는 작업들도 함께 이뤄져야 한다. 그런데 이명박 정부에서 수많은 시민단체들이 그 어떤 활동도 할 수 없도록 지원금도 끊고 탄압했다. 너무나 많은 시민단체들이 파괴되어 그곳에서 일하는 분들이 먹고살기에도 불가능한 상황이 되었다.

한국에 돌아와 2004년부터 2008년까지 민주노동당에 들어가 4년 동안 문화 담당 정책 연구원으로 일했다. 당시 여러 당이 있었는데, 어떻게 민주노동당으로 입당할 결심을 했나.

　　석사를 마치고 한국에 돌아왔는데 마침 그때 총선이 있었다. 총선 때 각 당이 어떤 문화 공약을 냈는지를 살펴보는데 그중 민주노동당이 눈에 띄었다. 사실 그런 당이 있는 줄도 몰랐다. 권영길 의원에 대해서도 아무런 느낌도 없었다. 그런데 민주노동당 공약집을 보니 꼭 내가 쓴 것 같았다. 나보고 쓰라고 했으면 '이렇게 썼겠다' 싶은 것들이 다 있었다. '한국에 이런 생각을 하는 사람들이 진짜 있었어?' 하고 너무 놀랐다(웃음).

　　반면 다른 당은 완전히 무식하기 이를 데 없는 공약만 걸어 놨었다. 민주당도 '부자 나라를 만들겠습니다'라는 슬로건을 내걸고 문화도 '부자 나라'를 만들기 위한 하나의 도구로 인식하고 있었다. 문화 정책에 대한 그 어떤 철학도 볼 수 없고, 그저 문화예술인들한테 사탕발림하는 식이었다.

　　그에 비하면 민주노동당은 거의 100대 0의 스코어로 완벽한 문화 공약을 냈다. 그래서 여기 들어가서 일을 해야겠다는 생각이 들었다. 내가 들어가서 일할 수 있는 자리가 있는지 없는지도 몰랐다. 그냥 거기서 일하고 싶다는 편지와 함께 이력서를 보냈다. 그런데 마침 당시 민주노동당이 나름의 정책 정당을 표방하면서 연구원을 뽑으려고 계획을 하고 있었던 것이다. 내 이력서를 받아본 사람이 '아직 공모도 안 했는데 어떻게 아셨냐'고 하길래, 그러면 가지고 있다가 공고를 내고 거기에 내 서류를 포함해 달라고 했다. 그래서 나중에 면접을 보러 갔고 일하게 된 것이다.

정책 연구원 초반, "정책은 상상력의 산물이다"라는 말에 행복해하며 즐겁게 일했다고 했다.

면접을 보고 합격이 되어 들어가서 봤더니 거기에 있는 사람들 중에 민주노동당이 내건 문화 공약을 아는 사람들이 아무도 없었고 관심도 없었다(웃음). 서너 명이 앉아서 문화 관련 공약을 다 만들었던 것이다. 굉장히 뛰어난 사람들이었다. 이 사람들과 각 분야에 정통한 몇몇 교수들이 함께 만든 공약이라고 했다. 나는 당에 들어가서 내가 가진 새로운 생각들을 전하리라고 마음먹고 있었는데 전할 것도 없었다. 이미 그들이 다 하고 있었던 거다. 세상에 태어나서 처음으로 나와 같은 생각을 하는 사람들 틈에 싸여 함께 일하면서 정말 행복했다. 정말 파라다이스 같았다. 세상 어딜 가도 개중에 새누리당 지지자들이 섞여 있어서, 그런 사람들과 함께 같은 공간에 머물 때면 숨쉬기조차 힘들었는데, 그 와중에 이렇게 마음과 뜻이 맞아 협력할 수 있는 동네에 머물 수 있다는 사실이 기적 같았다. 그 시절 정말 많은 것을 배웠고 많은 것을 얻었다.

그랬던 민주노동당이 2005년부터 재선거 패배와 잇따른 '일심회 간첩단' 사건, NL과 PD의 정파적 갈등이 불거지면서 결국 2008년에 분당됐다. 갈라지는 민주노동당을 보며 어떤 생각이 들었나.

솔직히 나는 당이 갈라져야만 한다고 생각했던 사람이었다. 민주노동당은 당시 민주노총이 중심이 되어 만들어진 당으로 노동자 문제, 계급 문제가 핵심인 당이었다. 그런데 거기에 NL들이 들어온 것이다. 장사가 잘 된다 싶으니 막판에 마구 들어왔다. 그들은 지난 총선에도 보여줬듯이 당선을 위해서라면 무슨 일이든 할 수 있는 사람들이고 실제로 평생을 그렇게 해온 사람들이다. 그들을 보며 '어쩌면 이 사람들이야말로 극우에 가까운 사람들이구나'라고 생각했다.

NL은 거의 종교 단체와 비슷하다. "다단계 생계형 정치 그룹"이었다. 한번 발 들여놓으면 발을 빼기도 어렵고, 그 안에서 인간관계와 생계와 생각이 온전히 통제된다. 그 사람들에게는 민주주의보다 당과 정파가 더 중요하고 목적을 위해선 그 어떤 수단도 정당화시켜버린다. 그런 사람들과 남한에서 가장 좌파적인 사람들이 어떻게 한 정당 안에서 한 살림을 꾸릴 수 있겠는가.

민주노동당 막판에는 정파 싸움만 계속했다. 그것을 보면서 더 이상 발전이 없겠다고 생각했다. '좌파는 분열로 망한다더니' 하는 이야기를 들으면 씁쓸하겠지만, 깨지는 아픔을 딛고서라도 한국 좌파로부터 주사파를 떼어내야 하는 게 필연적이라고 생각했다. 결국 당이 콩알만 하게 다 쪼개져 버렸다. 하지만 이것은 어쩔 수 없이 우리가 겪어내야 하는 과도기적인 아픔이라고 생각했다.

당을 나오기 직전, 민주노동당 상황이 말이 아니었다. 노조 사무국장으로 있으면서 끝까지 남아 있는 당직자들의 체불임금과 퇴직금을 청산하겠다는 각서를 확정하고 나왔다.

대선이 다가와서 당이 정신없이 돌아가던 시점이었다. 그때 있었던 정책위에 남아 있던 사람들은 PD들이 주도권을 잡고 있을 때 들어 온 사람들이었다. 그러니 NL이 보기에 얼마나 마음에 들지 않았겠는가. 그들은 어디선가 얼굴도 모르는 사람 20명 정도를 선거 요원으로 대거 뽑아 와서 선거물 인쇄 등을 시켜가며 월급을 주고 아르바이트같이 일을 시켰다. 그래서 노조를 만들었다. 그러자 NL은 우리가 정파적인 싸움을 걸기 위해 다른 조직을 만드는 거라면서 반발했다. 결국 노조가 만들어졌는데, 그 이후에 사사건건 싸우기 시작했다.

우리는 노조라는 이름으로 지도부 회의에 들어가 그들이 하는 이상한 짓들을 다 기록해서 올리기도 했다. 그 중 내가 가장 많이 분노했던 것 같다. 대학 시절부터 PD와 NL 싸움에 길

들여 있던 사람들이야 '쟤네들은 원래 저래' 하면서 새삼스레 분노하지 않았지만, 나는 그들의 말도 안 되는 행동을 처음 봤으니 눈에서 불이 마구 튀었다. 심지어는 월급을 안 주고도 아무런 말을 안 하는 것이 이해가 안됐다. 어이가 없었다. '이것들이 무슨 노동자의 희망이냐, 너희들은 노동자의 절망이다'라는 말이 절로 나왔다. 선거 막판에 가니 체면이고 뭐고 아무것도 없고 오직 정파의 이해만 중요시되더라. 우리는 우리대로 노조의 힘으로 싸우겠다고 하고 의원들은 각개 전투를 하는 상황이었다. 결국 NL에 의해 권영길 씨가 대선 후보가 되는 순간, 모두가 배신감을 느꼈다.

민주노동당 안에 노조가 생겼다는 말이 참 아이러니하면서도 씁쓸하다. 어떻게 해서 직접 노조 사무국장까지 하게 되었는가.

　　'노조를 만들어야겠다, 같이 만들자'라고만 생각했지 내가 무언가를 해볼 생각은 전혀 없었다. 처음에는 노조를 만드는 모임에 따라 갔다가 상황이 계속 좋아지지 않으니 내가 "도대체 노조는 뭐하는 거냐"며 매일 투덜댔다. 그러니까 옆에서 "그럼 네가 노조 사무국장을 해라"고 해서 하게 된 것이다(웃음). 사무국장 자리에 있으니 스스로 조직이 기능하기 위해서는 두려움 없이 치고 나갈 힘이 있어야 한다고 생각하고는 '파업이라도 하자!'라고 하면서 치고 나갔다. 그런 순진한 눈과 마음으로 NL을 비롯한 지도부와 싸움을 벌였다. 그때 내가 NL의 철천지 원수가 됐다(웃음).
　　한번은 그들이 '코리아 연방공화국'이라는 슬로건으로 대선 포스터를 찍었는데, 그것은 북한의 고려연방제를 그대로 표방한 것이었다. 그게 한 장에 얼마짜리인데 아무도 이해하지 못할 말도 안 되는 공약을 포스터에 담아 찍어낼 수 있는가. 이미 당내에서 그렇게 찍어낼 수는 없다고 폐기된 결정을 정파적 영웅심으로 찍어낸 것이다. 그래서 그것을 폭로하고 포스터를 못 찍게 돌아가는 인쇄기를 멈추고 그것을 명령한 사람을 비판했다. 내게 개인적으로 '무릎 꿇고 사죄하라'라는 이야기도 했다. 그랬더니 그들은 내 이름을 당의 '오적' 중 한 명으로 올려놓기도 했다.

민주노동당을 나와 프랑스로 다시 돌아갈 때의 마음은 어땠나?

당시 희완이 한국에 들어와 살고 있었다. 나 때문에 그를 계속 한국에 살게 하는 게 미안했다. 또 민주노동당에서 진하게 경험을 하고 나니 당장은 내가 할 일이 없겠다 생각했다. 멀리서 같이 싸워야겠다는 생각도 있었고 이제는 또 다른 삶을 살아야겠다는 생각도 들었다. 아이가 유치원에 들어가야 하는 시기도 마침 맞았다. 프랑스는 유치원부터가 정규 교육인데 아이가 프랑스 생활에 제대로 적응할 수 있게 도와주는 역할을 해야 했다. 나 또한 프랑스 땅에 발을 붙이고 사는 사람으로서 거기에 적응하는 시간이 필요했다. 한국에 미련이 많지는 않았다.

프랑스로 갈 무렵 책 《뼛속까지 자유롭고 치맛속까지 정치적인》(레디앙 펴냄)이 나왔다. 한국에 있을 때 짧은 기사를 한 번 쓰고 나면 굉장히 많은 비난 댓글(악플)에 시달렸는데, 책 반응은 굉장히 좋았다. 책이 많이 팔리고 안 팔리고를 떠나서 사람들이 보여준 커다란 반응에 내 마음이 녹았다. 그러면서 '아, 책을 쓰면 되겠구나' 하는 생각이 들었다. 내 생각을 짧은 글에 담아내면 오히려 오해를 많이 부르지만, 긴 글에 쓰면 공감을 얻을 수 있겠구나 생각했다. 그 책을 계기로 다른 책을 또 쓸 기회가 생기면서 앞으로 이 길로 가도 나쁘지 않겠다는 희망이 생겼다. 프랑스에 있으면서 한국을 바라보는 새로운 시각을 독자들에게 제시하고도 싶었다."

어쩌면 책《뼛속까지 자유롭고 치맛속까지 정치적인》이 그동안 목수정의 힘들었던 삶에 위로가 된 것 같다.

보통 내 책을 읽은 사람들이 그 책을 읽고 위로가 됐다고 말해 주는데, 그런 반응이 나에게도 큰 위로가 됐다. 책이 나온 지 5년이 지났는데, 지금까지도 거의 한 달에 한 명 정도 독자가 파리로 찾아온다. 그러면 함께 만나서 허심탄회하게 얘기한다. 그들은 내게 내가 잊고 있었던 이야기를 다시 들려준다. 그러면 나는 '맞아요, 정말 그래요'라면서 서로에게 힘을 주는 시간을 가진다.

할아버지는 독립운동가이자 목사였던 목치숙 씨, 아버지는 '누가 누가 잠자나', '따르릉 따르릉 비켜나세요' 등을 작사한 유명한 아동문학가 목일신 씨였다. 두 분 모두 사회에 메시지를 주는 분들이었다. 이런 가정적 분위기에 영향을 많이 받았나.

독립운동을 하면 3대가 망한다는 말도 있지 않나(웃음).

할아버지께서 독립운동을 하시다가 40대에 돌아가셨다. 주동자이셨는데, (박근혜 대통령의 아버지가 했던 것과는 정반대로) 동조자 이름을 단 한 사람도 말하지 않아서 엄청난 고문에 시달렸다고 들었다. 아빠는 중학생이셨고 아래로 네 명의 동생이 있었다. 먹고 살기조차 막막한 상황이었다. 집이 매우 가난했지만, 다행히 목사였던 할아버지 주변의 선교사들 도움으로 아버지가 일본에 유학을 다녀오실 수 있었다. 아버지는 귀국 후 고등학교 국어 교사를 했다. 아버지가 지은 동시들은 스스로가 어릴 때 쓴 것인데, 할아버지가 그 시를 《소년 동아일보》, 《소년 한국일보》 등에 냈다고 한다. 그러면서 당선이 되니 어린 소년이 힘을 얻어 계속 동시를 썼다고 한다. 그 시들이 나중에 곡이 붙어 동요가 되고 널리 불리게 된 것이다.

기독교 집안이긴 했지만, 보수적이진 않았다. 개인적으로 참 다행이라고 생각하는 것이 우리 아버지와 어머니 두 분 다 자기 세계관이 확고하신 분들이었다. 아버지는 학교 선생님을 하면서 글을 계속 쓰고 남들 앞에서 이야기하고 강연하는 것을 무척 좋아하셨다. 그러니 정년 퇴직 후에도 아버지만의 삶이 따로 있었던 거다. 어머니는 보통 엄마들이 생각하는 것처럼 아이들의 성공이 내 삶의 전부라고 여기지 않으셨다. '공부해라, 무슨 대학에 가라'와 같은 말을 한 적이 없다. 그냥 밥만 해주고 건강 챙겨주고, 그다음에는 책을 보거나 교회 성가대 활동을 하면서 자기 생활을 하셨다. 남동생이 마흔이 넘었는데 '너는 왜 결혼을 안 하니?' 하는 이야기를 들어본 적이 없다. '각자 자기 인생을 사는 거지'라는 생각을 확고하게 갖고 계시다. 어떻게 보면 진보적이라고 할 수 있을 것 같다. 본인들 스스로는 검약하고 청교도적인 삶을 살았지만, 우리에게 그것을 강요하지는 않았다.

22살이 많은 프랑스인 희완 사이에서 아이를 낳을 것이고, 프랑스에 가겠다는 결정을 했을 때 보통 한국 정서상 가족들이 받아들이기는 쉽지 않았을 것 같다.

당에서 일할 때 아이를 가졌다. 그땐 희완이 프랑스로 떠난 시점이었다. 그가 나더러 프랑스에 와서 아이를 낳았으면 좋겠다고 했다. 그때가 임신 5개월쯤 됐을 때였는데, 어머니께 '내가 아이를 가졌고, 아이를 낳을 거고, 엄마가 이웃사람들 보기 민망하지 않도록 프랑스에 가서 낳을 거다'라고 말했다. 아이를 조금 키워 다시 오겠다고 하니, 엄마가 아무 말씀을 안 하셨다. 화가 나셔서 두 달 정도 대화를 끊으시더라. 그리고는 내가 프랑스로 갈 때 '다시는 오지 마라'고 하셨다. 엄마와 아무런 상의도 없이, 한 번도 본적이 없는 남자 사이에서 아이를 가졌으니 얼마나 미웠겠나. 그런데 내가 칼리를 데리고 다시 한국에 돌아왔을 때는 아이를 너무 예뻐하셨다. 아이 아빠에 대해서는 아무런 말씀을 안 하셨다. 그것은 너의 선택이라는 뜻이었다.

한국에서 나이 차, 비혼, 동거 등으로 정의되는 희완과의 관계를 바라보는 시선이 달갑지만은 않을 것 같다. '다름'에서 오는 생각의 차이를 어떻게 극복했나.

실제로 부정적인 시선을 가진 사람이 내 앞에서 직접 그런 말을 하는 것을 들은 적이 없다. 또 있더라도 그 사람은 그냥 무시하면 그만이다. 내가 당당하게 선택한 것에 대해 논리적으로 비판할 수 있는 사람은 한 명도 없을 거라고 생각한다. 사실 모두가 자기가 원하는 것을 선택을 하고 싶어도 못 하는 사람이 많다. 우리는 항상 남을 위해 사니까 말이다. 부모들은 자식들을 위해서 이혼도 못하고 살고, 자식들도 부모를 위해서 산다. 남들 핑계 대면서 자기 자신의 삶을 제대로 못사는 대신, 나를 위해서 내 인생을 살겠다고 간단히 결정하는 순간 아무것도 거치적거릴게 없어진다. 세상에는 자신의 삶에 대한 확신이 없는 사람들이 더 많다. 여기서 누군가 어떤 삶에 대해 완전히 확고한 사람이 있으면, 그 확고함이 다른 모든 것을 흡수해 버린다. '저 사람이 저렇게 확고하다면 거기에 뭔가 있을 거야'라고 하면서 다들 따라간다. 그러니 자기만 확고한 게 있으면 그만이다. 주저하고 말 게 없다.

　만약 내가 희완과 함께 칼리를 낳고 함께 사는 것을 괴로워하다가 어쩔 수 없이 결정했다면, 엄마는 '이것아, 그러게 내가 뭐랬어'라고 하면서 나를 쥐어박고 나무랄 수 있었을 거다. 그런데 내가 아이를 가졌다는 것에 너무 행복해 하면서 좋아하는 모습이 엄마에게도 전해진 것 같다. 실제로 나는 아이를 가진 것이 너무 기뻤다. 당시 내 나이가 36살이었지만 아이를 갖는 것은 내 인생의 큰 소원이었고, 이 사람이라면 내가 아이를 낳아도 되겠다고 생각한 사람의 아이였기 때문에 낳지 않을 이유가 없었다. 가족들이나 주위 사람들을 말로 설득하지 않았다. 내 태도에 엄마가 전염이 되고 다른 식구들도 받아들이게 되었다. 우리 가족들이 그러니, 다른 친척들이라고 뭐라고 할 수 있겠나. 그러니 자기 인생을 본인 스스로 선택해서 산다면 사회가 개혁되길 바랄 필요도 굳이 없는 것 같다. 그런 선택을 하고 살면 그것으로 끝나는 거다.

목수정에게 희완이란 어떤 존재인가?

　칼리도 이 질문을 많이 한다. 희완과 내가 정말 많이 싸우기 때문이다(웃음). 칼리가 우리가 싸우는 모습을 보면서 '왜 둘이 결혼했어?'라고 물어보면 나는 '결혼 안 했어'라고 답한다. 그러면 또 '왜 둘이 나를 낳았어?'라고 묻는다. 그럼 나는 '너의 아빠를 처음 만났을 때 이 사람이랑은 내가 칼리를 만들 수 있겠다고 생각해서 그랬어'라고 말한다. 그런데 이 말은 정말 진심이다. 희완을 보면서 '이 사람이라면 내 마음에 드는 아이를 같이 만들어서 키울 수 있겠다' 하는 생각이 들었다.

어떤 점에서 그런 것을 느꼈나?

지적인 면을 비롯한 여러 가지 면에서 그랬다. 처음에는 이 사람이 내가 세상에서 만난 사람들 중에서 가장 완전무결한 사람이라고 느껴졌다. 그동안 내가 구축한 이상적인 남자상이 있었는데, 그걸 모두 충족하는 사람이었던 거다. 지적이면서도 행동하는 사람이고, 나이는 많지만 어떤 사람보다도 젊은 생각을 하고 있었다. 그러면서도 가식이라는 게 하나도 없다. 문학을 전공해서 젊었을 땐 고등학교에서 불어 교사를 했다. 30대 이후 전업 작가가 되었는데, 예술가이면서도 굉장히 과학적인 사고를 한다. 그는 과학과 수학에 대하여 굉장히 깊이 이해하고 있는 사람이고, 과학만큼 상상력이 풍부한 세계는 없다는 이야기를 한다. 보기 드물게 균형 감각이 있는 사람이다.

그런데 함께 살면서 새롭게 발견하는 모습들도 있다. 희완의 아버지는 1차 세계 대전 때 아버지를 잃고 본인은 2차 세계 대전 때 끌려가서 독일군 포로수용소에 있다가 나온 사람이다. 이런 아버지의 영향으로 1, 2차 세계 대전이라는 인류의 가장 거대한 슬픔과 비극의 역사가 이 사람 안에도 축적되어 있는 것을 느꼈다. 반면, 나는 무모할 정도로 긍정적이고 걱정을 잘 안 하는 스타일이다. 겉으로 보기에는 나와 비슷하게 사고하는 줄 알았는데, 알고 보니 근본적인 세계관이 굉장히 달랐던 거다. 우리가 싸움의 대상으로 생각하는 적은 똑같지만, 그

싸움의 방식은 다른 색깔이었다. 사실은 칼리가 그런 면에서 그 두 가지를 모두 경험하고 있는 셈이다.

처음에 희완이 너무 아는 것이 많아서 신적인 존재처럼 느껴졌는데, 나중엔 학교 같다는 생각을 했고, 시간이 더 지난 지금은 그냥 넓은 가지를 가진 나무 같다고 느꼈다(웃음). 싸우다가도 눈이 마주치면 만면에 미소를 띠며 반가워한다. 우리는 서로가 출퇴근해서 잠깐잠깐 보는 삶이 아니다. 하루 종일 지겹도록 본다. 희완은 1층에서 작업하고, 나는 2층에서 글을 쓰거나 내 일을 한다. 밥 먹을 때 잠깐 보는데도 서로 무척 반가워한다. 희완은 움직임이 크게 없는 넓은 가지를 나한테 드리워주는 사람 같다.

자유로운 삶에 칼리는 사랑이자 동시에 구속이진 않는가?

아이가 아주 어렸을 때는 내가 아이의 젖병이기 때문에 1년 정도 수유를 하는 동안 어디를 갈 수가 없었다. 그래서 생각한 것이 이런 여자들의 약점을 이용해 남자들이 권력을 잡은 게 아닐까 하는 생각도 들었다(웃음). 아이가 어릴 때는 엄마가 전적으로 육아를 맡으면서 사회적인 역할을 하지 않은 채 무력하게 있게 된 것은 아닐까 생각했다. 아이를 계속 낳게 되면, 이 시절이 연장되는 것이고 말이다. 그 사이에 남자들은 먹이를 구해 올 수 있는 힘을 가지게 되고, 그래서 권력을 장악한 게 아닐까 하는 생각을 많이 했다(웃음).

칼리를 키우면서 내 스스로가 무력하게 느껴지는 시절을 조금 겪었지만, 지금은 그렇지 않다. 프랑스 사회에선 거의 모든 엄마들이 일을 한다고 보면 된다. 우리나라의 '전업 주부'라는 단어 자체가 프랑스에는 없다. 성인 중에서 일하지 않는 사람들은 그냥 '실업자'일 뿐이다. 그게 가능한 이유는 사회가 아이들을 돌봐주기 때문이다. 아이가 3살 때부터 다닐 수 있는 학교가 있어 4시 반에 끝난다. 부모 사정에 따라 별도의 놀이 학교가 있어 6시까지도 학교 안 다른 팀들이 아이를 더 봐준다. 아이가 초등학교에 올라가면 그 놀이교실이 일종의 활동, 연극, 춤, 무용 등을 배우는 시간으로 바뀌어 아이들이 방과 후에 다양한 시간을 보낼 수 있다. 대부분 일을 하는 부모들이기 때문에 이러한 제도들이 학교에 마련되어 있어 6시경 부모들이 아이들을 데리러 오는 경우가 많다. 이런 제도 속에서 아이를 키우고 있다. 아이가 학교에서 늦게 오니까 그 시간 동안 나가서 누군가를 만날 수도 있고 일도 할 수 있다.

"내가 아이한테 배우는 것은 한두 가지가 아니지만, 가장 소중하게 여겨지는 건 '살아 있는 모든 것에 대한 연민'이다"라고 했다. 한국 엄마들은 특히 자신의 삶의 살지 않고 아이들에게 올인하는 경우가 많다.

나 또한 칼리를 너무 좋아해서 얘를 보면서 아이의 미래를 혼자 상상하곤 한다. 그러면서 내가 상상하는 쪽으로 아이를 끌고 가려는 내 모습을 스스로 발견할 때가 있다. 그럴 때면 '이러면 안 된다'라고 혼자 중얼댄다(웃음). 내 어머니가 내게 그랬던 것처럼 밥을 해 주고, 책을 사 주고, 아이가 좋아하는 그림을 그리도록 연필이나 물감을 사주면서 아이가 원하는 걸 할 수 있게만 해주면 된다. 가끔 아이에게 생각을 환기해 줄 질문을 해주는 건 아주 중요한 것 같다. 그리고는 아이의 인생에 참견하는 대신 나의 인생을 열심히, 즐겁게 누리는 거다.

　　동숭아트센터에서 있을 때 그곳 대표님이 항상 질문을 하셨다. '너에겐 문화가 뭐니?'하는 근본적인 질문이었다. 모두들 그런 질문을 괴로워했지만, 그럼에도 계속 우리에게 같은 질문을 했다. 면접시험도 아닌데 20대 중반의 나이에 매일 '너는 여기에 왜 왔니?', '너는 기획자의 역할이 뭐라고 생각하니?'와 같은 뜬금없는 질문을 받았다. 그때부터 질문을 받는 게 얼마나 중요한가 하는 생각을 했다. 질문을 하면 그때 바로 대답이 나오면서 내 안에 있던 생각들이 말로 구축된다. 질문을 통해 내가 잊고 있었던 근본적인 질문에 대한 나의 답을 듣는 것이 참 재미있다."

아이와 어떤 문답을 할 수 있을까?

　　칼리는 우리에게 질문을 많이 한다. '왜 여자들은 하이힐을 신어?', '왜 여자들만 화장하고 남자들은 안 해?', '왜 한국 사람들은 초록색 불을 파란불이라고 말해?'와 같은 무수한 질문을 한다. 그러면 나는 근본적으로 그 질문에 대해서 고민하고 답한다. 언젠가 칼리한테 "칼리, 너는 꿈이 뭐니?"라고 물었더니 첫 번째로 위대한 예술가가 되는 것이고, 두 번째로는 유명해지는 것, 세 번째로는 행복하게 사는 것이라고 하더라. 그러면서 한참 후에 "어떻게 하면 피카소처럼 유명해질 수 있어?"라고 물었다.

　　나중에 이것 때문에 부부싸움이 났는데(웃음) 희완이 "유명해지는 거? 그건 마요네즈지"라고 하는 거다. 그러면서 "마요네즈를 만들려면 식초하고 계란하고 기름이 필요해. 이것을 넣고 저으면 되는데 ,어떤 사람은 열 번을 저었을 때 마요네즈가 되기도 하고 어떤 사람은 백번을 저었는데도 안 되는 사람이 있지. 결국 마요네즈가 되는 것은 우연인 거야"라고 말했다. 나는 그것을 우연의 일치라고 말하면 어떻게 하느냐고 따졌다. 노력하면 유명해진다고 이야기해줘야 하는 것이 아니냐고 했더니 희완이 버럭 화를 내면서 "칼리에게 위대한 예술가가 되는 것과 유명한 예술가가 되는 것은 별개의 문제라는 것을 알려줘야 된다"고 이야기하더라. 맞는 말인 것 같았다. 유명해지는 것은 정말 우연히 한 순간에 되는 것이기 때문이다. 이것을 인정하면서도 "그 나이 대의 아이에게는 그런 얘기부터 하는 것은 아니다"라고 나도 엄청 화를 냈다. 또 싸움이 났었다(웃음).

프랑스에 있기는 하지만 한국에서 일어나는 각종 정치적 현안들에 대해서 블로그나 페이스북을 통해 가감 없이 이야기하고 있다.

내가 내는 목소리가 센 것인지 아닌지는 잘 모르겠다. 그나마 내가 외국에 있으니 정부가 나를 미워해서 '얘를 한 번 손봐 줘야겠다' 싶어도 시간이 더 걸린다. 내가 프랑스 국적은 없지만, 그래도 한국에 있는 사람들보다는 덜 위험하지 않겠나. 그럴수록 '이런 건 내가 해줘야지' 하는 생각이 들어 조금은 세게 이야기하곤 한다. 그렇다고 해서 내가 특별히 위험하게 쓴 것도 없는 것 같다(웃음). 이런 이야기가 한국에서 유익하다면 계속 할 것이다.

앞으로 어떤 꿈을 꾸며 살고 싶은가?

　가끔 내 이름이 어디에 날 때 '작가'라고 나오는 것을 보면 정말 부끄럽다. 고작 책 몇 권 냈다고 작가인가. 다른 직함이 나한테 없기 때문에 그냥 작가라고 붙이는 것이란 생각이 든다. 진짜 내 꿈은 내 이름에 작가라는 직함이 붙여졌을 때 내 스스로 낯 뜨거워지지 않는 날이 오는 것이다.

　아주 단기적으론 이번에 출간한 《월경독서》(생각정원 펴냄)라는 책이 호응을 얻었으면 좋겠다. '월경越境'이라는 단어는 생리적인 용어가 아니라 경계를 넘어선다는 의미다. 그러나 사람들이 여자들이 한 달에 한 번씩 치르는 월중 행사인 월경月頃을 떠올린다고 해도 상관없다. 이 경계를 넘는 일고, 한 달에 한 번씩 피를 쏟고, 다시 아이를 생산해 내기 위한 준비를 시작하는 일은 매우 비슷한 것이라고 생각한다. 이 책을 쓰는 과정은 나를 만들어준 벽돌들, 이 혼란스런 시기를 건너게 해주는 벽돌들을 꺼내서 다시 만나는 일이었다. 행복했고 위안과 힘을 함께 얻었다. 독자들도 그럴 수 있기를 바란다.

목수정에게 자유란?

자유는 우리가 누릴 수 있고 선택할 수 있는 최고의 사치다.

동시대를 살아가는 청년들에게 하고 싶은 말이 있다면?

세상이 나한테 요구하는 욕망이 아니라 내 가슴속에서 욕망이 솟아올랐을 때 그걸 움켜지고 실천하라고 하고 싶다. 그게 내 인생의 주인이 되는 첫 단계다. 그때부터 비로소 내 인생이 시작되는 거다. 우리는 스스로 내가 어떤 욕망을 가졌는지 알 수 있는 존재들이다.

인터뷰 담당 손어진, 조경일, 정인선

가수

이은미

난 가수다.
돈 아닌 자기다움이 자존심

2014. 2. 11

이은미

2013년 9월, 세종대학교 실용음악과 교수로 임용돼 2014년 3월 첫 학기 강의를 시작한 것으로 알고 있다. 준비는 잘 되고 있는지. 학생들에게 무엇을 가르치고 싶은가?

　　내가 가르칠 수 있는 게 없다(웃음). 음악은 배워서 되는 게 아니다. 정답이 없는 것이 예술이기 때문에 이론보다는 실제를 함께할 것이다. 나를 임용한 이유도 거기에 있다고 생각한다.
　　개인적으로 노래를 시작한 지 25년째다. 결코 짧지 않은 시간 동안 무대 위에서 배우고 느낀, 내가 가지고 있는 것이 있다. 이를 바탕으로 서로가 가지고 있는 경험, 열정, 신선함, 도전 등 함께할 수 있는 것을 나누고 무엇을 가장 잘할 수 있는지 최대한 끌어내려 한다. 이렇게 학생들과 함께하는 시간은 내게도 배움의 길이 될 것이다.
　　이 길에 들어선 친구들 중에는 음악 실력이 좋은 친구, 부족한 친구, 중간에 포기하는 친구, 자신의 한계를 이겨내는 친구 등 각자의 상황이 다를 것이다. 결국 스스로 판단하고 결정해야 한다. 그 과정에서 나는 같이 고민하고 방향키를 붙잡아주는 역할을 했으면 좋겠다.

MBC 오디션 프로그램 〈위대한 탄생〉에서 가수를 꿈꾸는 친구들의 멘토 역할을 했다. 그중에서도 특히 권리세 씨에 대한 애정이 각별했다. 특별한 이유가 있었나?

리세는 나한테 굉장한 충격이었고 자극이었다. 그 친구의 긍정이 놀라웠다. 많은 부분을 지적받았는데, 그것을 불편해하거나 스트레스로 받아들이지 않고 자기에게 정말 필요한 이야기를 하고 있다고 흡수해주었다. 그러한 긍정적인 부분이 그 친구를 데뷔시켜주었다고 생각한다. 지금 리세의 활동을 보면, 그때 함께 나왔던 누구보다 두각을 나타내고 있다. 이것이 당시 나의 진정성을 의심했던 사람들에게 내가 보여줄 답이라고 생각한다.

'맨발의 디바'라는 애칭으로 불린다. "93년 첫 장기공연 당시, 5회부터 목소리가 나오지 않자 무대 위에서 대성통곡을 했다. '내가 좋아하는 노래인데 왜 이렇게 부담을 느끼지? 마음 속 욕심을 버리자'라고 생각하고 하이힐을 벗어 던졌다"라고 회고한 바 있다. 하이힐로 상징되는 무대 위의 모습을 어떻게 벗어 던질 수 있었나.

아무것도 모르던 시절에 무대에서 완전히 나를 내려놓고 음악과 소리에 집중했다. 지금 생각해도 나 스스로가 참 기특하다. 아마도 내가 좋아하는 일을 정말 잘하고 싶었던 것 같다. 그 경험이 오랜 시간 나의 무대 정신을 지배했다 해도 과언이 아니다.

(오히려 지금은 더 힘든 일 일지도 모르지만) 여전히 나는 스

스로를 전달자 이상의 사람이라고 생각하지 않는다. 나는 사람들에게 음악을 통해 공감을 전달하는 전달자이며, 악기일 뿐이다. 그렇게 생각하면 간단하다. 무언가에 얽매일 필요도 없고 틀을 가질 필요가 없다. 내가 주인공이어야 하는 것이 아니라, 내가 하고 있는 음악이 주인공이다.

가끔은 그 타이틀이 부담스럽지는 않은가?

90년대 중반 언론에서 '라이브의 여왕'이라고 불렀다. 그것도 민망한 일이었는데, 언제부터는 '맨발의 디바'로 바뀌었다. 음반을 발표하고 콘서트를 시작한 어린 가수에게는 최고의 찬사였다. 그래서 언론과의 인터뷰 때마다 "아직은 그런 타이틀이 너무 이릅니다. 적어도 20년은 지난 후에 그렇게 불러주세요. 그때는 감사히 자랑스럽게 받아들이겠습니다"라고 했는데, 벌써 25년이 됐다.

이 세상에서 가장 멋진 별명을 가진 보컬리스트지만, 그만큼 사람들이 나에게 기대하는 기대치가 있을 것이다. 이 기대치라는 것은 항상 충족시켜야 하는 것이고, 그렇지 못할 경우 많은 사람들이 실망하게 된다. 문제는 대중문화의 속성상, 실망은 결국 나를 사람들의 시야에서 밀려나게 할 수 있다는 것이다. 그럼 나는 내가 좋아하는 음악을 더 이상 할 수 없게 될 것이다. 그래서 많이 부담스럽기도 했고 여전히 부담스럽지만, 이제는 그 이름에 부끄럽지 않게 살아가야 하는 것 또한 나의 운명이라고 생각한다.

공연을 많이 하는 가수다. 특히 전국투어 '소리 위를 걷다'는 70곳이 넘는 도시를 목표로, 단일 공연으로는 최장 기간 진행됐다. 매번 똑같을 수 없는 공연을 반복하며 전국을 다니는 과정이 힘들 것 같은데, 어떤가.

아주 힘들다. 정말로 힘들다. 2009~2010년 2년간 70개 도시에서 공연했다. 하루 두 번의 공연이 태반이었기에, 쉽지 않은 스케줄이었다. 음반 두 장을 녹음하는 시간을 빼고는 거의 매주 공연을 했는데, 무엇보다 매주 다른 도시에서 매번 새로운 관객들에게 내가 '이은미'여야 하는 것이 녹록치 않았다. 관객들은 자신을 채우기 위해 가슴을 비우고 공연장에 왔지만, 막상 나는 앞 공연에서 채웠던 것을 지우고 새로운 것을 다시 채우는 일이 쉽지 않았다. 사람인지라, 감정이 매번 샘솟는 것은 아니니까 말이다. 집중하려고 노력했지만, 쉽지 않았다. 그럴 때면 그냥 부서질 것 같다는 생각이 들었고, 어디론가 도망치고 싶은 마음이 들었다. 그 시절, 공연을 마치고 돌아오는 차 안에서 얼마나 울었는지 모른다.

그럼에도 불구하고 전국 문화예술회관을 찾아다녔다. 특별한 이유가 있었나.

한국 대중음악뿐만 아니라, 문화예술 분야가 다 허덕이고 있다. 여러 단체가 있지만, 적절한 지원이 이루어지지 않고 있는 실정이다. 우리 사회의 한쪽 쏠림현상처럼 문화예술 분야에서도 독점이 일어나고 있다. 결국 대다수의 공연은 어느 정도 흥행이 보장되는 도시를 찾아갈 수밖에 없는 구조다.

이런 현실에 투정만 부릴 것이 아니라 음악가 스스로가 할 수 있는 것을 해보자는 게 내 주장이었다. 그 마음으로 시·군 단위의 문화예술회관을 찾아 가고, 그곳에서 공연을 시작하게 됐다. 밴드를 비롯해 스텝을 모두 수용할 수 있는 규모보다 훨씬 작은 극장에서도 억지로 공연을 했다. 이런 것이 분명 초석이 되리라 믿는다. 좀 더 다양한 부분에서 사람들의 문화적 갈증이 충돌하면서 새로운 것이 창출되는 것이 중요하며, 이런 기회가 많아졌으면 좋겠다.

한국 공연문화의 한계에 대해 어떤 안타까움을 갖고 있나?

개인적인 능력이나 인기 영역에서 발생하는 재정적 어려움도 있지만, 일단 공연장 대관과 무대 장비, 홍보 등이 차지하는 부분 또한 쉽지 않다. 1일 2회 공연을 하지 않으면, 가수가 수익을 내기란 하늘의 별 따기다. 또한 지방자치단체에서 무분별하게 치러지는 지역 축제, 무료 공연 등이 정말 많다. 이런 현실에서 누가 돈을 내고 공연장을 찾겠나. 지역 문화예술회관의 경우, 재정적 열악함으로 자체 기획은 불가능하고 대관 수입으로 유지한다. 결국은 돈 문제가 모든 것이라고 봐야 한다.

음악 활동을 하면서 돈을 번다는 것과 음악을 한다는 것 사이에서 돈의 지배를 받은 경우는 없나? 그럴 땐 어떻게 하는 편인가.

이 세상에 밥그릇이 중요하지 않은 사람은 없다. 솔직히 말하면 돈이 지배한다. 돈의 지배에서 조금이라도 벗어나려면, 스스로 실력을 키울 수밖에 없다. 음반을 발표해도 수익이 발생하지 않으면, 그다음에 음반을 내기란 쉽지 않다. 공연을 해도 수익이 발생하지 않으면 그 다음 공연을 올리기란 쉽지 않기 때문이다. 그래서 꾸준히 음반을 내고, 공연을 하기 위해서는 실력이 필요하다. 가수가 음반을 내거나 공연하는 게 게으르거나 싫어서 하지 않는 것이겠는가. 아니다. 흥행 비즈니스는 다른 비즈니스보다 더 냉혹한 측면이 있다.

어떤 환경이나 상황에서도 결국은 스스로가 중심을 잡는 것이 중요하다. 외적인 면에서 쫓아다니거나 쫓겨 다니기만 한다면, 내가 행복해서 시작한 일이라 해도 결코 행복할 수만은 없다. 나에게 가치의 척도는 돈이 아니다. 그렇기 때문에 돈이 쉽게 포기된다. 돈을 포기하면 조금 불편해 질 수는 있지만, 내가 하고 싶은 것을 포기하는 것은 나를 정말 불편하게 한다. 두 가지를 저울질해야 한다면, 결론은 간단하다. 항상 음악이 우선이다.

무대 활동 외에 노조 집회, 장애인 행사, 인권시민단체 행사, 강기훈(유서대필 조작사건) 후원 콘서트 등 사회 활동을 활발히 하고 있다. 하지만 20대였던 1980년 당시 많은 청년들이 민주화 운동에 동참할 때 오로지 음악 활동에만 전념했다고 했다. 음악에 전념했던 20대 이은미는 어떤 청년이었나.

열등감과 자신감 결여에 휩싸여 지내던 어린 여자아이가 우연한 기회에 음악을 시작했다. '어떻게 하면 나다운 음악을 할 수 있을까, 나를 표현하는 다른 방법은 없나'를 많이 고민했고, 그래서 방황도 많이 했다. 그럼에도 내가 이 세상에서 유일하게 잘하는 일이라고 느끼게 한 것이 음악이었다. 너무 행복하고 좋아서 음악하기에만 바빴다. 정식 가수가 되고 사회에 나와 (다행히) 좋은 사람을 만나면서 언젠가부터 사회를 바라보는 시각이 생겼다. 그러면서 젊은 시절 '내가 참 부끄러웠구나, 내 삶만 바라보던 이기적인 삶을 살았구나'라는 생각이 들었다. 사회를 정의롭게 바꾸기 위해 동시대에 스스로를 불사른 젊은이들이 있었다. 그들에게 많은 빚이 있다. 빚은 갚아야 하지 않겠나.

초등학교 6학년 때 담임선생님이 우리에게 늘 '사람 나이

가 마흔이 넘으면, 자기 얼굴에 책임지는 사람이 되어야 한다'
고 말씀하셨다. 그게 얼마나 무서운 말인지 20대 때는 그 의미
를 잘 몰랐다. 하지만 많은 사람들에게 꾸준히 사랑을 받고, 사
회를 바라보는 시각이 생기면서 '생전 보지 못한 사람들이 나
에게 준 사랑을 어떻게 하면 사회가 더 건전하고 아름다운 방
향으로 서로 도와가며 살 수 있는 방향으로 갈 수 있도록 사용
할 수 있을까'를 고민하게 됐다. 그러면서 자연스럽게 그 길로
가게 되었다. 많은 사람들이 원하든 원하지 않든, 나는 내 목소
리를 내고 있다.

"가수활동, TV, 신문, 인터넷 등을 통해 사회에 대해 알아갈수록 '이건 아니다'라는 생각이 들었다. 국민으로서, 유권자로서 할 말을 하자, 대중에게 받는 사랑을 어떻게 사회에 환원할 수 있을까 하다가 노래로 재능기부를 해야겠다는 생각이 들었다"고 했다. 사고 전환의 특별한 계기는?

음악가로 사회에 첫발을 내딛으면서부터 이미 나의 삐딱함은 시작됐다. 노래하는 사람에게 인기를 끌기 위해 요구되는 여러 조건이나 압력이 못마땅했다. 동요를 노래하라고 강요한다던가, 춤을 추라고 한다던가, 방송국 맘대로 곡의 시간을 줄인다던가. 가수로서 그런 성공의 조건이 이해되지 않았다. 그것이 성공을 위한 길이라면 차라리 성공하지 않고 싶을 정도였다. 그래서 콘서트 위주로 활동하게 됐다.

나름대로 음악을 잘 이해하고 전달하기 위해 가능하면 진지함을 유지하려고 노력했다. 아마도 내 스스로를 지키고 싶었던 마음에 사회의 불합리나 정의롭지 못한 부분에 문제의식을 갖기 시작한 것 같다.

2012년 고故 노무현 대통령을 위해 '인간적인 너무나 인간적인'이라는 노래로 레퀴엠에 참여했다. 이후 문재인 후보, 심상정 의원 등을 위해 선거유세에 참여하는 정치적 활동도 했다. 이런 활동이 가수 이은미에게 어떤 편견으로 작용하지는 않았는지. 두렵지 않은가?

일반 대중을 상대로 하는 가수 입장에서 정치적 표현이 내 음악에 선입관을 갖게 할 수 있을 것으로 생각한다. 그러나 어떻게 세상의 모든 일을 유불리有不利로만 따지며 행동할 수 있겠는가. 정치적 표현을 말리는 주변 지인들이 많이 있다. 대부분의 이유가 지금 내 생각이 옳지 않거나 행동이 정의롭지 못해서가 아니라, 향후 음악적 활동의 제약을 걱정해서이다. 하지만 결국 내가 선택할 일이다. 그래서 오해하는 사람들도 많지만, 그렇다고 그 사람들의 잘못도 아니다. 오해할 수 도 있고 오해를 받을 만할 수도 있다. 그것은 어디까지나 견해의 차이다.

'안녕들하십니까'라는 대자보를 쓴 20대에게 고루한 꼰대들보다는 우리 사회를 살아갈 만한 가치가 있는 곳으로 만들고 싶은 사람이 더 많다고 믿게 하고 싶다. 이것이 적어도 대한민국 기성세대의 한 사람으로 내가 갖춰야 할 의무라고 생각한다. 이를 위해 어떤 방법으로든 내가 할 수 있는 것을 하려고 한다. 나는 음악가이기 때문에 음악을 열심히 하면서 이 사회에 대한 내 의견을 표현하는 거다. 그러면서 사람들이 "저 사람도 대한민국 시민인데 저렇게 말할 수 있다"라고 바라봐주는 시각이 많을 거라고 믿고 싶은 거다. 물론 아닌 경우도 있긴 하지만 말이다(웃음).

"대중에게 받은 사랑은 '문화권력'이다"라고 했다. 지난 음악 활동 속에서 이은미는 한국 대중문화 안에서 '문화권력' 이상을 의미하게 됐다. 이 권력을 통해 앞으로 하고 싶은 일은 무엇인가.

'문화권력'이란 말은 두려운 말이다. 정치인들이 갖는 정치권력의 원천은 사람들의 표이고, 그렇기 때문에 모든 국민을 상대로 더 많은 표를 얻기 위해 노력하지만, 음악가에게 권력의 밑천은 '자기다움'으로 승부하는 것이다. 양이 적던 많던 상관 없다. 모든 사람이 내 음악을 좋아 할 필요도 없고, 좋아할 수도 없다. 나는 나에게 주어진 권력을 나를 지키는 데 쓸 수 있도록 노력할 것이다. 그것이 음악가의 자존심이고, 나에게 주어진 권력의 핵심이라고 본다. 인기나 돈을 위해서 세상의 어두운 면을 외면한다면, 그 순간 나의 권력은 끝장난 것이다.

나는 적어도 사람들에게 내 음악을 더 팔기 위해서라든가, 내 자신을 더 많이 인식시키기 위해서 음악을 도구로 활용하는 일을 하고 싶지 않다. 더 많은 문화권력을 취득하고 싶은 것도 아니다. 단지 나를 인정해주고 받아주는 사람들과 함께 동시대를 살아가는 사람으로 적어도 우리가 함께 살아가고 있다는 따뜻함을 느끼는 나라를 만들고 싶다.

이를 위해 어떤 방법으로든 내가 할 수 있는 것을 하려고 한다. 자선이든, (어떤 사람들은 색깔로 구별하는) 정치적인 행사로든, 내가 생각하기에 사람들과 함께 좀 더 나은 쪽으로 손잡고 걸어가는 길이라면 내가 갖고 있는 권력을 제대로 사용하고 싶다.

음악을 한다는 것, 그리고 사회를 향해 좀 더 강하게 목소리를 낼 수 있다는 것은 어떻게 보면 특권일 수 있다.

사람마다 타고난 재능이 있다. 본인의 재능을 끌어내지 못할 수도 있지만, 분명히 남들과는 다른 그 사람만의 '솜씨'가 있다. 내게 있는 재능도 그 중에 한 부분일 뿐이다. 그렇기 때문에 가끔 다른 이의 조각이나 사진과 같은 작품을 감상할 때, 무용가의 무대를 볼 때 굉장히 놀랍다. '삶의 에너지가 저런 방

식으로 아름답게 표현되는구나!'하고 공감하는 것이다. '나와 똑같은 예술을 하고 있진 않지만, 이런 부분은 내 모습의 절정과 비슷하구나'라면서 흡수되고 느끼는 경우가 많다. 그런 의미에서 목소리가 도구일 수도 있지만, 목소리만이 다는 아닐 수도 있다.

지금 시대 사람들은 소위 연예인으로 대변되는 겉보기에 화려한 사람들에게 맹목적으로 추종하는 경향이 있다. 그런 직업이 갖고 있는 장점과 보기에 부러운 부분들이 많다 보니, 자꾸 상대적으로 내가 가지고 있지 않은 것과 비교하는 것이다. 그러나 이 세상에 가치 없는 일은 단 하나도 없다. 남들과 똑같이 잘하지는 못하지만, 그 사람만이 갖고 있는 표현을 가치 없는 것이라고 누가 이야기할 수 있겠는가.

원래부터 이런 생각을 해왔나?

가수를 하면서 더욱 견고해졌다. 이 세상에서 가치 없는 일은 하나도 없고, 힘들지 않은 일 또한 하나도 없다. 이 세상에 위대한 일도 없고 천한 일도 없다. 삶은 누구에게나 다 똑같이 버겁다. 그릇만 다를 뿐이다. 보이는 모습과 형태만 다를 뿐이다. '분명히 나만의 무엇이 있을 것이야'라면서 자기 자신을 들여다봐야 한다. 하다못해 '내 손톱 중에 이 손톱은 참 예뻐'라고 할 수도 있다.

하지만 한편으로는 사회가 사람들로 그런 생각을 하게 도와줘야 한다. 가족뿐만 아니라 사회도 '이 세상의 가치 없는 일은 하나도 없다'는 것을 격려하는 체제가 되어야 한다. 사회 안전망이 빈약하고 부실하다 보니까 젊은이들이 좌충우돌하며 그냥 포기하거나 놔버리는 일이 많은 것이다. 참 안타깝다. 나는 비교적 운이 좋아서 음악을 하는 선배들에게 많은 도움을 받았다. 감사하게도 내가 흔들리고 어긋날 때마다 다시 이 길로 돌아올 수 있도록 많이 도와줬다.

결혼 적령기를 훌쩍 넘긴 40대 나이에 결혼했다. 가수 이은미에게 사랑과 행복은 어떤 의미인가.

각자의 세상이 많이 굳어져 서로의 배려를 잘 못 할 수 있을 것 같으나, 오히려 그렇기에 이해의 폭도 커지고 있다. 그렇게 서로의 인생을 배우고 존중하며 지내고 있다.

하지만, 가수 이은미라는 측면에서 개인적인 환경 변화에 내 생활이 좌지우지되지 않았다. 20대일 때도 30대일 때도 40대일 때도 똑같았다. 50대 때도 똑같았으면 하는 희망이 있다.

하지만 사람이 나이가 든다는 것은 그만큼 에너지도 사그라진 다는 것이기 때문에 그런 면이 가끔 두렵기는 하다. 하지만 내게는 늘 돌파구가 되고, 행복의 척도가 되는 음악이 있다. 그래서 항상 행복하다. 이게 내 운명이다. '나는 음악가로 이렇게 살아가는 것이구나'라는 것을 받아들인 순간부터 고민거리가 없어졌다. 어떻게 하면 더 재미있게 더 행복하게 할 수 있을까만을 고민한다. 이것 역시 행복한 고민이다.

동시대를 살아가는 청년에게 하고 싶은 말은?

꼭 말해야 되나?(웃음) 요즘 청년들이 생각할 때 고루하고 답답하고 말이 안 통한다고 느껴지는 기성세대들도 그들과 똑같은 시간의 터널을 지나온 사람들이다. 그 때도 다 아팠고 힘들었고 버거웠다. 하지만 우리 때는 청년에게 어떤 '기백'같은 것이 있었다. 포기하지 않는 '무대포(정신)' 같은 것 말이다. 그게 바로 '젊음'이었다. 요즘 친구들을 보면, 조금만 힘들어도 너무 쉽게 포기한다. '젊음'이라는 시간이 내 것으로 완벽하게 만들어지지 않더라도, 행여나 실패하더라도 도전해야 하는 시간인데 말이다. 확실한 것은 그 젊음의 터널이 쉽게, 그리고 금방 끝나지 않는다는 것이다. 그러니 인생의 기준을 좀 더 멀리 던져놓고, '지금, 여기'에서 행복한 것을 찾았으면 좋겠다. 두려워하거나 걱정하지 마라. 성공은 좀 천천히 해도 된다. 40대에 성공해도 재밌다(웃음).

이은미에게 자유란?

　　잘 모르겠다. 어떤 것이 정답인지 모르니까 나한테 주어지는 대로 막 살아본다. 그러다 보면 상처를 입기도 하고 아프기도 하다. 그러면 '이건 아닌가보다'라고 생각하고 다시 돌아가기도 한다. 나는 이런 나의 삶을 후회한다거나 부끄럽게 여기지 않는다. 오히려 아무것도 안 하는 삶을 더 후회할 것 같다. 나를 구속하거나 옥죄지 않는 쪽으로 나를 그냥 막 살게끔 내버려 둔다. 내 삶이 행복해질 수 있는 자유. 그보다 큰 자유가 있을까?

인터뷰 담당 박주연, 손어진, 조경일

정지영

세월호, 역사적 트라우마로 남기 전 치유해야

2015. 3. 25

정지영

〈부러진 화살〉·〈남영동 1985〉·〈영화판〉 등 최근 작품은 패기 있는
젊은 감독의 영화를 보는 듯하다. 그래서인지 '정지영' 하면 젊은 느
낌이다. 그런데 곧 칠순이 된다니, 조금 놀랐다. 젊음을 유지하는 비
결이 있다면?

　　사회고발 성격의 영화라 젊게 느껴져 그런 이야기를 하
는 것 같은데, 결론을 말하자면 내가 젊기 때문이다(웃음). 곰곰
이 생각해보고 점검한 결과 그렇다. 나쁘게 말하면, 철이 늦게
든 거다. 다른 사람들이 나이 오십理順에 깨달을 것을 나는 지
금 깨닫는다. 이 말은 세상을 보고 이해하는 눈이 늦다는 것이
다. 내게 지금 사십 대 후반 정도의 안목과 깊이밖에 없기 때문
에 영화가 젊을 수밖에 없다. 지식을 이야기하는 게 아니라, 어
떤 것(하나의 사건)을 통해 실체를 알고 난 후에 의미를 깨달아
온전하게 내 것이 되는 시간이 항상 늦다.

반전이다(웃음). 충북 청주에서 아버지가 사촌 형에게 내준 헌책방의
책을 다른 곳에 몰래 팔아넘겨 영화를 보러 다녔을 정도로 '영화에
미쳐서' 청소년기를 보냈다고 들었다. 소년이자 청년 정지영은 어떤
학생이었나.

학창 시절, 무척 한심했다. 아버지가 대학교수인 친구가 있었는데, 그 친구를 설득해 전문 서적을 판 돈으로 영화를 보러 다녔다. 한마디로, 전문 지식을 팔아서 오락을 취한 것이다. 얼마나 한심한 짓인가. 그 덕분에 나는 영화감독이 됐지만…(웃음). 분명 나쁜 짓이었다. 당시 중학생이 영화를 본다고 얼마나 깊게 봤겠는가. 예쁜 여배우 보고 재밌는 이야기 들으려고, 영화를 본 거다. 도둑질이었지 뭐…(웃음).

1946년 출생이다. 6·25한국전쟁에 대한 기억이 있나?

기억은 거의 없고 생각나는 몇몇 장면이 있다. 청주에 살 때였는데, 밖에서 총소리와 비행기 지나가는 소리가 났다. 놀라서 마루로 나갔는데, 한두 살 많던 옆집 아이가 밖에 나가기에, 내가 '어디를 가느냐?'라고 물었더니 '총탄을 주우러 간다'고 했다. '난 무서운데, 쟤는 참 용감하구나' 하는 생각을 했다. 전쟁 중에 청주보다 더 시골인 옥천으로 피난을 갔는데, 동네 아이들이 내가 도시에서 왔다고 나를 따라다니며 호기심 어린 질문을 하며 놀리던 기억이 난다. 그때 난 애들하고 어울릴 생각에, 대답도 잘해주고 했었다. 그리고 시골 밤이 무척 무서웠던 기억, 밤마다 누나들이 무서운 이야기를 들려줬던 기억이 있다. 전쟁에 관한 이야기, 피난 여정에 관한 이야기 등 자세한 건 나중에 들었다.

언제부터 영화감독의 꿈을 꾸었는지, 계기가 있었는지?

사실 영화는 재미로 봤고, 중학교 때 나름 문학소년이었다. 집이 책방을 해서 이것저것 주워서 읽다 보니 그렇게 됐다. 처음에는 추리소설 위주로 보다가 중학교 3학년 때 본격 문학을 접했다. 가장 쉽게 접근한 것이 신구문화사에서 나온 《세계전후문제작품집》(1962~1963)으로, 전후戰後 주목할 만한 작품을 모아놓은 책이었다. 1권에서 7권까지는 한국·미국·불란서(프랑스)·영국·독일·남북구(남북극)·일본 편이었고, 8권과 9권은 각각 한국과 세계의 시를, 10권은 세계의 희곡(시나리오)을 모아놓은 책이었다. 이 책을 보면서 인간과 세상을 보는 안목을 키운 것 같다.

　　특히 한국 편에는 당대의 한국 작가 중단편이 실려 있었다. 그때 이범선(1920~1982)의 〈오발탄〉(1959년 10월 《현대문학》에 발표됨)을 읽었다. 후에 영화잡지에 실린 오발탄 시나리오를 우연히 봤다. 원작이 단편소설이었기 때문에 시나리오에는 에피소드가 더 많이 들어가고 등장인물도 추가돼 한 편의 드라마로 만들어졌다. 참 재밌었다. 하지만 영화 〈오발탄〉(오현목 감독, 김진규·최무룡 주연)은 1961년 4월 13일 개봉됐지만, 5·16쿠데타가 발생하면서 상영이 금지됐다. 어렸지만, '정부에서 싫어하는 영화도 있구나'라고 생각했다. 2년 뒤, 내가 고등학교 1학년 때 영화가 재상영됐다. 그때 〈오발탄〉을 보면서 이전까지 재미로만 봤던 영화를 다른 관점에서 보게 됐다.

　　〈오발탄〉을 보기 전에는 영화를 그냥 봤는데see, 이후 영화를 처음으로 읽었다read. 소재가 시나리오를 거쳐 영상으로 펼쳐지는 과정을 보면서 이것을 가능하게 하는 것은 영화감독밖에 없다고 생각했다. 그전까지는 습작용으로 소설도 쓰고,

그림도 즐겨 그리고, 노래도 한 번 들으면 쉽게 익히고 해서 그런 쪽에 자질이 있다고 생각했는데, '나는 역시 종합예술인이 맞아'라고 합리화하면서 영화감독이 되기로 했다(웃음). 고등학교 1학년 때 그런 다짐을 했고, 지금까지 한 번도 흔들리지 않은 채 왔다.

'영화는 종합예술'이고 '영화인은 종합예술가'라는 표현이 맞는 것 같다. 한 사회의 다양한 모습을 압축적으로 담아낼 수 있는 눈(시각)이 있어야 하기 때문이다. 〈오발탄〉을 비롯해 사회와 세상을 보는 관점에 영향을 준 특별한 사건이 있는가.

　　우선 〈오발탄〉의 영향이 크다. 〈오발탄〉은 당시 북한에서 남한으로 피난 온 한 가족의 비극적인 삶을 다룬 것으로, 전후 서울의 풍경을 그린 영화였다. 거기에 인간 실존의 의미를 질문으로 던졌다. 제목의 '오발탄'은 주인공 스스로 자신을 '신의 오발탄이다'라고 표현함으로써 스스로를 잘못 태어난 존재라고 이야기하고 있다. 이 때문에 이범선 작가는, 당시 기독교 계통의 고등학교 교사였는데 결국 해고됐다고 한다. 당시 박정희 정권에서 문제 삼은 것은 주인공(계리사 사무실 서기 송철호)의 어머니가 고향을 그리워하며 매일 밤 "가자! 가자!"라고 외친 부분이었는데, 정권의 반反공산주의적 시각이 〈오발탄〉 상영을 금지한 것이다. 그 말이 '북한이 더 좋다'라는 뜻이 아닐 텐데…. 이렇게 협소한 시각으로 작품을 봐서는 안 된다.

　　이런 전후 작품이 나의 청소년 시절을 좌우했다. 비단 한국 전후 작품뿐 아니라, 세계대전 이후 작품도 마찬가지였다.

전후시대라는 것은 전쟁으로 자기가 생각하던 모든 가치가 무너진 시대를 말한다. 반면, 새로운 가치가 창출되는 반어적인 세상이기도 하다. 전복적·반어적 가치를 얘기하는 작품이다 보니, 인간과 사회에 대해 얼마나 냉소적이겠는가. 그 때문에 인간애愛, 즉 부모와 자식 간 사랑이나 친구 사이의 우정 같은 살가운 것보다는 이념과 사회관계를 생각하게 하는 시대적 환경 속에 있었다고 생각한다.

1998년 〈까〉 이후로 13년 만에 〈부러진 화살〉(2011)로 복귀해 쾌거를 거뒀다. 그동안 제작비 등의 문제로 준비하던 영화가 좌초되거나 실패했다고도 하던데, 어려운 시간이 있었을 것 같다.

다른 사람들은 13년 동안 무척 고생했다고 생각하겠지

만, 나는 나름대로 계속 영화 준비를 한 시간이었다. 님 웨일스의 소설을 원작으로 한 〈아리랑〉의 시나리오를 쓰느라, 8년 이상 많은 시간을 보냈다(명필름이 제작을 맡았으나, 2007년 결국 중단됐다). 중국 혁명기를 그린 작품이라 중국 정부의 검열에 신경을 써야 했다. 주인공 김산이 조선독립을 위해 중국에 건너가 혁명의 과정에 휩쓸리다 연안延安으로 와서 중국 공산당을 위해 활동했는데, 간첩으로 몰리면서 중국 공산당에게 처형당하는 이야기다. 사후 50년이 지난 1980년대에 사면복권이 됐지만, 이런 주인공을 그리다 보니 상당히 조심스러웠다. 엄청난 제작비도 부담이었고, 그래서 보류했다. 그 뒤에도 작품 하나를 하려다 잘 안됐고, 그렇게 세월이 지나 〈부러진 화살〉을 만들게 됐다.

　　물론 경제적 고생은 했다. 그런데 이런 고생은 평생을 해온 것이라, 익숙하다. 익숙한 고생(웃음). 그냥 견뎌왔던 것이지, 특별히 엄청난 고통과 쓰라림은 없었다.

영화 제작을 그만두고 싶었던 적은 없었는지?

　　한 번도 없다. 어떤 사람은 영화를 찍다 실패하거나 그 실패가 계속되면 '영화를 그만두고 싶다'고 생각할 수도 있는데, 나는 그렇지 않았다. 실패했어도 그렇게 크게 좌절하지 않았다. '사람이 살다 보면 그럴 수도 있지. 다음에 잘하면 된다'고 생각했다. 나는 좋은 일이 생겼다고 크게 기뻐하지도, 슬픈 일이 생겼다고 크게 슬퍼하지도 않는 편이다.

빨치산의 나약한 인간적인 면모를 그려낸 〈남부군〉(1990), 베트남 전쟁의 실상을 다룬 〈하얀 전쟁〉(1992), 사법부와 일반 국민의 관계를 들여다본 〈부러진 화살〉, 한국의 영화산업을 파헤친 〈영화판〉(2011), 엄혹한 군사독재시절 민주화 운동가들에 대한 고문을 고발한 〈남영동 1985〉(2012) 등 모두 사회적 성찰을 담은 메시지로 시대적 화두를 던졌다. 또한 논쟁도 불러왔다. 그만큼 관객들을 자극한 것이다. 이런 토론의 장을 실제로 기대했었는지?

영화를 만들 때는 항상 많은 관객이 봐주기를 기대하며 만든다. 그런 의미에서 나는 스스로 예술가라고 생각하지 않는다. 예술가는 그러면 안 된다. 자기의 고집스러운 이야기를, 다른 사람이 이해해 주지 않아도 자기 나름의 방법대로 작업해야 한다. 예술가는 그런 면에서 관객이 자신을 이해해 주길 바라지 않는다. 아니 오히려 너무 쉽게 이해하면 자존심이 상한다.

그런데 나는 반대다. 영화를 만들면서 항상 '이렇게 찍으면 관객이 잘 모를 텐데? 이렇게 하면 관객이 이해하지 못할 텐데…'라며 점검한다. 항상 관객을 의식하며 영화를 제작한다. 이다. 이 말은 되도록 영화를 통해 많은 관객을 만나고 싶다는 의미이기도 하다. 내가 영화에서 던진 이야기, 질문 등에 대해 많은 사람들과 논하고 싶다.

'영화를 보면서 이야기하자.' 이게 영화를 만드는 기본적인 나의 목표다. 그렇기 때문에 내 영화가 상영된 후 공론이 일고 토론이 발생하면, 너무 기분이 좋다. 좋게 말하면 토론이고 나쁘게 말하면 논란인데, 논란이 되는 주제 대부분은 우리가 알고 있지만 침묵하고 있었던 중요한 가치의 문제다. 그렇기 때문에 그것을 그냥 묻어두는 것보다는 들춰내서 토론의 장을 펼치는 게 맞다고 본다.

그러나 영화 〈남부군〉, 다큐멘터리 〈천안함 프로젝트〉(2013) 등의 작품에 대해서는 호불호好不好를 분명히 하며, '빨갱이' 감독이라고 비판하는 사람들도 있다. 이념 논리가 지배적인 한국 사회에서 '빨갱이' 혹은 '종북'이라고 비난받을 때 마음이 어떤지, 또 어떻게 대처했는지 궁금하다.

영화는 일단 자기가 만들고 나면, 이후에는 자기 것이라고 하기 어렵다. 관객은 각자 자기 삶과 철학으로 영화를 보기 때문에 만든 사람과 똑같이 볼 수 없는 게 당연하다. 〈남부군〉에 대해 좌左 쪽에서는 빨치산을 나약한 휴머니스트로 그렸다고 비판했고, 우右 쪽에서는 빨갱이를 미화했다고 손가락질했다. 각자 자신의 시각으로 영화를 보기 때문이다. 이런 논란이 우리 사회를 더욱 생산적으로 만드는 것이라고 생각한다.

한국 사회가 가진 특징이다.

현재 한국사회가 정상적인 사회라고 보지 않는다. 이 모든 딜레마가 분단 모순에서 출발했다고 생각한다. 세계 유일의 분단국가, 대한민국. 글로벌시대에도 불구하고 한쪽으로는 민족 문제를 화두로 삼아야 하는 나라, 분단 모순으로 인간과 사회와 역사에 대한 인식이 왜곡된 비정상적인 나라이자 불행한 나라다. 분단 모순만 극복하면 한국은 아마도 훌륭한 나라가 될 수 있을 것이다.

흥행의 실패가 영화의 성패를 설명할 수는 없을 것 같다. 그럼에도 흥행에 실패하면, 관객과 소통하지 못했다는 자책에 함께 작업한 사람들에 대한 미안함과 한계 등 수많은 감정이 교차할 텐데 어떻게 처리하는 편인가.

반성해야지(웃음). 내가 할 수 없는 마케팅과 영업 등을 제외하고, 내가 한 일 중에서 무엇을 잘못했나 면밀히 살피고 반성한다. 반성하다 보면 뭐가 나온다. 물론 그 반성 전에 같이 참여했던 사람들에게 기대에 못 미쳐 미안하단 말부터 전한다.

혹시 대표적인 반성작이 있나.

〈남영동 1985〉(웃음). 극장에서 100만 명만 봤으면 하고 바랐다. 그 이상은 욕심이라고 생각했는데, 그만큼 보기 힘든 영화였기 때문이다. 당시 2012년 대통령 선거도 있는 정치의 계절이어서 조금 기대를 했는데, 그 기대에 못 미쳤다. '전 국민이 봐야 할 영화'라는 입소문이 났지만, 관객수가 33만여 명에 그쳤다(2015년 4월 22일 영화진흥위원회 제공 누적 관객수 334,619 명). 개봉한 다음에 반성하면서 사람들에게 물었더니, 〈남영동 1985〉를 보다가 나간 사람들이 많았다고 하더라. 영화가 지나치게 끔찍했던 것이다. 고문 장면을 찍을 때 관객들이 고문당하는 느낌을 받게 하려고 했는데, 그게 너무 지나쳤던 것 같다. '관객의 감정을 계산하면서 고문 장면을 배치했어야 했구나' 생각했다.

2012년 11월 〈남영동 1985〉을 개봉하면서 여러 인터뷰를 통해 "박근혜 후보가 이 영화를 봤으면 좋겠다"라고 말했다. 어떤 바람이 있었던 건가.

영화 개봉 당시가 대선 직전이었다. 그래서 〈남영동 1985〉를 보고, 박근혜 후보가 무슨 이야기를 할지 궁금했다. 박근혜

대통령은 자기 아버지를 늘 자랑스럽게 생각하는 사람이지 않나. 물론 영화의 배경은 전두환 정권이지만, 박정희 정권 이야기도 나온다. '군사독재'라는 이름으로 벌어진 일에 대해 어떻게 생각하는지 궁금했다.

배우가 극악무도한 악인이나 비극적인 상황에 처한 인물을 연기는 경우, 감독이 민감한 사회문제를 주제로 하는 영화를 제작할 경우 후유증이 상당할 것 같다. 영화를 찍고 난 이후에 어떻게 회복하는 편인가?

실제로 〈남영동 1985〉를 제작한 뒤 아팠다. 영화 촬영 당시 배우와 스태프 모두 고통스러워했다. 그 고통이 내게 돌아온 복수인 양 정말 많이 아팠다. 〈남영동 1985〉를 찍을 때는 끊었던 담배를 다시 피웠다. 안 피울 수가 없었다. 그리고 매일 저녁, 술을 마셨다. 정신적으로 힘든 것뿐만 아니라 몸도 아팠다. 영화 촬영이 끝나고도 몸과 마음이 많이 힘들었다.

얼마 동안이나?

몇 개월을 끙끙대다 실제로 몸에 문제가 생겨서 수술까지 했다. 나만 그랬겠나. 박원상 씨와 이경영 씨도 오랫동안 힘들어 했다. 고문 피해자 역을 한 박원상 씨보다 가해자 역할을 한 이경영 씨가 더 힘들어 했다. 연기라고 해도 그 후유증이 정말 컸던 모양이다.

2005년 10월 유네스코 총회에서 '문화다양성 협약'이 압도적인 지지로 통과된 이후, 한국의 스크린쿼터는 다른 나라들이 문화 정책의 모범으로 삼는 제도가 됐다. 그러나 한미FTA가 진행되면서 스크린쿼터 폐지 논란이 일었다. 당시 범凡 영화인들이 반대 투쟁을 벌였고, 배우 안성기 씨와 함께 스크린쿼터대책위원회 공동위원장을 맡았다. 영화인들에게는 생존이 달린 문제였지만, 일부에서는 '밥그릇 챙기기'라는 오해와 비판의 목소리도 있었다.

스크린쿼터 축소 반대 투쟁이 만약 밥그릇 챙기기였다면, 더 치열했어야 했다. 물론 영화인들에게는 스크린쿼터가 축소되면, 그만큼 설 자리가 없어졌을 테니 생존권의 문제이기도 했다. 밥그릇 챙기기라고 비판한 이들을 그래서 바보라고 생각한다. 사람이 밥은 먹고 살아야 하는 게 당연한 것 아닌가. 물론 '어떤 배우는 외국 고급 승용차를 타고 다닌다'라는 식으로 비판하는 건, 그럴 수도 있다고 생각한다. 당시 영화인들의 스크린쿼터 사수를 비판한 사람들은 대중의 여론을 자기식으로 환기시키려고 여러 가지 수를 썼다. 그런 노력의 연장선에서 '벤츠 타고 양담배 피우는 배우들, 어쩌고…' 하는 이야기를 내세운 것이다.

그러나 당시에, 생존권보다 더 중요한 문제는 '한국의 영화 문화가 없어질 수 있다'는 위기의식이었다. 그래서 그렇게 집요하게 싸웠던 것이다. 물론 지금은 스크린쿼터가 반으로 뚝 잘렸지만, 투쟁 과정에서 한국 영화인의 의식은 상당히 고양됐고 사명감까지 갖추게 됐다고 생각한다. 그 밑바탕에서 오늘날의 한국 영화가 나온 것이라고 본다. 만약 그런 영화사적 과정이 없었더라면 지금의 한국 영화가 세계시장에서 이렇게까지 주목받지 못했을 것이다. 그런 긍지를 가지고 당시 싸움을 종종 되돌아본다.

다큐멘터리 〈천안함 프로젝트〉를 기획했다. 2013년 8월 언론시사회에서 "'천안함'은 우리 사회 '소통의 단절'을 담았다"고 했지만, 천안함 유가족과 해군 장교들이 상영금지 가처분 신청을 내는 등 상영 과정이 순탄하지 않았다. 던지고 싶은 메시지가 무엇이었나.

국가가 어떤 사안에 대해 정확한 정보를 제공하지 않으면, 국민은 그것을 요구할 권리가 있다. 〈천안함 프로젝트〉나 〈다이빙 벨〉(안해룡·이상호 감독, 2014)의 소재가 된 사건들은 의문투성이 문제가 너무 많다. 해명을 못 하는 건지 안 하는 건지 모르지만, 국민들에게 속 시원하게 설명하지 못하고 있다. 국민과 소통을 못 하고 있는 것이다. 그러니, 의심할 수밖에 없다. 몇몇 사람만 의아해 하는 것도 아니고, 전 국민이 의문을 가진 것 아닌가. 그런데 박근혜 정권은 정부에 친화적인 사람들을 향해 '저 새끼들은 빨갱이들이다'라고 말하며 편 가르기를 한다. 정부를 비판한다고 빨갱이인가? 물론 대다수의 국민은 그 말에 부화뇌동하지 않으리라는 것을 알기 때문에, 그냥 있는 것이다. '그러려니…' 한다.

영화 제작에 있어, 지금까지 대기업(거대 자본)과 작업한 적이 한 번도 없다고 했다. 상업 영화로 흥행해서 소위 '천만 관객'을 넘어보고 싶은 유혹 같은 것은 없었나.

'천만 관객을 넘기고 싶다'고 생각한 적은 없다. 다만 거대 자본으로 영화를 만들고 싶은 생각은 있다. 그게 현재 한국 영화 산업이 가는 길이다. 기회가 된다면, 해봐야 한다고 생각한다. 대기업 또는 거대 자본과 작업을 해봐야 문제가 발생할 때 어떻게 해야 할지 알 것 아닌가. 하지만 내가 '천만 관객' 영화를 만드는 일은 죽을 때까지 없을 것 같다. '왜 꼭 관객이 천만 명이 되어야 하지? 내가 선택한 작품은 '천만 관객'은 아닐 것이다'라는 생각을 늘 해왔다.

그런데 최근 〈삼별초〉라는 작품을 구상하면서 이 정도 영화면 '천만 관객'쯤은 되겠다는 생각이 든다. '영화를 어떻게 만들까?' 하고 머리를 굴려보니, 내용 자체가 천만 명이 들것 같다는 자신감이 든다. 나도 '천만 관객' 감독이 되려나? 생각하니, 재미있다(웃음).

대기업의 투자를 받을 기회가 없었던 것인가.

1999년 〈까〉 이후, 13년 만에 〈부러진 화살〉을 제작했다. 〈부러진 화살〉은 처음부터 대기업과 만나기 힘든 작품이었다. 사법부를 정면으로 비판하는데, 대한민국 대기업이 투자하겠는가. 다음으로 만든 영화가 〈남영동 1985〉인데, 이 역시 뻔하지 않나. 다행히 〈부러진 화살〉의 흥행(2015년 4월 22일 영화진흥위원회 제공 누적 관객수 346만여 명. 역대 흥행 순위 102위)으로 돈을 빌리기는 쉬웠지만, 처음부터 저예산으로 만든 작품이다.

2012년 12월 〈한국일보〉와의 인터뷰에서 "영화계가 대기업을 중심으로 재편되다 보니 신인 감독들이 스타만 캐스팅해오면 돈을 준다"
며 "조금 더 뜸을 들인다면 좋은 재목이 될 수 있는 씨앗들을 너무
일찍 사장시키고 있다"고 비판했다. 그러면서 대기업이 본인과 같은
또래의 노장 감독은 "감각이 늙었다며 기회를 주지 않는다"고 주장
했다.

　　아무리 대기업이 과학과 통계를 바탕으로 (영화의 투자와
흥행을) 예상한다고 해도, 사람이 하는 일이라 기본적으로 나이
많은 감독을 만나기 꺼린다. 힘은 자기들이 갖고 있는데, 동방
예의지국이라 노장 감독에게는 그 힘을 마음대로 행사하지 못
하니 불편한 것이다. 그러면서 나이 든 감독들은 감각이 낡았
다고 핑계를 댄다.
　　대기업의 투자 기준은 좋은 시나리오와 감독이 아니라,
'출연 배우가 누구냐?'이다. 그래서 A급 배우를 섭외하려고 노

력한다. A급 배우란, 인기 있는 배우를 말한다. A급 배우가 캐스팅된 시나리오라면, 시나리오와 감독이 B급이라도 대기업은 투자를 한다. 이게 대한민국 대기업이 가진 영화에 대한 투자 안목이다. 영화의 성공 가능성을 배우에 의존하는 것이다. 사실 영화계가 이런 투자 행태에 좌우되는 한, 한국 영화의 미래는 밝지 않다. A급 배우에게만 의존하는 것이 아니라, 좋은 시나리오와 새로운 소재로 승부수를 띄우는 최소한의 도전 의식이 있어야 한다. 그러나 현실은 그렇지 않다. 독립영화로 성공한 〈님아, 그 강을 건너지 마오〉(진모영 감독, 2014)는 확률상 만분의 일이 될까 말까 하기 때문에 도전할 생각을 안 하는 것이다.

지난해 전체 영화산업 매출이 2조 276억 원, 극장 입장권 매출액이 1조 6,641억 원으로 해마다 신기록을 경신하고 있다. 2014년 개봉한 영화만 217편이다. 그런데 스크린을 통해 상영된 영화 중 눈에 띄는 건 몇 편에 불과하다. 영화산업은 성장하는데, 반대로 실패하는 영화도 점점 많아지고 있는 것 같다. 평생 영화를 제작해온 감독으로, 한국 영화시장을 어떻게 바라보고 있나.

대기업이 한국 영화산업을 이끌어가는 시스템, 소위 수직 계열화된 구조가 문제다. 이것이 고쳐지지 않으면, 한국 영화는 위기를 겪을 수밖에 없다. 대기업이 투자한 영화 외에 다른 영화는 상영 기회조차 얻지 못하고 있다. 가게가 문을 안 여는데, 관객이 어떤 물건이 어디에 있는지 알 수 있겠나. CJ, 롯데 등 대기업은 투자만 하고 제작하지 못 하게 해야 한다. 영화 상영과 배급도 분리해야 한다. 자기 돈을 벌기 위해 다른 작품을 발로 차는 것은 당연하지 않나.

영화인 또한 넓은 의미에서 노동자이다. 그런데 상품시장에서 살아남지 못한 작품 또는 노동자들은 실로 처참한 대우를 받고 있다. 영화계에 가장 보장받아야 하는 노동권과 노동환경이 무엇이라고 생각하나.

최근 전국영화산업노조도 생기면서 한국영화제작가협회와 노조 간에 표준계약서가 만들어졌다. 영화계가 노동면에서 상당히 발전되고 있는 것 같다. 사실 이 부분에 대해서는 구체적으로 잘 모른다. 다만 영화계 일이라는 것이 어쩔 수 없이 비정규직인 것은 사실이다. 촬영 스텝들을 월급을 주며 데리고 있을 수는 없는 일이다. 그럼에도 영화계 노동자들이 일이 없을 때 생계를 보장하는 방법이 필요하다. 이게 가장 중요한 문제 같다. 물론 영화를 하고 싶어서 이 업계에 들어온 것이지만, 최소한의 생계는 보장받아야 하는 것 아닌가. 제도적으로 마련할 수 있는 방법을 찾아야, 영화 산업이 계속될 수 있을 것이다.

지난해 8월 세월호 특별법 제정 동조 단식을 하면서 "침묵은 공범이다"라고 했다. 특히 정지영 감독뿐 아니라, 많은 영화인이 참여했다. 그런데 일간베스트의 폭식 투쟁 같은 상반된 일도 벌어졌다. 이 상황을 어떻게 봤나.

현재 한국 사회가 정상적인 사회라고 보지 않는다. 이 모든 딜레마가 '분단 모순'에서 출발했다고 생각한다. 그래서 이를 극복하면, 한국이 정상적인 사회가 될 것이라고 본다. 힘들더라도, 그 모순을 넘어서는 노력이 있어야 한다. 그런데 정치권에서는 이것을 이용하려고만 한다. 이 사회의 모순을 극복하는 것은 정치권이 해줘야 하는 일 아닌가. 그래서 새누리당과 새정치민주연합을 모두 비판할 수밖에 없다. 그들 모두 은연중에 세월호가 침몰할 수밖에 없었다고 국민들에게 강요하고 있다. 이 엄청난 비극을 눈감고 묻어버리면 상처는 곪을 수밖에 없다. 그렇게 썩은 채로 도려낼 생각인가. 언제든 곪아 터질 상처를 왜 이렇게 방치하는지 모르겠다. 고름을 째 내고 치료해야 하는데, 지금 권력자들은 이를 감추고 있다. 지금이라도 늦지 않았다. 온 국민에게 역사적 트라우마로 남기 전, 빨리 치유해야 한다.

새로운 진보 정치세력화를 선언한 국민모임 공동대표다. 정치 참여에는 지금까지 다소 조심스러운 부분이 있었는데, 어떻게 참여하게 됐나.

자기의 정치적 안정만을 위해 행동하는 기존 정치권의 모습을 보면서 새로운 정치세력이 필요하다고 생각해 참여하게 됐다. 엄밀히 말하면, 내가 정치에 참여한다기보다는 새로운 정치세력이 필요하다고 주장하는 사람 가운데 한 명이 된 것이다. 새정치민주연합이 야당의 역할을 제대로 하지 않으니, 자극을 주기 위한 방법일 수도 있겠다는 생각이 들었다. 국회의원 배지 하나에 전전긍긍하면서 개인을 위해서 정치하는 기존 정치인의 모습이 너무 한심하다. 새누리당이나 새정치민주연합 모두 이미 보수당이라고 생각한다. 그들이 가진 정책 현안은 다 보수적이다. 그렇기 때문에 지금은 세력이 미약하지만 정의당, 노동당 등 진보 쪽에서 규합해서 새로운 세력을 키울 필요가 있다고 본다.

현재 대한민국은 절름발이다. 한쪽 날개로 간신히 날고 있다. 세계에 이런 나라가 어디에 있나. 절름발이의 균형을 잡기 위해서는 새정치민주연합과 같은 보수 야당이 아니라, 제대로 된 진보야당이 있어야 한다.

1976년 서른 살에 조감독으로 시작해 약 40년 동안 영화인의 삶을 살아왔다. 기쁜 적도 좌절했던 적도 있었을 텐데, 무엇이 '정지영'을 여기까지 이끌고 왔다고 생각하나.

철이 늦게 든 것?(웃음) 뭘, 잘 모른다. 가장의 책임감 같은 것을 좀 알면, 집이 힘들 때 '영화를 그만둬야 하나?'라고 생각할 법도 한데, 난 아무리 배고파도 영화가 아니면 할 게 없다. 이런 철없음이 지금의 나를 지탱해온 것 아닐까? 나쁘게 말하면, 이기적인 거다. 영화를 하고 싶으니까 다른 것은 신경 쓰지 않는 것이다. 실제로 내가 영화가 아니고선, 할 수 있는 것도 없을 것 같다. 물론 1987년 '호헌철폐 독재타도'라는 외침 속에 '직선제개헌 1천만 명 서명운동'에 동참한 뒤, 당분간은 영화를 못할 것 같아서 아내에게 '포장마차나 해볼까?'라고 말했던 적은 있다(웃음). 물론 6·29민주화선언으로 금방 풀렸지만…. 사회적 여건이 그랬기 때문에 다른 일을 해볼까 했던 거지, 개인적으로 영화 외에 다른 것을 해볼 생각은 안 했다. 무모한 거지(웃음).

정지영에게 영화란?

기본적으로 내가 생각하고 있는 것을 다른 사람들과 이야기하고 싶다. 그것을 가능하게 하는 수단이 영화가 아니겠나. 나는 태생적으로 혼자 생각하고, 혼자 꿈꾸는 사람이 못 된다. 혼자 방구석에 처박혀 있어보기도 했는데, 나는 그런 스타일이 안 되더라. 뭔가를 떠올리면, 사람들과 나누고 싶다. 그것을 가능하게 하는 밥그릇의 수단으로 영화를 선택한 것이다(웃음).

동시대를 살아가는 청년들에게 하고 싶은 말이 있다면?

나는 기본적으로 나보다 젊은 후배들에게 '어떻게 살아라' 하고 충고하지 않는다. 왜냐하면 각자 자기가 스스로 생각하면서 살아가는데, 마치 어떤 정답이 있는 것처럼 이야기하는 것은 말이 안 된다고 본다. 그래도 정 말을 하라면, 이렇게 사는 게 유리한 것 같다고 생각이 드는 것은, 적어도 청년이라면 '내가 무엇이 되어야겠다'는 생각보다 '내가 어떻게 살아야 할까?'를 먼저 생각하면 좋을 것 같다. 왜냐하면 대개 비극은 자신은 '어떻게' 살고 싶은데, 자신의 직업이 그 '어떻게'를 뒷받침해 주지 않아서 일어나기 때문이다. 먼저 어떻게 살까를 정하면, 저절로 그렇게 살기 위해서 무엇이 되어야겠다는 결정을 하기가 쉽고, 대부분 그게 가장 본인에게 맞는 직업이든 일이든 된다. '어떻게 살 것인가?'를 먼저 생각하는 사람 치고, 부자로 살기를 원하면서 정치인이 되기를 꿈꾸는 사람은 없을 것 아닌가. 만약 그렇게 살려면, 부정부패해야 하고 감옥에 가야 할 테니 말이다(웃음). 자유롭게 살고 싶은 사람은 공무원이나 평범한 직장인이 될 꿈을 버려야 한다.

정지영에게 자유란 무엇인가?

문학적이나 철학적인 의미에서의 자유 말고, 정치·사회적으로 쓰는 자유가 그것이 본래 가지고 있는 의미를 상당히 퇴색시키는 것 같다. 예를 들어, 자유민주주의 국가·자유시장경제·신자유주의 하는 말들이다. 사실 이런 말은 자유를 엄청나게 구속한다. 대한민국이 자유민주주의 국가이기 때문에 이 체제에서 이것을 부정하는 모든 사람은 빨갱이가 되는 것 아닌

가. 자유시장경제도 마찬가지다. 엄밀히 말하면, 보이지 않는 손이 아니라 시장을 장악한 놈이 주인이다. 그렇지 못한 사람 대부분은 그 시장에서 자유롭지 못하다. 신자유주의에서 말하는 자유도 실질적인 자유를 얼마나 많이 구속하는가. 수단과 방법을 가리지 않고 싸워서 이긴 놈이 최고가 된다는 건데, 처음부터 힘이 없는 사람이 어떻게 이길 수 있다는 건가. 이런 의미에서 자유라는 말은 달갑게 인식이 되지 않는다. 하지만, '자유인'이라고 하면 달라진다. 참 근사한 단어다.

'자유인'이라는 것은 주관적인 내가 객관적인 나를 마음대로 부릴 수 있을 때다. 내가 나 스스로를 컨트롤할 수 있는 사람이라는 말과 같다. 예수나 석가가 그런 자유인의 경지에 올랐던 사람일 텐데, 우리는 그 경지가 불가능하고(웃음), 죽을 때까지 그 경지를 향해 가는 것이 아닐까? 우리 삶이란 자기라는 객체를 자기라는 주체가 마음대로 할 수 있는 진정한 자유인, 그런 자유인을 희망하면서 죽어가는 것 같다.

인터뷰 담당 조경일, 손어진

유시민

DJ, 노무현 같은 대통령이 비정상

2015. 7. 10

유시민

늘 책을 보던 교사인 아버지와 구멍가게를 하며 궂은 일을 마다하지 않았던 어머니의 삶이 인상적이다. 본인의 삶에 가장 중요한 가르침으로 기억되는 순간 또는 말이 있을까?

아버지는 역사 교사였다. 학교에서 사서 담당을 자원해 자식들에게 책을 열심히 공급하는 분이었다. 나에게 이래라 저래라 요구한 적이 없었다. 다만 이상주의적 성향이 있어, 내가 대학 입학시험 원서를 쓸 때 영문과를 권했다. '영어 공부를 해 서양에서 서양철학을 공부한 뒤, 한국에 돌아와 동양철학을 했으면 좋겠다'고 했다. 그런데 그냥 흘려듣고 말았다(웃음). 어머니는 일제 강점기 때 소학교만 졸업했다. 그 세대의 다른 어머니들처럼 특별한 욕심이 없고 단순하게 열심히 산 분이다. 어머니가 19살 때 10살 차이 나는 아버지와 혼인했는데, 그 당시가 6·25한국전쟁이 터지기 직전이라 빨치산이 쳐들어오던 때였다. 어느 날 집에 들이닥친 빨치산 무리가 쌀이며 물건이며, 다 가져 가려고한 적이 있었다고 한다. 빨치산이 혼수를 넣어 둔 함을 가져가려고 하자, 어머니가 '이건, 내 거다'라며 '절대로 못 가져간다'고 버텼다고 한다. 굉장히 단순하고 상식적이면서도 적극적인 어머니와 책을 즐겨 읽는 아버지의 면면이 자식들에게 어느 정도 영향을 미친 것 같다.

1978년 고등학교 3학년 당시 아버지의 월급을 통해 우리 사회의 불공평함·부조리 등을 처음 경험했다는 얘길 들었다.

성장하면서 알게 된 사회의 여러 비밀 중 하나다. 아버지는 정규 교육으로 소학교를 나와 일본에서 고학苦學하며 야간 상업학교를 나온 게 다였다. 그리고 1946년 미 군정청 교원시험에 합격해 6개월 단기연수를 받고 교사가 됐다. 내내 공립학교에 있다 빚을 갚기 위해 퇴직하고 다시 사립학교로 들어갔다. 호봉이 높은 아버지를 채용하려는 학교는 많지 않았다. 게다가 워낙 소심하고 인간관계가 좁았던 분이라, 누구에게 도움을 받기보다는 호봉을 낮춰서 초임교사 수준의 봉급을 받는 곳으로 들어갔다. 처음 그 사실을 알았을 때는 사회가 잘못됐다고 생각해서 많이 원망했다. 어린 마음이었지만, 세상이 이상하고 부조리하다고 생각했다. 그런데 지금 생각하면, 온전히 사회 탓만은 아니었다. 아버지의 책임도 있었던 것 같다(웃음).

인격과 존엄을 무시하는 이들에 대한 분노와 그에 순응하며 무고하게 살아온 사람들에 대한 답답함은 없었나?

부모 세대는 무엇인가를 주장할 수 있는 환경에서 살지 못했다. 일제강점기와 내전 및 독재, 그리고 절대 빈곤 속에서 어떻게 자기 주장을 하며 살 수 있었겠나. 그 세대의 십자가였다. 이후 살 만해진 우리 세대는 많은 사람들이 '밥만 먹어서 되느냐. 헌법대로 주인대접 받으면서 살자'라며 민주화를 요구했다. 그것이 바로 우리 세대의 십자가였다.

법조인이 되려던 출세의 꿈을 포기하고 경제학과를 선택하면서 본격적으로 학생운동을 시작했다. 처음에는 '인간이 사회를 개조할 수 있다는 명제를 가슴 깊이 확신하지 못한 가운데 행동으로 나섰다'고 했는데, 어떻게 운동을 주도할 수 있었나.

사람들이 불가능해 보이는 일에 도전하는 데는 두 가지 이유가 있다. 하나는 자신이 당사자이기 때문이다. 앉아서 굶어 죽으나 싸워서 맞아 죽으나 마찬가지라고 생각하면, 싸우는 거다. 이길 전망이 있어서 싸우는 게 아니라, 싸우는 것 외에는 다른 선택의 여지가 없기 때문에 싸우는 것이다. 지금 굴뚝에 올라가는 사람들이 다 이런 이유 때문 아닌가.

또 다른 이유는 자기 문제는 아니지만, 자신을 지키기 위해서다. 나는 개인적으로 비정규직 제도와 아무 관계도 없다. 한 번도 정규직이 되어 본적도 없고 될 생각도 없다. 소위 마르크스주의나 좌파주의 담론에 의하면, 정규직은 정규적으로 착취당하고 비정규직은 비정규적으로 착취당한다. 하지만 어차피 착취당하더라도 덜 부당하게 착취당해야 하지 않겠나. 자본주의 제도 자체를 어떻게 하진 못하더라도 똑같은 일을 시켜 사람을 부리면 돈도 똑같이 주고 대우도 똑같이 해줘야 하는 것 아닌가. 이것은 우리가 가지고 있는 정의에 대한 본능적 관념·직관에 맞는 것이다. 물론 내 문제가 아니기 때문에 내가 굴뚝에 올라갈 수는 없다. 하지만 내가 이 문제에 관해 말을 하고

노란 봉투를 보내고 연대 표명을 하는 이유는 나를 지키기 위해서다.

사람은 옳지 않은 일, 나쁜 일, 사악한 일, 비인간적인 일을 보고 자기 문제가 아니라며 못 본 척 지나가면 마음이 꺼림칙해진다. 요새 뇌과학자들이나 심리학자들의 이야기를 들어보면 인간이 원래 그렇게 생겨먹었다고 하더라(웃음).

유신체제 당시 박정희 대통령이 앞으로 20년 정도를 더 집권할 것이라고 생각했다. 내가 대학에 들어갔을 때 박 대통령이 환갑도 안 됐으니, 저런 사람은 병에 걸려 죽을 리도 없고 군인 출신이라 깡도 좋으니 앞으로 쭉 대통령을 할 것 같았다. 대통령이 무소불위인 상황에서 대통령을 이길 수 있다고 생각하고 학생운동을 했던 사람은 아무도 없을 것이다. '싸워서 바꿀 수 있다'고 믿는 사람만 운동을 할 수 있었다면, 아무도 못했을 것이다. 내 경우에는 박정희를 이길 수 있다고 생각해서 한 게 아니다. 그거라도 하지 않으면 비겁해지는 것 같아서 한 것이다.

나중에 보니까 진짜 이길 줄 알고 한 사람들도 있더라. 그 사람들은 못 이기니까 저쪽으로 가버렸다. 이기는 것을 목적으로 했다가 이길 수 없다는 사실을 인정하게 됐을 때는 더 이상 지금까지의 방식대로 살 수 없다. '해봤는데 하는 일마다 안 되고 세상은 안 바뀌고 다 실패하더라. 그래서 나를 바꿨다'고 하는 사람들이 있다. 김문수 전 경기도지사와 같은 사람들이다. 그는 정말 바꿀 수 있다고 확신했던 것 같다. 그런데 바꿀 수 없다는 생각이 드니, 자신을 바꿔버린 것이다.

그러나 대부분의 사람들은 입 다물고 지나가면 비겁해지는 것 같아서 한 것이었다고 생각한다. 그래서 자기를 지키는데 비용이 많이 들었다. 감옥도 가고.

지금 말한 두 가지 이유만으로도 운동이 조직될 수 있나?

운동은 대개 이 두 가지 이유로 조직된다. 이것 말고, 사람들이 자기를 조직해서 투쟁에 나서는 동기가 없다. 딱 그 두 개다. 둘 중에서 어느 하나. 특히 세상은 바꾸지 못해도 자기 자신은 지킬 수 있기 때문에 운동이 조직되기도 한다.

1979년 10월 유신체제가 무너졌을 때 유신을 반대하던 운동세력으로, 어떤 마음이 들었나. 허무하지는 않았나?

우리가 살면서 경험하는 좋은 일 중에는 자기가 목표의식을 가지고 열심히 노력해서 성취한 일도 있고 행운으로 그냥 생기는 일도 있다. 물론 그 행운이 나에게 오는 과정에서 다른 사람이 비용을 지불했을 수는 있다. 하지만 꼭 자기가 노력한 것만 갖는 것은 아니다. 태어난 것 자체가 그렇다. 자기가 원해서 태어난 사람은 없다. 그냥 태어난 것이고 태어나 보니까 내가 있었던 것이다. 우리의 존재 자체가 굉장한 행운이고 우연이다.

그밖에도 우리가 살면서 스스로 목표를 세우지도 않고 노력하지도 않았는데 생기는 일이 참 많다. 박정희 전 대통령을 암살한 김재규 씨가 죽지 않았는가. 누군가의 희생이 있었지만, 그 결과로 우리에게 독재청산이 행운처럼 다가왔다. 유신체제가 무너졌을 때 그냥 좋았다. 물론 국민들이 들고 일어나서 우리의 힘으로 했으면 더 좋았겠지만, 어쨌든 무너져서 좋았다. 그날 아침에 너무 기분이 좋아서 시장에서 평소엔 못 먹던 비빔밥도 먹고 막걸리도 마셨다(웃음).

1980년의 신군부의 계엄 해지와 퇴진을 요구하는 시위에 참석했다가 '계엄령 포고 위반'으로 구속수감 됐다.

자기를 지키는 일과 비슷한 일이다. 전두환 전 대통령 같은 사람한테 무릎 꿇고 살면 비겁하게 느껴지고 부끄럽지 않은가. 저 인간이 나쁜 놈이란 것을 알고 있고 지금도 나쁜 짓을 계속하고 있는데, 나를 해코지 하지 않는다고 모른 척 하면 불편해지는 마음 때문에 한 것이다.

신군부에 항거하다 결국 군에 끌려갔다. 청년 유시민은 자유가 억압된 공간이었던 군대에서 어땠나?

성실하게 생활했다. 그것도 일종의 자존심이었다. 데모하다가 온 놈이 군대생활을 남보다 못하면 (영화 대사로 하면) '쪽팔린다, 아이가!'였다. 구보도, 사격도, 행군도 무조건 열심히 했다. 그냥 열심히 하는 거다. '데모하다 온 놈이 행군도 못하고 구보도 못하느냐'라는 소리를 듣기 싫었다. 물론 데모를 했다고 모든 것을 잘해야 하는 이유도 없다(웃음).

1985년 서울대 프락치 사건(서울대 학생들이 1984년 9월 가짜 대학생 4명을 프락치로 판단해 11일 동안 감금한 채 폭행한 사건)의 주모자로, '폭력 행위 등 처벌에 관한 법률 위반'으로 징역을 살았다.

모두 지나간 일이다. 살면서 내가 잘못해 벌을 받기도 하고, 잘못한 것도 없는데 녹슨 못을 밟아 발이 띵띵 붓는 경험을 하기도 한다. 그런 사건 중 하나일 뿐이다. 자기가 한 일 때문에 징역을 살기도 하고, 하지도 않은 일 때문에도 살기도 한다. 그때가 그런 시대였으니까 말이다.

그때 쓴 '항소 이유서'가 두고두고 회자됐다. 당시 직접 항소 이유서를 작성한 이유가 있었나?

항소 이유서는 기본적으로 억울해서 쓰는 것이다. 누군가를 한 대도 때려보지 않고 특수 폭력 혐의로 징역을 살아야 한다는 판결에, 하도 어이가 없어서 항소하려 했다. 그때 나를 돕던 변호사들이 모두 무료로 변론해주던 사람들이었다. 그들에게 항소 이유서까지 쓰게 하는 것이 죄송해서 직접 썼다. 항소 이유서는 형식적으로 '불복하고 항소합니다'라고 간단하게 쓰면 됐다. 그런데 감옥에서 할 일도 없고 시간도 많아서 기왕 쓰는 김에 1심부터 지금까지 말도 안 된다고 느껴졌던 부분을 써 내려가기 시작했다. 그러다 보니, 마지막에 내가 왜 이렇게까지 됐는지에 대한 신세 한탄도 들어갔다(웃음).

그때 정부와 매스컴에서 하도 학생들을 폭력 집단으로 이야기하니, '학생들이 무슨 폭력을 좋아하겠냐', '원래 이 사건이 이렇게 해서 일어났는데 1심 판결이 너무했다', '유죄 선고를 해도 말이 되게 해야지 이건 말도 안 된다', '최소한 유죄 선고를 하면 범죄 구성 요건을 충족했어야 한다' 등의 내용을 썼다. 지금 와서 가끔씩 읽어보면 '내가 20대 때는 국가나 정부에 대한 생각이 지금보다 더 리버럴liberal했구나' 하는 생각이 든다. 존 로크John Locke(1632~1704)나 장 자크 루소Jean-Jacques Rousseau(1712~1778), 존 스튜어트 밀John Stuart Mill(1806~1873) 같은 사람들이 펼쳤던 국가론과 거의 비슷한 이야기를 했었다.

1987년 6월 거리에서 '남녀노소 각계각층이 한 덩어리가 되어 외치는 독재타도의 구호를 들으며, 최루탄과 방망이로 무장한 전경의 벽을 육탄으로 부수고 그 독재의 흉기를 불사르는 매캐한 연기를 맡으면서, 나는 인간이 사회를 변혁한다는 진리를 확인했다'고 했다.

'아! 이럴 때도 있구나'라고 느끼던 날이었다. 6월 10일, 그날 우리는 거리로 나갈 때만 해도 시위를 하다보면 또 경찰에게 밀려서 도망쳐야 할 것이라고 생각했다. 유인물을 준비하고 조 편성을 해서 나갈 때 '6시에 시청 앞, 7시에 북아현동 어디, 8시 어디' 등 집결지 세 군데를 정해서 만나기로 했다. 그런데 거리로 나가니, 계획이 아무 소용이 없더라. 거리에는 온통 사람들로 가득했다. 우리가 경찰에 쫓겨서 도망가는 게 아니라, 되레 경찰을 붙잡으러 다니는 상황이었다. 황당하기도 하고 당혹스럽기도 했다. 일반 사람들은 준비가 다 되어 있는데, 우리는 시민들이 준비되어 있다는 사실을 몰랐다.

정말 많은 사람들이 거리로 나오니까 '이번에는 뭐가 될 것 같은데?' 하는 느낌이 처음 들었다. 택시와 버스가 전조등을 켜고 경적을 울렸고 교회에서는 종을 쳤다. 사람들이 차도로

밀려 나와 노래를 부르며 행진했다. 곳곳에서 경찰 진압병력이 소대별로 고립돼 시민들에게 장비와 옷을 뺏겼다. 사람들이 경찰을 분수대에 집어넣기까지 했다. 시민들의 운동을 역사책에서만 봤는데, 눈앞에서 벌어지고 있는 현실을 확인하다니…. 참신기한 일이었다.

6월의 항쟁은 그해 치러질 13대 대통령 선거에 대한 기대가 있어 더욱 희망적이었을 것 같다.

그런데 국민은 그해 대선에서 노태우 씨를 뽑았다. 민주화 운동에 찬물을 확 끼얹는 일이었다. 어떻게 쟁취한 직선제인데…. 직선제를 통해 합법적으로 권력을 갖다 바치기도 한다는 사실을 알게 됐다.

6월 거리에 나간 이들도, 노태우 전 대통령을 뽑는 사람들도 시민들이었다. 모순적이지 않나.

인간이 원래 그런 것인가 보다. 그때는 납득이 안 되서, 참 분하고 억울했다. 그런데 지금 돌이켜보면 사람이기 때문에 그럴 수 있다고 생각한다. 인간은 합리적인 생명체가 아니다. 그 후로도 비슷한 사건을 여러 번 경험했다. 그래서 나는 '대중은 어리석지도 현명하지도 않다'고 생각한다. 지금은 '사람들이 왜 저런 어리석은 짓을 할까?' 하는 생각이 들어도 분통이 터지지 않는다. '그랬나 보다. 다음에는 잘 하겠지'하고 이해한다.

1991년 서울대 경제학과 졸업 후, 유학길에 올랐다. 독일로 가게 된 계기와 목적은 무엇이었나.

1980년대까지는 아무나 여권을 가질 수 없었다. 특히 병역미필 남자들은 국비유학생이나 특별한 경우가 아니면 외국으로 나갈 수 없었다. 우리는 지금껏 다른 나라의 역사를 순전히 책으로만 공부했지, 한 번도 밖에 나가보지 못했다. 87년 민주화가 되고 나서야, 해외여행이 자유화되면서 세계 이곳저곳을 다닐 수 있게 됐다. 북쪽은 철조망으로, 나머지 삼면은 바다로 막힌 이 좁디좁은 섬나라가 너무 답답했다. 여기에서 30년을 살았는데, 다른 나라 사람들은 어떻게 살고 있는지 궁금했다. 알아본 결과, 돈을 내지 않아도 공부시켜주는 곳이 독일이라고 해서 독일로 떠났다.

함께 운동했던 사람들이 정치 영역으로 많이 진입했던 때였다. 몇몇은 내게 아직 우리나라에 고칠 것도 많고 할 수 있는 일이 많은데, 왜 나가느냐고 묻기도 했다. 그러면 나는 '이대로 계속 살면 억울하지 않나. 지금까지 길바닥에서 돌 던지고 유인물 만드는 데에 인생을 쓴 것도 억울한데 계속 이렇게 살라고? 우리 많이 했다. 세상을 바꾸겠다며 10년을 바쳤으면 됐지, 계속 해야 하나? 우리도 우리 인생이 있지 않은가'라고 말했다. 그러면 더 이상 뭐라고 하는 사람이 없었다.

독일 유학 생활은 어땠는가.

한국에서 순 엉터리로 학점을 얻어 대학을 졸업했기 때

문에 경제학과를 나왔지만 경제학 원론도 제대로 알지 못했다. 그래서 독일에 있는 동안 열심히 공부했다. 당시 아이도 한 명 있었기 때문에 아내와 함께 열심히 살 수 밖에 없었다. 〈한겨레〉 통신원을 하면서 약간의 돈을 벌고, 출국하기 전에 썼던 《거꾸로 읽는 세계사》(푸른나무 펴냄) 인세도 조금씩 들어와서 독일에서 5년 동안 생활할 수 있었다. 그러면서도 한국과 거리두기는 잘 되지 않았다. 독일에 있으면서 한국 정치에 대해 괜히 쓸데없는 책을 쓰기도 했다.

1998년 외환위기로 한국에 돌아와야 했지만, 아내는 2년 간 박사과정을 마치고 들어왔다. 아내가 독일에서 공부를 하는 동안 나는 한국에서 돈을 벌었다.

잡지·주간지·월간지·일간지·기업 사보 등 들어오는 원고 청탁을 마다하지 않고 다 썼다. 원고지 1매에 1만 원짜리 원고

였다. 칼럼 하나에 5만 원, 많이 쓰면 10만 원. 닥치는 대로 글을 쓰며 살다가 MBC 라디오 대담 프로를 진행했고, 이어 〈100분토론〉을 맡으면서는 벌이가 꽤 괜찮아졌다. 《유시민의 경제학 카페》(돌베개 펴냄)라는 책도 꽤 성공해서 건실하게 돈을 벌었다. 적어도 2002년 전까지는 말이다.

2002년 16대 대통령 선거 전 절필 선언을 하고, 그해 10월 개혁국민정당(개혁당) 창당을 주도했다. 제3의, 새로운 정당의 필요성을 느끼게 된 계기는 무엇이었나. 또 어떻게 만들 수 있었나?

정당을 만드는 게 사실 별 거 아니다. 그냥 만들면 된다. 2002년 무렵 갈수록 이상해지는 민주당을 보고, '이제 저 당은 안 되겠다' 싶었다. 특히 6월 항쟁 때 함께 운동했던 사람들과 이야기를 나누다가 새 정당의 필요성을 절감했다. 그런데 누군가가 요즘은 인터넷으로 당을 만들면 된다고 했다. 옛날엔 활동가가 유인물을 들고 지방을 돌며 세를 만들어야 했지만, 웹하드라는 것이 있어서 유인물이든 문서든 거기에 올리면 각 지역에서 다운받아 배포하면 된다는 것이었다. 실제로 중앙에서 완성한 창당 제안문과 홍보 자료를 웹하드에 올렸더니, 지역에서 다운받아 사용했다. 또 계좌를 하나 개설해 창당 기금을 모았더니, 몇 만 명이 모였다. 많은 것이 금방 진행됐다. '정당을 만드는 것, 진짜 쉽네!' 그렇게 만든 거다(웃음).

하지만, 유권자가 이런 형태의 정당을 받아들일 준비가 아직 안 됐다고 느꼈다. 사람들은 9시 뉴스에 나와야 정당으로 인정한다. 언론에서는 우리의 시도를 장난으로 취급했다. 정당과 관련한 10여 년의 활동 기간 동안 열린우리당처럼 큰 당에서도 활동해봤고, 그 당이 허망하게 없어져 제3 정당 창당 실험도 해봤다. 그런데 대중은 새로운 정당을 만드는 것을 원치 않는다는 결론을 얻었다. '사람들이 이런 식으로는 신임을 주지 않는구나. 그러면 그만 해야지'라는 생각이 들었다.

정당을 만들기 위해서는 지키고자하는 가치가 있어야 할 것 아닌가. 혹은 그 가치에 동의하거나 대변하는 지지 세력이 있어야 가능하다고 생각된다.

공부하는 사람들은 그렇게 생각하지만, 일반 국민에게는 '인물'이 있어야 한다. 강령 같은 것은 아무 소용이 없다. 2002년 개혁국민정당을 만들 때 개혁과 진보 노선을 가진 진보정당이 아니라, 각계각층을 망라하는 지지 기반을 획득하고 당원을 확보할 수 있는 대중정당 모델을 구상해 강령 초안을 만들었다. 강령 초안을 개혁당 인터넷 사이트에 올리고, 전국에 있는 당원에게 의견을 받았다. 온갖 제안 중 반영할 것은 다 반영해서 강령을 완성했다.

이때 토대가 된 문서가 바로 독일 사민당 강령이었다. 독일 사회민주당의 강령을 우리 실정에 맞게 쓴 것이었는데, 내가 생각해도 멋진 강령을 만들었다(웃음). 개혁국민정당 강령에 '사회민주주의'라고 표현하지는 않았지만, 가족·성평등·준법·국방·통일정책·노동 분야의 사민주주의 사상을 내포했다. 그런데 이것으로는 여러 사람을 설득할 수 없었다. 아무도 안 읽더라.

그래서 인물을 규합해보려고 했다. 하지만 이름 꽤나 있는 국회의원들이 우리 당으로 공천을 받아 선거에 나가려고 하지 않았다. 결국 민주당 공천을 받길 원했다. 그 사이에 개혁국민정당은 민주당과 단일화 게임에서 이겼고, 본선에서 '1번'당에게 지는 경험도 했다. 하지만 마지막에 내린 결론은 '우리 힘만으로는 안 된다'는 것이었다. '진보 리버럴'만으로는 독자 정당을 만들 수 있는 역량이 안 된다고 판단했다.

그러던 중 '노동자·농민과 같은 대중단체를 끼고 있는 민주노동당과 힘을 합치면, 제3 정당으로 원내에 진입할 수 있지 않을까?' 싶어 민주노동당과 연계했다. '누구는 광주, 누구는 부산에 가더라도 대전까지는 같이 갈수 있는 것 아닌가. 최종 행선지가 어딘지는 묻지 말고 일단 서울에서 대전까지는 같이 가보자'해서 모인 것이 통합진보당이었다. 그렇게 대전까지 함께 가자고 약속하고 출발했다. 그런데 그 약속이 깨졌다. 처음부터 대전에 갈 생각이 없었던 사람들이 동승한 것이다. 그래서 기수한테 '북북서로 돌려라. 남으로 돌려라'하다가 폭력이 난무하게 됐다.

지난 일을 이야기 하니 참 웃기다. 정치를 이렇게 웃기게 얘기 하니, 또 웃기다(웃음). 사람 사는 일이 특별한 게 아니다. 우리가 하는 일이 다 거기서 거기다.

'대중이 원하지 않는다'는 느낌이 들었을 때 마음이 힘들었을 것 같다.

힘들기는 하지만, 인생이 그런 거다. 내가 어디 있는지 계속 점검해 봐야 한다. 우리가 물방울이라면, 절벽 위에서 아래로 세게 떨어지면 그 낙차를 가지고 발전할 수 있다. 그러나 이미 한 번 떨어지고 나면, 살살 흘러간다. 누군가 이런 국면에 도달했다면, 이제는 더 이상 동력을 발생할 수 있을 만큼의 에너지를 못 만든다. 이런 사실을 받아들여야 한다. 정치하는 사람이나 정당은 선거를 몇 번 해보면 대중이 자기를 원하는지 원하지 않는지 알 수 있다. 원치 않는다면, 물러서는 것이 맞다.

새 정당을 창당할 때마다 견제와 위협, 원망도 있었을 것 같다.

당연하다. 정당을 만든다는 것은 기존 정당에 도전한다는 뜻이기 때문이다. 나 같은 경우에는 '1번'당에서도 때리려 하고 '2번'당에서도 때리려 했다. '1번'당은 내가 비판을 하니까 그런 것이고, '2번'당은 자기들하고 같이 안 하니까. 특히 '3번'당이 커지면, '2번'당이 곤란해지지 않겠는가. 그러니 '3번'이 크지 못하도록, '2번'은 '3번'을 밟아 죽인다. 대한민국에서 제일 큰 당과 두 번째로 큰 당이 밟는데, 버틸 정당이 있겠는가. 진짜 능력이 탁월한 사람이라면 모르겠다. 내 역량은 제3정당을 성장시킬 리더는 아니었던 것 같다. 설혹 대중들이 제3정당을 원한다고 하더라도, 나 스스로 '너는 아닌 것 같은데?'라고 말한 것이라고 받아들였다.

정치를 하는 동안 새로운 형태의 정치적 시도를 많이 했다. 과거 정치의 관습을 깨는 파격적인 행동 말이다.

우리 정치에 대한 사람들의 생각은 너무 끈적끈적하다. 나는 이게 너무 싫다. 왜 이렇게 질척거리나. 그대와 나는 운명이 맺어준 어쩌고저쩌고…. 어떤 남녀가 눈이 맞으면 연애하고 사겨보다가 평생 살아도 괜찮겠다 싶으면 결혼하는 것이다. 살아보다가 판단을 잘못한 것 같으면 이혼할 수도 있다. 이런 게 인생 아닌가. 그런데 특히 정치에 대해서는 끈적끈적한 낡은 관념이 너무 많이 붙어 있다. 이들의 관습대로 보면, 내가 정치를 했던 방식은 안 맞는다. 좋게 보면 쿨cool하고 합리적이지만, 나쁘게 보면 싸가지 없고 무책임한 것이다. (대중이 생각하기에) '저 뽑아주세요. 싫으면 말고요'라고 얘기하는 정치인과 '저 뽑아주세요'라는 말 다음에 추상적이고 운명론적인 수식어를 붙이는 정치인은 큰 차이가 난다.

나는 기본적으로 끈적끈적한 정치는 민주주의가 아니라고 생각한다. 나는 내 태도가 현대적이고 합리적이고 민주적인 것이라는 생각을 가지고 있다. 그 결과 선거에서 몇 번 떨어졌고, '그럼 난 아닌가 보다'라고 받아들였다. 내가 김대중 전 대통령이 될 것도 아닌데, 될 때까지 계속 물고 늘어지는 것은 좋은 행동이 아니라고 본다. 이런 것은 끈적거리고 봉건적인 것이다. 더 나가면 불합리한 것이다. 나는 이런 점이 공동체와 정치를 해치고, 사람들을 해치고 있다고 보기 때문에 받아들일 수 없다. 끈적끈적한 정치의 대표가 박지원·김무성 의원과 같은 사람들이다. 다 끈적끈적하다. 자신이 실제로 원하는 것은 '이것'이면서 말은 '저것'이라고 다르게 한다. 어떤 원칙도 안 보인다. 그들에게 중요한 것은 늘, 권력에 대한 집착인 것 같다. 그런데 일반 사람들은 그런 것이 정치고, 그것을 하는 사람이 정치인이라고 생각한다.

'끈적끈적한 정치'를 하는 정치인들이 다 바뀐다고 해서 정치가 달라지는 것은 아니지 않나.

'물갈이'는 지금까지 수도 없이 많이 해왔다. 그렇지만 바닥이 여전하니, 누가 들어오던 다 똑같아 진다. 더디기는 해도 변화는 조금씩 있다. 이런 정치 풍토를 바꾸기 위해서는 정당이 혁신되어야 하는데, 이것이 참 어렵다. 나는 정당을 바꾸고 싶어서 정치를 했던 것이다. 하지만 기존 정당을 바꾸는 것에 실패했고, 새로운 정당을 만들어서 현실에 안착시키는 것도 실패했다. 민주주의는 몇 번 해서 안 되면 그만 해야 한다. 만약 우리가 실패했던 시도가 옳다면, 다른 사람이 조금 더 나은 방법으로 다시 시도해야 한다. 사실 이게 리버럴 또는 리버럴리스트가 정치를 대하는 태도다. 누군가는 이렇게 이야기 하면 진지하

지 않다고 하겠지만, 나는 정말 진지하게 이야기하는 것이다.

노무현 전 대통령과는 끈적이는 관계가 아니었나?

　　노무현 전 대통령은 인간적인 매력이 있는 사람이었다. 인격적으로 훌륭한 사람이었다. 내가 이 양반을 도와야겠다고 결심한 이유는 당시 민주당 사람들이 '노무현'이 가진 훌륭한 점을 인정하지 않고 멸시한다는 느낌을 받아서였다. 당원은 아니었지만, 밖에서 보기에 노무현은 능력도 있고 머리도 좋고 야망도 있고 사회에 기여도 많이 한 사람이었다. 그런데 학벌과 지연을 운운하며, 진보 운동권조차 그를 대접해주지 않는 것에 공분을 느꼈다. 내가 딴 사람 밑에는 안 가도 노무현 밑에는 간다는 마음도 있었다. 그러니 끈적이는 관계가 성립될 이유가 없다.

　　나는 실제로 노무현 전 대통령의 오랜 참모들이 모이는 '측근 모임'에 간적이 한 번도 없다. 일 없으면 연락하지 않고, 필요하면 연락하는 관계다. 노 전 대통령이나 나나 이런 관계에 적응이 됐고, 전혀 불만이 없었다. 나는 정치 지도자와 그를 돕는 사람과의 관계가 이래야 한다고 생각한다. '그대가 나를 필요로 할 때 연락 주세요. 그러면 내가 만사 제치고 가서 도울게요. 연락이 없을 때는 내가 필요 없는 것으로 알고 있을게요.' 정치 지도자 또한 '저 사람은 내가 필요할 때만 연락해도 돼. 평소에 내가 전화해서 관리하지 않아도 괜찮아'라고 생각하는 것이 가장 바람직한 지도자와 참모·자원봉사자들과의 관계다. 이래야 이권이 개입하지 않는다.

그런 노무현 전 대통령이 유시민을 복지부 장관으로 지명한 것은 정치권을 흔드는 일 중 하나였다.

노무현 전 대통령과 나 사이에서 대통령이 나를 필요로 하는 경우가 대부분이었다. 딱 한 번 내가 먼저 대통령께 복지부 장관을 시켜달라고 한 적이 있다. 그동안 수도 없이 대통령을 위해서 싸웠지만, 대통령은 나를 위해 딱 한 번 싸워줬다. 온 사방이 반대하는데, 나를 지명했다. 복지부 장관이 돼서 진짜 하고 싶은 일이 있었다.

복지부 장관으로, 정말 하고자 했던 일 또는 만들고 싶었던 복지정책은 무엇이었나.

'기초노령연금'은 처음부터 내가 하고 싶었던 일이었다. 국회의원 시절부터 '효도연금법'이라는 이름으로 제정 법안을 내며 관심을 가졌다. 노 전 대통령에게 복지부로 보내달라고 요청할 때 이 정권이 끝날 때 보건복지 분야에서 '뭐 하나는 확실하게 했다'는 이야기를 들었으면 좋겠다. "'장기요양보험'과 '효도연금', 이 두 가지는 반드시 해야 한다"고 말했다. 앞으로 우리 사회에서 제일 첨예하게 대두될 문제가 '노인 빈곤'이라고 생각했기 때문에 개인적으로도 공직자로서도 그 일을 하고 싶었다. 보건복지부에 있으면서 공부도 하고 보건행정·복지행정에 대해 알아보고 싶었다. 독일에서 경제학 석사과정을 공부할 때 선택과목으로 노동시장정책·보건경제학·연금에 관한 수업을 들었다. 그때부터 관심이 많이 생겼다. 그 외에 국민건강보험을 중

증만성질환자 중심으로 개편하고 싶었다. 의원 때부터 내가 직접 장관들에게 해달라고 요구했던 일이었다. 그런데 자꾸 예산이 없다는 이야기만 하니까 장관이 돼서 (주도적으로 일을) 하고 싶었던 것이다. 5년 공직 중 1년 반 동안 장관직에 있으면서 그래도 밥값은 했다고 생각한다. 정치적으로 욕도 많이 먹었지만, 그래도 일은 많이 했다(웃음).

본인 스스로를 '리버럴리스트(자유주의자)'라고 이야기한다. 정치를 하면서도 '자유롭다'고 느끼거나 행동할 수 있었나?

한국이 독일식 비례대표제 선거제도를 가지고 있다면, 나는 자유롭게 내 색깔을 선명하게 냈을 것이다. 정당 득표율대로 의석을 갖는 제도 하에서 나는 5% 이상의 지지율은 항상 끌어 모을 수 있다. 지금이라도 말이다(웃음). 사실 독일 녹색당의 요슈카 피셔Joschka Fischer(1948~)가 정치적으로 보면, 그리 대단한 사람이 아니었다. 과거 독일 녹색당의 지지율은 몇십 년 동안 평균 7% 수준이었다. 그리고 전체 의석 중 7%에 해당하는 45석 정도의 의석을 항상 차지한다. 녹색당은 30년이 넘게 지역구에서 한 석도 얻지 못했지만, 비례의석으로 국회에 진출해 장관을 배출하고 연정에도 참여했다. 자유당도 정당 지지율이 5%와 8% 사이다. 디트리트 겐셔Hans-Dietrich Genscher(1927~)가 외교부 장관만 20년을 해서 대단한 것 같지만, 그가 속한 자유당의 지지율은 평균 7%다.

나 같은 리버럴들은 새정치민주연합에 있으면 불편하다. 자유주의지만, 보수적인 것에 동의할 수 없다. 과거 민주노동당과 달리, 노동자편도 농민편도 아닌 누구의 편도 아니다. '우리는 누구를 위한 정치를 하는 것이 아니라 자유·정의와 같은 가치를 숭상하는 정당이다'라며 우리의 색을 분명하게 낸다면, 나는 대중들에게 항상 10% 정도의 지지율은 얻을 수 있다고 믿는다. 그러나 지금 한국의 선거제도 하에서는 10%의 지지율로 비례대표 몇 석밖에 못 만든다. 그렇기 때문에 '1번'과 '2번' 정당이 아니면, 우리 정치체제에는 존재할 수 없다. 존재한다고 해도, 큰 정당 속에서 자기 색을 못 낸다.

　　나는 우리 정치를 '분재盆栽의 정치'라고 말한다. 소나무를 철사로 얽어매서 가지가 그 철사대로 뻗어 나가게 하는 것처럼 '1번'당에 간 사람은 '1번' 모양으로 분재를 하고, '2번'당에 간 사람은 '2번' 모양으로 분재를 한다. 거기에서 삐져나오면 다 잘라낸다. 잘라내는 이유는 그때마다 다르다. 내가 정치인으로 정치권에 속해 있을 때 분재가 된 소나무의 아픔과 슬픔을 느꼈다. 직접적으로 말을 못하게 하지는 않았지만, 내 색깔을 내지 못하게 하는 것이 내가 느낀 자유의 제약이었다.

　　정당과 선거제도가 잘못되어 있기 때문에 우리 정치가 30년 넘게 사람을 바꿔도 달라지지 않은 것이다. 이것을 바꾸려고 하는데 잘 안 된다. '정당을 혁신하자. 선거제도를 개혁하자'고 호소해도 대부분의 사람들은 관심이 없더라.

뉴질랜드를 비롯해 선거제도를 개혁한 국가들도 있지 않나.

　　영국도 부결되긴 했지만, 2010년에 선거제도 개혁을 위해 국민투표를 했다. 노무현 전 대통령 때도 독일식 비례대표제로 선거제도를 개혁하자고 건의하며 국민투표를 시도했다. 그런데 헌법에 위배된다는 이유로, 반대가 심했다. 이를 조건으로, 대연정을 제안했다가 오히려 더 큰 비난을 들었다. 일종의 '경로의존성'이다. 백지 위에 설계를 하면 독일식 비례대표제를 들어올 수 있지만, 의석의 90%이상을 이미 점유하고 있는 두 개의 당이 현행 선거제도에 완벽하게 적용했기 때문에 절대 바꾸려고 하지 않는다. 당시 진보정당인 민주노동당도 독일식 비례대표제를 제안했지만, 역시 잘 안 됐다. 그렇다면, 제3 정당을 강하게 규합해 선거에서 한바탕 붙어야 한다. 진입 장벽을 넘어 정치권 안으로 들어가 '캐스팅 보트casting vote'를 쥐고 흔들어야 한다.

우리 정치에 김대중·노무현과 같은 사람이 또 나올 수 있을까?

그런 일은 안 생길 것 같다. 김대중 전 대통령은 정말 특별한 사람이었다. 일제 말기에 이미 청년기에 들어선 세대 중 그런 인물 됨됨이와 그런 사상, 그런 삶의 방식, 그런 정도의 역량을 가진 사람이 있었다는 것은 정말 이례적이다. 김 전 대통령은 자기 세대에서 굉장히 돌출한 사람이었다. 그래서 동세대보다는 젊은 세대들이 그를 좋아했다. 노무현 전 대통령도 마찬가지다. 동세대가 아닌 다음 세대들이 좋아했던 지도자였다. 이것은 굉장히 중요하다. 한국이 망조가 든 이유는 동세대가 일방적으로 좋아하는 사람들이 국가를 운영하고 있기 때문이다. 그래서 퇴행이 일어난다. 나라가 잘되려면, 다음 세대가 좋아하는 리더십이 있어야 한다.

우리는 더 이상 '김대중'이나 '노무현' 같은 사람을 기대해서는 안 된다. 예외적인 인물이 대통령이 된 것은 기적 같은 일이었다. 사람의 힘으로 된 것이 아니라, '하나님이 보호하사' 된 것 같다(웃음). 보통 사람들은 '김대중·노무현 두 번의 대통령 선거가 정상적인 것'이고, 지금이 비정상적이라고 생각하기 때문에 마음이 어렵고 힘든 것이다. (지식인들을 비롯해) 어떤 사람들은 오늘날의 정치에 대해 혹은 정치를 하고 있는 사람들에게 '김대중 혹은 노무현은 이렇게 했는데, 당신은 왜 그렇게 안 하느냐?'고 따진다. 하지만 이는 불가능한 비교 대상을 설정해 놓고 자해하는 것과 같다. 김대중의 정신·리더십과 노무현의 매력·승부기질·캐릭터를 현실 정치의 리더들을 망가뜨리는데 쓰고 있다. 우리가 그런 지식인들에게 '너는 왜 함석헌 선생같이 글을 쓰지 못하는가. 왜 문익환 목사처럼 행동하지 못하는가. 왜 장준하처럼 포효하지 못하는가'라고 하면 기분이 좋을까? 기독교인들에게 '왜 예수님처럼 못하느냐'고 따지면, 누가 견딜 수 있겠느냐는 말이다. 이런 식의 프레임frame(고정된 생각)으로는 제대로 된 리더십이 나올 수 없다.

나는 김대중·노무현 캐릭터의 초식招式을 잊어버려야 한다. 정치를 하는 사람들은 그런 특별하고 이례적인 인물들을 흉내 내지 말고 자기 스타일대로 가야 한다. 그리고 사람들은 현실 정치인들을 김대중·노무현과 비교해서 비판하고 비난하는 걸 그만해야 한다. 지금 정치하는 사람들의 장단점을 봐주면 된다. 나는 정치하던 시절에 우리 지식인 사회가 좀 무섭다고 생각했다. 물론 지금은 정치를 그만뒀기 때문에 무섭지 않지만…(웃음)

동시대를 살아가는 청년들에게 하고 싶은 말이 있다면?

'위로하는 사람들에게 현혹되지 말라'고 말하고 싶다. 청년들은 위로를 안 받아도 된다. 젊다는 게 얼마나 큰 축복이고 행운이고 강력한 무기인가. 오히려 내가 그들에게 위로를 받아야 한다. 나는 이제 나이를 먹어서 인생의 끝이 보인다.

청년 때는 인생의 의미를 찾는 게 중요하다. 인생은 짧고 덧없다. '나의 하루가 나에게 어떤 의미인가. 내가 지금 하고 있는 일이 내게 어떤 의미인가.' 이것을 찾는 것이 중요하다. 그런 의미 있는 하루하루가 쌓여 인생이 된다. 그렇기 때문에 '내가 지금 보내고 있는 하루가 내게 의미 있는가?'를 항상 물어야 한다. 부정적인 답이 나오면, 뭐가 문제인지 찾고 그 문제를 해결하기 위해 노력해야 한다. 젊을 때는 외부 평가에 민감하다. 내 나이가 되면 덜 민감해진다. 그렇지만 중요한 것은 외부의 평가가 아니라, 자신의 삶에 부여하는 의미다. 청년 때 그것을 잘 찾아내야 나중에 후회가 적을 것이다.

유시민에게 자유란 무엇인가?

'자유란 내가 원하는 삶을 내가 옳다고 믿는 방식으로 살 수 있는 것'이다. 그게 없으면 삶의 의미가 없다. 내가 원하지 않는 삶을 살거나, 원하는 삶을 살기는 하는데 내가 옳다고 생각하지 않는 방식으로 산다면, 인생이 비천해지는 느낌을 받을 것이다. 무슨 일을 하든 어떻게 살든 삶은 내가 원하는 범위 안에 있어야 한다. 그리고 내가 이 삶을 영위하는 방식이 옳지 않다고 생각되면, 뭔가 께름칙한 느낌이 든다. 그러면 자유가 없다. 진짜 자유는 모든 것을 자기 의사에 따라 형성하고 변화시키는 권능權能을 가리킨다. 자유는 내가 가장 좋아하는 것이다. 제일 중요한 게 바로 자유다. 자유가 모든 것을 해결하진 않지만, 자유가 없다면 아무것도 해결할 수 없다. 다분히 저 잘난 맛에 사는 '리버럴'의 생각이다(웃음).

인터뷰 담당 손어진, 오진주

자기만의 홀로 자유가 아니라

함께 하는 자유

이동걸

전 금융원장·한림대학교 재무금융학과 객원교수

삼성과의 싸움이 시작된 순간,

모두가 내 적이 됐다

2013. 6. 12

이동걸

지난 대선 과정에서 "박근혜 표 경제민주화가 허구인 이유", "박근혜, 잘못된 경제인식도 문제다", "'박근혜 불가론'의 11번째 이유" 등의 제목으로 한겨레에 칼럼을 썼다. 박근혜 후보가 당선된 후에도 "위기의 근혜노믹스", "박근혜식 창조경제, 성공할까?" 등 박근혜 정부에 계속 쓴 소리를 하고 있다. 권력이 이미 넘어간 상황에서 비판의 목소리를 계속 내는데 용기가 필요할 것 같은데, 불안하지 않나.

내가 그 사람들한테 잘 보일 게 있는 것도 아니고 잘 보인다고 뭐 얻어먹을 게 있는 것도 없는 상황이기 때문에 용기가 필요하다거나 불안하다는 생각을 해 본 적이 없다. 민주당이 잘할 거냐 못할 거냐는 것을 떠나서 새누리당과 '박근혜'에 대한 근본적인 신뢰가 없었기 때문에 그렇게 이야기할 수밖에 없었다.

내가 박근혜를 반대했던 이유는 이명박 정부 5년 동안 우리나라가 많이 망가졌는데, 박근혜가 대통령이 되면 앞으로 이 나라가 더 퇴보할 것 같다는 생각이 들었기 때문이다. 또 대한민국 50년 발전사에서 분명 '박정희'가 기여한 바는 있지만, 지금 우리나라가 다시 박정희를 불러낼 만큼 후진국이라고 생각하진 않았다. 내가 대학 다닐 때 박정희가 대통령이었는데, 내 딸이 대학을 다니는 요즘 박정희의 딸이 대통령이 되는 시대가 온 건 정치사적으로나 역사적으로나 비극이라고 생각한다. 그런데 지난 총선과 대선에서 여권은 야당의 아젠다를 훔쳐 쓰면서 이겼고, 야당은 모든 것을 도둑맞고 바보처럼 졌다.

박근혜가 대통령이 되고 난 후에도 칼럼을 쓰면서 "박근혜 대통령"이라는 표현을 못 써서 "박근혜가" "박 대통령이"라고 썼더니 신문사에서 자꾸 "박근혜 대통령"으로 바꾸더라. 아직까지 이게 내 심정이다. 하지만 어찌 됐든 박근혜가 대통령이 됐고 5년간 그 자리에 있을 텐데, 이 기간에 우리나라가 더 퇴보하면 안 된다는 생각을 한다. 그래서 나라도 너희가 약속한 걸 제대로 지키라는 차원에서 '누군가는 계속 쓴 소리를 해야 하지 않나'라는 생각에 이야기하는 것이다.

다만, 내가 이명박 정부를 거치면서 경험한 것이 있다. 그동안 나는 김대중-노무현 정부를 거치면서 우리나라가 민주화가 됐고, 상당히 성숙해졌기 때문에 정부가 어떤 한 사람의 생활을 악의적으로 좌지우지하지는 않는 세상이 되었다고 생각했다. 정상적인 생활을 중단할 만큼 개인의 사생활에 개입하리라고 생각하지 않았고, 적어도 그런 식으로 치졸하게 국민들을 괴롭힐 것이라고는 생각하지 못했다. 그러나 이명박 정부에서는 "밥통 공안"이라는 말이 나올 정도로 국민의 생계에 위협을 주며 협박했다. 금융연구원장직을 임기 중에 그만두면서 '이럴 줄 알았으면 차라리 처음부터 학교로 갈걸, 그러면 적어도 65세까지는 안전할 텐데...'라는 생각을 잠깐 했다. 그렇다고 해서 크게 불안한 것은 아니다. 수입이 상당히 줄기는 했지만 그래도 내가 못 벌어먹는 것도 아니고, 또 박정희 시절처럼 사람을 잡아다 죽이지는 못할 테니 말이다. 하지만 분명 눈에 보이지 않는 핍박과 감시는 있고 직장에서 밀어내는 생존의 문제는 심각하다. 나야 어디 가든 밥벌이는 할 수 있지만, 일반 국민에게 이런 생계의 위협은 정말 큰 것이다.

국가 권력이 막강하다는 것을 이명박 정부에서 경험했지만, 박근혜 정권도 만만치 않을 것 같다. 개인의 생계가 위협받는 상황이 힘들진 않나.

더 이상 쫓겨날 데가 없다. 지금 있는 학교의 계약기간이 다 되어서 여기에 더 있을지 다른 곳으로 가야 할 지 모르겠지만, 어디든 가서 강의하고 글 쓰면서 살 것이기 때문에 걱정하지 않는다. 이제 예순이니 몇 년 만 더 일하면 된다. 우리는 자본주의 시장경제에서 살고 있기 때문에 앞으로 생활을 위해서 최소한의 돈은 벌어야 한다고 생각한다. 이 부분에 대해서는 내가 어떻게 하든 생계는 유지할 거라고 생각하기 때문에 더 이상 고민을 하지 않는다.

다만, 이명박 정부에서 금융연구원장을 하면서 돈에 관해서는 굉장히 신경 썼다. 단 한 푼도 연구원 돈은 건드리지 않았고, 세금도 다 찾아서 내려고 했다. 분명히 상대편에서 뒷조사해서 허물이 있으면 협박을 할 것이고, 여기에 조·중·동이 달려들어 죽이려 들 것이기 때문이다. 실제로 그런 움직임을 느끼기도 했다. 직원들이 아프면 금일봉을 주고 싶은데 그럴 수는 없고, 원장으로서 할 수 있는 게 영수증 처리를 할 수 있는 꽃이나 과일밖에 없었다. 그렇지만 나도 병원 생활을 해봤고 우리

아버지·어머니가 병원 생활을 해봐서 알지만, 병원 생활은 정말 돈이 많이 든다. 그래서 내 월급에서 50만 원, 100만 원을 빼서 금일봉을 주는 식으로 직원들 신경을 많이 썼다. 이렇게 신경을 썼다는 것 외에는 별것이 없다.

금감위 부위원장 시절과 금융연구원장 시절 비판했던 '투자유가증권평가이익', '금산분리완화정책' 등은 삼성을 비롯한 재벌을 겨냥한 것이었다. "그 순간 모든 사람이 내 적이 됐다"라고 말했듯이 삼성을 정면으로 비판하기는 쉽지 않았을 텐데, 반드시 짚어야 할 핵심 문제는 무엇이었나.

2004년 금감위 부위원장 시절, 내가 삼성과 부딪혔던 것은 투자유가증권평가이익이라는 것이었다. 재벌들은 항상 돈에 목말라 있기 때문에 은행을 갖고 싶어 하는데, 재벌의 은행 소유는 은행법으로 금하고 있다. 박정희가 군사 쿠데타로 집권한 후 제일 먼저 한 것이 삼성에서 은행을 뺏고 재벌의 은행소유를 금지한 것이었다. 그 당시 한일은행인가를 삼성이 지배하고 있었다.

우리나라에서 은행 다음으로 돈이 많은 곳이 생명보험사인데, 재벌이 은행을 못 갖게 했더니 삼성이 생명보험에 눈독을 들였다. 삼성은 삼성생명의 전신이라고 할 수 있는 동방생명을 인수해 지금까지 키웠다. 그리고 그 생명보험사의 돈으로 계열사를 늘리면서 성장했다. 그중에 가장 성공한 게 삼성전자다. 삼성생명이 삼성전자 주식을 많이 갖고 삼성그룹의 홀딩 컴퍼니 역할을 한다는 것은 모두 삼성생명 돈으로 투자를 했다는 얘기다. 문제는 삼성생명 돈은 이건희 회장의 돈이 아니라 계약자의 돈인데, 계약자의 돈으로 투자를 한 것이다. 삼성은 이 과정에서 발생하는 엄청난 지분을 계약자에게 돌려주지 않고 회계를 조작해 주주와 회사의 몫으로 전부 돌리는 작업을 했다. 그래서 당겨간 돈이 4조 원 가량 되었던 것으로 기억한다. 처음엔 2조 원 정도인 줄 알고 터뜨렸는데, 조사하다 보니 4조 원 정도로 늘었다. 그래서 '이건 아니다'라고 생각했다.

당시 내가 삼성에 전달한 메시지는 "이 건을 가지고 너희를 분리할 생각은 없다. 다만 계약자의 돈을 탈취해 간 것만큼은 계약자의 이익보호 차원에서 계약자 몫으로 돌려놓아야 한다"는 것이었다. 실제로 이 일은 보험계약자의 이익을 침해한 문제이기 때문에 계약자 이익을 보호하는 것이 1차적 목적이었다. 물론 재벌이기 때문에 이런 문제가 발생할 소지가 더 커지는 건 사실이지만, 엄밀히 말하면 '재벌 개혁'과는 별건이다. 그런데 삼성에선 그것을 재벌 개혁으로 본 것이다. 그때부터 싸움이 시작됐고, 그 순간 모두가 내 적이 됐다.

핵심 문제를 파악하고 그것을 밖으로 터뜨릴 때 마음이 어땠나?

우연히 사건의 전말을 알게 돼 검토하다 보니까 삼성이 회계를 의도적으로 조작한 것이라는 게 확실해졌다. 처음에는 감독원 보험팀을 데리고 일을 하기 시작했는데, 얼마 지나지 않아 이들이 사보타주sabotage(고의적인 사유재산 파괴나 태업 등을 통한 노동자의 쟁의행위)를 하기 시작했다. 검토해서 가져오라고 하면 그 다음에 똑같은 것을 가져오고, 왜 일이 진행이 안 됐냐고 하

면 준비 중이라고만 하고, 일주일 뒤에는 또 같은 것을 가져왔다. 내가 위원장이었으면(당시는 감독원장 겸임이었다) 그놈들을 파면시키든지 좌천시켜버리고, 새로 팀을 구성하면 되지만 내게 인사권이 없었다. 그래서 일단 거기서 접고 혼자 한 3~4개월을 고민했다.

이 일을 터뜨리면 삼성이 죽자 살자 달려들 텐데…. 여기서 내 주장이 조금이라도 틀렸으면, 나는 그날로 생매장되는 거였다. 감독원은 등을 돌렸지, 나 혼자서 싸워야 할 싸움인데 삼성의 힘이 얼마나 센지는 알고 있지, 사실 겁도 많이 났다.

그렇지만 이것은 아무리 생각해도 '내가 반드시 해야 하는 일'인 거란 생각이 들었다. 주변에 관련 전문가들에게 이 일이 삼성 건이라는 이야기를 하지 않고 "이런 건이 있는데 어떻게 생각하십니까?"하고 물으면, 열이면 열 "그것은 이동걸 박사 말이 맞다"며 내 의견에 동조했다. 그렇게 확인 작업을 거치고 난 후에 터뜨린 것이다.

좀 변칙적으로 기자들과 밥을 먹으면서 이 사실을 터뜨렸는데, 신문에 보도된 이후부터는 많은 학자들이 거기에 대해 공개적으로 말하는 걸 꺼렸다. 자신의 의견을 공개적으로는 말하지 않으려는 사람이 10명 중에 8~9명이고, 나머지 1~2명은 내가 틀렸다고 하면서 적극적으로 내 욕을 하기 시작했다. 공무원들도 마찬가지로 뒤에서는 내가 틀렸다고 수군대고 다녔다. 그래서 일일이 그들을 다 만났다. 일부 보수 학자들은 나더러 "이동걸이 잘 알지도 못하면서 헛소리로 분란을 일으킨다"라고 말해서 조목조목 반박해줬다. 어느 교수는 생명보험학회까지 동원해서 내 욕을 해서 직접 가서 정면으로 싸우려고 했다.

결국 금감위원장까지 나서 "부위원장님이 거기에 가서는 안 된다"고 말려서 못 갔지만, 몇몇 학회장들과 교수들에게는 직접 만나자고 했다. 그중에 한 사람이 나를 만나는 자리에 '내가 자기 욕을 했다는 언론 보도가 이만큼…'이라면서 신문 기사를 가지고 나왔다. 증인을 세운다며 내 고등학교 선·후배와 교수들 몇 명까지 데리고 나왔다. 나는 그동안 한 번도 그 사람의 이름을 언급하면서 욕을 한 적이 없기 때문에 자신 있게 그 신문 기사를 보여 달라고 했다. 그런데 끝까지 보여주지 않더라.

내가 "도대체 뭐가 불만이냐? 내가 뭐가 틀렸냐?"라고 물어보니, 한 시간 동안 내가 틀렸다는 얘기는 못하고 주변적인 이야기만 했다. 끝까지 들었더니, '이 친구가 나를 직접적으로 공격하지 못하는구나. 자신이 없는 게로구나'하는 감을 잡았다. 그래서 "그러십니까. 말씀 다 하셨습니까?"라며 "그럼, 이제 내가 말하겠습니다"하고는 20분쯤 나는 이런 생각으로 그렇게 한 것이고, 그게 맞다고 생각한다고 조목조목 이야기했다. 그러면서 "이것에 대해 한 번이라도 더 딴소리하면, 그때부터 당신과 내가 공개적으로 한판 붙을 각오를 해라"고 했다. 그랬더니 "뭐, 싸우자는 게 아니고..."라면서 말끝을 흐리더라. 그 다음부터는 그 사람이 나에 대해 얘기를 안했다.

그런데 이렇게 돌아다니면서 이론적으로 합당한 근거를 제시하면서 제압하고 났더니, 그 다음에는 "이동걸은 일을 시끄럽게 처리한다"라며 나를 욕하더라. 한번은 청와대 고위 공무원에게 불려 가서 "일 좀 조용히 처리하라"는 말을 들었다. 경찰이 강도질을 한 놈을 잡아 쇠고랑을 채워 가는데, 그놈이 조용히 안 가고 반항하면서 시끄럽게 한 것을 경찰 탓하는 셈이다. 그것은 경찰이 잘못한 게 아니다. 박정희식으로 하면 시끄럽게 못 하게 입에 재갈 물리고 쥐어박아서 데려가는 것인데, 민주적으로 하려다 보니까 발악하고 난동부리는 것은 어쩔 수 없다. 그래서 내가 "범법자가 조용히 해야지 어떻게 경찰이 조용히 하느냐?"라고 했다. '금감위 부위원장'이라는 공권력이 정당한 이유와 절차를 따라 잘못된 것을 바로잡으려고 할 때는 그것을 위배한 자가 마땅히 따라와 줘야 한다고 생각했다.

삼성의 반응은 어땠나?

내가 금감위 부위원장으로 있었을 때 재벌계열 금융기관들의 법규위반사항을 여러 건 적발해서 시정도 하고 처벌도 했다. 그 때 경험에 의하면, 보통 다른 재벌들은 법을 어긴 게 적발되면 순순히 정부의 시정명령에 따른다. 적어도 표면적으로는 따르는 척이라도 했다. 그런데 삼성은 달랐다. 정부를 이기려고 하더라. 아니면 다른 공무원들의 도움을 받아 나를 잡으려고 그랬던 건지 주변에 도와주는 사람들은 별로 없었다. 이건으로 직·간접적으로 피해를 본 사람들은 대부분 삼성생명 계약자들인데, 어림잡아도 수백 만 명이었다. 그런데 이들은 삼성생명이 편법으로 가져간 4조 원을 나눠 가져봐야 각자에게 돌아가는 혜택이 크지 않기 때문에 관심이 덜하고 실제로 이것에 대해 잘 알지도 못했다. 삼성만 직격탄으로 손해를 보는 일이기 때문에 죽자사자 달려들었다.

삼성이 세계적으로 자랑할 만한 기업으로 크면서 공을 세운 것도 물론 많지만, 그만큼 힘이 세지면서 여러 과도 저질렀다. 그것을 고쳐야지만, 우리 경제가 제대로 돌아간다. 재벌이 잘한 면을 바꾸자는 게 아니라, 재벌의 부정적 측면을 바꾸자는 것이다. 많은 재벌들이 다른 중소기업들이 기여한 부분을 뺏어가면서 자기네들이 제일 많이 기여했다고 한다. 그러나 그것은 다른 주체들이 경제 행위를 못하게 하는 것이고, 궁극적으로는 국가 전체의 경제 잠재력을 죽이는 것이다.

환율이 오를 때 현대자동차, 삼성전자 등 대재벌들은 떼돈을 번다. 그러면서 중소기업들에게는 환율이 오른 만큼 원자재의 부품 값을 주지 않고 오히려 그만큼을 더 뺏어간다. 국민들은 높은 물가만큼 그것을 지불하면서 재벌들이 돈을 벌 수 있도록 보조해 준다. 결국 피해를 보는 것은 국민이고 힘이 없는 중소기업들이다. 나는 시장만능주의자들이 왜 재벌을 편 드는지 이해할 수가 없다. 그들 말처럼 정상적으로 시장경제가 운영되기 위해서는 경제 주체들이 각자 기여한 만큼 가져갈 수 있어야 한다. 그렇지 않고, 그 이상으로 가져가는 것은 죄악이기 때문이다.

재벌의 힘이 엄청나기 때문에 실질적으로 그들에게 돌아가는 이익 집중을 막을 주체가 없는 상황이다. 재벌의 집중화된 힘을 어떻게 깨뜨릴 수 있을지 의문이다.

여러 해 전부터 계속 '기업생태계' 이야기를 해 왔다. 자연적이고 건전한 기업생태계를 이루기 위해서는 힘센 공룡들이 너무 설치고 다녀서는 안 된다. 그렇기 때문에 중소기업을 키워야 하고 대기업의 포악함을 제어해야 한다. 실제로 중소기업이 우리의 생명력이다. 우리나라에서 일자리를 만드는 건 대기업이 아니라 중소기업이다. 2000년대 들어 10년간 중소기업에서 300만 개의 일자리가 나왔고, 대기업에서는 50만 개의 일자리가 줄었다. 기업의 흐름을 보면, 벤처에서 시작한 기업이 큰 기업으로 커 나갈 때는 일자리가 많이 생기지만 일단 그 기업이 성숙하면 더는 일자리가 안 생긴다. 우리나라 재벌들이 이제는 성숙한 기업이 되어 버렸고, 그렇기 때문에 좋은 일자리를 새로 내놓지 않는다.

이런 이야기를 자꾸 하다보면 알게 모르게 여론이 형성된다. 심지어 이제는 박근혜도 비슷한 이야기를 한다. 그렇기 때문에 내가 계속 우리나라는 30대 재벌이 아닌 300대, 3000대 기업 체제로 가야 한다고 하는 거다. 우리가 만약 재벌이 우리를 먹여 살렸다는 생각을 떨쳐버리지 못하고 그들을 옹호한다면 절대로 재벌개혁을 못 한다. 그들은 더 이상 우리를 먹여 살리지 않는다. 실제로 재벌이 없는 영역에서 새로운 대기업이 나왔지 않나. 미래에셋과 웅진 등의 기업이 그랬고, 게임 산업에서도 큰 기업들이 많이 나왔다. 다행히 재벌 따님들이 게임을 안 해서 그 산업이 컸다(웃음). '햇반'을 만든 것을 보면 우리 기업들이 얼마나 창조적인지 알 수 있다. 재벌이 생각하지 못한 영역에서 기업들이 성장할 수 있다는 것은 굉장히 희망적이다.

2004년 금융감독위원회 부위원장을 그만둘 때도 그랬고, 2009년 금융연구원 원장을 그만둘 때도 마찬가지로 정부의 경제정책을 비판하다가 결국 스스로 그 자리에서 물러났다. 어떻게 그런 결정을 할 수 있나.

함부로 자리를 던지고 나온 적은 없다. 내가 여기서 조금만 굽히고 더 할 것인가, 아니면 그만두더라도 반드시 내가 해야 하는 일을 할 것인지 마지막까지 심각하게 고민을 하고 결정한다.

부위원장으로 있으면서 마지막으로 삼성 건을 시작할 때 기자들에게 "지금 내가 삼성을 건드리면 이 자리에서 3개월을 못 버틴다는 것을 안다. 그런데도 이것은 해야 한다"고 말했다. 이유는 크게 두 가지였다. 첫째는 내 양심에 의해 이 일을 그냥 덮고 갈 수는 없었다. 내가 그냥 한 번 눈 감으면 그걸로 영원히 덮고 가야 하는 일이었다. 두 번째로 노무현 전 대통령이 이정재 금융위원장이 나가고 윤증현이라는 사람을 위원장으로 임명하고, 나를 승진시키지 않았을 때 '아, 노 대통령의 금융개혁·재벌개혁은 여기서 끝났다. 나보고 더 이상 일을 하라는 얘기가 아니구나' 싶었다.

금융연구원장으로 반년 정도 머문 후 이명박 정권으로 바뀌었는데, 그때부터 사퇴 압박을 많았다. 버티려면 몇 달은 더 버틸 수 있었겠지만, 당시 이명박 정부 내부에서도 티격태격하면서 말도 안 되는 것을 요구하는 것이 많았다. 그것들을 잘 해주지도 않으니 나중에는 "청와대랑 한 판 붙으려는 거냐?"는 소리도 듣고 협박도 받았다. 내가 부위원장을 할 때 은행에서 전무, 상무 하던 사람들이 정권이 바뀌자 은행장이 되어 정부의 사주를 받고 나더러 그만두라고 공격해왔다. 그래도 임기가 3년인데 절반은 넘겨야지 하는 생각으로, 2007년 7월 14일에 취임해 딱 1년 반인 2009년 1월 15일을 넘기고 보름을 더하고 사임했다. 버틸 만큼 버티고 나온 것이다.

나는 어떤 문제 앞에서 여러 고민을 하는데, 기왕 문제를 해결할 때는 최대한 미는 데까지 밀어 보자는 주의다. 예를 들어 학자가 글을 쓸 때는 이상적인 수준까지 써야 한다고 생각한다. 현실 문제를 다 고려해서 여기까지만 하자고 이야기하면 안 된다. 학자는 해야 할 모든 것을 다 이야기하는 거고, 어디서부터 어디까지 할 것인지는 현장에서 선택하는 것이다. 어떤 이상적인 수준을 두고 현재의 상태에서 최대한 이상적인 상태로 밀어 보자는 게 우리 쪽이고 반대로 최대한 현 상태를 지속하자고 하는 쪽이 보수다. 여기서 바로 행정의 중간타협이 필요한 것이다.

금감위에 있을 때 친한 선후배 동료였던 김상조, 전성인, 윤석헌 교수 등이 "밖에서 우리들이 너무 세게 얘기하면 불편하지 않냐?"고 물어보기에 "당신네들이 약하게 이야기하면 내가 더 일하기 어렵다"고 말했다. 진보적인 학자들이 우右가 이야기할 수 있는 부분보다 훨씬 세게 좌左로 이야기해줘야 중간에라도 타협하고, 좌 쪽으로 조금이라도 올 수 있게 된다. 그런데 내 입장을 고려한다고 해서 적당히 이야기한다면, 우 쪽으로 끌려갈 수밖에 없다. 내 욕도 하면서 세게 말해야 나도 저쪽으로 가서 "나도 욕먹어 가면서 당신네들과 타협하는 것이다"라고 말할 수 있다고 했다. 이게 바로 행정의 묘미이다.

행정을 그만두고 학자로 나왔을 때는 직접 왼쪽의 이야기를 더 해야겠다 싶어서 나온 건가?

일단 나왔으니 내 위치로 돌아가서 원래 주장하려던 바를 이야기한 것이다. 그래야 이쪽으로 조금이라도 끌고 올 수 있다. 어차피 좌가 집권하든 우가 집권하든 간에 양쪽이 하고 싶은 대로는 다 못한다. 중간에서 조금 더 좌로 가느냐, 우로 가느냐 정도의 차이다. 양쪽에서 싸우다가 결국 중간 어디쯤에서는 결정되기 때문에 우리 쪽에서 계속 떠들어 줘야 한다.

언론이나 학자들 사이에서 삼성 문제나 재벌 문제를 이야기하는 것에도 일종의 '호기' 같은 흐름이 있는 것 같다. 요즘은 삼성의 문제나 재벌 개혁의 이야기가 뜸하다. 정권이 바뀌어서 그런가?

우리 사회는 삼성을 비롯한 재벌들에게 애증愛憎의 감정을 가지고 있다. 애愛라는 건 그래도 저만큼 세계적 기업으로 성장해서 우리 경제를 끌어왔다는 것이고, 증憎은 저들이 갑 노릇을 하면서 을에 대한 착취를 해왔다는 것이다. 어떤 때는 애가 더 득세하고 어떨 땐 증이 득세한다. 바로 증오가 득세할 때가 재벌개혁을 할 호기다.

1997년 경제위기를 맞고 몇 년간은 재벌개혁에 대한 공감대가 국민들 사이에서 확실하게 이루어졌기 때문에 많은 개혁적 조치를 할 수 있었다. 그러다 경제가 어느 정도 안정되기 시작하면서 재벌들이 반격하기 시작했다. 모든 상권을 다 집어 먹는데, 이제는 먹다 먹다 먹을 게 없어서 동네 라면집, 떡볶이

집을 먹으면서 골목 상권을 장악했다. 이것을 피부로 느낀 서민들이 이에 대한 반감을 갖게 되고 2011년경부터는 다시 경제민주화, 재벌개혁 등의 이야기를 하게 된 것이다.

그때쯤 고민을 하다가 이제 타이밍이 됐다고 여겨 "만약 삼성그룹이 없어진다면"이라는 글을 썼다. 지금이 바로 재벌 개혁의 모멘텀을 살려야 할 때라고 생각했다. 그 때는 사람들이 재벌의 폐해를 피부로 느끼기 시작했던 때라 재벌 개혁 쪽으로 확 쏠렸다. 심지어는 새누리당 박근혜도 경제민주화 하겠다고 사기를 쳤다. 우리 쪽의 아젠다가 저쪽으로도 넘어가 결국 새누리당, 민주당 전부가 경제민주화와 재벌개혁을 이야기하게 된 것이다. 이 이야기를 한 2년 가까이하면 사람들이 식상해 한다. 그러면서 "새누리당도 한다고 하는데 왜 자꾸 시끄럽게 또 이야기하느냐"고 한다. 그렇기 때문에 모멘텀이 중요한 거다. 이 것을 놓치고 정권을 못 잡는다면 그다음엔 그냥 손 놓고 앉아 있는 것이다. 그렇다고 해서 그냥 가만히 보고만 있을 수는 없지 않은가. 지금 우리가 할 수 있는 것은 "그래, 너희들도 한다고 했으니까 약속한 만큼이라도 해봐라"하고 쓴 소리를 계속하면서 다음 모멘텀이 올 때까지 기다리는 것이다.

그런데 수구 기득권층과의 싸움에서는 돈의 힘이라는 것이 너무나도 크기 때문에 절대적으로 우리 쪽이 불리하다. 저쪽은 워낙 돈이 많아서 사람도 기계도, 심지어는 군대도 살 수 있다. 요즘 들어오는 메일 중에는 전경련, 한경련 등에서 보내는 메일이 가장 많다. 전경련에서 일반 학자들을 동원해서 "경제민주화하면 나라 잡는다", "경제가 어려운데 재벌을 왜 속박하느냐?", "일자리를 늘려야지 경제민주화가 웬 말이냐?", "서민들의 시기심과 증오로 국민갈등이 생겼다" 등 경제민주화에 반대하는 글들을 수도 없이 써서 뿌려댄다. 그 밑에는 몇 십 명의 박사들을 가진 한국경제연구원이라는 수구 싱크탱크도 있다.

또 삼성, 현대 등 재벌마다 경제연구소를 두어 수없이 많은 자료를 쏟아내면서 자기들이 유리한 쪽으로 아젠다를 끌고 가고 있다. 여론몰이를 하는 거다. 국민들도 자꾸 그 말을 듣다 보면 세뇌되기에 십상이다. 그렇기 때문에 우리 쪽에서 더 세게 이야기 할 수밖에 없다. 이런 역할을 소수긴 하지만 김상조, 전성인, 유종일, 최태욱 등의 학자들이 열심히 해주고 있다. 그런데 중과부적衆寡不敵이다.

결국 국민들의 불만이 돈의 힘을 능가할 만큼 증가하면서 동시에 국민들의 개혁에 대한 공감대가 형성되어야 한다. 원론적인 측면에서 국민들은 재벌개혁과 경제민주화에 대해 충분히 공감대를 형성했다고 본다. 그런데 그다음 개혁의 효과를 보여 줘야하는 민주당이 지난 총선과 대선에서 지면서 국민의 열망에 대해 배신했다고 생각한다. 이만큼 만들어 줬는데 기회를 놓치다니 당으로서 허접하기 짝이 없다.

지난 2012년 총선 당시 유종일, 이해영, 이상이, 홍종학 교수(현 홍종학 의원), 우석훈, 선대인 씨 등으로 꾸려진 '9988 유세단(99% 국민을 위해 88 뛰는 후보들을 응원한다)'과 함께 송파 을에서는 천정배 후보를, 강남 을에서는 정동영 후보를 지지했다. 평소 선비라고 불리는 이동걸 교수가 마이크를 잡고 유세 현장에 있는 모습이 약간은 생경했다. 어떤 마음으로 활동을 함께했나.

그만큼 절박했다. 사실 피켓만 들고 있으면 되는 줄 알았는데 마이크 잡고 얘기하라고 해서 당황했다. 돌이켜 보면 총선 과정에서 민주당에 아쉬운 점이 많았다. 자기 밥그릇을 챙기다 보니 일이 틀어질 수밖에 없었다. 당 차원에 공천을 할 때는 국민들의 지지를 받으면서 동시에 당의 쇄신을 이끌 수 있는 사람을 공천해야 하는데 "그 자리는 누구 자리였으니까 그 자리 지키기 위해선 누구를 줘야 한다"는 식이었다. 그래서 내가 칼럼에서 "지역구가 명동 좌판이냐?"라고 했다. 국회의원 공천을 사고파는 식으로 하니, 하도 화가 나서 경제학자인 내가 정치학자가 해야 할 얘기를 했다. 그런 절박함으로, 밖에 뛰쳐나가서 소리도 지르고 한 것인데 별로 도움은 안 됐을 것이다. 그런데 총선이 끝나고 나서 민주당 일각에서 중구난방으로 "이번에 진보 쪽의 득표율을 모두 모아보면 우리가 이긴 거다"라는 헛소리를 하고 있더라. 그런 말을 하는 거 보니까 '대선에서도 지겠구나' 싶었다. 화가 나서 욕도 좀 했다.

결국 경제를 움직이는 것은 정치라고 했다. 박근혜 대통령이 '창조경제'를 한다는데, 정부가 재벌 문제를 어떻게 다루어야 할까.

옛날에 우리나라가 자본이 부족했을 때는 박정희 스타일로 정부에서 모든 것을 결정한 뒤 자본 공급이 이루어졌다. 그 혜택을 받은 것이 바로 재벌이다. 옛날에는 부족한 자본을 모아준다는 개념이었다면, 지금은 돈이 너무 많은 상황이다. 대한민국에서 제일 많은 게 돈이다. 대한민국의 금융자산 총액이 자그마치 1경을 넘는다. 1경은 1조의 만 배다. 요즘 제일 많이 받는 문자가 "오빠 심심해?"랑 "돈 쓰세요"다(웃음). "전화를 거시면 4,000만 원 즉시 입금" 등과 같은 메시지가 허다하다. 금융기관에 돈은 너부려져 있는 것이다. 이 돈을 가지고 옛날처럼 관치금융을 통해 재벌을 키울 것인가, 아니면 중소기업을 키울 것인가 하는 문제는 또 다른 차원이다.

　　본래 금융의 기능은 자본이 필요한 부분에 자본을 적절히 제공해주면서 수익도 얻고 옥석도 가리는 것이다. 김대중 정부 때 시작했던 금융개혁의 목표도 바로 금융의 본래 기능을 회복시키자는 것이었다. 그래서 168조 원이라는 거액의 공적자금을 쏟아 부어 붕괴된 금융산업을 복원시키고 또 수많은 제도개혁을 했던 건데, 오히려 이것이 재벌과 관료의 힘만 키웠다. 그래도 김대중-노무현 정부 때는 재벌과 관료들이 눈치라도 봤는데, 이명박 정부 5년 동안 너무 많이 퇴보했다. 60년대, 70년대로 돌아간 기분이다.

박근혜가 '창조경제'를 하겠다고 했으니, 앞으로 할 일이 굉장히 많을 것이다. 정부의 지원이든 금융이든 이것들이 시장 안에 골고루 퍼지도록 해야 한다. 경우에 따라서는 이것이 억눌린 사람에게나 혹은 지금은 시장 경쟁에서 쳐져 있지만, 앞으로 잠재력이 있는 사람들에게 가야 한다. 그렇지만 우리 경제는 아직까지 큰 놈이 막대한 자본을 가지고 모든 권력을 행세하는 후진성을 못 벗어나고 있다. 시장경제가 극도로 왜곡돼서 제대로 작동하지 않는 구조다. 그렇기 때문에 재벌 개혁이란 재벌들이 유망한 중소기업을 돈의 힘으로 무자비하게 죽이는 생태계, 창조력을 질식시키는 오염된 생태계를 깨자는 것이다. 분명 바뀌리라 기대하고 싶지만, 실상은 쉽지 않다. 재벌뿐 아니라 관료의 힘도 세졌기 때문이다. 이 둘이 연합하면 걷잡을 수 없게 된다. 경제민주화란 비정상적인 경제 기득권을 깨는 작업이고 거기에 우리 생사가 달려 있다고 본다. 박근혜가 잘해야 하는데, '박근혜의 창조경제'에는 내용이 없다.

한국개발연구원에서, 김대중 정부 행정부에서, 또 금융감독위원회와 한국금융연구원에서 일하면서 가장 재밌게 일했던 것은 언제였나?

김대중 정부에서 1년 동안 청와대에서 일했던 때와 노무현 정부 때 금융감독위원회에서 1년 반 동안 부위원장을 할 때가 가장 힘들면서도 보람이 있었다. '정말 쓰러져 죽을 것 같다'는 생각이 들 정도로 일도 많이 했고 스트레스도 많이 받았다.

그렇지만 그 일을 하는 동안 '아, 이런 게 공권력의 힘이구나'를 여러 번 느꼈다. 정당한 근거를 가지고 정당한 절차를 거쳐 정당한 목적을 달성하기 위해 발휘되는 공권력을 당해낼 사람이 아무도 없다.

당시 너무 바빠서 일기를 못 써 자꾸 기억에서 사라지는데 돌이켜 보면 정말 재밌는 일이 많았다. 김대중 정부 때 대우를 포함해서 부실재벌들을 구조조정 시키면서 국민 세금부담을 30~40조 원 이상 줄였다고 자부한다. 그 정도면 대한민국 모든 대학생의 몇 년 치 등록금은 될 것이다. 만약 구조조정을 계속 미뤘다면 그 빚이 점점 커졌을 텐데, 싸우면서까지 구조조정을 시켜 비용을 줄이고 또 비용이 덜 드는 방법을 찾기도 했다. 생명보험회사를 통한 재벌의 이익 편취 문제를 삼성뿐만 아니라 다른 생보사들까지 못하도록 법을 바꾼 것도 의미가 있었다.

정무직 공무원이라는 위치에 있으면서 가끔 '나는 이 자리가 이렇게 힘든데 공무원들은 어떻게 저 자리에서 저렇게 잘 버틸까' 하고 고민을 했다. 이유는 딱 한 가지였는데 공무원들은 시키는 만큼만 하고 또는 하는 척하고 그 자리를 즐기면 된다. 공무원들이 과장급 이상이 되면 입맛은 재벌급 정도가 된다. 앞으로 장관까지 생각하는 공무원들은 커리어를 생각해서 돈은 조심하는 것 같더라. 제대로 안 된 공무원들이 돈까지 받는 거다. 어떤 공무원들과 식당에 한 번 가면 정말 최고급으로 시킨다. 자기들 돈이 아니니까 맨날 비싼 와인 시켜먹으면서 고급스러운 생활을 한다. 그러면서 자기가 물러날 때쯤 되면 나가서 갈 자리를 만든다. 내가 금감위를 그만두고 쉬면서 다시 연구원으로 복귀하는데 주변에 친한 기자들과 공무원들이 나더러 "왜 나갈 자리를 안 만들어 놓으셨어요"라고 하더라. 그게 다반사이다.

내가 일하는 동안 만났던 사람들은 중에는 이상한 로비를 한다거나 하는 위험한 사람도 있었었지만 그런 사람들은 거의 다 피했다. 그런 사람들은 나를 대접하고 싶어 한다. 그런데 나는 열 명을 만난다고 하면 세 명은 내부 직원들이나 동료들 밥을 사주고, 다섯 명쯤은 학자들이나 외부 사람들 만나서 의견을 듣고 설득하고, 나머지 한두 명 정도 옛날부터 알고 지냈던 금융기관의 사람들을 가볍게 만나 금융시장 돌아가는 사정을 듣는 정도였다. 월요일부터 금요일까지 매 끼니가 일의 연속이었다. 나는 이 일 자체가 힘들고 지겨워 죽겠는데 다른 공무원들은 잘도 버티더라.

이제는 그 자리로 다시 들어가고 싶은 생각도 없는데, 다만 좋은 후배들이 공직에 많이 들어가 일을 잘 할 수 있도록 좋은 사람들을 키우는 작업을 했으면 좋겠다. 그런 베이스를 만들어 놓으면, 다음에 진보적인 정권이 됐을 때 그 사람들이 들어가 일하기 시작하면 정말 우리가 원하는 개혁을 할 수 있지 않겠는가. 일하면서 그런 단초를 볼 때마다 보람을 느꼈다. 쑥스럽지만 나 나름대로는 열심히 했는데, 내가 그만두고 나서 도루묵이 된 것이 많아 아쉽다. 그렇지만 '어차피 나는 어떤 흘러가는 흐름에서 그 순간 최선을 다했으면 된 거고, 안 되는 부분은 어쩔 수 없다'고 생각한다. 앞으로 그 부분은 누군가가 또 할 수 있는 부분이다. 어차피 수십 년 쌓인 병폐가 하루아침에 한두 사람의 힘으로 고쳐질 수 있는 건 아니다. 꾸준히 해나가야지.

'경기고등학교-서울대-예일대'라는 한국사회 엘리트 코스를 밟았다. 형편이 어려웠던 것도 아니고 충분히 엘리트이면서, 어떻게 고급스러운 공무원의 입맛보다는 다른 것을 생각할 수 있었나?

나도 입맛이 높다(웃음). 가끔 고급 와인도 마신다. 그런데 내가 왜 그런지는 나도 잘 모르겠다. 노무현 정부 때 (금융감독위에서) 1년 반을 하고 나왔을 때 주변에서 아쉬워하는 사람들이 참 많았다. 보좌관 이야기도 있었지만, 그 당시 몸도 많이 아팠고 다시 (관료직으로) 들어가고 싶은 생각이 전혀 없었다. 증권거래소에서 오라고 하는 것도 거기 가서 내가 할 일이 없는 것 같아서 싫다고 했다. 한국은행의 금통위원으로 가라고 하는 것도 그냥 안 갔다. 그런데 나중에 알고 보니 월급을 한 수억 원씩 준다고 하던데 '아, 갈걸…' 하는 생각도 들었다(웃음).

내 복귀를 위해 애쓴 사람들도 있었지만, 반면에 재경부는 나를 많이 반대했다. 그 이유 중에 하나가 "저 친구는 동창들과도 교류를 많이 안 한다. 대인관계에 문제가 있다"는 거였다. 어이가 없었다. 물론 동창회에 나가긴 하지만, 주로 친한 멤버들이나 보고 대부분 상갓집이나 결혼식 같은 데서 만나서 반갑다고 인사하는 정도이지 친구들하고 긴밀하게 만나진 않는다. 그러니 공무원들이 그렇게 욕을 하더라. 이렇게까지 치졸하다. 내가 친구들을 기피하는 것이 아니라 일하는 단계에서는 바쁘고 서로가 하는 일이 다르기 때문에 못 만나게 되는 것이고, 나중에 은퇴하고 나면 만나게 되는 경우가 늘어나게 되는 것이 당연한데 말이다.

대한민국에서는 아직도 저질스러운 논쟁이 계속되고 있

216

다. "이거 아닌데? 이것은 이렇게 해야 하는 게 아니야?"라고 몇 번 글을 쓰고 나면 저쪽에서는 나에게 자꾸 빨간 칠을 한다. 내가 A라는 주장을 하고 다른 사람이 B라고 주장을 하면 이 두 주장이 생산적인 논쟁을 통해 발전할 수 있는데 우리는 그렇지 못하다. 건설적인 논쟁의 대표적인 예로 넉시R.Nurkse와 허쉬만A. O. Hirshman이라는 두 명의 학자가 있는데, 넉시는 균형 성장론을 주장한 분이고 허쉬만은 불균형 성장론을 주장한 사람이다.

균형 성장론은 경제가 균형 잡히게 발전하지 않으면 결국 무언가 뒤틀리고 브레이크가 걸리기 때문에 경제가 지속적으로 성장하지 못한다는 주장이다. 반면 불균형 성장론은 가장 효과가 높은 산업 쪽으로 지원을 몰아주면서 그 산업을 키우면서 이것을 바탕으로 다른 산업도 키우자는 주장이다. 넉시는 그렇게 되면 경제 불균형이 심해져서 결국 을·병·정은 죽고 갑만 크게 된다며, 서로 치열하게 논쟁했다. 누가 맞고 틀렸다기보다는 둘 다 맞고, 둘 다 틀린 거다. 상호보완적인 거다. 그러다가 넉시 교수가 먼저 타계했는데, 허쉬만이 넉시의 죽음을 애도하면서 그다음부터는 자신도 논문을 못 썼다는 이야기가 있다. 이런 식으로 논쟁은 서로가 상생할 수 있도록 생산적이어야 되는데, 우리는 논쟁을 시작하면 색칠부터 한다.

정통 경제학을 한 학자가 어쩌다 진보적인 학자로 분류된 건가.

나는 한 번도 내가 '진보'라고 생각해 본 적이 없고, '개혁적'이라고 생각해 본 적도 없다. 다만, 지금껏 미국에 대해서 공부를 하다 보니 유럽에 대해서도 잘 모르고 자본주의 정통 경제학밖에 모른다. 정통 경제학을 하면서 이것이 우리나라에서는 제대로 실현되지 않는 것에 대해서는 내가 배운 바대로 이것은 이렇게 바꾸어야 한다고 이야기하는 것이다. 그러면 어떤 사람들은 나보고 자본주의의 근간을 흔드는 놈이라며 색칠한다. 하지만 나는 시장경제를 중요하다고 생각하고 이것이 가장 효율적이라고 본다. 문제는 시장경제가 재벌 때문에 제대로 안 돌아가는 것이지 시장경제 자체를 부정하지는 않는다. 언젠가 '새로운 사회를 여는 연구원' 정태인 소장이 한 말이 '정통 경제학을 한 사람 중에 자기하고 얘기가 될 수 있고 같은 결론을 내릴 수 있다고 보는 사람은 장하성, 이동걸, 김상조밖에 못 봤다'고 하더라. 그러면서 정통경제학이 온통 틀린 것만은 아닌 것 같다는 이야기도 했다.

지금 우리나라가 굉장히 우경화돼 있는 게 사실이다. 언젠가 노무현 전 대통령이 "유럽을 두고 한참 오른쪽으로 와야 미국이 있고 거기에서 한참을 더 오른쪽으로 와야 한국이 있다"는 말을 했는데, 그 표현이 정확히 맞다고 본다. 우리나라의 진보는 미국 기준으로는 중도 개혁이나 온건한 민주당 수준밖에 안되고, 유럽 기준으로 보면 보수나 마찬가지다. 나라는 사람이 진보의 카테고리 안에 들어가고 개혁적인 사람으로 평가받는 것은 반대로 우리나라가 얼마나 우경화돼 있는지를 보여준다. 내가 진보로 분류되는 것은 내가 선택한 것이 아니라, 사람들이 나를 색칠하고 구분하면서 그렇게 된 것이다.

진보를 선택했건 하지 않았건, 그럼에도 지금의 위치에서 '진보 지식인'으로 분류되어 살아가는 것이 힘들지는 않은가.

주변에 나보다 훨씬 더 여유 있는 사람들이 많다. 사실 내 친구들은, 특히 고등학교 동창들은 대부분 나보다 훨씬 더 잘 산다. 하지만 나도 이 정도면 웬만한 사람들보다는 꽤 잘 벌고 잘 산다고 생각한다. 아내와 함께 돈을 벌면서 아이들을 데리고 가끔 외식도 하고 휴가여행도 가고 뮤지컬도 보고 할 정도는 된다. 골프는 안 치면 된다. 외제차도 안 몰면 된다. 현대차도 성능이 좋다. 집도 있고. 대한민국 5퍼센트 안에 들어간다고 생각하는데, 그 정도면 된 것 아닌가.

그래서 그런지 몰라도 교수 중에서 더 잘 먹겠다고 저쪽에 붙는 놈들은 정말 이해를 못하겠다. 우리나라에서 교수의 월급 수준은 재벌 기업의 회장님에 비하면 적은 편이지만, 지금 월급에 앞으로 연금까지 더하면 굉장히 높다. 그런데 이런 교수들이 돈에 욕심을 부려서 재벌들의 어용 노릇을 하는 것을 보면 좀 메스껍다. '그 정도면 됐지 얼마를 먹으려고 저렇게 아부하고 있나' 하는 생각이 든다. 사람의 욕심은 끝이 없다. 우리나라의 지식인들이 욕심을 버려야 하는데 그렇지 못한 사람이 너무 많다.

'내가 옳다고 생각이 되면 그것을 추진한다'고 했다. 옳고 그름을 결정할 수 있는 근거는 어디에서 나오나?

학술적인 면과 논리적인 면이 있다. 우선 학술적, 논리적으로 틀리면 안 된다. 그리고 마지막 결론은 자신의 판단에 달려 있다. 이것은 학술이 해주는 것이 아니라 A부터 D까지의 논리 중에 목표에 따라 자기가 선택을 하는 거다. 이 단계에서 자신이 사회를 보는 눈, 즉 '무엇이 정의인가, 어떤 것이 공정한 것인가, 다음 세대를 위해서 지금 우리는 무엇을 선택해야 하는가' 등이 개인적 판단의 기준이 될 것 같다.

내가 생각하는 경제학은 '잘 먹고 잘 사는 사람들을 욕하는 것'이 아니라, 오히려 사람들을 '잘 먹고 잘 살게 하는 것'이다. 다만 어떤 사람이 정당하지 않게 잘 먹고 잘 산다면 그것을 지적하고 바꾸자고 하는 것이다. 그런데 보수집단은 자신의 이익을 위해 경제학을 아전인수 격으로 해석하고 있다. 역사적으로 동서고금을 통해 그래왔다. 그것을 바로잡자는 거다. 경제학은 가진 자를 위한 학문이 아니라 모두를 위한 학문이다. 내 판단의 근거는 거기서부터 시작한다.

오늘을 살아가는 젊은이들을 보면 어떤 생각이 드는가?

《아프니까 청춘이다》(김난도 지음, 쌤앤파커스 펴냄)라는 책이 나왔을 때 속으로 '지금 시점에서 이 책이 나오는 것은 아닌데...' 싶어서 고민하고 있었다. 어느 대학의 시간강사를 하는 분으로 기억하는데, 마침 그분이 "왜 아픈지나 아냐?"라는 제목으로 글을 썼더라. 그가 거기서 "도대체 네가 청년이 왜 아픈지는 알기나 하느냐? 그 아픈 마음을 팔아서 너는 돈을 벌고 앉아있냐" 하는 말을 하는 것을 보면서 공감을 많이 했다.

나는 매 학기 강의를 하면서 마지막에 학생들에게 졸업생들이 취직을 못하는 것에 대해 내 스스로 '미안하다'고 한다. 우리 때는 학생들이 졸업을 앞두고 취직 걱정을 해 본적이 없을 정도로 일자리가 많았다. 그런데 지금은 청년들이 일할 수 있는 일자리가 많지 않다. 많은 청년들이 취직이 잘 안 되는 것이 그들이 모두 다 못나서 그런 것이 아니다. 그런데도 기득권을 가진 기성세대들이 청년들의 일자리는 만들어 주지 않고 "너희들 열심히 해서 희망을 잃지 말고 더 갈고 닦아라"라고 하는 것은 좋은 해결책이 아니라고 생각했다. 우선 먼저 해야 하는 일은 아프지 않도록 만들어 줘야 한다.

지금 청년들은 취직을 위해 열심히 스펙을 쌓고 있다. 아무도 스펙을 쌓지 않았을 때는 누가 증권관리사 자격증 같은 것 하나만 있어도 "어 이놈 봐라" 하면서 뽑아줬다. 그러나 요즘은 모든 친구들이 그런 자격증 정도는 몇 개씩 갖고 있어서 큰 의미가 없어졌다. 스크리닝에서 잘리지 않을 정도밖에는 의미가 없다. 이것은 절대로 학생의 능력을 키워주는 것이 아니다. 증권관리사 자격증이 있다고 해서 그 친구에게 증권에 대해서 물어보면 정작 잘 모른다.

나는 국가가 청년들로 하여금 쓸데없는 데 돈과 시간을 버리지 말고, 차라리 기초학문을 열심히 공부하게 하고 또 열심히 놀게 만들어서 미래의 잠재적인 능력을 키우는 게 중요하다고 본다. 그리고 일자리를 많이 만들어 주는 것이다. 그렇지 않고 자꾸 경쟁만 시키는 것은 국가적인 낭비다. 노량진에 가면 수십만 명이 고시 공부한다고 죽치고 앉아 있다고 하는데 얼마나 큰 낭비인가. 대학 졸업생들의 취직이 계속 어려워지니 정부에서 예산지원이 좀 나왔는지, 학과별로 교수들에게 학생들 취업지도를 하라는 명분으로 한 명당 얼마씩 겨우 국밥 한 그릇 먹을 정도의 돈이 나오더라. 학생 상담해주라는 모양이었는데, 그게 얼마나 효과가 있을지도 의문이다.

더구나 이게 어떤 특정 학교에서만 하는 것이면 그 효과가 조금은 있을지 모르지만 전국 대학에서 모두 다 그렇게 한다고 하면, 이것은 전형적인 제로섬 게임밖에 되지 않는다. 대한민국의 모든 대학 졸업반 애들이 모두 국밥 한 그릇씩 먹고 끝나는 거다. 기성세대가 청년들에게 하는 짓이 딱 그 정도밖에 안 된다. 그렇게 취업지도를 해준다고 해서 직장이 새로 생기는 것도 아니다. 정작 일자리는 만들어 주지 않으면서 너희더러 자기계발을 하라고 하는 것은 정말 웃기는 소리다. 청년들에게 미안할 뿐이다.

앞으로 하고 싶은 활동은?

　한국에서 재벌이 계속 이런 식으로 나간다면 앞으로 그 폐해가 점점 더 커질 것이다. 1890년대부터 대공황이 있기 전 1920년대 말까지 미국이 얼마나 광란의 시기를 보냈는지 보게 되면 지금 재벌이 판치는 세상이 얼마나 위험한 것인지 알 수 있다. 결국 미국은 대공황이라는 파국을 맞았다. 그 시기에 미국에는 록펠러, 카네기, 맬런, 제이피 모건 등 더러운 자본주의를 통해 막대한 부를 획득한 사람들이 많았다. 그런데 미국으로서는 다행이었던 것이 나중에 가서 그들 전부 거기서 손을 떼고 좋은 일을 하려고 했다. 보수적인 색채가 있기는 하지만 록펠러 재단, 카네기재단 등을 만들어 지난날 기업체들이 저질렀던 잘못을 좋은 식으로 마무리했다. 뉴딜 등 대대적인 개혁도 했다.

우리에게도 그런 전기가 필요하다. 우리나라 재벌들이 사업은 전문가들에게 맡기고 그동안 벌어놓은 돈을 좋은 일에 쓰겠다고 하는 일이 많아져야 한다. 재벌들이 지금처럼 수단과 방법을 안 가리고 돈을 버는 일에만 급급하면 우리나라는 반드시 망한다고 본다. 1997년 IMF 때 한 번 망하지 않았나. 그때는 그래도 운이 좋아 다행히 우리 경제가 회생했지만, 다음번에 망할 때는 정말 망한다. 그래서 "망하기 전에 고쳐야 한다. 개혁이 돈이다. 개혁이 밥이다. 개혁이 우리 아이들의 미래다"라는 이야기를 하는 거다. 계속할 거다. 여론을 환기시키고 사회가 바뀌도록 노력할 거다. 그것이 현실에 참여한 학자의 소임이라고 생각한다.

살아가면서 지침이 되는 사람이 있나?

주변에 훌륭한 분들이 많다. 어떤 한 분이 내게 결정적인 영향을 미친 것은 아니지만 내가 만났던 많은 사람들이 나에게 좋은 영향을 미친다. 다만 어떤 사람을 보면 '나는 절대로 저런 사람처럼 돼서는 안 되겠구나' 하는 생각이 강하게 들 때는 있다. 막판까지 잘 해오다가 끝에 잘못해서 얼굴에 먹칠하는 분들이 많다. 그런 것들을 보면서 '저렇게 되지 않으려면 계속 일관성 있게 살아야겠구나' 하는 생각이 든다. 나는 아직도 우리 사회에 큰 바위 얼굴이 나와 주기를 기대하고 있다. 이제는 나도 은퇴할 날이 곧 다가오는데, 남은 기간 내 모든 것을 바쳐서 충성하고 도와줄 위대한 지도자가 나오기를 바란다. 끝이라고 생각하고 마지막 내게 남은 모든 것을 바쳐서 불사를 수 있는 인물을 기다리고 있다.

이동걸에게 '사랑'이란?

젊었을 때 연애할 때의 사랑은 논외로 하고(웃음) 보편적인 의미에서의 사랑을 말하라면 내가 좀 손해를 보더라도 손해 봤다는 생각이 안 드는 것이 아닐까? 우리 모두 서로 조금씩만 손해 보면서 살면 우리나라가 훨씬 살기 좋은 세상이 될 것이다.

마지막으로 이동걸이 생각하는 자유란?

'자유'라는 게 여러 가지 철학적이고 정치적인 심오한 뜻이 있다. 그런데 나는 세속적인 경제학이란 학문을 해서 그런지, 그런 고상한 것은 잘 모르겠다. 다만 경제학을 하는 입장에서 보면 먹고사는 문제에 있어서의 자유가 제일 근본적인 것 아닌가 생각한다. 옛날 전근대적 사회에서 인간은 곡괭이 하나를 쥐고 야산에 가면 하다못해 초근목피草根木皮라도 먹을 것도 구하고 마실 물도 구했다. 그런데 지금은 돈이 없으면, 먹을 것도 마실 물도 없는 자본주의 사회가 됐다. 자본주의 사회로 들어오면서 생계가 더 절실해진 것이다. 사람이 정상적인 생활을 유지할 수 있을 만큼의 소득이나 재산이 없을 때는 정상적인 기능을 할 수 없다. 그게 가장 기본적인 요건인 것이다.

'고상한 자유'는 이 기본적인 요건 다음에 있는 것 같다. 가장 기본적인 자유는 생존의 위협으로부터의 자유, 최저한의 인간다운 생활minimum descent living을 할 수 있을 정도의 자유인 것이다. 이런 자유를 가지지 못했을 때 인간은 나락으로 떨어져 정말 인간 이하가 되는 것이다. 개개인의 인간은 최저한의 인간다운 생활을 보장받을 수 있을 때 소신껏 행동할 수 있다. 그렇기 때문에 정부에서 그 기본 생계권을 보장해 주어야 한다. 그럴 때 민주주의가 제대로 되고 국민의 행복권과 자유권이 보장된다.

《사회계약론》에 의하면 무정부상태에서는 만인의 만인에 대한 투쟁이 일어난다고 한다. 인간은 무제한적인 자유를 갖고 있었다. 자기 생존을 위해 남의 것을 뺏을 수 있는 자유가 있었고, 남이 나를 해칠 때 나를 지키기 위해 남을 죽일 수도 있는 자유까지 있었다. 그야말로 약육강식의 동물의 왕국이다. 그런데 그런 무제한적 자유를 내려놓기로 우리가 사회계약을 할 때는 "내 생존을 위협할 수 있는 것들에 대해서 국가가 막아 달라, 그러면 나도 협조하겠다"라는 뜻이었다.

그런데 만약 정부가 이런 인간의 기본 생존권을 보장해주지 않고 자식을 조카를 굶겨 죽이지 않으려고 빵을 훔치는 사람을 19년 동안 감옥에 가두는 짓을 한다면, 그 사회는 정상적인 사회가 아니다. 빵을 훔친 사람을 19년 동안 가둬 둘 것이 아니라, 다시는 빵을 훔치지 않도록 최저한의 생계를 보장해야 한다. 이 사회가 《레미제라블》이 되어서는 안 된다. 이것이 정부의 가장 본질적인 의무라고 생각한다. 그것부터 이야기하고,

'자유'에 대해 이야기하자는 게 내 주장이다. 우리나라가 선진국이 되었다고 떠들지 마라. 1인당 소득이 '2만 달러, 3만 달러' 하지 마라. 아직 우리나라에 결식아동이 있다는 것이 말이 되나. 쪽방에서 폐지를 주워 먹고 사는 노인들이 있다는 게 말이 되나.

인터뷰 담당 손어진, 조경일, 정인선

강원대학교 교수

이병천

자유인이라면
자기 판잣집을 지어라

2013. 11. 13

이병천

대학 강의는 물론 사설, 저술 등의 활동을 통해 한국사회에 적극적으로 목소리를 내고 있다. 목소리를 낸다는 것은 곧 그만큼 비판 혹은 비난받는 것을 감수해야 하는 것인데, 대중 앞에서 계속 자신의 주장을 이야기할 수 있는 힘은 무엇인가?

사실 나는 별로 힘이 없는 사람이다. 체구도 작고(웃음). 비록 힘은 없지만 미력하나마 내가 할 일과 할 수 있는 일을 할 뿐이다. 사람은 누구든 식충이가 되지 않으려면 자기 밥값을 해야 한다. 그런데 특히 지식인들에게는 긴 호흡으로 시대 흐름을 읽고, 말이 없거나 말 못하는 사람들의 아픔과 요구도 대변해야 하는 특수한 역할이 있다. 근현대사를 지나오면서 우리는 박정희 유신독재와 전두환 신군부독재의 야만 등 큰 시련을 겪어야 했다. 또 지금은 민주화 시대인데도 불구하고 역설적으로 빈부격차와 양극화가 심화되고 보통 사람들의 삶은 불안에 떨고 있다. 남녀노소 할 것 없이 저마다 미래가 잘 안 보인다. 다들 '안녕들' 하지 못한 것이다. 이런 시대를 살면서 지식인의 한 사람으로서 '좀 더 적극적으로 밥값을 해야 한다. 자기 몫을 해야 한다'는 생각이 있었다.

한 가지 더 보탠다면, 논어에 '학이불사즉망, 사이불학즉

태學而不思則罔, 思而不學則殆'라는 구절이 있다. 학이사學而思로 줄여 말하기도 하는데, 이 말은 '옛 가르침을 배우기만 하고 자기 스스로 생각하지 않으면 어둡고, 스스로 생각만 하고 배우지 않으면 위태롭다'라는 뜻이다. 이 구절은 내 공부의 길에서 기본 지침으로 삼아 온 경구다. '법고창신'法古創新이라는 것도 같은 말이다. 그동안 나는 사회적 진보라는 큰 흐름을 함께 하면서도 늘 자신의 생각 끝에 나오는 파격적 발언들을 하곤 했다. 이 때문에 비판을 많이 받기도 했지만 들어줄 만한 구석도 있다고 한다. 내게 어떤 힘이 있다면 선학으로부터 배우면서 또 스스로 깊이 생각하고 그것을 통해 새롭게 더 큰 배움의 바다로 나아가는 것, 시대의 물음에 대한 이런 화두타파적 자세가 나를 밀고 가게 해 준 어떤 원천적 힘이 아니었나 생각하게 된다.

2012년 《한국경제론의 충돌》(후마니타스 펴냄)과 〈프레시안〉 연재물 '한국 경제 성격 논쟁'을 통해 장하준 교수를 비롯한 시장개혁론자라 분류되는 학자들의 경제학 서적에 대해 비판적 검토를 시도했다. 어떤 동기가 있었나?

한 동안 장하준 교수 및 그 그룹들과 논쟁을 벌였는데, 이 논쟁은 박정희 시대부터 오늘에 이르기까지 거의 모든 한국경제의 이야기를 포괄하는 매우 범위가 넓은 논쟁이다. 그렇다면 이야기할 거리도 많고 동시에 공부할 거리도 많아지니, 이 이야기 마당을 펼쳐 놓는 게 여러모로, 앞으로도 좋겠다는 판단을 했다. 그게 그들과 논쟁을 시작한 첫 번째 이유였다.

당시 장하준·정승일·이종태 씨의 《무엇을 선택할 것인가》

(부키 펴냄)가 출간되었던 2012년 3월에는 복지국가, 경제민주화 등이 시대 화두가 되면서 이에 대해 어떤 국민적 합의가 이루어지는 흐름이 생기던 때였다. 이 상황에서 그들은 재벌개혁과 경제민주화는 낡은 화두라고 하면서 '복지국가'로 가야한다고 이야기했다. 이것은 당시 형성되고 있던 국민적 합의의 물줄기에 대해 일종의 찬물을 끼얹은 격으로 보였다. 나로서는 경제민주화와 복지국가는 양자택일의 문제가 아니라 상호의존적인 보완재라고 생각했다. 그리고 이것은 학자들끼리만 이야기해서 끝날 일이 아니고 현실 정치적인 쟁점도 얽혀 있는 문제인데, 경제학 연구와 교육뿐만 아니라 정책 분야까지 영향력이 큰 장하준 교수 그룹에서 그런 이야기를 하는 것은 곤란하다고 생각했다. 그래서 내가 개입할 수밖에 없었다.

또한 '스웨덴 모델을 그대로 한국에 가져오면 된다'는 식의 주장에 대해서도 나는 생각이 달랐다. 복지국가를 이야기할 때 스웨덴을 많이 이야기하는데, 스웨덴의 복지를 한국에 그대로 가져올 수 있느냐도 만만찮은 문제이지만, 스웨덴의 경제를 모방·이식하는 것은 더 복잡하고 답답한 문제다. 한국의 대안 논의에는 경제, 노동, 복지 전반을 아우르는 총체적 발전모델에 대한 연구가 매우 취약하다. 스웨덴식 경제모델은 기본적으로 대자본과 강한 노동이 타협한 모델로 오랫동안 중소기업의 발전은 저지되었다. 또 강력한 노동 부문이 자기 집단의 이익만 챙기지 않고, 다른 부문들의 이해관계도 끌어안는 보편적 시야를 가지면서 대자본과 타협을 했다. 중소기업, 비정규직, 자영업 등의 문제가 매우 중요하고 조직노동의 힘이 미약하면서 노동시장 분단이 심각한 우리의 상황과는 잘 들어맞지 않는다.

만약 스웨덴 모델을 한국에 들여온다면, 우리 중소기업은 계속 얻어맞게 될 것이다. 요즘에는 스웨덴 모델보다 오히려 독일 모델이 더 주목받고 있는데, 그 이유 중 중소기업 문제가 있다. 스웨덴과 달리 독일은 중소기업이 매우 발전한 나라다. '히든 챔피언'의 나라라고 하지 않나. 나는 장하준 그룹이 이런 문제들을 너무 단순하게 생각한다고 봤다.

학자마다 자신의 논리와 이론 체계가 있다. 상대방과 논박하기 위해서는 자신의 논리가 탄탄할 뿐만 아니라, 그것을 사람들에게 설득하는 작업도 함께 이루어져야 한다. 장하준 그룹과 충돌했을 때 가장 부담스럽거나 신경 쓰였던 부분은 무엇이었나.

아무래도 '장하준'이라는 인물의 상징성에 대한 부담이 없지 않았다. 그는 젊지만 명성이 높은 캠브릿지 대학교 교수인데다 우리 사회 공론장에서 큰 영향력을 갖고 있는 게 사실이다. 또 그렇기 때문에 이대로 그냥 넘어갈 수 없다는 생각도 하게 됐다. 그런데 장 교수가 말하는 내용은 많은 부분은 내가 공부하던 과정에서 한 번 겪어 본 것이기도 했다. 장 교수는 개발국가론의 흐름 위에서 한국경제와 동아시아 자본주의를 보고 있는데, 이것에 관해서는 그동안 내가 배웠고 이와 관련해서 글도 많이 써왔던 터라 그 장단점에 대해 대강의 가닥을 나름대로 갖고 있었다. 물론 장 교수 그룹에서 하는 이야기 중 97년 외환위기 이래 한국경제의 재편과 관련해 민주정부 10년의 개혁이 실패했다고 보는 것은 매우 중요한 진단이다. 경청해야 할 경청할 대목도 많다.

시간을 거슬러 올라가보자. 1972년 박정희 유신체제하에 대학을 다녔다. 당시 학내 민주화운동이 한창이던 시절 이병천은 어떤 학생이었나?

　　나는 71학번으로 '유신 시대'에 대학을 다녔다. 나름대로 서클 활동도 열심히 하고, 데모와 농성에도 참여했다. 그렇지만 이른바 '운동권' 중심에 속해 있지는 않았고 '제2선'에 있었다. 옥살이를 하지도, 학교에서 잘리지도 않았다. 용기가 많이 부족했다. 내 동기 중에 일찍 고인이 된 김병곤이라는 훌륭한 친구가 있었는데, 이런 친구에 비하면 나는 너무 미안할 정도로 순탄하게 대학 생활을 보냈다.

당시 대부분의 경제학자들은 미국에서 공부하고 돌아와 교수를 하는 경우가 많았다. 서울대에서 경제학 학사 후, 동同 대학에서 석·박사 과정을 모두 밟았다. 어떤 계기로 진보 지식인의 길에 들어서게 됐나.

돌이켜 보면 몇 번의 전환점이 있었다. 우리 집안에서 공부라면 형이 단연 최고였고 그 분이 공부를 계속했더라면 분명히 큰 학문적 업적을 남겼을 것이라 생각한다. 나는 형이 앞서 간 길을 뒤따라 경제학 공부를 하게 됐지만 머리가 한참 모자랐고, 학부 때부터 공부를 계속해야겠다는 생각도 없었다. 그렇지만 졸업 후 바로 공부에서 손을 놓지 못했다. 그래서 직장에 다니며 석사과정을 어정쩡하게 병행했다. 석사 논문을 쓰는 과정에서 직장을 그만두게 됐고, 그때부터 본격적으로 공부를 시작했다. 그 과정에서 나를 이끌어준 가장 중요한 안내자가 안병직 교수였다. 내가 유학을 가지 않았던 것도 안 교수와 만났기 때문이다. 지금은 사상적으로 전환해 뉴라이트 대부로서 큰 역할을 하고 있지만 당시에는 학생운동과 민주화운동, 심지어 지하운동에까지 지대한 영향을 미쳤던 진보 학계의 거목이었다. 내가 지금까지 만났던 많은 사람들 중에서 어느 누구보다 학문적으로나 인격적으로 흡인력이 무척 강한 분이었다. 냉철함과 따뜻함을 겸비한 드문 사람이었다. 그런데 나는 이 선생과 헤어 져야 했다. 어떻게 보면 앞서 말한 '학이사'의 정신 때문이기도 하지만, 시대의 힘 때문이라고 할 수도 있다.

안 교수 밑에서 공부하는 동안 80년 5월 광주항쟁과 87년 6월 민주화운동을 겪었다. 그 두 사건은 내가 다른 길로 가지 못하도록 나를 붙들어 준, 가장 큰 영향을 끼친 한국의 시대 사건이었다. 1989년 베를린 장벽의 붕괴와 함께 국가독점사회주의 진영의 붕괴는 내가 '포스트 마르크스주의'로 사상적 전향을 하게 된 결정적 전환점이 됐다. 그리고 80년대 이후 한국 경제의 역동적 변화 또한 내 사고의 전환에 지대한 영향을 미쳤다. 그 변화를 둘러싸고 나는 '한국사회구성체 논쟁'에서 종속 심화론과 종속이론을 비판했었는데 지금 생각해도 그 비판은 틀리지는 않았다고 생각한다. 그렇지만 이런 과정에서 내 생각은 안 교수와도 심각한 입장 차이가 있었던 것 같다. 나는 변했지만, 여전히 진보 지식인으로 남았고, 이후 진보 지식인의 정체성을 가진 사람으로서 한국사회경제학회 창립을 주도하는 등 나 자신의 길을 걷게 됐다.

그렇지만 오늘날까지 내가 중요하게 생각하는 공부법으로 '다른 사람의 말에 쉽게 미혹되지 말라, 다수 대중의 요구조차 곧바로 추수하지 말라, 권력은 물론 대중에도 아첨하지 마라'고 한 것도 안 교수가 일러 준 것이다. 나는 종종 동료나 후배들한테 '남의 고대광실을 부러워하지 말고 비록 초라하더라도 자기 판잣집을 지어야 한다, 자기 등불을 밝혀야 한다'는 말을 한다. 그런데 역설적으로 바로 그런 생각 때문에 나로서는 아프지만 안 교수를 떠날 수밖에 없었다.

노동시장 유연화에 따른 노동문제 해결책으로 덴마크에서 많은 부분 배워야 한다고 했다. '노동자, 소상공업자의 축을 공고히 하고, 대기업, 중소기업, 지역경제가 함께 발전해 국민경제 포토폴리오를 다양성 있게 만들어야 한다'고 했는데 과연 우리나라에서 중소상공인, 농민, 노동자 등 다양한 노동자 집단들이 기업과 협력·상생할 수 있다고 보는가?

결코 쉽지 않은 문제다. 그간 덴마크 모델이 주목받은 것은 전통 유럽모델이 어려움에 처했기 때문이다. 대자본과 정규직 노동자가 타협하게 되면, 자연스럽게 배제되는 쪽이 생겨난다. 이것은 결국 양질의 일자리 축소로 이어지고 경제학에서 말하는 경직성의 문제가 나타난다. 중소기업도 잘 발전하지 못한다. 대중소기업간 격차 문제는 그 자체로 끝나지 않고 노동시장의 이중화 현상을 낳는다. 일본 학자 모리시마는 노동시장의 이중구조 문제가 '다른 모습의 계급문제'라고 말하기도 했다. 이런 이중구조적 경직성 문제를 그대로 놔두고는 노동문제, 복지문제의 해법도 중대한 난관에 봉착한다. 이런 문제를 해결하는 것이 중요한 화두가 되었고 이른바 유연안정성 모델을 통해 이를 해결한 대표적인 나라로 덴마크가 제시되었다. 유연안정성의 첫 번째 의미는 자본 측에 해고의 자유를 더 많이 주는 것이다. 그러면서 적극적 노동시장정책과 복지 안정성이 받쳐주는 것이다. 그렇지만 내가 더 주목하는 유연안정성의 또 다른 의미에는 독점적 대기업이 아니라 중소기업이 활발하고 자유롭게 꽃을 피운다는 의미가 있다. 물론 이러한 덴마크 모델도 한국에 바로 가져올 수는 없다. 고려해야 할 점이 한 두 가지가 아니다. 그럼에도 특히 한국의 중소기업 문제, 재벌대기업의 온갖 전횡 문제 등을 고려했을 때 덴마크 모델이 시사해주는 바가 크다.

덴마크는 중소기업과 협동조합 등 사회적 기업이 아주 번창한 나라다. 이것을 위해서는 독점을 통제하는 개방적인 기업체제, 금융 지원체제, 채무자 우호적인 파산법 등의 제도가 잘 깔려야 한다. 그런데 우리나라는 이게 모두 안 되어 있다. 재벌 대기업의 시장지배, 국민경제 지배는 잘 알려졌지만, 채권자 중심의 파산법 제도도 매우 큰 문제다. 창업해서 실패하면 빚더미에서 벗어나기 어려운 게 우리 현실이다. 이는 새로 창업하거나 중소기업들이 발전하는 데 매우 중대한 장애물이다.

현재의 한국 경제 상황 속에 과연 이것이 실현될 수 있는가?

박근혜 정부는 창조경제를 말하고 있지만, 그 실질적 실현조건은 배제한 채 낡은 재벌중심 경제 활성화와 부동산 띄우기로 정책기조를 잡았다. 이래서는 창조경제가 잘 될 리 만무하다. 미국 경제만 해도 대표적 신자유주의 체제이긴 하지만, 강력한 반독점법이라든가 채무자 우호적인 파산법의 오랜 전통을 갖고 있다. 또 미국은 법인세율도 세계 최고 수준이다. 경제범죄에 대한 제재도 엄정하다. 시장에서 자유를 주는 만큼 시장 생태계 발전도 중시하고, 기업의 사회적 책임도 요구하고 있는 것이다. 우리와는 전혀 비교가 안 된다. 열린 시장경제를 하려면 노동시장 유연화만 외칠 것이 아니라, 우리 안의 개방 및 책임의 제도를 적극적으로 도입해야 한다. 의외로 한국식 시장경제는 미국식 시장경제보다 훨씬 낙후된 '올드 패션'이다.

대기업과 중소기업을 고르게 발전시키자고 할 때 그 핵심 가치는 결국 국민경제의 '균형'과 '다양성'인데, 한국은 재벌의 발언권과 횡포가 워낙 심하기 때문에 쏠림 현상도 극심하게 나타난다. 또 대외 충격에 취약한 것도 우리 경제의 심각한 문제다. 이런 상황에서 한국 경제가 어떻게 견제와 균형을 제대로 잡을 수 있느냐가 핵심 화두로 제기된 것이다. 먼저 재벌의 태도가 획기적으로 바뀌어서 '노블레스 오블리주noblesse oblige', 즉 가진 자들의 최소한의 기본 덕목을 보여 줘야 한다. 무늬만이 아니라 진짜, 진심으로 그렇게 해야 한다. '비용의 사회화, 이익의 사유화'라는 말이 있듯이, 자기들 내부자들이 다 먹어치우는 식의 소수 재벌에 의한 독식방식과 폐쇄성이 바뀌지 않는 한 대기업과 중소기업, 자본가와 노동자의 상생은 어렵고 국민경제 균형발전도 기약하기 어렵다. 그리고 앞으로 우리 안에 사회경제적 갈등을 조정하며 협력해서 성공을 거두는 경험들이 축적되어야 한다. 우리는 이 경험 기반이 얕다. 상호갈등하면서도 이것을 건설적으로 해결해가는 민주적 조정 능력이 우리 안에 얼마나 있는지, 이를 어떻게 키워나갈 것인지에 대한 고민이 필요하다.

만약 학생들이 대학 졸업 후에 대기업이 아닌 중소기업에 가는 것을 꺼리지 않고 또 사회가 이를 떳떳하게 인정해 준다면, 한국의 경제와 교육 문제는 동시에 해결 될 수 있을 것이다. 그러나 이것은 꿈같은 이야기이고 현실은 너나 할 것 없이 재벌 대기업의 좁은 문에 들어가려고 치열하게 경쟁한다. 중소기업은 수는 많지만, 생산성과 경쟁력이 약해 전망이 밝지 않다. 그럴수록 중소 제조업과 서비스 분야의 경쟁력을 높이고 체질을 혁신하는 과제가 절실하다. 선진국의 산업구조를 보면 각종 서비스업, 문화산업, 정부의 사회 서비스 등으로 넓게 퍼져 있는데 한국의 서비스업은 압도적으로 도소매업, 음식, 숙박업 등에 몰려 있다. 이런 상황에서 문제 해결을 위한 우선되는 관문은 재벌 독식구조의 타파와 그 개방성에 있지 않나 싶다. 정부도 사회 서비스를 비롯해 공공 부문을 대폭 확충해야 한다. 지금 민영화로 역주행할 때가 결코 아니다.

2012년 대선의 화두는 단연 경제민주화였다. 박근혜 정부는 한화그룹과 SK그룹 수사를 시작으로, CJ그룹·효성·LIG·동양·한라· KT 등 재벌기업에 대한 고강도 수사를 진행하고 있다. 국세청도 현대자동차·롯데쇼핑·대우건설·국민은행 등에 대한 세무조사를 진행 중이다. 평소 재벌개혁을 통한 경제민주화를 외치는 사람으로 이런 박근혜

식 경제민주화에 대해 어떻게 생각하나.

　이제 박근혜 정부는 경제민주화에 대해 손을 놨다고 봐
야 한다. 경제민주화 없이는 창조경제도 없다는 이야기를 한 적
이 있지만, 출범 몇 개월 만에 경제민주화 종료 선언을 했다. 박
대통령의 오랜 지론인 시장만능주의적 '줄푸세' 정책으로 넘어
간 것이다. 지난 대선 국면에서 제시했고, 인수위 때만 해도 꽤
남아 있던 경제민주화 공약이 폐기됐다. 선거용으로 급조된 것
이었다고 생각한다.

　현 정부의 강도 높은 대기업 수사는 포퓰리즘적 측면이
있는 것 같다. 이런 조치 자체에 의미가 없지는 않다. 하지만 중
요한 것은 이들 사안에 대해 공적 규칙을 잘 세워 엄정하고 투
명하게 조치를 취해야 한다는 것이다. 박근혜 정부는 '특정경
제범죄가중처벌법'을 강화하겠다는 공약을 내세운 바 있다. 그
러나 이것도 이행하지 않았다. 이런 상황에서 재벌의 범죄행위
에 대한 조사란, 일시적 겁주기에 그치고 권력의 자의적·재량적
처분에 맡겨질 공산이 크다. 재벌의 경제범죄 문제와 관련해 큰
문제는 이들이 집행유예, 특별사면 등으로 너무 쉽게 풀려 나
온다는 것이다. 그간 우리는 삼성 이건희 회장을 비롯해, 재벌
총수들이 휠체어를 타고 나오는 모습을 자주 봤다. 삼성은 공
정거래위원회 조사도 방해해 공권력을 무력화하는 행태를 보
였다. 그런데도 솜방망이 처벌이다. 박근혜 정부는 법치를 세우
겠다고 했는데, 특정경제범죄가중처벌법을 강화하고 제대로 시
행한다면 '공정한 법치'의 신뢰를 얻을 수 있지 않을까.

　지난 2008년 세계금융위기 때 총·대선을 겪으며, 한국의

보수 세력도 거듭나지 않으면 파산한다는 분위기가 있었다. 경제를 살릴 거라고 기대했던 이명박 정부가 실패했는데도, 같은 보수 세력 둥지에 있던 박근혜 후보가 국민의 지지를 얻었고 다시 한 번 기회를 잡은 것이다. 그런데 불행히도 다시 온 기회를 살리지 못하고 있다. 경제민주화와 복지 확대에 대한 주요 공약을 간단히 파기했다. 이건 국민을 속이는 배신 행위나 다름이 없다. 뿐만 아니라, 국가 정보원·사이버 사령부 등의 불법 선거 개입과 정치공작 행위가 드러났는데도 사과는커녕 일을 크게 키우고 있다. 박근혜 정부는 시대착오적인 유신 독재의 추억에 사로잡혀, 민주화 시대에 신新 권위주의로 역주행하고 있다.

내심 박근혜 대통령이 자기가 이미 내뱉은 말도 있고 시대흐름도 있고 하니, 보수 정부가 가질 수 있는 이점을 활용해 재벌 횡포도 다스리고, 복지도 확충하는 친親 서민적 정책을 시행해 국민의 지지를 높여가지 않을까 생각한 적이 있다. 박근혜 정부라면, 아마 신 권위주의 정치와 민생 살리기 경제가 결합된 패키지를 가동할 수 있고, 그게 박근혜 스타일의 개혁적 보수라는 매우 무서운 얼굴이 될 수 있을 거라고 예상을 했었다. 그런데 전혀 그게 아니었다. 이것은 사실 묘하게 다행인 측면이 있다. 개혁 세력에게 다시 기회가 생긴 셈이니까 말이다. 보수 세력이 거듭나고 혁신할 수 있는 기회를 빨리 잃는 것 같다. 어찌 보면 다행이지만 대한민국 전체로 볼 때는 불행한 일이다. 또 이런 상황에서도 민주당 등 개혁·진보 정당이 제 구실을 못하고 있는 것을 보면 우울해진다.

지금까지 '참여사회연구소'와 '복지국가정치포럼' 등 여러 시민사회

활동을 하셨다. 얼마 전 트위터를 통해 드라마 《굿 닥터》에서 나오는 주인공의 순수함, 진심, 뚜렷한 가치관에 대해 깊은 감명을 표현한 것을 봤다. 시민들이 살기 좋은 세상을 위해 어떤 '순수함, 진심, 가치관' 등이 필요하다고 생각하는가?

《굿 닥터》는 근래 보기 드물게 훈훈한 드라마였다. 원래 드라마를 잘 챙겨보는 편은 아닌데 아내가 재미있게 보니까 따라서 보게 됐다. 처음부터 끝까지 챙겨 봤는데 워낙 재미있게 봤는지 드라마가 종영하고 나니 좀 심심해졌다(웃음).

여러 활동을 하면서 든 생각은 사람마다 가지고 있는 생각의 차이를 받아들이면서 함께 일한다는 것이 참 어렵다는 것이다. 그래서 언제 어디서나 '관용, 똘레랑스'라는 덕목이 중요하다. 이게 없으면 전체주의로 가게 된다. 이건 우리가 워낙 잘 알고 있는 부분이지만 함께 일을 하다 보면 은연중에 '이것은 내가 한 것이다'라고 하면서 자신을 내세우는 경향을 자주 보게 된다. 특히 정치인이나 지식인에게 이 증세가 심하다. 크든 작든 함께 일할 땐 이 '아만'我慢을 극복하는 게 매우 중요하다. 10년 전에 참여사회연구소에서 《시민과 세계》라는 잡지를 창간했는데, 권두언卷頭言(책 머리말)에 '화광동진和光同塵'이라는 말을 썼다. 요즘 이 말이 자꾸 생각난다. '동진'이란 어려움을 같이 한다는 것이고, '화강'이란 자신이 잘난 것을 내세우지 않음을 말한다. 어떤 일을 한다는 것은 자기 삶의 시간을 투자하고 에너지를 쏟는 일이다. 경제학적으로 말하면 투자고 일종의 헌신이다. 그렇기 때문에 당연히 자기 노력과 수고를 내세우기 마련이다. 이를 위해서는 기본적 신뢰가 있어야 하고 일을 통해 신뢰를 쌓아가야 한다. 함께 일을 하다 보면 생각하는 대로 결과가 나오지 않기도 하고, 성과가 바로 나오지 않기도 한다. 특히 시민사회와 연결된 일을 할 때 더 그렇다. 그렇기 때문에 이 세계에 고유한 '시민적 신뢰'를 쌓아야 하고 어려움과 성과를 같이 공유하는 것이 중요하다.

그리고 시민운동이든 연구소 일이든 중요한 과제는 보통 시민들의 참여를 이끌어내는 일인데 이것이 참 쉽지가 않다. 한국 시민운동 전반이 이 문제에 봉착해 있다. 오늘날 우리들은 모래알처럼 흩어진 채 먹고 살려고 발버둥질을 하고 있다. 그러나 우리에게 필요한 것은 같은 배를 타고 간다는 감각이다. 'Common Sense'를 보통은 '상식'이라고 하지만, '공통 감각'이라는 뜻이 있다. '공통 감각'의 기반이 있어야 참여와 연대의 길로 나아갈 수 있다. 시민정치에서 가장 기본이 되는 것은 시장사회, 기업사회가 강제하는 이 서바이벌 경쟁을 이겨내고 'Common Sense'를 키워야 한다. 결국 참여, 연대, 협동, 협력 등은 공통 감각을 어떻게 기르고 배양할 수 있는가를 통해 가능해질 것이다.

《굿 닥터》 주인공은 '서번트증후군'이다. 하지만 이를 극복하고 훌륭한 의사가 된다. 개인적으로 극복하기 어려운, 연약한 부분이 있다면, 어떻게 하는 편인가.

다행히 내게는 박시온 같이 큰 시련은 없었다. 그러나 몸이 매우 허약하다. 한의학에서는 '양허陽虛'라고 하는데 꽤 심한 편이다. 무리하면 절대 안 되는데 분수를 모르고 과부하를

걸어 고생을 많이 했다. 요즘은 가급적 관심거리와 일을 줄이고, 최대한 매듭을 잘 지으려고 노력한다. 또 나는 정서적으로 관용이 부족하고 따뜻함도 부족하다. 돌이켜 보면, 스스로 굉장히 차가운 사람이 아닌가 싶고 고치려고 노력 중이다. 이런 어려움을 명상을 통해 자가 힐링한다. 가능하면 하루 한 번, 잠자리에 들기 전에 홀로 앉아 모든 것을 잊어버린다. 그 시간에 일체를 놓아 버리고 고요함을 가지려고 노력한다.

《한국 경제론의 충돌》 서문 끝 부분에 '아내와 딸이 없는 삶과 공부 길은 도무지 상상할 수 없다'고 표현하며 가족에 대한 각별한 애정을 표현했다.

아내한테는 늘 미안하고 고마울 뿐이다. 딸에게도 그렇다. 사람마다 다르겠지만 공부하는 사람들은 대체로 문제아인 경우가 많다. 내 경우엔 연구한답시고 가족과 함께 하는 시간이 적다. 집에도 책을 지저분하게 늘어놓는다. 그래서 집에서는 발언권이 무지하게 약하다(웃음). 이런 문제 덩어리에 관용을 베풀어주고 함께 살며 웃을 수 있으니, 그저 고마울 뿐이다. 요즘 가만히 보면 아내와 딸이 너무 애틋한 것 같고 은근히 나를 왕따시키는 게 아닌가 하는 느낌도 있다. 그렇지만 우리 집 남녀성비가 1:2로 원천적으로 내게 불리해 다른 대응법을 찾지 못하고 있다(웃음).

　　세상살이를 하면서 아무 조건 없이 기뻤던 순간들은 대부분 가족 안에서 일어났던 것 같다. 가족 안에서만 느낄 수 있는 특이한 냄새, 순간들이 있다. 가깝게 늘 육신을 같이하는 만남이다 보니 가족이란 건 인간의 만남 중에서 가장 구체적인 만남이고 하늘이 준 귀한 선물인 것 같다. 그 귀함을 잘 알아야 한다고 본다. 나이가 들수록 더 그런 생각을 하게 된다.

동시대를 살아가고 있는 청년들에게 하고 싶은 말이 있나?

　　내 개인적으로 무슨 특별한 죄가 있는 것은 아니지만 윗세대의 한 사람으로서 미안한 부분이 있다. 이전에는 죽이 되든 밥이 되든, 뭔가 미래 전망이 있을 것 같은 시대였다. 하지만 지금은 민주화 시대라지만, 먹고 살기 위해 생존경쟁, 서바이블 경쟁이 가장 치열한 시대가 되었다. 이 부분은 기성세대의 한 사람으로서 시대 책임을 공유해야 하는 부분이다. 또 그렇기 때문에 내가 청년들에게 하고 싶은 말이 하나 있다. 그것은 우리 현대사 체험의 공유에 신경을 좀 써주길 바란다는 것이다.

물론 유신독재, 광주항쟁, 6월항쟁과 같은 이야기는 직접 겪은 우리 세대와는 다르게 느껴질 수 있다. 하지만 그런 역사적 사건들이 어떤 것이었는지, 무엇을 뜻하는지 공부하고 자신들도 그 시대 체험을 간접적으로라도 공유하는 역사적 의식을 가졌으면 한다. 지금은 여러 면에서 세대 간 단절이 심하기 때문에 서로의 끈을 잇기 위해 각 세대들이 저마다 책임의식을 가져야 한다고 본다.

그리고 꼭 하고 싶은 이야기는 자기 길을 가라는 것이다. 사실 누구에게나 해당되는 이야기이지만, 굳이 다른 사람과 비교하지 말고 자신을 잘 돌아봐야 한다. 다른 사람들은 나의 선택과 모습을 초라하게 볼 수도 있지만, 그건 전혀 상관할 게 아니다. 아무 문제가 안 된다. 내가 나의 길에 대해 자긍심을 가지면 된다. 물론 한국같이 출세지향, 학벌 최고 사회에서 이런 마음가짐을 갖기는 참 힘들다. 그래도 그 압력을 이겨내고, 자기만의 방식으로, 자기 길을 찾는 것이 꼭 필요하다. 그래야 나중에도 후회하지 않는다. 자기가 일하는 일터가 보수는 적게 준다고 해도 여기가 괜찮다 싶고, 자긍심을 가질 수 있으면 그 자리를 계속 지킬 수 있는 것이다(웃음).

학교 학생들에게는 종종 이런 이야기를 한다. 졸업하고 세상에 들어가면 원하던 원하지 않던 반드시 타협하게 되어 있는데, 만일 그렇게 되더라도 자신이 뭘 하고 있는지 스스로 잘 돌아보고 순수함을 잃지 말라는 이야기를 한다. 지금과 같이 먹고살기 힘든 상황에서 그게 도움이 되는 이야기인지는 잘 모르겠다. 그리고 사회문제가 해결되는 과정은 시간이 많이 걸리고 중장기적인 일이다. 그렇기 때문에 우리가 중장기적으로 사회가 돌아가는 방식에도 관심을 가지고 자신이 기여할 수 있는 부분에 관여할 수 있으면 좋은 일이다. 처지에 따라 직접 기여할 수는 없더라도 기본 양식이 있는, 공통감각을 가진 시민의 한 사람으로 살았으면 하는 바람이다.

이병천에게 자유란?

쉬운 듯 어려운 질문이다. 우선 아무리 좋은, 고상한 자유를 이야기해도 실현할 수 있는 조건과 기회가 없으면 공허하다고 생각한다. 경제학자 케인스가 '유효수요'라는 말을 했는데, 우리가 맛있는 떡을 사 먹고 싶어도 사 먹을 돈이 없으면, 혹은 떡보다 훨씬 더 맛있는 것이 있는지를 알지 못하면 소용없는 일이다. 그러니까 자유란 이를 실현할 수 있는 실질적인 조건과 사회적 기회를 가진 자유여야 한다는 말이다.

매우 평범한 이야기 같지만, 우리는 이 엄연한 진실을 쉽게 망각한다. 이 문제를 노동 문제와 연결시키면, 사람은 노동의 세계 안에서 인간답게 안정적으로 일하고 이를 통해 보람을 느끼고 인정받을 수 있어야 한다. 또 노동으로 얻은 소득이나 수입이 어느 정도 괜찮게 살 수 있을 정도가 되어야 한다. 노동의 삶이 불안정하다면, 이를 복지가 튼튼하게 뒷받침해 줘야 한다. 나아가 '저녁이 있는 삶'이라는 말이 화제가 됐지만, 노동과 생활의 균형이 이뤄져야 한다. 우리는 노동 밖에서 자유롭게 정치적, 문화적, 친밀적 삶을 꽃피울 수 있어야 한다. 그러니까 자유란 삶의 모든 영역에 걸쳐 우리가 선택하는 좋은 삶을 추구할 수 있는 자유, 선택할 수 있는 역량을 키울 수 있는 자유인 것이다.

보통 자유라고 하면 간섭받지 않는 자유에 대해 말한다. 이 사적 자유는 귀중하고 우리가 가져야 할 기본 가치임에 분명하다. 그러나 이것은 반쪽 자유이고 온전한 자유는 아니다. 내가 강조하고 싶은 자유는 '공적 자유' 또는 '시민적 자유'다. 즉 자기만의 홀로 자유가 아니라 함께 하는 자유라는 것이다. 1+1=2가 아니라 3이나 5가 될 수 있는 상생적 자유의 사고가 필요하다. 자유와 공공성이 상충하는 것이 아니라, 상장하는 '연대적 자유'의 시야를 가져야 한다고 본다. 그리고 이런 관점에서 우리는 우리를 원자처럼 흩어지게 하고 불안에 떨며 생존경쟁으로 내몰리게 하는 지배적 힘과 구조적 폭력에 대해 저항해야 한다. 이 폭력은 보이는 것도 있고 잘 보이지 않는 것도 있다. 그래서 나는 시민이란 이 구조적 폭력에 저항하는 자율적인 주체, 참여하고 연대하며 공동의 가치를 위해 책임을 공유하는 집단적 행위자라고 말하고 싶다.

또 다른 차원에서 자유를 이야기하자면, 빠른 속도에 저항해야 한다고 말하고 싶다. 현대인은 분명 정보 부족과 불투명 때문에 고통 받고 있지만, 한편으로는 정보의 홍수에 빠져 있다. 정보가 너무 많고 제정신을 차리고 판단을 할 수 없을 만큼 속도가 빠르다. 한국사회는 특히 심하다. 우리는 개발독재이래 '빨리빨리'에 중독되었고, 세계화시대 디지털 강국이 되면서 중독이 심해졌다. 이 지배적 흐름에 저항할 수 있어야만, 자유의 공간과 시간을 가질 수 있다. 속도를 늦추고 느림의 공간을 확보해야 한다. 어찌 보면 이것은 현대사회 전반을 관통하는 삶의 방식에 대한 저항일 수도 있고, 생태적 가치와도 직결되는 대목이다. 전면적으로 느림의 사회를 만들기는 어려울 것이다. 그렇다고는 해도 이를 가능케 하는 다양한 해방의 공간 또는 시민적 진지들을 만들어 가야 한다고 본다.

가장 근원적인 자유의 문제라면 마음에 걸림이 없어야 할 것이다. 불경 《반야심경》에서도 말하듯 마음에 걸림이 있으면 공포가 있고 망상이 있고, 결국 자기 스스로 자유로울 수가 없다. 그게 궁극적인 존재적 자유의 문제일 것이다. 어떻게 보면 집착을 버리는 자유일 수 있다. 나도 늘 이 문제에 대해 언젠가, 어떻게 하면 번민을 다 털어버릴 수 있을까 생각을 한다.

그런데 사람이 자유의 문제에 대해 깊이 생각하다 보면 자유로워지는 것이 아니라, 오히려 많이 무거워진다. 그렇기 때문에 늘 소소한 작은 일들, 힘든 일에도 즐거운 마음을 가지려고 애쓴다. 공력이 많이 들어가는 글을 쓰더라도 내가 즐거워서 하는 일이라는 생각을 가지려고 노력한다. 공자의 말씀인데, '가장 높은 경지는 낙지자樂之者의 경지다'라는 말이 있다. '아는 사람, 좋아하는 사람, 즐기는 사람 중에서 즐기는 사람의 경지가 최상의 경지다'라는 뜻이다. 종교들은 이리저리 어지럽게 갈라져 있지만, 위대한 사람들이 하는 이야기는 한결같다. 비록 세상은 팍팍하고 '안녕'하지 못하더라도, 각자 자기 자리에서 즐거운 마음, 그리고 다시 새롭게 시작하는 마음을 가질 수 있다면 얼마나 좋겠는가.

인터뷰 담당 박주연, 손어진, 정인선

하종강

성공회대학교 노동대학 학장

해고 극복하고 풍요롭게?

당신들이 한번 해보라

2014. 2. 5

하
종
강

역사가 돼버린 7,80년대에 대학을 다녔다. "졸업 뒤에는 재벌 기업에 취직해 '자본의 하수인'이 되든지 '자본가를 때려 부수는' 망치를 든 노동자가 되든지 하는 두 갈래 길뿐이었다"라고 회고한 바 있다.(《월간 말》지 나의 20대 2001.2) 당시 인간 '하종강'의 선택 기준 혹은 원칙은 무엇이었나.

그때는 지식인으로서 진보적인 삶을 산다는 것이 거의 불가능해 보였다. 지금은 연구소·언론사·신문사·대학병원·증권회사·보험회사들마다 노동조합이 있지만, 그 때는 그런 화이트칼라 노동조합이 우리 사회에 환상으로도 존재하지 않을 때였다. 87년 노동자대투쟁 이후 급속하게 지식 노동자들의 노동조합이 생긴 것이다. 그 이전까진 대학을 졸업하고 난 뒤 계속 공부를 하지 않으면 기업에 들어가 관리직이 되거나 노동현장으로 들어가 노동운동을 하거나, 이 두 가지 길 밖에 보이지 않았다. 만약 지식 노동자로서 진보적 삶이 충분히 가능했다면 취업해서 노동조합 활동을 열심히 했을 것이다.

'꼭 노동운동을 해야겠다'는 마음으로 했다기보다는 1,000만 명의 노동자 중에 1명이 될지라도 자본가의 하수인으로는 살 수는 없다고 생각했다. 그것이 진정성 있는 삶이라고 생각했다. 종교적 배경과도 조금 관계가 있다. 나는 이런 활동을 하면서 여전히 교회에 다니는, 우리 사회에서는 보기 드문 사람들 중 하나다. 예수라는 분은 어떤 선택의 기로에서 섰을 때 항상 좀 더 고생스러운 쪽으로, 낮은 쪽으로 향하는 선택을 했다. 결국 기독교인이라면 예수님처럼 좀 더 힘들고 고통스러운 일을 선택하는 것이 올바른 삶이라는 것이 기독청년으로서 내 신앙이기도 했다. 그래서 별 고민 없이 노동운동을 선택했다. 그리고 당시 학생운동을 했던 사람은 변절하지 않는 한, 노동운동을 하는 것이 정해진 코스였다. 문화운동·여성운동·농촌운동 등 다른 부문의 운동을 할 수 있는 재능이 있다면 그쪽으로 진출했지만, 그런 특별한 경우가 아니라면 학생운동 출신은 90% 이상 노동운동을 선택했다. 내가 대단하거나 특별해서 노동운동을 선택하고 살아온 것은 아니다.

지난 30년간 그 때의 기준과 원칙이 어떻게 변주되었나.

크게 달라지지 않았다. 왜냐하면 내가 세운 원칙이 지키기 어려운 대단한 원칙이 아니었기 때문이다. 중학교 때 방 책상에 '초라하게 살다가 이름 없이 죽자'란 글귀를 써 붙인 적이 있다. 어떤 사람들은 내가 지금까지 40년 가까이 같은 일을 해온 것을 신기하게 여기지만, 두 가지 원칙을 지키면 충분히 가능하다고 본다. 첫 번째, 돈을 많이 벌지는 않겠다는 것과 두번째, 유명해지지 않겠다는 것이다. 운동권 내에서조차 출세해야 한다는, 반드시 중심에 서겠다는 강박관념을 버린다는 뜻이다. 이 두 가지 원칙만 지키면 세상에 할 수 있는 일이 많다고 생각한다. 지금의 나는 처음 의도와 다르게 너무 유명해졌고 높은 지위를 갖게 되고 사람들에게 많이 알려졌다. 내가 꼭 원했던 것은 아니기 때문에 지금 가지고 있는 지위를 상실하는 것에 대한 두려움은 별로 없다.

노동운동 내부에서도 다수파와 소수파 간 갈등이 일어나면 특별한 일이 없는 한 소수파를 지지한다. 그것이 민주노총이나 진보정당과 등을 돌리는 일이라고 해도 마찬가지이다. 최근 재능교육 사건에서도 그랬다. 유명자 지부장과 강종숙 위원장을 지지했던 중요한 이유도 이들이 소수파였기 때문이다. 당시 재능교육 투쟁이 둘로 나뉘었을 때 민주노총과 연맹과 진보정당과 진보진영의 유명 인사들은 대부분 혜화동 종탑 투쟁을 지지했다. 시청 앞 환구단 농성장은 유명자, 강종숙, 박경선 단 세 사람만 남아서 외롭게 지키고 있었다. 이와 관련해 소수파인 유명자 지부장을 지지하는 내용의 글을 썼더니, 한 만화가가 "이런 글을 쓰면 세상이 모두 자기 적이 될 것 같은 두려움이 느껴지지 않느냐?"고 물었다. 나는 "내가 바랐던 것보다 훨씬 더 많은 지위와 명예를 가지게 된 것이라 잃는 것이 별로 두렵지 않다"고 답했다.

그런 원칙과 신념은 어디에서 비롯한 것일까? 기독교의 영향만으로 보기에는 범위가 넓은 느낌이다.

기독교는 내가 접했던 여러 사상과 철학 중에 하나였다. 내 원칙과 신념은 특정한 것에 영향을 받았다고 하기 어려울 정도로, 다양한 사회과학 책을 접한 덕에 형성됐다. 중고등학교 6년 동안 나는 상당히 모범적 학생이었다. 해방이 된 이후 40년 넘는 세월동안 한국의 중·고등학교 남학생들은 일본 육군 군복을 여학생들은 해군 군복을 교복을 입었는데, 나는 중·고등학교 6년 동안 등하굣길에 그 답답한 교복 단추를 푼 적이 없다. 세상에 깜박 속아 살아온 시간이었다. 대학에 와서 학점 따는 데는 도움이 되지 않은 여러 책을 읽으면서 내가 그동안 속았다는 것을 깨달았다. 한국은 중·고등학교에 철학 과목이 없고, 대신 국민윤리가 있는 나라다. 이런 것에 깜짝 놀랐고, 또 분노했다.

1974년 진로를 고민할 때 어머니가 밥상머리에서 "세상을 바르게 산다는 것이 결코 쉽지 않지만, 항상 근본이 중요하다고 말해 온 에미로서 네 오빠가 어떤 결정을 하든 나는 아무 말 않겠다"라고 여동생에게 에둘러 말씀하셨다고 했다.(《기억과 전망》 인터뷰 2003.5) 간혹 어머니를 언급하는데 어머니의 영향을 많이 받았나.

　　어머니 말씀 중에 격언처럼 가슴에 새긴 게 몇 개 있다. 생선 반찬이 밥상에 올라올 때마다 하던 말씀이 있다. "왜 작은 생선에 잔가시가 많은 줄 아냐?"라고 묻고는 "자기보다 큰 고기가 먹지 못하게 하기 위해서다. 그러면서 가시가 많으면 먹다가 목에 걸릴 테니까"라고 설명하셨다. 어릴 때 나는 그 말이 이상해서 "가시가 많다는 것을 알 때는 이미 먹힌 다음이잖아요?"라고 되물었다. 어머니는 "그렇지만, 다음에는 같은 종류의 다른 고기를 안 먹을 것 아니겠니. 자기는 죽지만 다른 동료는 구할 수 있는 것이지. 그것이 바로 희생이다"라고 하셨다. 생선 반찬이 나올 때마다, 그 이야기를 수십 번도 더 들었다.

　　1974년 11월 대학교 1학년 때 내 생애 처음으로 데모에 참여해 '동을 떴다(작전을 실행하다)'. 유신헌법에 반대하는 집회에서 결의문을 읽고 노래를 불렀다. 그때는 데모하고 감옥에 가면 징역 2,3년형을 받는 것이 아니라 15년이나 종신형을 받았다. 그러나 고문을 당하거나 감옥에 가는 것보다 더 망설였던 것은 20년 동안 가꿔 온 꿈을 포기해야 한다는 것이었다. 두 번의 전쟁을 치르면서 몰락한 하 씨 가문을 다시 일으켜 세워야 한다는 어릴 때부터의 구체적인 꿈을 포기하는 것이 더 힘들었다. 그래서 사흘 동안 이불 뒤집어쓰고, 학교도 가지 않고, 방에서 나오지도 않았다. 결단을 내리지 못하는 내 자신이 부끄럽기도 했다. 삼 일째 되던 날, 아침을 먹는데 어머니가 밥을 푸다가 여동생에게 조용히 "네 오빠가 하는 고민의 내용을 에미는 잘 모른다. 너도 잘 모르겠지. 그렇지만 오빠가 하는 고민이 세상을 바르게 살기 위한 고민이라는 것 정도는 알아두자. 그런데 엄마가 지금까지 세상을 바르게 살라고 가르쳤잖아. 그렇게 가르친 엄마로서 오빠가 이번에 어떤 결정을 하든, 엄마는 아무 말하지 않기로 했다"고 얘기하셨다. 그 얘기를, 차마 내 얼굴을 보지 못하고 중학생인 동생을 보며 말씀하셨다. 며칠 뒤, 선배 몇 명과 등사기를 구해 밤새 유인물을 만들어 다음날 새벽 담을 넘어 학교에 들어가 아침에 '동을 뜨고' 저녁에 잡혔다.

평범한 가정주부였던 어머니가 어떻게 그런 진보적인 생각들을 할 수 있었는지 신기하다.

어머니에 대한 궁금증은 10여 년 뒤에야 그 비밀을 풀 수 있었다. 87년 노동자 대투쟁이 일어난 해였다. 87년 노동자 대투쟁은 세계사에 없었던 일이었다. 그 무렵 한국의 진보적 학자들이 외국 학회에 나가면 외국 학자들이 모두 한국 대표들을 둘러싸고 어떻게 그런 일이 가능했느냐고 물었다고 한다. 40년 세월 동안 만들었던 노동조합보다 단 6개월 동안 더 많은 노동조합을 만들었으니 말이다. 그 이전까지는 우리나라에 노동조합이 2,500개 정도밖에 없었다. 87년, 88년 노동자 대투쟁 이후 8,000개 가까이 늘었다. 지금은 1년 동안 전국에서 발생하는 노동쟁의가 100건 내외지만, 87년 한 해 동안 발생한 노동쟁의 수는 3,500건이 넘었다. 전국에서 3,500개의 전투가 발생한 것이나 마찬가지니, 한국 전쟁보다 나라가 더 시끄러웠다는 뜻이다.

　　어느 날, 어머니가 파업 관련 뉴스를 보시다가 지나가는 말처럼 "지금껏 아무한테도 말을 못하고 살았는데, 사실은 내가 전평 조합원이었다"라고 말씀하셨다. 그걸 40년 만에 털어 놓으신 것이다. 전평(조선노동조합전국평의회)은 해방 이후에 생긴 최초의 명실상부한 전국적 노동조합 조직이다. 당시 전평에서 활동했던 사람들은 아침에 한강에 시체로 떠오르고 간밤에 죽창에 찔려 죽기도 했다. 어머니도 전쟁 끝나고 다시 직장에 돌아와서 보니까 노동조합 대의원 중에 살아남은 사람이 한명도 없었다고 했다. "그래도 참 열심히 했다. 똑똑하고, 말 잘하고, 글 잘 쓰고, 잘 생긴 사람들이었다"고 회상했다. 어머니는 내가 이런 얘기 하는 것을 매우 부담스러워하신다. 당신은 절대로 무슨 사상이나 의식이 있었던 것은 아니라고, 그냥 좋은 선배들 따라다녔던 것뿐이라고 한다. 그렇지만 내가 볼 때 어머니가 해방 공간에서 2, 3년 남짓했던 활동이 나머지 평생에 영향을 미친 것이다. 어머니는 구순(90세)이 다 되셨지만, 요즘도 나보다 책을 많이 읽으신다. 글씨도 내가 흉내 낼 수 없을 정도로 명필이다. 학교 다닐 때 어머니가 써 주신 결석계를 학교에 갖다 내면, 선생님들이 서로 돌려보며 혀를 내둘렀을 정도다.

어머님 외에 또 영향을 받은 분이 있다면?

　　고등학교 은사 중에 고병철 선생님이라고, 고등학교 선배이자 국어 교사인 분이 계셨다. 당시 문예반 활동을 했는데, 선배들이 글 좀 쓴다 싶은 신입생 몇 명을 뽑아 매일 저녁 글 쓰고 비평하고 시화전도 열고 교지도 편집하는 등 무척 바쁘게 빡빡하게 활동했다. 그 선생님이 문예반 지도 교사였는데 글도 쓰고 그림도 그리셨다. 그 분의 영향을 많이 받았다.

이따금 우리들이 서무과에 가서 선생님 월급을 대신 받아왔다. 월부 책값, 그림 재료값을 빼면 남는 월급이 정말 얼마 되지 않았다. 우리가 '이걸로 한 달 동안 어떻게 사시나' 걱정할 정도였다. 총각이던 선생님이 문예반원들을 데리고, 학교 앞 중국집에 가서 짜장면과 탕수육에 빼갈(고량주) 한 모금씩 먹이면 월급이 다 없어졌다. 한 번은 일요일 아침에 전화로 "월미도 부둣가로 나와라"라고 해서 나가 보니까 배를 한 척 빌려 놓고, 기다리고 있었다. 그날은 배 타고 섬에 가서 해 질 녘까지 조개 잡고 게 잡으면서 놀았다. "오늘 저녁은 우리 집에 가서 먹자. 지난번에 담근 포도주를 오늘 개봉하는 날이거든"이라고 하시며 우리를 자취방으로 데리고 가곤 했다. 그분이 우리에게 심어준 생각은 '제도권 교육에서 가르치는 대로만 배워서는 올바른 인간이 될 수 없다'는 것이었다. 스스로 고민하고 찾아야 한다는 것이다.

우리가 일을 제대로 못한 적도 있었다. 정해진 날까지 교지를 만들어야 하는데, 우리가 하도 게으름을 피우니 선생님이 몇 번 잔소리를 했다. 그러나 한참 사춘기 부심腐心(근심)에 쩌는 우리들은 아무도 귀담아듣지 않았다. 선생님이 야단을 칠 때 노래를 흥얼거린 놈도 있었다. 그게 아마 나였을 것이다. 어느 날 선생님이 "너희 같은 놈들을 데리고 뭘 해보겠다는 내가 잘못이다"라면서 갑자기 당신 바지를 걷더니 30센티미터 자로 자신의 종아리를 내리치기 시작했다. 종아리가 빨갛게 부어오르고 피가 맺히도록 수십 대나 때리고 나가면서 혼잣말처럼 말씀하셨다. "너희들은 예술혼이 없는 놈들이다." 우리는 큰 충격에 한동안 아무 말도 못했다.

당시 그 고등학교는 1년에 100명 가까이를 서울대에 보내는 소위 일류 학교였다. 학생들은 최소한 나중에 자기가 교사보다는 잘 될 거라는 자부심이 가득했다. 선생님을 존경하긴 했지만, 자신은 변호사나 의사나 교수가 될 테니까 '그래 봤자. 교사 아니냐'라고 우습게 생각하는 경향이 있었다. 우리끼리 "저 선생님의 한계는 우리가 벗어나자"라는 대화를 주고받기도 했다. 그 뒤 철들고 나서야 그 분이 우리에게 보여 준 모습이 보통 사람은 감히 따라 하기 어려운 훌륭한 삶이었다는 것을 깨달았다.

대학을 졸업한 1982년 인천 도시산업선교회가 운영하는 '일꾼자료연구실'에서 시작해 30년째 노동 교육 및 상담을 해왔다. 최근에는 공중파에서 강연도 했다(CBS 〈세상을 바꾸는 시간, 15분〉 27회 '노동, 우리가 알아야 할 것들') 오랜 기간 '노동'이라는 한 분야에 천착할 수 있었던 동력은 무엇인가.

어떤 사람이 나에게 "사람이 다양한 경험을 하며 살아야 하는데 너무 외골수로 한 면만 보고 살아서 문제"라고 지적한 적이 있다. 물론 친한 사이에 농담처럼 한 얘기다. 그래서 "내가 있는 분야는 이 일을 오래하는 사람이 너무 적은 것이 오히려 문제"라고 했다. 노동운동을 열심히 하다가 지금 다른 분야로 진출한 사람들이 많다. 나는 그들이 나쁘다고 보지는 않는다. 내가 이 일을 계속하고 있는 이유는 남달리 특별하게 노동운동에 대한 신념이 강하거나 그 사람들보다 대단해서가 아니라, 나에게 다른 분야의 일들을 감당해 낼 능력이 없었기 때문이다. 대표적으로 노회찬 씨를 보자. 그 사람은 나보다 훨씬 더 노동운동을 열심히 했던 사람이다. 정치인이 됐다고 해서 변절했다고 보는 것은 옳은 시각이 아니다. 원래 노동운동은 역량이 축적되면 정치 세력화하는 것이 정상이다. 여러 나라에서 노동자 정당이 만들어지고 결국 그들이 사회를 바꿔 나간다. 그렇지만 나는 그런 일을 감당할 능력이 없었다. 단지 내가 할 수 있는 일을 오래 한 것뿐이다.

보통 사람들이 가기 어려운 길을 오랫 동안 걸어왔다. 외롭지는 않았나.

생각보다 힘든 적이 별로 없었다. 그 이유는 내가 강해서가 아니라 비교적 내가 감당할 수 있는 분야를 선택했기 때문이다. 오히려 조직 노동운동이 상처도 많이 받고 외로울 때가 많다. 조직 사업은 어제의 동지가 오늘의 적이 되기도 하고, 내부의 적과 철저히 싸워 이겨야 하는 일이다. 그것이 성실한 활동가가 가져야 할 자세다. 그래야 그 조직이 목표를 달성할 수 있다. 나도 나름대로 10년 넘게 조직 노동운동을 하면서 후배를 조직에서 제명하기도 하고, 조직으로부터 '하종강은 이 조직의 교육 사업 일체에서 손을 떼라'는 결정을 받기도 했다. 모두 비합법 조직의 엄중한 분위기 속에서 치른 일들이었다. '프

락치fraktsiya(밀고자)'라는 의도적 모함도 받았다. 그러나 그런 일을 감당할 수 없어 조직 사업을 포기했다. 시골의 작은 농공 단지에 있는, 조합원이 몇 명 안 되는 노동조합도 조직 내 갈등이 있다. 물론 조직에 소속된 사람이 갖는 혜택도 있다. 잘못을 해도 다른 조직의 공격으로부터 보호해준다는 것이다. 그것은 장점이기도 하고 단점이기도 하다. 현장에서는 '인간쓰레기'라고 지탄받는 무능한 활동가를 조직이 보호해줄 때가 있다. 정파의 폐단이 바로 그런 점이다.

내가 교육과 상담 분야에서 일하기로 진로를 결정했을 때, 너무 쉬운 선택을 했다고 비난하는 후배들도 있었다. 나는 "운동권 내에서조차 출세하지 않겠다는 뜻이다"라고 그 사람들을 설득했다. 아무리 작은 시민단체든, 노동운동단체든 조직 활동하는 사람들을 나는 진심으로 존경한다. 내가 일찍이 포기한 일을 감당하고 있는 사람들이기 때문이다.

2001~2004년 《한겨레21》에 연재했던 사람들 이야기를 엮어 《길에서 만난 사람들》(후마니타스 펴냄)이라는 책을 냈다. 인터뷰 대상 선정 기준이 "가족이 아닌 다른 사람의 행복을 위해 자신의 손해를 감수해 본 경험이 있는 사람, 우리 사회의 모순된 억압 구조를 더욱 공고히 하는 데 기여하지 않는 사람, 운동권 내에서조차 중심에 우뚝 서 있지 않은 사람"이고 "본능적 정의감이 핏속에 흐르는 사람들"이라고 했다. 많은 사람을 만나는 과정에서 인상적이었던 순간, 혹은 배웠던 것은 무엇이었나.

신문에 이름 석 자 나온 적 없지만, 정말 소중한 사람들을 많이 만났다. 프랑스 혁명에서도 역사에 기록된 훌륭한 전사들이 있지만, 사실은 골목에서 두려워하며 쫓겨 다닌 사람들도 많았고, 그 사람들이 역사를 바꿨다고 생각한다. 뮤지컬 영화 〈레미제라블〉에서도 혁명이 실패하고 시민군의 시체가 나란히 누워 있는 장면이 잠깐 나오는데, 그 모습이 광주 민주항쟁 때 사진과 거의 똑같아서 숨이 멎을 정도로 놀랐다. 어느 시대에나 그런 사람들이 있었기 때문에 우리가 지금 인간의 모습으로 살아갈 수 있는 것이라고 생각했다. 내가 인터뷰한 사람들은 유명한 사람들은 아니었다. 다만, 단병호 전 국회의원(민주노총 3,4대 위원장)을 인터뷰하지 못한 이유는 그 때문이다. 사춘기적 일기에 "유명해진 사람들은, 같은 일을 하고도 유명해지지 않은 다른 사람들보다 무엇인가 부족했기 때문이다"라고 적은 적이 있다. 일종의 결벽증일지도 모르겠다. 내가 인터뷰한 유명인은 이소선 어머니가 유일했다. 전태일 열사를 조금이라도 더 알리기 위해 추모일(11월 3일)에 맞춰 한 인터뷰였다.

소설책 몇 권이나 영화 몇 편 못지않은 드라마와 같은 순간이 노동자들의 삶 속에 있다. 단지 널리 알려지지 않았을 뿐이다. 예를 들어, 산업재해를 당해서 한쪽에 손가락이 거의 없는 노동자를 알고 있는데 과일행상을 하면서 살았다. 한번은 그 사람이 노동자들 농성현장을 지나다 천막이 다 철거당해 사람들이 길바닥에 나앉아 있는 모습을 봤다고 한다. 그가 이렇게 말했다. "그래서요. 제 차를 그냥 거기에 박아버렸어요. 도저히 그냥 올 수가 없더라고요." 그는 그 날부터 몇 달 동안을 농성장이 된 트럭에서 살았다. 그냥 돌아올 수도 있었지만 좀 더 고생스러운 선택을 한 것이다. 학생운동도 했고 노동운동도 하면서 싸워온 사람에게 "그렇게 앞장서서 싸우는 이유가 무엇이냐?"고 물어본 적이 있다. "잘 모르겠어요. 싸움이 벌어지면 내가 그냥 앞에 서 있더라고요." 그런 순간이 감동적이다. 또 다른 노동자에게는 노동조합 간부를 왜 맡았냐고 물으니 "어릴 때부터 남에게 뭔가 도움이 되는 사람이 되고 싶었거든요"라고 했다. 그렇게 말하는 사람의 얼굴을 보면 빛이 나는 것처럼 느껴진다. 파업에 참여했다가 102억 원을 가압류 당한 노동자가 있다. 법률적으로 그 사람이 평생 버는 돈 중에 102억 원은 회사 몫이라는 얘기이다. 회사는 그 노동자에게 사표를 쓰면 가압류를 해지해주겠다고 했다. 가족을 생각해서라도 사표를 써야 마땅할 것 같은데, 마다하고 계속 싸운다. 평생 벌어서 그 돈을 다 갚는 한이 있어도 노동운동을 계속하겠다는 것이다. 그 노동자에게 "어떻게 그럴 수 있느냐"라고 물으니, "힘들 때일수록 원칙으로 돌아가야죠"라고 했다.

시대가 바뀔수록 사람 간에, 특히 젊은이들 사이에서는 앞서 말씀했던 면을 발견하기 쉽지 않다. 왜 그렇다고 생각하나?

한국 근현대사와 떼려야 뗄 수 없는 거라 생각한다. 도올 김용옥 선생 같은 사람은 일제 식민지 시대를 거치면서 한국의 공공의식이 말살 당했다고 주장한다. 상당 부분 동의한다. 식민지 하에서는 집 밖을 나가면 경찰서든, 관공서든, 기업이든, 학교든 동족을 배신한 사람들이 출세해 활개치는 세상이었으니 집안 문을 더욱 꽁꽁 닫고 들어앉아 가족의 행복만 추구했다. 가족 이기주의를 중시하는 가치관이 사회 전반에 형성된 것이다.

다른 나라들은 식민지에서 해방되면서 침략국에 부역한 사람들이 감옥에 가거나 처형을 당해 잘못을 바로잡는 과정을 거쳤다. 프랑스는 2차 대전이 끝난 뒤 나치에게 협력한 7,500여 명에게 사형 선고를 했고, 실제로 700명 이상을 집행해서 죽였다. 프랑스만 그렇게 한 것이 아니라 폴란드, 독일, 중국, 일본도 그랬다. 그 때 처형당한 일본 군국주의자들이 있는 곳이 바로 야스쿠니 신사 아닌가. 얼마 전 독일에서 나치 전범을 체포했는데, 그 사람 나이가 93살이었다. 몇십 년 추적 끝에 잡았다. 우리는 못한 일이다. 그 결과 한국 사회에는 친일파 세력의 후예들이 지금도, 여전히 권력의 핵심에 살아 있다. 동족을 배신했던 부도덕한 사람들이 처벌받는 모습을 보면서 사회의 가치관이 새롭게 바뀌는 것인데, 한국은 해방되고 전쟁이 끝나고 정권 교체가 몇 번이나 있었어도 도덕적 정당성을 상실한 세력이 계속 권력의 핵심을 차지하고 있다. 이것이 1948년을 건

국으로 기념하자고 주장하는 이유이기도 하다. 1945년에 나라가 세워졌다고 하면, 그 당시 자신들은 일본군 장교이거나 순사였으니 얼굴을 들 수가 없음을 스스로 잘 알고 있는 것이다. 1948년에 나라가 세워졌다고 해야 자신들이 빨갱이와 싸워 나라를 구한 영웅이 될 수 있는 것이다.

이러한 사회에서는 올바른 교육이 이뤄지기 어렵다. 정의에 대해 가르칠수록 지배 세력은 죄인이 될 수밖에 없으니, 자신들에게 마치 사형선고와 같은 사회 정의에 대해 제대로 가르칠 수가 없다. 정의를 추구하면서 자신의 손해를 감수하는 것이 마치 무가치한 일인 양 여겨지고 있다. 다른 나라들에서 보기 힘든 극우보수적 정치 성향이 한국 사회에 형성된 것은 이처럼 특별한 우리 근현대사와 무관할 수 없다. 사회가 너무 오른쪽에 치우쳐 있으니 가운데로 옮겨 놓으려고 하는 중립적·정상적인 주장들이 좌편향으로 보이는 것이다.

우리 중 다수는 노동자이고 노동자의 자식이며 우리의 아들, 딸 역시 노동자로 살아가게 될 것이다. 대기업 사원, 공무원, 기술자, 지식인, 예술가도 모두 노동자이다. 그럼에도 우리는 '노동'이라는 개념에 익숙하지 못하고 '나의 문제'와 동떨어지게 생각하는 경향이 있다. 이 땅에서 '노동'이 갖는 의미를 들려 달라.

20년 전 전교조가 만들어지는 과정에서 2,000명 이상의 교사가 해직당했다. 노동조합을 설립한다고 교사 2,000명을 해직한 나라는 우리밖에 없다. 그럼에도 권력은 전교조 설립을 막지 못했다. 우리에게는 그것이 중요하다. 10여 년의 세월이 지난 뒤 공무원노조를 설립하는 과정에서 공무원 3,000명이 징계를 당했고, 그 중 550명이 파면해임 당했다. 다른 나라들에서는 볼 수 없는 현상이다. 역시 중요한 사실은 그럼에도 막강 권력은 공무원노조 설립을 막지 못했다는 것이다. 지금 판단해보자. 노동자를 해고한 권력과 해고당한 노동자 중 누구의 주장이 옳았는가. 불과 20여 년밖에 지나지 않았지만, 판단하기는 너무 쉽지 않은가.

알다시피 한국 사회에서는 올바른 '계급의식'을 갖기가 힘들다. 내가 말하는 계급의식이란 사회주의에서 얘기하는 강한 수준이 아니라, 자본주의 내에서 스스로 노동자라는 자기 위치를 인식하는 정도의 의식이다. 한국 사회는 시장경제에 입각한 이런 노동자 의식조차 제대로 자리 잡지 못하고 있다. 다른 나라에는 경찰노동조합·소방관노동조합·교장노동조합·판사노동조합 등이 있다. 유럽의 한 차관이 한국을 방문했을 때 자신도 공무원노동조합에 가입했다는 말을 했다. 자신을 '노동자'라고 생각한다는 뜻이다. 그러나 한국은 제도권 교육에서 이런 내용을 전혀 가르치지 않는다. 오히려 반反 노동자 의식을 갖도록 가르친다. 올바른 노동자 의식이 우리 사회에 형성되는 일 또한 지금까지 한국 사회를 지배했던 기득권 세력에게 사형선고와 마찬가지였을 테니 가르칠 수 없었던 것이다.

작년 말, 경찰이 철도노조 간부를 체포한다며 민주노총이 있는 건물을 침탈했을 때 소방관이 도끼로 현관을 부수는 장면을 보고 할 말을 잃었다. 외국에서는 소방관노조가 그런 지시를 거부한다. 스페인의 카탈루냐 소방관노조는 권력의 비슷한 요청에 "사람들을 위험에서 구하는 것이 소방관의 임무다. 사람들을 위험에 빠뜨리는 일은 소방관의 임무와 모순된 다"며 거부했다. 스스로를 소방관이라고 밝히며 "그런 요청을 받았을 때 한 번쯤이라도 못하겠다고 거부했어야 한다. 우리에 게도 소방관노조가 있었다면, 그렇게 '대국민 문 따기 시범'을 보이지는 않았을 것이다"라는 글을 인터넷에서 봤다. 이들은 언젠가 소방관노조를 만들 것이라고 본다. 파면해임당할 수도 있지만, 이 같은 사회 변화를 막을 수는 없다.

　　유럽 국가 중에는 군인노조가 있는 곳도 있다. 세계대전 을 두 차례 겪으며 동서로 분단됐던 독일 같은 나라에도 군인 노조가 있다. 우리 사회는 이런 현상을 이해할 능력이 없다. 남 북이 대치하는 상황에서 군인이 노동조합을 만들면 "국방은 누가 지키느냐"는 천박한 고민을 하는 게 우리 현실이다. 실제 로 군인노조가 생기면 군대가 청렴해진다. 다른 나라에서는 초 등학생도 이해하는 것을 우리는 대학생에게조차 한참 설명해 야 한다.

대입·취업·결혼·출산·육아·정년·노후 등 지금 우리 사회 개개인은 인 생의 매 단계 단계마다 혼자 힘으로 감당하기 어려운 갖가지 부담과 씨름하고 있다. 감정적으로는 불안감과 불만족이 팽배하고, 물질적 으로는 학비·주거비·양육비·의료비 등 생활이 피폐해지기 쉬운 환경 에 처해있다. 사회문제를 개인이 아니라, 사회 전체 구조 속에서 봐 야 한다는 것은 어떤 중요성을 갖는가.

　　중고등학교 한 반에 학생이 30명이라고 하면, 그중에서 대기업이나 공기업 정규직이 되는 학생은 평균 1명이다. 나머지

29명에게는 이룰 수 없는 꿈이다. 현실은 이런데, 수많은 자기계발서나 명사들은 열심히 노력해서 그 1명이 되라고만 가르친다. 29명이 행복한 사회를 만들기 위해 구조를 바꾸는 것에 대해서는 가르치지 않는다. 구조를 바꾸는 일은 사회를 지배하는 불의한 권력과 맞서는 것인데, 권력이나 재력을 가진 사람에게 미움을 살만한 이야기를 별로 하지 않는 것이다.

청년실업 문제는 정부의 정책이나 기업의 경영방식이 바뀌지 않으면 해결하기 어렵다. 이명박 전 대통령은 청년실업 얘기가 나올 때마다 계속 청년들의 눈높이만을 얘기했다. 눈높이가 너무 높아서 수도권 대기업에만 몰리기 때문에 중소기업에는 인력난이 생기고, 이는 청년실업으로 이어진다는 것이다. 눈높이를 낮춰 지방에 있는 중소기업에 취업하면, 청년실업 문제가 해소된다는 주장이다.

그러나 이런 말은 지방에 청년이 취업하고 싶은 일자리를 먼저 만들어 놓고 해야 한다. 하루에 열 몇 시간씩 일하고 80만 원밖에 받지 못하는 일을 하고 싶어 하는 사람은 어디에도 없다. 구조가 바뀌지 않는 한 해결되지 않는 일인데, 우리 사회는 개인이 스펙을 높여 성공하는 것만 가르친다. 나는 29명도 행복할 수 있는 사회를 만들기 위해 노력하는 것이 더 가치 있는 일이라고 생각한다.

노동자들이 행복하게 산다는 것은, 곧 사회 구조를 바꾸는 일이다. 다소 이기적으로 보일지라도 노동자들의 이익이 증가하는 것이 사회 전체가 발전하는 방향이다. 이것이 내가 말하는 소박한 계급의식이다. 노동자 계급이 사회 전체를 전복하거나 지배하는 차원의 계급의식이 아니다. 이렇게 소박한 계급

의식조차 형성되기 어려운 한국 사회의 현실이 안타깝다.

쌍용차 정리해고 사태와 철도 민영화 논란 등 노동조합이 탄탄한 환경에서조차 회사의 결정으로 많은 노동자가 정신적, 물질적 피해를 입었다. 두 사건의 본질이 궁금하다.

쌍용차 사태는 '24명이 죽었다'는 사실 자체가 사람들의 관심을 불러일으켰다. 24명이나 죽었다는 분명한 사실의 엄중함 때문에 연대하는 시민이 많았다. 하지만 한 명도 죽지 않고 해결할 수 있는 방법이 없었던 것이 아니다. 진보적 정치인이라고 할 수 없는 문국현 씨(전 창조한국당 대표)조차 쌍용차 전체 노동자의 노동시간을 고르게 단축하고, 노사가 머리를 맞대고 논의하면 정리해고 없이 해결할 수 있다고 해법을 제시했다. 실제로 '유한킴벌리'는 불황을 그렇게 극복했다. 충분히 가능한 방식이었다. 기업 경영자 출신인데도, 그가 제시한 방식은 노동조합이 제시한 방식과 거의 같았다. 당시 쌍용차 노조는 노동시간 단축·순환 휴직 등 전체 직원이 고통을 분담하는 방식을 제시했고, 이런 주장이 함축된 것이 바로 '함께 살자'는 구호였다. 충분히 합리적인 방식이었지만, 이뤄지지 않았다. 경제외적 요인이 중요한 변수였다는 것이 내 생각이다.

당시 쌍용차 경영진이 공식 인터뷰가 아닌 기자들과 사석에서 나눈 대화들 중에 "강성노조가 있는 기업에 누가 투자하고 싶어 하겠느냐"는 내용이 언론에 스치듯 나온 적이 있었다. 나는 그 말이 쌍용차 사태를 정부와 기업에서 그렇게 몰아간 이유를 웅변한다고 생각한다. 정리해고를 통해 민주노총 금속노조로 대변되는 '강성 노조'를 무력화시키고 싶었던 정치적 의도가 있었던 것이다. 그러한 목표가 회사, 정부, 경찰, 정보기관, 지역 토호세력 등으로 이루어진 네트워크 속에서 공유됐을 것으로 본다. 노동자를 정리해고하고 그것에 반대하는 노동조합 투쟁 과정에서 핵심 간부를 구속하고, 강성 조합원을 정리해고 대상에 포함시켜 강제 해고하고, 남아있는 노동자를 구슬려 민주노총에서 탈퇴시키는 시나리오가 한진중공업이나 쌍용자동차에서 거의 똑같이 진행됐다. 그런 목적이 아니라면, 노동조합이 제시한 합리적인 해결 방안을 사측에서 마다할 이유가 없었다.

결국 쌍용자동차뿐만 아니라 재능교육, KEC, 유성기업, 콜트콜텍, 3M 등 현재 진행되고 있는 장기투쟁 사업장의 공통점은 노동운동에 대한 비정상적 혐오감이다. 한국 정부와 기업

등 기득권 세력이 노동운동을 약화시키는 것을 마치 사회 전체의 이익에 부합하는 것처럼 호도하고 있다. 노동조합의 힘이 강해지는 것을 사회 발전의 저해 요소로 간주하면서 아무 죄책감 없이 노동조합을 무력화시키려고 한다. 문제는 자신의 생각이 흔히 말하는 '글로벌 스탠더드'에 비추어 볼 때 얼마나 어리석고 잘못된 인식인지 모른다는 것이다. 그런 생각이 마치 애사심의 발로인 것처럼 착각하는 사람들이 많다. 자신들이 회사 경영에 저해요소가 되는 사람들을 진압했기 때문에 정의롭다고 생각한다. 다른 나라에서는 노동운동을 탄압한 사람들이 최소한 죄책감이나 굴욕감을 느낀다. '아, 내가 먹고 살기 위해서 참치사하지만 회사의 지시를 받아 노동조합을 탄압하는 짓까지 해야 하는구나'라고 창피해한다. 하지만 한국 사회에서 그런 사람들은 부끄러움이 없다.

들을수록 답답하다. '선진 5개국 학교노동교육 실태' 보고서를 보면 여타 국가들에서는 초등학교에서부터 모의단체 교섭에 참여하는 등 제도권 내 노동교육을 철저히 시행한다.

다른 나라는 대부분 제도권 교육 과정(학교)에서 노동교육을 시행한다. 우리는 학교에서 노동문제를 올바로 이해할 수 있는 노동교육을 전혀 하지 않을 뿐 아니라, 오히려 기업 중심의 반反노동자 의식을 가르치고 있다. 다른 나라의 중고등학교 교과서를 보면, 한국의 대학원 과정에서 공부하는 내용 못지않게 노동 문제를 높은 수준으로 공부한다. 현재 경기도교육청의 경우, '민주시민'이라는 과목을 만들어 교과서도 출판했다. '민주시민'에는 노동교육에 관한 내용도 포함돼 있다. 앞으로 '민주시민'과 같은 과목을 편성하고 가르치는 학교가 점차 많아질 것이다. 언젠가는 정부의 교육과정 자체가 바뀌면서 전국의 모든 학교에서 노동교육을 하게 될 것이다. 다른 나라들이 100년 전쯤 한 일을 우리는 이제 시작했다. 어쨌든 사회가 이렇게 계속 변화하는 방향에 있다는 것이 중요하다. 그것을 우리는 '진보한다'고 표현한다.

사회지도층이나 일반 시민들이 지금과 같이 저조한 노동 의식에 갇혀 있거나 노동자들과의 협력을 부정적, 비효율적으로 바라보는 일을 막는데 노동교육의 역할이 있지 않을까?

노동교육의 부재로 나타나는 현상을 활동하는 곳곳에서 만나게 된다. "이렇게 농성하고 단식하고 삭발하는 자학적인 투쟁 말고, 시민들이 웃으면서 연대할 수 있는 부드러운 투쟁 방식으로 바꿀 때가 되지 않았느냐"고 충고하는 사람들도 있다. 노동자의 경직된 사고 때문에 구태의연한 투쟁 방식에 연연한다고 보는 것이다. 그렇게 말하면서 자신은 다른 사람들보다 앞서 간다고 생각한다. 그러나 내가 볼 때 그것은 함부로 할 수 있는 충고가 아니다. 그 노동자들이 다양한, 다른 방식의 투쟁을 해보지 않은 것이 아니기 때문이다. 스스로 "죽는 것 외에 다 해봤다"고 말하는 사람들이다. 길거리에서 7년 동안을 싸운 재능교육 유명자 지부장은 농성천막을 나가며 "그래도 내가 젊은이들과 연대하기 위해 웃으면서 나간다"고 말했다. 그 말 들은 뒤 플래시몹 동영상을 보니까 유명자 지부장이 열심히 동작을 따라

하는 모습이 보이는데, 목이 메고 눈물이 나왔다. 연대하는 시민들 앞에서 웃어야 한다는 강박관념 때문에 '가면 우울증'에 걸릴 지경이라고 말하는 노동자들도 있다는 사실을 알까?

콜트콜텍 노동자들은 전 세계 기타의 30%를 만들고 있다. 그런데 기타공장에는 창문이 없다. 처음 그 말을 들었을 때 기타 제조 공정상 밀폐된 환경이 필요하기 때문이라 생각했다. 나중에 들으니, 노동자가 일하다가 자꾸 창밖을 보면 딴생각을 한다고 사장이 창문을 만들지 못하게 했고, 있던 창문도 다 막아버렸다고 한다. 그렇게 열악한 상황 속에서 최저임금에 가까운 임금을 받으며 일하던 노동자들이 노동조합을 설립하자, 사장은 얼마 뒤 공장을 폐업했다. 그때 실직한 노동자들이 올해로 7년째 복직 투쟁을 하고 있다. 3년쯤 전부터는 기타를 배워 요즘은 '콜텍콜텍 밴드(콜밴)'라는 이름으로 연주 활동도 한다. 작년 연말에는 홍대 앞에서 연극 공연도 했다. 딱 9일만 공연한다고 해서 〈구일만햄릿〉이라는 제목의 연극이었는데 전회 매진되는 바람에 연장 공연을 했다. 한 진보적인 철학 교수는 "해고된 노동자들이 잘 극복하고 '풍요로운' 삶을 살고 있는 것 같다. 가진 게 없어도 풍요롭게 살 수 있음을 보여주고 있다"는 내용의 칼럼을 썼다. 물론 애정이 담긴 글이었다. 그러나 당사자인 노동자들은 그 말을 전해 듣고 선뜻 동의하지 않았다. "누가? 우리가?" "행복하냐고 한번 물어보고 쓰든지." "그럼, 우리랑 한번 바꿔 살아보든지."라고 했다. 그러면서도 "그 교수님은 그래도 우리한테 좋은 뜻으로 말해 준 고마운 사람"이라고 했다. 지금도 그 노동자들은 이미 팔려버린 공장부지 건너편 길가 농성천막에서 자고 있다. 설 연휴도 그렇게 보냈다. 물질적으로든, 정신적으로든 결코 '풍요롭다'고 표현하기 어려운 상황이다. 자칫 책상에 앉아 진보적 생각을 하는 지식인이 가질 수 있는 문제점은 아닌가 생각해봤다. 이런 일을 볼 때마다 나는 그렇게 되지 말아야겠다고 다짐한다. 만약 제도권 교육에서 노동문제를 바로 이해할 수 있는 교육이 제대로 갖춰졌더라면 양심적인 지식인들이 그런 얘기를 쉽게 하지 못했을 것이라는 생각이 든다.

얼마 전, 자신을 '치유 활동가'라고 소개하는 사람을 본 적이 있다. 노동운동하다가 마음에 상처 입은 노동자들을 치유하는 활동을 한다는 것이다. 기관이나 단체에 '치유 활동가'라는 직책이 당연히 있을 수 있고 다른 사람들이 그 사람을 '치유 활동가'라고 부를 수도 있다. 그러나 남들 앞에서 자신을 스스로 '치유 활동가'라고 소개하는 것은 좀 더 신중해야 할 것 같다는 생각이 들었다. 그래서 "나는 노동자들을 40년 가까운 세월 동안 만나 왔지만, 노동자를 치유할 수 있다는 생각을 감히 못 하는데 훨씬 젊은 사람이 남들 앞에서 자신을 그렇게 소개할 수 있다는 게 놀라웠다"라고 몇 마디 했다가, 사람들에게 "노동운동 40년 경력 앞세워 꼰대 노릇을 한다"는 질책만 듣고 입을 닫았다. 흔한 말로 본전도 못 건졌다. 그 문제로 논쟁을 벌이는 것은 바람직하지 않은 상황이어서 더 이상 말을 하지 않았지만, 문제의식은 계속 남았다. 고통당하는 노동자들에게 동정심으로 접근한 시민들 중에도 가끔 그런 면을 보이는 사람도 있다.

언제부턴가 노동운동이 진보 영역 내에서 가장 진부한 분야처럼 인식돼 버렸다. 하지만 노동운동이 한 번도 제대로 자리매김해 본 적이 없는 이 척박한 사회에서 노동운동은 여전

히 진보 영역의 가장 중요한 위치를 차지하고 있다고 생각한다. 한국의 노동운동은 영양실조 상태에 있기 때문에 운동 과잉의 부작용을 걱정하거나, 다이어트를 고민할 단계는 아니다. 줄 타는 광대가 줄 위에 올라가서 펼치는 부채는 항상 광대 몸이 기울어져 있는 반대편으로만 펼쳐져야 한다. 그런데 우리 사회의 양심적인 지식인 중에서는 부채를 가운데로 펴면서 자기가 공정하다고 착각하는 사람들이 있다. 판사들이 노동자들에게 파업으로 인한 손해배상 판결을 하면서 자신은 자본과 노동 사이에서 공정했다고 착각을 하는데, 틀린 생각이다. 그런 철저한 공정함이 오히려 치우침이라는 생각을 못하고 있다.

1980년대 말에서 1990년대 초, 많은 사람들이 이념에 대해 회의하고 새로운 길을 모색하며 민주화운동을 접을 때 많이 흔들렸다고 고백한 적이 있다. 그러면서 내린 결론은 '고전적 휴머니즘'까지 포기할 수는 없다는 것이었다. '고전적 휴머니즘'을 한마디로 정의한다면?

내 삶의 중요한 테마 중 하나가 고전적 휴머니즘이다. 한국의 운동권은 90년대 초반 소비에트가 해체되고 현실 사회주의 국가가 동구에서 연달아 무너졌을 때, 가장 많이 축소됐다. 소비에트는 '인류 역사상 가장 과학적인 이데올로기로 70년 동안 무장했다'고 자랑했던 나라였는데, 급속하게 해체됐다. 이러한 상황을 사회주의에 대한 자본주의의 위대한 승리로 인식하는 사람들이 많았다. 40살 넘은 운동권 친구들이 졸업장을 받아야겠다고 대학에 복학하고, 영어회화 공부를 시작하고, 사법고시·공인회계사 시험 준비를 했다. 그리고 많이 붙었다. 사법고시를 준비 중인 법대 학생들이 "운동권 선배들 합격률이 높아서 우리가 힘들다"라고 푸념했을 정도였다. 그 무렵 가치관, 세계관이 전혀 흔들리지 않았다면 거짓말이다. 그럼에도 내가 이 분야에 계속 남아 있을 수 있었던 이유는 내가 하는 일 속에 고전적 휴머니즘의 충족감을 주는 내용들이 있었기 때문이다. 다치거나 병든 노동자가 산업재해로 인정받도록 하는 일, 해고된 노동자가 다시 복직하도록 하는 일 등이 내가 했던 상담과 교육의 주된 내용이었다. '내가 이 노동자를 붙들고 두어 시간 상담을 하면, 내가 이 자료 뭉치를 붙들고 밤을 새워 서류를 만들면, 저 노동자와 가족들이 따뜻한 밥을 먹을 수 있다'는 생각을 할 수 있었고, 실제로 그런 일들이 꽤 많았다. 이런 일들이 나를 오히려 구원했다고 볼 수 있다. 그것이 어려운 시절을 견딜 수 있었던 원동력이었다.

동시대를 살아가는 청년들에게 하고 싶은 말이 있다면?

자기 자신의 행복만 추구하는 삶은 천박하다는 생각만이라도 최소한 가졌으면 좋겠다. 자기 가족을 사랑하는 것은 짐승도 한다. 인간이 짐승과 구별되는 중요한 차이 중에 하나는 가족이 아닌, 피 한 방울 섞이지 않은 다른 사람들을 위해서도 무언가 수고하고 희생할 수 있는 점이라는 생각을 애완동물을 키우면서 하게 됐다. 햄스터도 자기가 낳은 새끼들은 끔찍이 사랑한다. "피 한 방울 섞이지 않은 다른 사람들을 위해서도 무언가 수고하고 희생하는" 대표적 활동이 자본주의 사회에서는 노동운동이라고 생각한다. 민주노총 산하 많은 조직들에서 민주노총 간부를 맡는다는 것은 정년퇴직할 때까지 진급을 포기한다는 뜻이나 마찬가지다. 아직도 우리 사회가 그렇다. '대기업 정규직 기득권'이라고 비난받는 대기업 노동조합들도 민주노총 사업장은 대개 그렇다. 물론 어용노조는 다르다. 노동조합 간부가 오히려 빨리 승진하고 경영자와 친분을 유지한다. 내가 볼 때 한국 사회에서 절반 정도는 그런 어용노조다. 우리 사회 모든 청년들이 어용노조가 아닌 민주노총의 간부처럼, 피 한 방울 섞이지 않은 사람들을 위해 자기를 희생하는 선택을 한 번쯤 해봤으면 좋겠다.

하종강에게 자유란?

    PC통신 '나우누리'는 한글 아이디 사용이 가능했다. 당시 내가 썼던 아이디가 '자유혼'이었다. 영화 〈벤허〉를 보면, 주인공 벤허가 함선 밑창에서 쇠사슬에 묶인 채 노 젓는 노예로 일하고 있을 때 로마군 사령관과 눈이 마주쳐 사령관이 벤허에게 "노예로 일한 지 몇 년이나 됐느냐"고 묻는 장면이 있다. 내 기억이 정확한지 모르겠지만 벤허는 "당신들에게는 3년이지만 나에게는 300년이다"라고 답한다. 그러자 사령관이 부하에게 "저놈의 사슬을 풀어주어라. 저놈의 눈에는 자유혼이 있다. 자유혼을 가진 놈은 노예가 될 수 없다"라고 명령한다. 나는 그 말이 너무 멋있었다. 목사인 최완택 선배도 그런 얘기를 했다. 크게 공감해 내 아이디를 '자유혼'으로 정했다. 나에게 자유는 무엇으로부터 벗어나는 것이 아니라, 부당한 권력에 저항하는 의지다. 부당한 권력에 침범당하면 자유는 사라진다. 자신의 손해를 감수하고 부당한 권력에 저항할 때, 사람이 느낄 수 있는 신비스러운 가치가 있다. 나는 이러한 현상이 과학적으로도 증명될 수 있을 것이라고 생각한다. 사랑을 하면 특정 호르몬이 분비된다고 하던데, 마찬가지로 손해를 감수하는 정의로운 행동을 할 때에도 그런 작용이 있지 않을까 싶다. 억압받지 않는 데서 멈추는 것이 아니라, 불의한 일에 저항하는 것이 진정한 자유다.

인터뷰 담당 윤예지, 손어진

이만열

숙명여자대학교 명예교수

친일 청산 못한 기독교, 예수 복음과 달라

2014. 3. 7

이
만
열

1938년 남한도 북한도 아닌 식민지 조선인으로 경남 함안에서 태어났다. 유소년기 1945년 식민지 해방과 1948년 남북분단, 1950년 6·25 한국전쟁과 영구분단 등 한반도 격정의 순간을 다 겪었다. 어릴 때 이야기가 궁금하다.

일제 강점기 말에 태어나 1945년 초등학교 1학년 때 해방됐다. 그때까지는 시골에서 자라 특별히 민족교육을 받은 기억이 없고 우리 역사에 대해서도 별로 들은 것이 없었다. 해방될 무렵부터는 기억나는 게 많은데, 1945년 8월 15일 해방되던 그즈음에, 마을 어르신들이 흰옷을 입고 나와 손에 태극기를 들고 "만세, 만세!"하면서 기뻐했다. 그 광경이 지금도 눈에 선하다. 면사무소 근처에 신사神社가 있었는데, 신사마당에 모였던 면민들이 만세를 부르면서 맨 먼저 신사를 불태웠다. 그때야 우리나라에 큰 변화가 오고 있다는 것을 어렴풋이 느꼈다.

원래 우리 집안은 할머니 때부터 예수교를 받아들여 교회에 다녔다. 어릴 때 다니던 교회는 할머니, 아버지, 삼촌들이 힘을 합쳐 세운 교회였다. 개울가의 큰 자연석을 이용해 만든 참 아름다운 교회였다. 그러나 내가 일제 말에 교회에 출입한 기억은 없다. 일제 말, 교회에 대한 핍박이 심해 문을 닫았는지, 아니면 내가 너무 어려서 교회에 다녔던 것을 기억하지 못해서 그런지 모르겠다. 나는 학교에서 민족의식을 배웠다기보다 교회 주일학교에서 우리 민족의 고난에 찬 역사를 배웠다고 자부한다. 주일학교에 다니면서 성경에 나오는 이스라엘 역사를 들었는데, 우리 역사와 비슷한 것 같은 설명에 깊은 감명과 교훈을 받았다.

애굽Egypt에서 이스라엘 백성을 구한 모세, 골리앗과 싸워 승리한 다윗, 블레셋 사람들과 싸우는 삼손과 다윗, 바벨론에 포로로 잡혀갔지만 자기 조국을 향해 열심히 기도한 다니엘 등 애족적인 인물의 이야기를 많이 들었다. 그러면서 은연중에 이스라엘을 혹독하게 부리던 애굽이 우리를 압박하는 일본으로, 골리앗은 일본군으로 생각하게 됐다. 어린 마음에 애국심 같은 것이 조금씩 생겼다. 이때 가지게 된 나라 사랑의 마음이 평생 떠나지 않았다. 나는 지금도 그때 주일학교에서 그런 역사의식을 가르쳐 준 선생님들을 고맙게 생각하고 존경한다.

해방 직후, 나라를 찾은 기쁨이 컸지만 곧바로 좌우대결의 어려운 시절로 들어갔다. 내가 살던 곳은 비록 남쪽 시골이었지만 좌우대결로 비극적인 경험이 컸다. 자고 나면 간밤에 어느 동네 구장(동장)이 죽창에 찔려 죽었다는 소문이 돌았다. 그러면 돌아간 분을 위해 면민들이 모여서 장례식을 했다. 초등학교에 다니는 우리도 거기에 참석시켰다. 이런 걸 보면서 어렴풋이 '무엇 때문에 서로 죽여야 하는가' 하는 생각이 들었다. 우리 고장에서 일제 강점기 때 대학을 나온 사람들이 있었는데 그 중 몇몇 분들은 몸을 피해 다른 곳으로 가거나 집에 있더라도 바깥출입을 거의 하지 않고 은인자중隱忍自重했다. 그 때 들리는 말로는, 그들은 소위 '빨갱이'라고 했다. 아이들 사회에서도 그 집 애들을 약간 경계하는 분위기도 없지 않았다.

이런 분위기 속에 초등학교 6학년이 됐을 때 6·25 전쟁이 터졌다. 여름방학이 되기까지 학교 선생님을 통해서 들은 이야기는 '우리 국군이 잘 싸워 38선 북쪽으로 쳐들어가 승리하고 있다'는 것이었다. 지나고 보니, 당시 이승만 정권은 국민을 안심시키기 위해서 거짓 정보를 계속 유포했던 것이다. 여름방학 한 달이 채 안 돼 마산에서 진주로 가는 화물열차가 미국 군인과 탱크를 가득 싣고 바쁘게 움직였다. 며칠 뒤, 포 소리가 들리고 집 앞 도로변 개울에 미군이 포대를 설치했다. 부모님은 내게 동생과 생질을 데리고 경상남도 의령 자형 댁으로 피난시켰다. 그날, 합천과 의령을 거쳐 함안 쪽으로 후퇴하는 국군 패잔병을 많이 목격했다. 한 달 이상 객지에서 어려운 피난생활할 수밖에 없었다. 서울과 3.8선 이남에 있던 사람들이 많은 고생을 했지만, 남쪽에 있던 사람들도 마찬가지였다. 이들에게도 전쟁에 대한 아픈 상처가 있었고, 나 또한 그렇다.

아버지는 6·25 전쟁 전, 당시 낙동강 유역에서 유행하던 간디스토마에 걸렸다. 그런데 전쟁이 터지자, 약을 구하지 못해 1년 반 만에 돌아가셨다. 막내 자형은 서울에서 대학 공부를 하고 있었는데 당시 같이 있던 분 말에 의하면, 삼각산 임마누엘 수도원에 은신하던 중 친구 고자질로 납치돼 지금까지 소식을 모른다. 사촌 형 중 몇 명도 6·25 전쟁에 참전해 전사했다. 전쟁으로 아들을 잃은 삼촌 두 분이 눈물을 흘리며 자식을 그리워하는 모습을 본 적이 있다. 전쟁의 아픔은 내 가족뿐만 아니라 우리 민족 전체의 고통이었다.

어릴 때 목회자의 길을 가려고 했었다고 들었다. 어릴 때 꿈을 바꿔 역사학을 공부하게 된 계기가 있나.

경상남도 마산에 있는 숙모 댁에서 중고등학교를 다녔다. 숙모님은 신앙생활을 굉장히 열심히 하셨다. 숙모님은 내게 "하나님의 일을 하기 위해서는 목사가 되어야 한다"고 항상 강조했다. 그때는 어린 마음에 '나의 길은 목사가 되는 것'이라고 생각했다. 당시 기독교인들은 성聖과 속俗, 하나님의 일과 인간의 일, 세속적 삶과 신앙의 삶 등 모든 것을 이분법적으로 생각했다. 성경을 읽고 기도하고 전도하며 목사가 되어야만 성스러운 하나님의 일을 하는 것이고, 다른 것은 다 속된 일이라고 가르쳤다.

지금 생각하면 잘못된 가르침이다. 전 우주적인 하나님이 모든 영역을 다스린다면 하나님의 나라에는 목사도 필요하고 노동자도 필요할 것 아닌가. 따라서 모든 일은 다 하나님 일로 귀결되는데, 어떻게 목사가 되는 것만이 하나님을 위한 일을 한다고 할 수 있겠는가. 자연스레 목사가 되려면 신학교에 가야 한다고들 했다. 그런데 고등학교 고학년이 될수록 주변에서 신학교로 바로 가는 것보다 일단 대학에서 공부한 후, 신학교에 가는 게 좋겠다고 권유했다. 앞으로는 대학을 나온 목사가 필요할 것 같다고도 했다.

당시 울릉도에서 목회 활동을 하면서 의사로도 활약하던 이일선 목사가 독일의 앨버트 슈바이처Albert Schweitzer 박사를 소개됐다. 나같은 크리스천 청소년들에게 큰 감동을 주었다. 슈바이처는 목사, 신학자, 오르간연주자organist 및 의사이기도 했다. 슈바이처는 훗날 신학 교수직을 버리고 아프리카 선교사로 가서 아프리카의 성자로 알려지기도 했다. 슈바이처 같은 사람이 되고 싶은 생각에 의대에서 공부한 후 신학교로 갈 수 있다고도 생각했다.

그런데 고등학교 2학년 때 색맹色盲 검사를 받았는데 녹색 색약 판정을 받고, 의대 진학은 불가능하다는 것을 알게 됐다. 의대 진학이 불가능하다고 생각한 내게 결국 신학 공부에 필요하다고 생각되는 철학, 역사, 종교학에 관심을 갖게 됐고 결국 역사학을 선택했다. 역사 공부를 하면 철학이나 종교학도 어느 정도 소화할 수 있을 것이며 신학 공부에도 많은 도움이 될 것으로 기대했다. 대학에 와 보니, 학문으로서의 역사학은 내가 중고등학교 시절에 기대했던 그런 학문이 아니었다. 실망도 많이 했지만, 철학·종교학을 기웃거리며 '앞으로 신학 공부를 하려면 서양사 공부를 많이 해야겠다'고 생각하며 대학 1·2학년을 보냈다.

당시에 학생이나 교사는 군 입대를 연기할 수 있었다. 하지만 '이왕 갈 것, 얼른 갔다 오자'고 생각하고 대학 2학년 때 고향에 입영통지서가 나오자 곧 입영했다. 대학을 다니다 왔다고, 6사단 공병 대대 대대장실 당번병으로 근무했다. 그런데 어느 날, 같이 근무하던 선 중위라는 분이 자신이 사단 정훈교육을 맡게 됐는데, 국사 강의를 하게 됐다며 국사 교육 교안을 만들어 오라고 명령했다. 그런데 2학년을 마칠 때까지 국사는 이병도 박사의 '국사개설', 그것도 절반 이상을 휴강한 강의 밖에 들은 것이 없었다. 그래서 강의안 만드는 것을 못하겠다고 했더니, "S대학 다니다 온 놈이 그것도 못해"라면서 온갖 모욕을 줬

다. 당시에는 여간 기분이 나쁘지 않았지만, 나중에 생각하니 그의 말이 옳았다. 대학을 다니다 왔으면 으레 역사는 좀 알아야 하고, 역사를 공부하려면 서양사가 먼저가 아니라 국사부터 공부해야지 국사도 모르면서 서양사를 한다는 게 말이 안 됐다. 더군다나 '한국에서 목사가 되겠다는 놈이 역사 공부를 한다면서 자기 나라 역사를 공부하지 않고 무슨 서양사를 공부한다고 하나' 싶어 심한 가책이 들었다. 군을 제대하자마자 마음을 고쳐먹고, 복학 후 2년 동안은 국사 과목 강의를 많이 들었다.

그래도 끝내 신학을 했다고 들었다.

대학을 졸업 후, 신학교를 갈 생각이었지만 그러지 못했다. 당시 내가 속한 고려파 계통의 신학교는 부산에 있었는데, 신학교에 가려면 부산으로 내려가야만 했다. 가장 보수적이라는 고신 교회에 다녔기 때문에 공부할 신학도 교단신학 외에는 생각할 수 없었다. 고신파가 얼마나 보수적이었는가 하면, 주일에 버스를 타거나 음식을 사서 먹는 것이 불가능했다. 일례로 대학 사학과에서 한 학기에 한 번씩 고적답사를 가는데, 보통 주일날을 끼워서 갔다. 나는 8학기 동안 이 답사에 한 번도 참여하지 못했다. 그 정도로 철저하게 보수적이었다.

보수는 지키는 무슨 가치가 있어야만 보수인데, 당시는 이런 외형적인 것을 보수라고 했으니 맹탕이었던 셈이다(웃음). 의식도 없이 형식만 맹종했던 것이다. 부산에 내려갈 용기가 없던 마당에, 취직돼 대학원부터 진학했다. 그럴만한 이유도 있었다. 예순 살 넘은 노모가 아들이 대학을 졸업하기만을 기다렸고, 동생도 세 명이나 있었다는 것이 지금의 내 변명이다. 대학원 석사과정을 마친 후에도 부산행을 망설이다 대학 강사로 학교에서 강의하다 보니 자연스레 신학공부와 목회자가 되는 길에서 멀어졌다. 어릴 때 목사가 되겠다고 마음으로 서원도 했는데, 계속 마음의 부담이 있었다.

그러던 중 신학을 공부할 수 있는 기회가 왔다. 1980년 전두환 정권 초기 학원을 안정시킨다며 비판적인 교수들을 대학에서 내쫓았는데, 겁이 많은 나도 거기에 끼어 4년간 해직교수가 되었다. 전국적으로 약 80명 정도 됐다. 학생 간부들도 학교에서 내쫓겼다. 뿐만 아니라 신문, 방송사에서도 정부에 비판적인 기자들을 내쫓았다. 해직기간 동안에 신학 공부를 했다. 그러나 교회법에 따른 목사 안수는 받지 않았다.

일제 치하 '신사참배' 문제는 기독교계에서 민감한 사안이었다. 기존 역사학계는 목회자들의 신사참배 반대운동을 종교적으로만 한정시켰는데, 얼마 전 손양원 목사 중동고 명예졸업 세미나에서 "목회자들의 신사참배 반대운동은 가장 적극적인 민족주의 운동으로 해석될 수 있다"고 들었다. 어떻게 신사참배 반대운동이 민족운동으로 해석될 수 있는가.

내가 했던 말을 정확하게 되풀이하자면, '기독교의 신사참배 반대 운동에는 민족운동적 성격을 부여할 수 있다'는 것이었다. 그것 자체를 '민족운동'이라고 말하지는 않았다. 일제는 1931년에 만주사변, 32년에 (윤봉길 의사가 폭탄을 던졌던)상해사변, 37년에 중일전쟁에 이어 41년에는 태평양전쟁으로까지 확대시켰다. 전쟁을 위해서는 일본 본토뿐만 아니라 대만, 조선 사람들까지 옥죄어 전시체제를 강화해야 했다. 이런 체제에서 당시 식민지 조선의 말과 글, 역사를 말살했고 더 나아가 창씨개명과 신사참배를 강요했다. 그들은 이것을 '황국신민화' 정책이라 했지만, 사실상 '민족 말살' 정책이나 다름없었다. 신사는 일본의 국조신인 '아마테라스 오오미카미天照大神'를 위시한 당시 현존한 천황도 숭배의 대상이었다. 일본은 전쟁 무사들을 포함해 일본을 위해 죽은 사람들도 신으로 모시고, 신사에 참배하라고 했다.

내가 신사참배반대투쟁을 민족운동과 관련시킨 것은 두 가지 관점에서다. 첫째는 신사참배가 민족말살 정책의 일환이었다면 거기에 반대한 것은 일제의 민족말살 정책에 저항한 셈이다. 따라서 민족말살 정책에 투쟁한 신사참배반대투쟁은 민족주의 운동으로 '해석될 수 있다'는 것이다. 당시 한글운동과 관련해 최현배·김윤경·이희승·이윤재 선생 등이 한글수호운동으로 옥고를 치르는 등 죽임을 당했는데, 이것도 같은 맥락에서 볼 수 있다.

다만, '민족운동적 성격을 부여할 수 있다' 정도로만 말한 이유는 신사참배를 반대한 이들이 신사참배반대투쟁을 민족운동이라고 표방하면서 한 것이 아니라, 지극히 종교적인 이유를 내세웠기 때문이다. 그들은 성경 십계명 중 1,2계명에 나오는 "너는 나 외에는 다른 신들을 네게 두지 마라. 너를 위하여 새긴 우상을 만들지 말고 그것들에게 절하지 말며, 그것들을 섬기지 말라"고 해서 신사에 참배하지 않은 것이었다. 그럼에도 당시 신사참배에 반대했던 사람들은 민족주의적 성격이 굉장히 강했다. 주기철 목사는 남강 이승훈 선생이나 조만식 선생으로부터 철저한 민족주의 교육을 받았다. 거창 지역 주남선 목사는 젊을 때 3·1운동에 앞장섰던 사람이었고 후에 국내에서 만주 독립군 자금을 모금하는 일을 했다. 그도 나중에 신학교에서 공부하고 목사가 돼 신사참배문제가 터졌을 때 반대투쟁 선봉에 나섰다.

둘째는 손양원 목사와 관련해 볼 때 신사참배 반대가 일본의 국체를 부정하는 수준에 이르렀기 때문이다. 당시 신사참배 반대투쟁을 한 다른 사람들은 검사나 경찰 심문 자료가 많

이 남아 있지 않은데 비해, 손양원 목사 자료는 아직도 많이 남아 있다. 손양원 목사 외 다른 사람들은 주로 평양 감옥에 갇혀 있었기 때문에 자료를 구하기 힘들거나 기록이 망실됐을 가능성이 있다.

반면, 손양원 목사는 서울·광주·청주 교도소에서 3년 이상 심문을 받았다. 심문의 내용을 보면 손양원 목사의 입장은 분명하다. 당시 일본은 천황을 '현인신現人神'이라고 하면서 숭배했는데, 손양원 목사는 '어떻게 인간을 신이라고 할 수 있느냐'며 부정했다. 일제의 입장에서 보면 자신들의 헌법에 나온 국체國體를 부정한 것이다. 물론 손양원 목사는 '하나님 앞에서 인간을 신이라고 하는 것은 있을 수 없다'는 지극히 종교적인 입장에서 부정한 것이지만, 그들에게는 이는 국체를 부정하는, 지금으로 말하면 '국가보안법' 위반 사건이었다. 일본의 국체를 부정했다는 점에서 이보다 더 큰 '민족운동'이 있을 수 있을까? 이보다 더 강력한 '독립운동'이 있을 수 있을까? 교회사 史 연구자에게 이런 이야기를 잘 하지는 않지만, 이제 죽을 나이가 돼서인지 이런 말을 하게 된다(웃음).

여러 강의를 통해 "한국 사회에서 친일파청산이 제대로 이뤄지지 못한 책임이 교회 안에서 친일 잔재청산을 제대로 못했기 때문이다"라고 하셨다. 한국 교회가 친일파청산에서 간과한 것이 무엇인가.

일제하에서 신사참배를 했던 사람들이 해방 이후 여러 변명을 하며 회개하지 않았다. 마땅히 '그때 본인들이 인간적으로 나약해서 넘어졌다'고 고백하고, 교회와 교우敎友에게 용서를 구한 뒤 자기의 거취를 분명히 해야 했다. 신사참배 반대로 옥고를 치르고 나온 이들이 이런 제안을 했다. 한국 교회가 신사참배한 죄를 회개하는 의미에서 신사참배한 목회자들이 적어도 3개월 동안 설교도 하지 않고 자숙한 후 교회의 결정을 따르는 것이 좋겠다고 제안했다. 이 정도가 최소한의 제안이 아니었을까 생각한다. 그러나 신사참배를 한 대부분의 목회자들은 이런 제안을 거부했다. 그들은 오히려 교회를 보호하기 위해서 신사참배를 했다며 자기변명에 열을 올렸다. 자신들의 기득권을 끝까지 내려놓지 않은 셈이다.

일제 강점기 말, 한국 교회의 친일행위는 신사참배로 집약될 수 있다. 신사참배 후 교회에 가미다나神棚(かみだな) 같은 신단神壇을 만들어 숭배하기도 하고, 교회 종을 헌납하기도 했으며, 급기야는 국방헌금을 강요하기도 했다. 당시 교회의 타락을 이해하기 전에는 해방 후 옥에서 나온 사람들이 왜 그렇게

철저하게 회개운동을 외쳤는지 이해할 수 없다. (해방 이후 신사
참배 반대투쟁을 한 사람들의 정신을 이어받아 생겨난 교단이 '고려파'
다. 옥에서 나온 성도를 중심으로 한국 교회 개혁을 외치다 기득권 세
력에서 밀려나 세워진 교단이다. 그들이 세운 학교가 부산의 고려신학
교다.)

　　만약 당시 교회가 내부의 친일문제를 제대로 정리했다면,
어떤 효과가 있었겠나. 종교의 영적 힘을 가지고 우리 사회에
많은 영향을 끼쳤을 것이라고 본다. 교회가 사회를 향해 "우리
가 이렇게 친일잔재를 청산했으니 우리 사회도 친일잔재를 청
산합시다!"라고 외칠 수 있었을 것이다. 그러나 한국 교회가 친
일잔재를 제대로 청산하지 못함으로써 한국 사회를 향해 아무
말도 할 수 없는 벙어리가 됐다. 해방 정국에서 교회가 예언자
로서 친일청산을 외쳤어야 하는데, 외칠 영적 능력이 없어진 것
이다.

오늘날 기독교가 심하게는 '개독교'라는 비판까지 받고 있다. 신앙인
으로, 역사학자로 기독교의 변천사를 지켜본 입장에서 안타까운 심
정일 것 같다.

　　친일 행위로 기득권을 잡은 세력은 이후에도 '교회를 이
렇게 이끌어가도 되는 구나'라며 교회 이권화利權化 작업을 계
속했다. 개혁의 목소리, 소수의 목소리가 교회 안에서 없어져
버렸다. 거기에 교회를 키우기 위해서 온갖 세속적 방법을 동
원했다. 이런 문제 모두가 꼭 친일잔재 청산과 관련된 것이라고
는 할 수 없지만, 회개하지 않았다는 점에서는 큰 책임이 있다.

신사참배를 회개하고, 바른 목회 활동에 나선 사람들이 왜 없었겠는가. 하지만, 해방 후 특히 한국 교회가 양적 성장을 추구하면서 여러 가지 문제가 터져 나왔다. 그것이 오늘날 기독교에 대한 비난으로 이어지고 있다.

양적 성장을 추구하던 시기에 한국 교회가 저지른 많은 잘못 가운데 하나만 지적하겠다. '복福'과 관련된 문제다. 그들은 요한 3서 2절에 나온 "사랑하는 자여, 네 영혼이 잘됨같이 네가 범사에 잘되고 강건하기를 내가 간구하노라"라는 말을 '예수 잘 믿으면, 돈 잘 벌고 건강하게 된다'고 풀이하면서 '3박자 축복' '삼박자 구원'이라고 했다. 이것이 '기독교의 복'이라고 했다. 그러나 이것은 분명히 예수가 가르친 '복'과는 달랐다.

예수가 마태복음 5장에서 팔八복을 이야기할 때는 마음이 가난한 사람이 복이 있다, 애통해 하는 사람이 복이 있다, 온유한 사람이 복이 있다, 의에 주리고 목마른 사람이 복이 있다, 긍휼히 여기는 사람이 복이 있다, 마음이 청결한 자가 복이 있다, 평화를 만드는 자가 복이 있다, 의를 위하여 핍박을 받은 사람이 복이 있다고 했다. 여기에 추가해 사도행전 20장 35절에는 "주는 것이 받는 것보다 복이 있다"고 했다. 그러나 한국 교회는 예수가 가르친 '복'을 비틀어서 세상 사람들이 즐겨 찾는 복으로 만들어 버렸다. 돈 잘 벌고 건강해지는 것을 복이라고 한 것이다. 무교巫敎에서 구하는 복과 다를 것이 없게 됐다. 신자들이 교회에 와서 이런 복을 구하고 있으니, 예수가 말하는 '복'과는 차원이 다르다. 이런 복으로 유혹하면서 신자를 기복적인 신앙으로 끌어가고 있다. 결국 외적으로는 교회가 성장하는 것처럼 보여도 영적으로는 침체돼 버렸다.

한국 교회 운영 메커니즘이 자본주의와 대형교회 중심이 된 것 또한 지적하고 싶다. 목회자의 목표가 '어떻게 하면 교회를 키우고 교인을 수적으로 늘리는가'에만 있다. 여기에는 성숙보다는 성장이 우선이었다. 그런 존재양식이 물질적 왕국을 형성하고 교권敎權을 형성한다. 이것이 한국 교회를 어지럽히고 교회의 영성을 그르치고 있다. 기업을 경영하듯이 한국 교회를 경영하느라, 예수의 복음이 들어갈 자리가 없어졌다. 교회와 지도자의 세속화는 각종 스캔들로 뒤범벅이 되었고, 세상으로부터 '개독교'라는 소리를 듣게 되었다. 교회가 정화淨化되어야 하는데, 이런 식이면 그럴 가능성이 보이지 않는다. 한 사회에서 종교의 타락은 거기에 그치지 않고, 그 사회 전체를 동반 타락시키는 법이다. 걱정할 단계를 넘어서고 있다.

2003년부터 교육부 산하 국사편찬위원회 위원으로 민간단체인 민족문제연구소의 친일인명사전 발간에 관여했다. 민족문화연구소의 친일인명사전 발간에 당시 국사편찬위원회는 지원 예산 반환을 추진했고, 반대 측에서는 '살생부'라며 소송을 벌였다. 결국 법정 공방 끝에 승소해 2009년 11월 8일 친일인명사전이 발간됐다.

　나는 국사편찬위원회가 친일인명사전 발간을 반대할 아무런 명분이 없다고 생각했다. 그래서 이 같은 견해를 국사편찬위원회 위원장에게 제출하고 다른 위원들에게도 알렸다. 그 뒤, 국사편찬위원장이 됐다(2003년 6월부터 2006년 8월까지 역임).
　친일인명사전은 내가 국사편찬위원회 위원장이 되기 전, 친일인명사전 편찬위원회 위원장으로 추진하던 것이었다. 당시

민족문제연구소는 1~2년 내 인명사전을 내어야 한다는 압력을 회원들로부터 받고 있었는데, 편찬위원장이 되어 살펴보니 문제가 많았다. 그래서 시간이 걸리더라도 자료를 더 수집해서 정확한 근거를 갖고 편찬해야 한다고 강조했다. 사전이 출간되면, 이름이 거론된 이들의 후손들이 틀림없이 법적 대응을 할 것이기 때문에 정확한 근거를 제시하는 것이 중요했다. 또 사전에는 '이 사람은 이렇기 때문에 친일파다'라고 설명할 필요는 없고, 다만 '이런 자료에 의해 그 사람의 행적에 이런 기록이 있다'는 정도로만 서술하자고 했다. 그가 친일파인지 아닌지는 제시된 자료에 의해 독자가 판단하도록 하자는 것이었다. 실제로 현재 친일인명사전을 보면, 사전편찬위원회가 정한 기준에 따라 그 기준에 해당하는 사람을 사전에 올리되 '이 사람이 이래서 친일파다'라고 기록하지 않고 '아무개가 언제 났으며, 어디서 무슨 일을 했다'는 것만 제시해 놨다. 그렇다 보니, 후손들도 인물에 대한 서술을 가지고는 항의할 수 없게 되었다. 다만, 사전에 기록된 행위와 관련해 '왜 그런 기준을 사용했는가'에 대해서 이의를 제기하는 경우는 있다.

그 후 2005년 국회에서 '친일반민족행위자진상규명법'이 제정, 법적 기구로 친일반민족행위진상규명위원회가 구성됐다. 법은 친일반민족행위자를 규정하는 데 있어 군인은 장교급 이상, 법관은 판사급 이상 등을 기준으로 1,005명을 명단에 올렸다. 이것은 민족문제연구소에서 출판한 것과 조금 달랐는데, 민족문제연구소에서는 더 엄격한 잣대로 총 4,389명을 친일인명사전에 등재했다.

2012년 민족문제연구소에서 이승만과 박정희로 대표되는 한국 근현대사를 그린 〈백년전쟁〉 다큐멘터리 제작에도 참여했다.

다큐멘터리 제작에 참여했다기보다는 그 제작을 격려한 정도다. 민족문제연구소에서 하는 일은 자주 격려했다. 숙명여대 교수와 국사편찬위원장 은퇴 후, 민족문제연구소에서 근현대사와 관련한 다큐멘터리를 제작한다며 자문을 구했다. 거절하지 않았다. 이승만과 박정희는 역사적으로 이미 심판을 받은 인물들이다. 새누리당 정권의 뿌리가 되는 역대 정부에서 이승만은 4·19 혁명으로 쫓겨나 심판을 받은 존재이며, 박정희의 5·16은 김영삼 정권이 '쿠데타'라고 규정했다. 그렇기 때문에 정부가 정한 기준에 따라 이야기하면 문제가 없다고 보았다. 그런데 이명박 정권과 박근혜 정권이 이것을 뒤집으려 하고 진실을 호도하려고 했다.

이승만이 일제 때 독립운동을 했다고 하지만, 분명하게 내세울 만한 근거가 있는지 의문이다. 해방 후 그의 선창先唱으로 남한이 단정정부 설립을 도모했는데, 이승만의 단독정부 수립이 대한민국에 번영을 가져왔다는 주장이 요즘 힘을 얻고 있다. 그러나 완전통일독립이라는 측면에서 본다면, 이승만의 결정이 과연 옳았냐 하는 문제 제기도 있다.

이런 문제를 차치하고라도, 1948년 정부가 수립된 후 민주국가의 토대를 닦아야 할 시점에 이승만이 얼마나 심한 독재를 했는가. 정부수립 초기에 함께 활동했던 김구 등 많은 인사가 테러와 죽음을 당한 과정에서 이승만이 정말 무관했다고 할 수 있을까. 그는 6·25 전쟁을 전후해 "점심은 평양에서, 저녁은

신의주에서!"라고 큰소리를 쳤지만, 실상은 아니었다. 이는 이 승만이 북쪽에서 남침 준비를 하고 있다는 것을 전혀 몰랐다는 반증이다. 또 자신은 대전으로 내려가면서 서울에 있는 것처럼 속이고 한강철교를 폭파해 한강 이북을 생지옥으로 만들었다. 서울 수복 후 피난하지 못한 서울시민들을 향해 이승만 정부 는 어떤 짓을 했는가. 보도연맹 사건과 1951년 국민방위군 사 건(1·4 후퇴 시기 국민방위군의 간부들이 방위군 예산을 부정 착복한 결과 철수 도중에 많은 병력들을 병사시킨 사건) 등으로 무고한 생명 을 얼마나 많이 희생시켰나.

대한민국 초대 대통령 선거는 국회에서 했는데, 1951년 11월 30일 이승만 스스로가 직선제를 해야 한다고 들고 나왔 다. 국회 의석 판도로 봐서, 당선 가능성이 없다고 판단하고, 당 시 자기 이름이 널리 알려진 국민들에 의해 대통령으로 선출될 수 있다고 보고 대통령 직선제를 담은 발췌개헌을 통해 전시戰 時 중에 직선제로 바꿨다. 그것을 마치 직선제를 통해서 민주주 의를 발전시키려고 한 것처럼 보는 것은 잘못이다.(1952년 1월 8 일 국회는 이승만의 직선제 개헌안을 부결시켰다. 그러나 그해 7월 경 찰과 군인이 국회를 둘러싼 강압적인 상황에서 개헌안은 통과됐고, 8 월 5일 실시된 제2대 대통령 선거에서 이승만은 자유당 후보로 출마해 선출됐다.)

어릴 때였지만, 이승만·이범석 등 대통령 후보 사진이 벽 보로 붙어 있었던 것이 기억난다. 이승만은 그 뒤 자신의 종신 대통령직을 위해서 1954년 11월 '사사오입' 불법 개헌을 했지 만, 1960년 3·15 부정선거에 의해 결국 쫓겨났다. 이렇게 생각 한다고 해서 불온한 사람처럼 취급당하는 것은 비단 나뿐만이 아니다.('사사오입四捨五入'은 대통령 3선 금지조항에 대한 국회 투표 결과를 이승만 정권이 수학의 4사5입론을 적용해 뒤집은 것으로, 장기 집권을 위해 헌법을 개정한 선례를 남겼다.)

'교학사' 교과서의 역사 왜곡 논란으로 한동안 시끄러웠다. '좌편향이다, 우편향이다' 등 친일미화와 역사 왜곡 논란을 넘어 '국사 교과서를 검정교과서에서 국정교과서로 전환하자'는 주장까지 나왔다.

　　하…(한숨). 교과서 발행 양식에는 국정國定, 검(인)정檢認定 그리고 자유발행제가 있다. 국정은 사상이나 제도를 통제하는 국가에서 쓰는데, 오늘날 북한을 비롯하여 전체주의 국가에서 채택하는 방식이다. 검인정은 정부에서 교과내용을 정하고 그 내용에 따라 각 출판사가 제작하여 정부의 검정(승인)을 받아 시행하는 것으로, 역사 교과서의 경우 저자(출판사)가 정부에서 정한 교과 과정 기준에 따라 집필하고 그것을 정부가 검열해 적합하다고 인정이 되면 학교에서 그것을 교과서로 채택하는 방식이다. 우리나라가 이 방식을 사용하는데, 이렇게 해서 2014년 새 학기 사용을 목표로 나온 검인정 역사교과서는 '교학사' 교과서를 포함해 총 8종이다. 8개의 교과서를 시장에 내놓으면, 각 중고등학교에서 선택해서 교재로 사용하는 것이다. 마지막으로 자유발행제는 특별하게 교과서로 사용할 것을 목표로 할 수도 있고 그렇지 않을 수도 있는데, 이 경우 검열을 따로 하지 않는다. 시장에 나오면 학교에서 자체적으로 채택하여 쓰는 것이다. 주로 선진 자유국가에서 쓰는 방법이다. 검인정제도를 국정으로 바꾸겠다면 그것은 후퇴요, 사상적 통제를 가하겠다는 의도로밖에는 볼 수 없다.

우리나라는 유신시대 때, 역사교과서를 국정으로 했다가 2000년대에 들어 고등학교 국사교과서에 변화가 왔다. 고등학교 1학년에서 사용하는 고대-전근대까지의 역사는 국정교과서로 필수로 가르치고, 고등학교 2,3학년에 따로 배울 근현대사는 선택으로 하되 검인정 교과서로 하기로 했다. 그 결과 2003년에 근현대사 교과서가 '금성사'를 비롯해 6종류가 나왔는데, 2004년 한나라당이 국회에서 '금성사' 교과서를 두고 색깔 논쟁을 펴기 시작했다. 내용인즉, '금성사' 교과서가 이승만 대통령과 대한민국에 대해 너무 비판적이라는 것이다. 이들이 더욱 문제 삼았던 것은 교과서에 2000년 김대중 대통령이 평양 방문에서 김정일 국방위원장과 악수하는 사진을 실었는데 이에 대해 교과서에 이승만 사진은 없고, 김대중과 김정일 사진만 넣었다고 지적했다(웃음). 언론사 중에서도 이에 대해 신경질적인 반응을 보였던 곳이 있다.

국사 교과서는 그 교과서에 반드시 담아야 할 헌법적 가치價値를 중요시한다. 첫째, 대한민국의 정통성이다. 대한민국은 1919년 기미독립운동 이후 세워졌던 대한민국 임시정부에서부터 시작된다는 것으로, 이는 독립운동의 결과로 대한민국이 성립되었다는 것을 의미한다. 이는 헌법에 명시된 헌법적 가치이기도 하다. 둘째, 4·19 혁명을 통한 민주정신이다. 이것은 현행 헌법에서 강조하고 있다. 셋째, 평화적 통일 원칙이다. 이 세 가지 원칙 모두 대한민국 헌법 전문에 적혀 있다.

한나라당이 문제 제기를 한 김대중 대통령과 김정일 국방위원장의 악수 사진은 헌법적 가치를 살려 평화통일을 원칙으

로 하는 가치를 반영하기 위해서다. 그러나 보수 국회의원들은 이승만과 박정희에 대해서는 비판적이고, 남북이 손을 잡으면서 마치 북한을 용납하는 것처럼 보이는 교과서가 견디기 힘들었던 것이다. 그래서 이들이 문제를 터트렸다. 그 뒤 교육부에서 재검정을 했는데, 몇 개를 고치고 나서 문제가 없다고 했다. 그렇게 한 뒤에도 계속 한나라당에서 꼬투리를 잡다가, 이명박 정권으로 바뀌자 아예 정부 직권으로 교과서를 '개정'했다. 그러나 대법원의 판결은 달랐다.

　이 과정을 통해 한나라당 정권에서 교과서 개정문제를 제기하는 사람들의 역사관이 소위 뉴라이트가 갖고 있는 '식민지 근대화론'이라는 사실이 드러났다. 한마디로, 일제 식민지 시대에 우리나라가 근대화됐고, 1948년 대한민국 정부 수립 후 이승만을 거쳐 일본군 장교 출신인 박정희가 경제를 더욱 발전시켜서 대한민국이 산업화됐다는 것이다. 이들은 '식민지근대화론'을 바탕으로 대한민국 임시정부로부터의 대한민국 정통성에 소극적이고, 이승만과 박정희로부터 정통성을 찾으려 한다. 그렇게 하다 보니 헌법적 가치와 충돌하는 것이다. 거기다가 '교학사' 교과서의 경우, 내용적인 부분에서도 오류가 많다. 이 정도면 교육부가 헌법적 가치와 교과서 원칙에 따라 단호하게 결정을 해야 하는데도 미적거렸다. 이를 알게 된 국민이 어떤 선택을 해야 하겠는가. 불문이가지不問而可知다.

이번에 중고등학교 교사와 학부모, 심지어 학생들이 '교학사' 교과서 채택 거부 운동을 하는 것을 보며, 이들의 역사 의식이 매우 높다는 것을 느낄 수 있었다. 국민의 역사 의식과 상식이 승리했다고 본다. 일본 후소사 판 교과서가 나왔을 때 일본도 그랬다. 2001년 일본의 후쇼사 판 극우 교과서가 나왔는데, 자국 역사는 물론이고 한국 역사를 심하게 왜곡했다. 그 교과서는 전체 교과서 중 0.014%, 700권 정도밖에 채택되지 않았다. 이것은 일본 교사와 학부모가 결사적으로 반대했기 때문이다. 당시 언론이 '일본의 역사 교사와 학부모 및 NGO의 역사 의식에 기인한 결과였다'고 했던 것을 기억한다. 그러나 지금 일본은 극우정권에 끌려가고 있어 안타깝다.

지난 대선, 국정원 선거 개입 문제로 박근혜 정권 1년이 복잡했다.

지금도 특검 요구와 함께 의혹이 해소되지 않고 있다. '국가정보원 선거개입 기독교 공동대책위원회'와 함께 '18대 대통령 부정선거 백서'를 들고 '불법-부정 대통령 선거 무효 기자회견'도 했다.

　　박창신 신부가 낸 '18대 대통령 부정선거 백서'를 읽고, 대선 개표에 문제점이 있다고 주장했다. 몇 가지 이유가 있었다. 개표를 전산으로 했을 뿐만 아니라 선거법에 요구하는 수개표 작업을 제대로 하지 않았다는 것이다. 원래 개표는 전산 개표를 못하게 되어 있었지만 관행적으로 이루어져 왔다.(다만 보궐선거에서는 허락을 받고 전산개표를 할 수 있다.) 노무현 정권 때에도 전산 개표를 했다가 당시 이회창 후보 측이 선거 소송을 내 재검표를 했는데, 오히려 격차가 더 벌어졌다.

　　수개표 작업을 제대로 하지 않았다는 것은 선거 당일 개표 상황표를 보면 알 수 있다. 수개표와 관련해 18대 대선 후 국회에서 시험을 했는데 다른 일을 하지 않고 온전히 수개표만 했을 때 6,000매를 하는데 약 2시간 15분이 걸렸다. 이번 개표 상황표를 보면, 한 투표구 개표가 대부분 20분도 안 걸렸다. 이것은 제대로 검사하지 않고 그냥 넘겼다는 것을 의미한다. 또 개표가 이뤄지기 전에 개표 상황이 방송으로 나온 경우도 있었다. 각 선관위의 개표 결과를 중앙선거관리위원회가 집계해 결과를 방송국에 보낸 후 방송으로 알려져야 한다. 그런데 이렇게 정확하게 집계되기도 전, 방송에서 개표 결과가 나왔다는 것이다. 이것은 무엇을 의미할까.

　　이런 개표 부정과 관련해 많은 유권자가 지난해(2013년) 1월 4일 대법원에 선거 무효 소송을 냈다. 그때는 2,200명 정도였는데, 지금은 6,000명이 넘었다고 들었다. 그런데 현행법상 선거소송을 내면 6개월 이내에 공판하게 되어 있는데, 벌써 1년하고도 수개월이 지났지만 대법원에서는 공판기일조차 지정하지 않고 있다. 이것이 대한민국의 현실이다.

젊은 목회자 몇몇이 대선 당시 개표상황과 방송국의 개표발표 시간을 대조하여 조사했는데, 그 결과 많은 선거구에서 개표발표에 문제가 많다고 했다. 그래서 선거관리위원회를 상대로 검찰에 고소했지만, 제대로 조사도 하지 않고 기각하거나 고소인 진술만 듣고 피고소인을 부르지 않고 있다고 한다. 이런 상황을 정치권과 언론은 묵살하거나 오불관언吾不關焉으로 일관하고 있다. 이 같은 일이 우리 역사에 어떻게 남을 것인지 답답하고 안타깝다.

라인홀드 니버Karl Paul Reinhold Niebuhr라는 미국의 유명한 신학자가 있다. 전후에 세계를 움직인 신학자로, 윤리신학을 대표하는 사람이다. 그의 기도 중 "하나님, 내가 변화시킬 수 없는 것에 대해 차분한 생각을 가지고 정리할 수 있는 힘을 주시고, 변화시킬 수 있는 것에 대해서는 용기를 주십시오. 그리고 변화시킬 수 없는 일과 변화시킬 수 있는 일을 구별할 수 있는 지혜를 주십시오"라는 게 있다. 지금 나에게도 그 기도가 절실하다. 혼자서 기도만 하고 있는데 너무 안타깝다. 젊은이들의 의식이 살아 있다면, 청와대가 선거 부정에 대해 저렇게 침묵 일변도로 버틸 수 있겠나. 지금 한국은 젊은이들이 죽어 있기 때문에 안하무인眼下無人으로 취급되고 있는 것은 아닐까.

한국 사회에서 무차별적으로 벌어지는 '종북좌파' 공세에 대해 "차라리 종북을 희화화하고 싶다"며 "나는 화북和北주의자이고 공북共北주의자"라고 말했다. 교회 일각에서도 종북인사로 불리는데, 어떤가.

내가 종북인사로 분류되고 있는지는 몰랐다(웃음). 그러나 개의치 않는다. 역으로 우리나라에서 "나는 종북주의자로소이다"라고 커밍아웃coming-out하는 사람들이 많이 나왔으면 좋겠다. 그렇게 함으로써 종북이라는 말 자체를 희화화시켰으면 좋겠다. 군사정권에서 거리에 붉은색을 못 쓰게 한 적이 있다. 이것도 일종의 레드 콤플렉스였다. 그런데 새누리당이 붉은색을 아예 간판격으로 사용함으로써 레드 콤플렉스를 없앴다. 위대한 공헌이다. 이처럼 종북이라는 말 자체를 희화화시키면, 지금까지 입에 거품을 품고 '종북'을 외친 자들이 오히려 머쓱해질 때가 오지 않겠나.

어느 글에서 '나는 북과 더불어 살고자 하는 공북주의자'라고 한 적이 있다. 더 적극적으로 말하면 '북한과 평화를 이루며 살려고 하는 화북주의자'라고도 했다. 우리나라와 같이 남북이 적대적 공생관계에 있는 상황에서는 서로가 상대방을 이용해서 이익을 얻으려는 이들이 있다. 특히 정권을 잡을 사람들이 그렇다.

국정원 선거개입 파동 이후. 국정원에서 하는 꼴을 보라. 이쪽에서 정권을 잡는 사람들은 저쪽을 들어 이쪽 사람들에게 위협을 가할 수 있고, 저쪽의 지배자들도 이쪽을 이용해 자신의 정권을 강화시켰다. 결국 적대적 공생관계를 누리는 사람들 입에서 자기의 기득권을 유지하기 위한 방법으로 '종북'이라는 말을 남발하고 있는 것 같다. 그렇지 않다면 정부를 비판하는 것만으로 왜 종북이 되어야 한단 말인가.

동시대를 살아가고 있는 청년들에게 해줄 말이 있다면?

청년들이 시대 의식을 제대로 가졌으면 좋겠다. 역사 의식은 곧 시대 의식이다. '이 시대에 우리에게 주어진 소명이 무엇인가'를 성찰하면서 고민하는 것이다. 요새 많은 젊은이들이 직장도 못 가지고 또 비정규직인 것에 대해 안타까이 생각하고 동정한다. 그러나 이런 문제가 자기 문제에만 몰두해 스펙 쌓기에 급급한 것으로 해결된다고 생각하지는 않는다. 신약성경 마태복음 6장 25절~34절에 주목한다.

예수님은 "너 목숨을 위하여 무엇을 먹을까 무엇을 마실까 몸을 위하여 무엇을 입을까 염려하지 말라"고 하시고 공중에 나는 새를 보라. 들의 백합화를 보라고 하셨다. 그런 후에 "너희는 먼저 그의 나라와 그의 의를 구하라. 그리하면 이 모든 것을 너희에게 더하시리라"라고 하셨다. 앞뒤 문맥을 연결하면, "그리하면 이 모든 것을 너희에게 더하시리라"라는 말에서 '이 모든 것'은 우리 삶과 관련된 경제 문제를 지칭하고 있다. 그러니까 "너희는 먼저 그의 나라와 그의 의를 먼저 구하라. 그리해야 삶과 경제의 문제도 해결될 수 있다"고 가르치신 것이요, 우리에게 주신 약속이다.

또 "먼저 그의 나라와 그의 의를 구하라"는 말의 의미는 무엇일까. 이것은 "너희는 먼저 그의 나라인 정의正義로운 공동체를 만드는데 앞장서라. 그리하면 이 모든 경제적인 문제는 너희에게 해결될 것이다"라고 바꾸어 말할 수 있다. 정규직을 얻기 위해서 자기중심적 성을 쌓는 일에만 몰두한다면, 결국 정의로운 공동체 사회를 만들 수 없다. 젊은이들은 먼저 정의로운 나라와 옳은 의를 구하는 일에 힘쓰고, 역사 의식을 통한 시대 의식을 분명히 해야 한다. 그래야만 직장 문제와 장래 문제가 해결이 된다.

정의로운 공동체는 많은 사람들이 함께 연대하고 개혁을 통해서만 가능하다. 지금처럼 하나하나 알알이 다 흩어진 상태에서는 연대가 없고, 정의를 세우는 일에 힘쓰지 않으면 희망이 없다는 것을 분명히 이야기하고 싶다.

자유란 무엇이라 생각하는가.

자유는 극기克己를 통해서 주어지는 힘이고 그 힘이 활동하는 공간이다. 다시 말해서 극단적인 자기 절제節制, 자기를 이기는 것을 통해서 개인이 갖고 있는 무한한 가능성과 에너지를 발휘하는 것이다. 이것을 자유라고 부르고 싶다. 자유는 창의성의 기반이다. 나는 창의성이란 말을 중요시한다. 우리나라는 (식민지근대화론이 아니라) 독립운동과 민주화운동을 통해서 자유를 확보했고, 이 자유가 인간의 창의성을 자극하면서 경제적인 열매 산업화도 이뤄냈다. 산업화를 통한 민주화가 아니라, 민주화를 통한 산업화다. 여기에 그 민주화와 창의성을 담보한 것이 바로 자유다. 자유는 무한한 가능성이요 그것을 가능하게 하는 힘이다.

인터뷰 담당 조경일, 손어진

이
상
돈

중앙대학교 명예교수

세월호, 부패한 '관료 행복 국가'의 참사

2014. 4. 8

이
상
돈

'세월호 참사'가 발생한 지 한 달이 됐다. 이는 한국의 정치·경제·행정·교육·노동·언론 등 우리 사회의 총체적 부실이 드러난 사건이다. 해양환경 관련 논문으로 박사 학위를 받았는데, 이번 사건을 어떻게 보고 있나.

너무도 터무니없는 일이 일어났다. 일단 선장과 선원이 단 1명도 제복을 입지 않고 자기들만 살려고 먼저 탈출했다. '제복을 입는다'는 것은 명예와 의무를 갖는다는 말인데, 제복을 입지 않았다는 것은 '최소한의 명예와 책무가 사라졌다'는 것을 그대로 보여주는 것이다. '세월호 참사'처럼 선장과 선원이 승객을 버리고 자기만 살겠다고 탈출한 사례는 유례가 없는 일이다. 그만큼 충격적인 일이다. 세월호에서만 일어난 특별 상황이라고 믿고 싶다. 근처에서 조업하던 어선도 사고 현장에서 구조작업을 거들었으니, 선원 전체를 비난해서는 안 될 것 같다.

사건 당일 해수부와 해양경찰 당국자들도 우왕좌왕했고, 이제는 여러 가지 석연치 않은 의혹마저 제기된 상태. 청와대 및 국무총리·관계 부처 장관들도 그 바다에서 실제로 무슨 일이 일어났는지 몰랐다. 구조에 1차적 책임이 있는 현지 해경 당국자가 취한 조치도 미흡했다. 뭔가 잘못돼도 한참 잘못됐다. 이번에 비로소 알려졌는데, 해경 지휘부가 함정을 지휘해 본 경험이 없어서 바다를 잘 몰랐다고 한다. 상황이 이 지경인데, 현장에서 일하는 해경 대원의 사기가 저조한 것은 너무나 당연하다.

이명박 정부에서 해수부를 없앴다. 그렇지만 역대 정부에서도 해수부의 역할은 늘 모호했다.

〈조선일보〉 비상임 논설위원(1995~2003년)을 하면서 처음 쓴 칼럼이 '해양행정 총괄 기능 있나'였다. 1995년 7월 씨프린스 호 기름 유출 사고 직후, 해양 오염에 속수무책이던 당시를 비판하고 바다의 중요성을 감안해 각료급 부서를 만들어야 한다는 내용이었다. 씨프린스 호 사건을 계기로 해양수산부를 설치하는 논의가 다시 시작됐고, 이듬해 해양수산부가 발족했으며 해양경찰이 해수부 산하로 들어갔다. 해수부 발족에 대해선 나름대로 추억이 있다.

노태우 정부 시절, 노재봉 국무총리가 해양 관련 행정기능을 검토하도록 지시했다. 당시 노 총리가 해양과 남극에 관심이 많았다. 그러나 해양 정책 총괄부서가 없어서 국무총리실이 임시로 맡았다. 당시 선박과 항구는 건설부 산하 해운항만청이, 수산업은 농수산부 산하 수산청이, 해양환경은 환경부가 주관했고, 해경은 경찰청에 소속되어 있었다. 총괄적 정책기능을 행사할 부서가 없었다.

특히 해양환경 행정과 해양경찰 기능이 미미했다. 노 총리 지시로 몇몇 학자들이 해양 관련 정부기능을 개편해 해양부를 만들자는 보고서를 만들었다. 당시 해양환경 파트를 담당했다. 이 제안을 김영삼 대통령이 받아 1992년 대선 공약에 포함했고, 1996년 5월 30일 바다의 날을 선포하면서 해양수산부를 만들었다.

해양 관련 부처를 만들었으니, 장관을 제대로 임명했어야 했는데 역대 해수부장관을 보면 그렇지 못했다. 바다와 관련한 일을 한 사람이 거의 없었다. 어떤 장관은 자기가 생선회를 좋아해서 바다를 좀 안다고 말하기도 했다. 한심한 노릇이다.

김대중 대통령은 인수위 시절, 해양부를 없애려 했으나 반대 여론에 부딪혀 유지했다. 이를 이명박 대통령이 인수위에서 없애고, 국토해양부로 통폐합했다. 당시 해수부를 폐지할 이유는 없었다고 본다. 그러다가 박근혜 대통령이 대선 공약으로 해수부 부활을 약속, 취임 후 해수부가 부활했다. 그러나 해수부는 통솔력을 상실한, 무능한 부처라는 사실이 이번 일로 만천하에 드러났다.

'세월호 참사' 같은 재난이 발생했을 경우, 제대로 된 해수부였다면 어떤 조치를 해야 했나.

사고 초기, 해수부와 해경의 태세가 너무 한심했다. 직무유기나 마찬가지였다. 관료적 타성에 젖어 있었다고 본다. 해수부보다는 해경에 1차적 책임이 있다. 해경은 현황 파악에도 늦었고, 현장에 필요한 장비와 인력도 보내지 못했다. 총체적 부실이다.

미국 해안경비대 같았으면, 즉시 구조선박과 항공기를 투입했을 것이다. 미 해안경비대는 함정과 항공기 등 막강한 구조

장비를 갖추고 있다. 그러나 우리 해경은 기본적으로 태세가 되어 있지 않았고, 정부 고위 정책결정자도 상황을 잘 몰랐던 것 같다. 청와대 또한 국가 재난과 바다 상황을 아는 사람이 없었고, 그저 올라오는 보고나 받았던 것 같다. 변명할 여지가 없다. 정부가 무능했다고 본다. 총체적으로 무능했다.

해수부뿐 아니라, 기획재정부·국토부 등 관료체제의 비정상성을 지적했다. 박근혜 대통령이 공공기관을 정상화한다고 하지 않았나.

여러 차례 공공분야를 개혁해야 한다고 강조했다. 개혁의 1차적 타겟은 관료조직이고, 그다음이 공기업이다. 1950년대 우리나라는 관료제가 없었다. 대충 연고緣故로 공무원을 임명했다. 그러다 박정희 정부에서 공무원임용시험을 도입해 행정고시를 통해 뽑힌 인재가 나라를 이끌게 했다. 하지만 1990년대에 들어오면서 관료제가 혁신을 거부하는 조직이 되면서 결국 경제 위기까지 몰고 왔다. 1997년 외환위기도 모피아 주도의 경제부처가 무사안일해서 발생한 것이라는 평가가 있다.

어느새 우리나라가 관료들만을 위한 나라가 됐다. '국민이 행복한 나라'가 아니라 '관료가 행복한 나라'가 된 것이다. 이런 비상사태에서도 관료들은 '강 건너 불 보듯' 한다. 희생자 명단 앞에서 기념촬영이나 하고, "80명을 구했으면 많이 구한 것 아니냐"라는 말을 서슴없이 한다. 관료제 사고를 그대로 보여주는 것이다. 국민과 호흡하는 것이 아니라, 자신만의 세계에서 별도로 놀고 있다.

공무원들이 가장 긴장하는 때는 새 정권이 들어오는 시

점이다. 정권이 바뀔 때마다 국무총리나 장관이 누가 되는지를 살핀다. 이번에는 모두들 안도했을 것이다. 왜냐하면, 총리·부총리·장관들이 자신과 같은 부류의 사람들이었기 때문이다. 이게 바로 박 대통령이 크게 잘못한 점이다. 잘못된 시그널을 준 것이다. 그렇다면, 박 대통령은 왜 그런 생각을 했을까. 아마도 부친 시절에 관료들이 일을 잘해서 나라를 발전시켰다는 관념에 사로잡혀 있기 때문이라고 본다. 하지만 지금 관료는 자기들 이익만 지키는, 그러면서 책임은 지지 않는 거대한 세력이 되어 있다.

지금 관료체제에 큰 수술을 가하지 않으면 안 된다. 과거 영국에서도 60~70년대 복지 행정이 커지면서 관료제가 비대해졌다. 거기에 마거릿 대처 총리가 철퇴를 가했는데, 공무원을 관리하는 부서를 없애고 5,000명을 해고했다. 우리나라도 그런 강력한 조치가 필요하다고 본다. 그런 다음 공공기관을 정리해야 한다. 지금은 정부 산하 기간이 너무 많고, 특히 용도를 다 한 기관이 많다. 아무 관계도 없는 사람들이 낙하산으로 가서 사장으로 있지만, 그래도 아무런 일이 일어나지 않는다. 그렇다면 존재가치가 없다는 뜻이다.

이번 사건을 계기로 대통령이 공공부문을 개혁해 정부 부채도 줄여야 한다. 그리고 실제로 현장에서 일하는 공무원들의 사기를 올려줘야 한다. 책상에 앉아 있는 인력을 대폭 감축하고, 화마와 싸우는 소방대원과 살인 등 강력범죄를 쫓는 경찰관의 사기를 올려줘야 한다.

공공분야나 공무원 개혁을 할 수 있는 주체는 대통령 한 사람인가.

대통령이 모든 것을 할 수는 없지만, 이것을 국정 아젠다로 걸고 솔선수범해야 한다. 대처는 총리 시절, 보좌관 자리에 단 한 사람의 관료도 기용하지 않았다. 관료를 '필요악'이라고 본 것이다. 정부는 사회를 안전하게 만들고, 환경을 보호하는 사회규제 강화에 힘쓰고, 공무원은 현장에서 일하도록 해야 한다. 물론 이런 일을 대통령 혼자 할 수는 없다. 그러나 대통령이 이에 대한 문제 인식과 각오를 하고 있지 않다면 불가능하다.

지금껏 그런 식으로 높은 자리에 오른 관료(기존 공무원 포함)들이 반발할 텐데, 어떻게 대응해야 하나.

웬만한 관료는 '관료체제에 문제가 많다'는 사실을 알고 있다. 중앙관료뿐 아니라 지방 공무원도 문제가 많기는 마찬가지다. 공무원을 줄여야 한다. 할 일 없이 노는 공무원 너무 많다. 중앙부서도 그렇지만 지방 공무원의 근무 기강은 너무 느슨하다.

관료개혁은 정부가 마음만 먹으면 할 수 있다. 대통령과 그 주변의 의지가 없어서 이렇게 된 것이다. 이번에 못하면 나라 망한다.

1970년 12월 남영호 사건, 1993년 10월 서해 훼리호 사건에 이은 '세월호 참사'는 수많은 청소년이 목숨을 잃은 비극 중의 비극이다. 이 비극을 끊어낼 수 있는 것은 무엇일까.

사고를 없앨 수는 없다. 사고는 비행기, 선박, 기차 등 어디에서도 일어날 수 있다. 기본적으로 사고가 발생할 수 있는 확률을 줄이고 만약에 발생했을 경우에 가장 적절하게 대응하는 것이다. 말하자면, 시스템이 마련돼 있어야 한다. 이번 세월호 사건에서 보듯 시스템이 굉장히 취약했다. 게다가 선장과 항해사가 임시직이었고, 안전관리가 전혀 없었다. 민간이 스스로 선박검사를 하는 구조였다. 이 기회에 연안 여객선 제도도 손봐야 한다.

규제완화가 원인이라는 주장도 있다.

규제는 불필요한 것이 아니다. 규제는 정부 기능 중 가장 중요한 것이다. 안전규제와 환경규제는 굉장히 중요한 것인데, 여기에 구멍 뚫린 것이다. 규제를 할 때는 항상 기준이 필요하다. 기준을 설정하지 않고 공무원의 재량에 맡길 때 부정부패가 생긴다. 기존 업자를 보호하기 위한 규제도 존재하는데, 이번 세월호가 그런 셈이다. 세월호가 속한 청해진해운은 인천-제주 간 운항을 독점하고 있었다. 즉, 규제로 신규 회사의 진입을 막고 있었던 것이다. 우리나라 항공에서 이런 규제를 풀었기 때문에 대한항공, 아시아나항공 외 여러 항공이 생길 수 있었다. 그런데 항만에서는 그러지 못했다. 어떻게 청해진해운이 운항을 독점하게 됐는지 정확히 따져야 할 것이다.

'세월호 참사'는 나쁜 것을 다 갖고 있었다. 크게 본다면, 우리나라를 이끌어 왔던 세력이 총체적으로 부패한 결과다. 통렬하게 반성해야 한다.

기업의 잘못된 경영방식에 기인하는 것은 곧, 자본에 대한 인간의 끝임없는 욕망 때문 아닌가. 앞서 지적했듯이, 세월호에서 승객을 두고 가장 먼저 탈출한 선장과 선원 모두 비정규직 노동자다. 사람보다 경영 논리가 더 우선시된 자본주의 체제에서 이런 문제는 어떻게 극복될 수 있을까.

청해진해운은 분명 대표적인 천민 자본주의다. 솔직히 자본주의라고 말할 수 있을지도 모르겠다. 병적인 집단이라고 생

각된다. 그런 집단이 다중의 생명을 다루는 해상운송사업을 하게 된 경위, 또 이명박 정권 때 산업은행에서 융자를 얻게 된 경위 등 석연치 않은 부분이 많다. 이번 사건을 두고 자본주의의 본질을 말하기는 적절치 않다고 생각한다.

선장과 항해사 같은 직종을 임시직으로 고용했다는 사실도 놀랍다. 임시직 선원이라도 정규직이 되기 위한 준비과정이라면 좀 이해가 된다. 하지만, 그런 경우라고 해도 임시직 선원에게 맹골수로처럼 유속이 빠른 곳을 운전하게 하면 안 되는 것 아닌가. 세월호 침몰 사고를 한국 자본주의 체제 문제로 논하는 것은 부적절하다고 본다. 청해진은 자본주의도 아니다.

무한한 가격 경쟁으로 인해 비정규직이 안전과 관한 분야에도 늘어나는 것은 분명히 문제가 있다. 사실 제조업도 원래는 비정규직으로 충원해서 안 되는 직종이다. 비정규직 제도의 남용을 전면 재검토해야 한다.

미국에서 국제법과 해양법을 공부했다. 학위 논문도 "해저 석유 개발에서 발생하는 해양오염의 법적 문제"였다. 해양에 관심을 갖게 된 이유는?

서울대대학원에서 헌법과 행정법을 공부했기 때문에 미국에서는 환경법과 해양법 등 접해 보지 못한 학문을 공부했다. 특히 환경 문제는 대학 시절, 《타임》지를 구독하면서 관심 갖게 됐다. 대학 1학년이었던 1970년 환경 원년이라고 해서 미국에서는 '지구의 날' 시위가 있었다. 또 유엔해양법협약 막바지 협상이 한창이었기 때문에 법학도들이 해양에 관심을 많이 가졌다.

공부했던 튤레인 대학은 해사海事법이 강했고, 마이애미 대학은 해양법이 강했다. 해양법은 바다에 관한 국제법이고, 해사법은 선박 운항에 관한 규제법과 사법이다. 그중에서도 해양환경에 관한 법을 깊이 공부했다. 나에게 해양법을 가르쳤던 교수는 미국 해안 경비대U.S. Coast Guard에서 함장까지 하고 나중에 교수가 된 훌륭한 분이었다. 교수가 된 후에는 해양환경법 관련으로, 논문도 많이 썼다.

80년대 초반은 한국에서 환경운동이 시작된 시기다. 미국에서 공부한 해양환경 지식이 한국 현실과 어떻게 연결될 수 있었나.

1980년에 환경청이 발족되면서, 교수가 된 후 입법과 관련한 자문 역할을 많이 했다. 우리나라에서 환경법과 환경행정이 본격적 궤도에 접어든 시기는 1990년대 들어서다. 낙동강

페놀 오염 사건이 큰 계기였다. 환경 문제에 대한 인식이나 대응은 미국이나 유럽, 일본이 우리와 다르지 않다. 선진국에서 일어난 일이 결국 시차를 두고 우리나라에서 일어났다. 우리나라 환경법과 환경정책은 미국과 일본의 영을 많이 받았다.

학자 입장에서 현재 환경운동을 어떻게 보고 있나.

우리나라 환경운동은 최열 씨를 중심으로 발전되어 왔다. 1990년대 경실련이 생기면서 함께 더욱 발전했다. 환경운동은 영향력이 대단했다. 동강댐 건설 반대운동과 새만금 간척사업 반대운동이 절정이었던 것 같다. 동강댐 포기는 김대중 정부가 잘한 조치라고 본다. 새만금 사업은 해서는 안 되는 것인데, 김대중 정부가 호남 민심을 고려해 밀고 나갔다. 환경운동은 노무현 정부 시절, 기세가 대단했는데 이명박 정부가 들어서면서 죽어버렸다.

반면, 2001년 사패산 터널 반대운동과 2002년 천성산 터널 반대운동은 대중에게 안 좋은 인식을 심어줬다. 터널 건설을 무조건 반대해서는 안 된다. 그런데 환경운동단체에서는 극렬히 반대했다. 터널은 환경을 가장 적게 훼손하면서 도로나 철도를 만드는 공법이다. 2002년 노무현 대통령이 대선 공약으로 사패산과 천성산 터널 건설을 하지 않겠다고 했다가 나중에 번복해 여론이 더 악화됐다.

교조적 환경운동은 오히려 환경을 저해한다고 생각한다. 환경단체가 패스트푸드점 앞에서 1회용품 사용 반대 시위를 하곤 하는데, 패스트푸드점과 한식당 중에 어디 환경이 더 나

쓰냐고 묻는다면 나는 당연히 한식당이라고 말하겠다. 종이컵은 태우거나 재활용하면 그만이다. 그러나 한식당에서 나오는 음식찌꺼기는 어떻게 할 것인가. 이런 환경운동은 대중의 호응을 얻지 못했기 때문에 신뢰를 잃었고, 그 틈을 타서 이명박 정권이 4대강 사업을 할 수 있었다. 환경운동을 하는 사람들은 대체적으로 모든 것을 반대하는 경향이 있는데, 그것은 오히려 신뢰를 떨어뜨린다.

반대나 비판의 이야기를 하기는 참 어려운 것 같다. 특히 정부와 자신의 이권이 밀접하게 관계된 사건은 학계에서도 침묵한다. 입장을 정하고 발언하는 기준은 무엇인가.

지식과 경험에 의해서 '어떤 것이 진실이고 정의냐' 하는 판단이 나온다. (내 이야기하기는 그렇지만) 관심을 갖고 공부한 분야에서 나만큼 지식을 쌓은 사람도 많지 않다고 생각한다. 그 기준에서 봤을 때 4대강 사업은 완전한 사기극이었다. 4대강 사업을 통과시킨 중앙하천관리위원회 위원 중 학자가 많았는데, 사석에서는 '4대강 사업을 하면 안 된다'고 하면서도 공개적으로 말하는 사람은 없더라. 연구비도 삭감되고, 위원회 위원에서도 탈락해 자신이 불리해지기 때문이다. 이렇게 배운 사람들이 부패 시스템 공범이 되어버렸다. 우리 사회 모든 부처, 대학 연구실 곳곳에 이런 현장이 퍼져 있다.

학자로 '시대정신에 부응하며 살아간다는 것'은 무엇이라고 생각하나.

후대에 좋은 나라를 넘겨주기 위해서는 우리가 이 시대에 해야 할 일이 많다. 부정부패와 정경유착을 끊어내고 민주주의와 법치주의를 확립해야 한다. 지금 우리가 과거에 멀쩡한 사람을 잡아서 고문하는 시대는 아니지만, 그렇다고 완전한 민주주의 법치국가라고 할 수도 없다. 부패는 아직도 만연해 있다. 더욱 정교하게 부패가 판치고 있다.

정경유착도 마찬가지다. '세월호 참사'는 정경유착이라고 말할 수도 없는 범죄적 결탁이다. 요즘 정경유착은 매우 정교하다. 그런 점에서 대통령이 규제완화를 말하는 것은 적절하지 않다. 규제는 개혁해야지 완화해서는 안 된다.

교수는 신분을 보장받고 있다. 이런 특권을 좋은 목적에 써야 한다. 교수들은 그런 특권을 이용해 바른 말을 하고 바른 주장을 해야 한다. 내 자신을 학자로 지칭할 수 있는지는 솔직히 자신이 없다.

비판적 보수주의자, 한국의 정통 보수주의자 등으로 불린다. 보수는 개혁보다는 이미 갖고 있는 좋은 것을 지키는 것이 중요하다고 한다고 하는데, 어떻게 생각하나.

토머스 페인Thomas Paine은 진보의, 에드먼드 버크Edmund Burke는 보수의 철학적 뿌리라고 한다. 하지만 미국 건국의 아버지들인 토머스 제퍼슨Thomas Jefferson, 제임스 매디슨James Madison 등은 진보인가 보수인가. 그들은 새로운 나라를 세웠지만, 프랑스 대혁명에서와 같은 과격한 실험을 배척하고 진화하는 개혁을 선택했다. 그들은 한쪽에서는 진보였고, 또 한쪽에서는 보수였다. 토머스 제퍼슨과 제임스 매디슨은 내가 존경하는 정치인이고 사상가다. 몇 년 후가 될지 몰라도 더 한가해 지면, 그들의 일생을 다시 공부해 정리하고 싶다.

보수는 어떤 항구적 가치가 있다고 생각하는 측면에서 진보와 차이가 있다. 그 가치가 무엇이냐고 묻는다면, '개인과 사회의 윤리, 개인의 자기 결정권, 사유재산 제도'와 같은 것이라고 본다. 보수주의자들이 과다한 복지에 반대하는 것은 그것이 거대한 관료국가를 만들고 개인을 정부에 예속시킨다고 보기 때문이다. 나도 '부富의 재분배' 같은 용어에 저항감을 느낀다. '복지확충'이란 용어보다는 '사회 안전망 확충' 같은 개념을 좋아하는 것도 마찬가지 이유에서다. 요양원이 국가 보조금 타기 위해 환자 상태를 억지로 질질 끌어서 입원을 늘리는 경우가 있지 않은가. 그런 상황에 빠지면 개인이 자기 힘으로 서지를 못한다. 요양원 밖에서 버텨야 사람이 자립해서 사회에 복귀하는 것 아닌가.

동시대를 살아가는 청년에게 하고 싶은 말이 있다면?

젊은 세대가 살기 위해서는 우리 사회가 역동적이어야 한다. 사회가 역동적이기 위해선 민간분야에서 크건 작건 성공하기도 또 실패하기도 하는 메커니즘이 있어야 한다. 대통령이 창조경제를 한다고 했는데, 창조경제는 민간에서 스스로 일어나는 것이지 관료가 중심이 되어 일으키는 것이 아니다. 우리 사회에서 가장 비창조적인 집단이 관료이기 때문이다.

이스라엘은 지정학적으로 위태로운 사회이지만 소규모

창업들이 일어나는 사회적 전통이 있다. 과거 이스라엘 총리 자손 중 IT 엔지니어가 많다. 사회 분위기가 그래야만 젊은이들에게도 미래가 있고, 나라에도 미래가 있다. 젊은이들의 소원이 공무원이 되겠다는 데 있다면, 그 사회는 문제가 있는 거다. 이런 사회분위기를 바꾸지 않으면 안 된다.

이상돈에게 자유란?

어떤 사람이 진정으로 자유를 느끼려면 모든 면에서 당당해야 한다. 부당하게 살아온 사람이 자유로울 수는 없다. 그 사회에 자유로운 토론이 없으면 민주주의가 설 수 없고, 자유로운 경쟁이 없으면 그 나라의 경제와 사회가 제대로 설 수가 없다. 자유는 역동성의 기초고, 그게 없으면 개인도 사회도 쇠퇴한다.

문제는 '어떻게 자유로운 환경을 조성할 것인가' 하는 것이다. 불공정한 상태에서 자유는 의미가 없다. 언론의 자유, 사법부의 독립, 공정거래질서 확립 같은 것을 잘 지켜야 자유를 지킬 수 있다. 결국에는 시민들의 주인의식이 그런 장치를 수호한다고 생각한다.

인터뷰 담당 손어진, 조경일

박동천

정치철학자 · 전북대학교 교수

진실을 포기하지 말라

2014. 12. 22

1978년 대학에 입학하기 까지 '청년 박동천'이 궁금하다. 어떤 학생
이었나.

　　목포에서 태어났지만, 진도에서 중학교까지 다녔다. 이후
서울로 올라와 여의도 고등학교에 다녔는데, 1회 졸업생이다.
위로 선배가 없다. 1976년에 서울대에 입학해 이듬해 철학과에
들어갔으나, 그해 가을 학교를 그만뒀다. 그 뒤 서울대 입학시험
을 다시 봤는데 떨어져 국민대 정치학과를 갔다. 학교 다닐 때
는 운동권에 속한 적이 없었고, 또 그들에게 마음을 줄 상황이
아니었다. 집에는 고시를 볼 거라고 핑계 대며, 계속 학교를 다
니다 2학년 때 군대에 갔다. 제대 후, '무엇을 할까?' 고민하다
가 동대학원에 들어갔다. 그렇게 87년 2월 석사 학위를 받았다.

민주화운동에 속하지 않았다고 했는데, 특별한 이유가 있나.

　　서울대에 입학했던 1976년은 유신시대로, 가장 엄혹했던
시기였다. 운동권에 선뜻 들어가지 못한 것은 핵심에 있는 사람
을 알지도 못했을 뿐더러, 당시 데모하는 친구들을 보니 어떤
대책이 있는 것 같지도 않았다. (그땐 이렇게 정의하지 못했지만) 데

모가 그저 어떤 좌절감의 표현인 것 같았다. 그럼에도 괴로웠던 것 중에 하나는 '현 체제가 잘못이라고 생각하면서도 아무것도 하지 않는다'는 것이었다. 굉장히 속상했다. 운동권 활동을 한다고 견뎌낼 자신도 없었다. 당시 운동권은 대화를 통해 상의하고 조정하고 설득하는 형태라기보다는, 한사람이 기치를 올리고 목소리를 높이면 우르르 따라가는 분위기였다. 물론 촌에서 올라와 학교를 다녔기 때문에 연고가 없었던 것도 사실이다. 중학교 선배 한둘은 있었지만, 고등학교 선배는 당연히 없었다. 운동권은 보통 선후배 사이로 맺어진 경우가 많은데, 나는 그런 게 없었으니 어디에도 끼지 못하는 전형적인 '주변인, 경계인'이 아니었나 싶다. 이것은 내 인생에서 운명 같은 것이었다.

나중에 최인훈(1936~)의 〈광장〉(1960)·〈회색인〉(1977), 이호철(1932~)과 최일남(1932~)의 소설을 읽으면서 또 역사책이나 전기를 통해 해방이후 소위 '중간파'라는 사람들을 알게 됐는데, 내가 그들의 기질과 굉장히 닮은 것 같다고 생각했다. 후에 학문을 깊이 하면서 '조직組織 대 개인個人'을 대비하는 관점에서 보니, 나는 어떤 조직에 말려드는 것보다 개인을 중시하는 성향이었던 것 같다. 소설가 이호철은 이데올로기보다 인간 자체를 강조하는데 나도 그런 기질의 소유자였다.

국민대 정치학과를 졸업 후, 미국 윌라멧Willamette 대학에서 경영학을 공부하다 일리노이 대학에서는 정치사상사를 연구했다. MBA 과정을 밟다 정치학으로 바꾼 이유는?

국민대가 1987년 윌라멧 대학교와 자매 결연을 맺고 처

음으로 교환학생을 모집했는데, 거기에 지원해 미국을 가게 됐
다. 처음에는 정치학으로 박사 공부를 할 생각이 없었다. 그냥
MBA를 따고 한국에 돌아와 증권회사에 취직해 평범하게 살
생각이었다. 그런데 MBA 과정이 끝날 무렵이 되니까 기왕에
왔는데 공부를 좀 더 하고 싶다는 생각이 들었다. 허나 돈이 없
었기 때문에 장학금을 준다는 곳이 생기면 더 하고 그렇지 않
으면 그만 두자는 생각이었다. 10곳에 장학신청서를 보냈는데,
6곳에서 거절했다. 안되나보다 생각하며 돌아가려는데, 다른 4

곳에서 모두 장학금을 주겠다고 연락이 왔다. 그 중 일리노이 대학의 조건이 제일 좋아서 거기로 갔다(웃음).

일리노이에서는 주로 비트겐슈타인L. Wittgenstein (1889~1951)을 공부했다. 거기서 정치학과 벨덴 필즈A. Belden Fields(1938~) 교수의 지도를 받았는데, 그는 인권을 중시하며 꾸준히 연구하는 행동가이자 마르크스주의자Marxist였다. 원래 트로츠키Leon Trotsky와 마오쩌둥毛泽东을 연구했으나, 프랑스 '68항쟁' 당시 현지 취재를 바탕으로 쓴 논문으로 예일 대학교에서 박사학위를 받았다. 나는 기질 상 마르크스주의자일 수가 없는 사람이지만, 한 학기동안 그 분 밑에서 공부했다. 한 학기가 지나자 그는 내게 철학과 피터 윈치Peter Winch(1926~1997) 교수를 추천해 줬다. 그 뒤로는 주로 철학과 공부를 했다. 주말마다 윈치 교수 집에 모여서 비트겐슈타인을 읽었는데, 이때 정말 공부가 많이 됐다. 문제는 박사논문을 쓰는 것이었는데, 당시 비트겐슈타인이나 인식론을 주제로 논문을 쓰면 정치학과에는 심사할 사람이 없었다. 결국 필즈 교수와 타협해 플라톤을 주제로 논문을 썼다.

《깨어 있는 시민을 위한 정치학 특강》(모티브북 펴냄) 저서에서 진보진영에 대해 낡은 프레임과 피상적이고 폐쇄적인 정치의식에서 벗어나야 한다고 주장했다. 진보의 폐쇄적인 정치의식이란 무엇인가.

진보라고 자처하는 상당수의 사람은 의식적으로든 무의식적으로든 마르크스주의자다. 가령 에릭 홉스봄Eric Hobsbawm (1917~2012), 베네딕트 앤더슨Benedict Anderson(1936~), 에드워

드 카Edward Hallett Carr(1892~1982)를 비롯해 내 지도교수인 필즈 같은 사람은 역사의 진행을 인과법칙으로 이해하고 설명할 수 있다. 그런 태도에서 마르크스주의자라고 할 수 있다. 물론 나는 역사에 관해 이들의 생각에 동의하지 않지만, 이들이 역사학자·인류학자·정치학자로서 이 사회에 훌륭한 공헌을 했다고 생각한다. 적어도 이들의 말에는 마르크스주의자의 시각 외에 각자 연구를 통해 발굴한 나름의 주장이 있고, 그 주장은 경청하면서 비판할 만한 가치가 있다.

우리나라의 마르크스주의자는 칼 마르크스Karl Heinrich Marx(1818~1883)라는 사람에 대해 있지도 않은 신비로운 아우라 같은 것을 씌어놓고, 마치 그것이 세상을 구하는 복음인 양 얘기하고 있다. 그들은 자유주의나 신자유주의를 구분하지 않고 비판한다. 이들이 스스로를 진보라고 하다 보니, 일반인 대다수도 마르크스와 연관이 있는 것만 진보라고 생각한다.

지금껏 '신자유주의, 자본주의를 타파하자'는 이야기가 우리에게 어떤 경로를 제시하고 있나. 말이나 구호가 무성할지는 몰라도 실천 경로는 제시하지 못하고 있다. 오히려 '자본주의 타파'라는 기치 아래 모인 사람들이 어떻게 할 것인가를 가지고 서로 싸우고 있다. 누구는 단식투쟁을 하자고 하고, 누구는 FTA를 반대하자고 하고, 누구는 반미反美로 가고 누구는 북한과 평화를 염원하자고 한다. 도대체 종잡을 수 없는 구호만이 난무할 뿐, 실천 동력으로 연결될 실마리 자체가 없다. 이 상태에서 책을 많이 읽지도 않은 사람들이 막연한 구호만으로 마르크스의 기치를 사당祠堂에 모셔놓고 제사 지내듯 한다. 진보가 미래를 열수 있는 안목을 얻기 위해서는 이런 태도와 사고 방식을 깨야한다.

　또 한국의 진보가 민족주의에 열심인 것은 전 세계적으로 신기한 현상이다. 좌파가 민족주의를 하는 것은 황당한 사례다. 일찍 세상을 떠난 성균관대 고故 김일영(1960~2009) 교수는 '박정희도 민족주의자였다'고 했다. (내가 읽어본 글 중에서는) 정치학자 중 박정희 전 대통령을 명시적으로 민족주의라고 지목한 것은 그가 최초였다. 김 교수는 박정희의 조국근대화가 민족주의의 한 형태였으며, 많은 사람들이 이에 결집해 나라를 만들어냈다고 주장했다. 물론 박정희식의 민족주의는 문제가 많다. 필요하다면, 자신과 조금이라도 다른 이를 죽이고 밟아 없애는 야만적인 민족주의이다. 이에 대해 김구-장준하 계열의 민족주의는 박정희를 친일파로 몰아붙였다. 그러나 이 비한 역시 '저렇게 해서는 안 된다'라는 문법으로만 점철됐지, 그들에게 '한국 민족주의가 추구해야 할 가치가 무엇이냐?'고 물었을 때 돌아오는 답은 분명하지 않다.

　사실 '민족'이라는 개념은 기본적으로 사회 안에서 수평적·수직적 통합을 전제한다. 실천적이 되지 않더라도, 명목상 그 사회의 민족을 구성하는 인구 집단이 하나의 공동 운명체라는 의식과 이념을 지배해야 한다. 그래야 정치와 더불어 합의를 통한 공동의 목표를 세우고 그것을 향해 협동하는 체제가 된다. 대표적으로 장준하(1918~1975), 문익환(1918~1994) 같은 분이 꿈꾸었고, 서중석(1948~) 교수가 이를 계승했다고 본다. 조선시대 지식인들 사이에서는 아마도 이런 정치의식이 있었을 것이다. 그러나 대다수의 교육받지 못한 민중에게는 불가능했다. 조선은 지배층과 피지배층으로 구분된 왕조 체제였지, '우리'라는 하나의 민족일 수 없었다.

'일제日帝'라는 외세가 쳐들어왔을 때 '우리'라는 의미가 소극적으로 사용됐다. 이 관점은 신채호(1980~1936) 같은 사람이 원조이며, 그의 저술에 의해 널리 퍼졌다고 볼 수 있다. 그는 일본의 침략 당시 일본이 아닌 것을 '우리'라고 뭉뚱그려 규정한 셈이다. 나는 이를 '이중타자화'라고 하는데, '우리'는 '저들'로부터 타자화된 소산이라는 뜻이다. '우리'라는 일체감이 우리 내부에 어떤 공통의 가치관을 추구하는 적극적인 지향점을 가지고 있는 것이 아니라, '우리' 와 '저들'을 가르는 경계에 의존해서 파생한 일체감이었다. 게다가 우리는 외세外勢 또는 일본에 대해 제대로 이해하지 못했다. 즉, 우리는 외세를 이해하고 대응한 것이 아니라, '외세'라는 이미지를 만들어 객체화·대상화를 통한 타자화를 한 것이다. 그러니 우리 안에 무엇이 있는지 없는지 검토조차 안 됐던 것이다. 우리의 사유 습관에 있는 '이중타자화'를 직시하고 극복할 수 있어야 한다.

진보와 보수의 관계를 '기울어진 운동장'이라 표현하기도 한다. 지난해 12월 〈프레시안〉 대담에서 "기울어진 건 맞다. 하지만 진보 스스로 운동장이 기울어졌기 때문에 선거에서 졌다고 하면 말이 안 되는 거다. 기울어진 운동장에서 어떻게 싸울 것이냐는 얘기가 되어야 한다"고 했다. 어떻게 싸워야 하는지? 〈프레시안 기사〉 "MB는 결코 정치에 무능하지 않았다" 참고

기울어진 운동장인 것은 맞다. 기울어져도 아주 심하게 기울어졌다. 2012년 대선에서 득표율 차이가 51.6% 대 48.0%

로 아슬아슬했던 결과를 보고 진보와 보수가 대등한 것 같이 느껴질 수 있지만, 국회의원 선거만 봐도 진보가 일방적으로 기울어져 있다는 것을 알 수 있다. 2004년 탄핵 역풍으로 열린우리당이 과반 의석을 차지한 것이 한국 헌정사에서 국회 주도권이 여與에서 야野로 바뀐 유일한 사례였다. 이마저도 3개월 정도 지나서 무너졌다. 70년 헌정사에서 단 한번 있었던 일이다. 기초지방의회 지역구는 새누리당 독점이다. 더구나 자본이 있는 곳, 언론계, 관료계, 법조계 등의 인맥은 보수 쪽으로 일방적으로 기울어져 있다.

현재 헌법재판소의 재판관은 50대가 주류인데, 이들은 나처럼 박정희 시대에 초중고 및 대학교를 다닌 사람들이다. 세상을 바라보는 가치관이 박정희 식으로 정립된 세대가 지금 이 사회의 중추를 차지하고 있는 것이다. 그렇다면, 이 사회가 얼마나 한 쪽으로 기울어져있는지 알 수 있다. 한국의 진보라고 하는 사람들은 자기들이 손끝이 찢어져가며 칼끝을 겨우 붙들고 있는 상황이라는 걸 모른다. 오히려 칼자루를 쥐고 휘두르는 것처럼 착각하고 있다. 자신들이 엄청나게 불리한 상황에 있다는 것을 스스로 깨닫고, 이에 맞는 굉장히 절실한 얘기가 나와야 한다.

이 상황을 현실적으로 해결하기 위해서는 '연합과 연대' 말고는 길이 없다고 본다. 현재 한국·중국·일본이 거의 비슷한 길을 가고 있는데, 20세기 초반 이탈리아의 모스카Gaetano Mosca(1858~1941), 파레토Vilfredo Pareto(1848~1923), 미헬스 Robert Michels(1876~1936) 같은 학자들이 얘기했던 기본적으로 왕조체제에서 약간 변형된 엘리트 순환체제로 가고 있는 것이

뻔히 보인다. 이를 타개하려면 '연대'밖에 없다. '못살겠다, 살기가 힘들다, 모욕감을 느낀다, 이 체제가 부당하다'고 느끼는 사람들이 전부 모여야 한다. 그런데 이것은 독립운동 시절부터 안 됐던 일이다. 연대를 못해서 결국 우리가 분단되지 않았나. 생각이 다른 사람들끼리 공동전선을 펼치고 집단의사를 창출해 동참하는 협동과 동맹은 굉장히 어려운 일이다. 정치가 이 협동과 동맹을 가능하게 하는 핵심인데, 그 역할을 못하고 있다.

연대하고 협동한다는 것은 참 어려운 일이다. 그런데 보수는 어떻게 그렇게 잘 연합하는 지, 궁금하다.

지금 기득권 세력은 '가치 연합'이 아니라, '이권 연합'으로 뭉쳐 있다. 명령에 복종하면 뭔가 나오기 때문에 죽치고 있는 것이다. 여차해서 불리해지면, '시켜서 했다'고 발뺌하면 된다. '조용수 판결'에 배석했던 이회창 같은 사람이 대표적이다. 언론인 조용수 씨(1930~1961)는 〈민족일보〉 사장을 역임했다. 1961년 5·16 군사정변 직후인 5월 18일 체포돼 특수범죄처벌에 관한 특별법으로 구속됐다. 죄목은 조총련계 자금을 받아 신문을 만들면서 북한이 주창하는 평화통일을 선전했다는 것. 1961년 10월 31일 상고심에서 사형이 선고돼 두 달 후 사형됐다. 2006년 '진실·화해를 위한 과거사정리위원회'는 조용수에 대한 사형 판결을 위법한 것으로 규정하고, 국가에 재심 등 상응한 조치를 취할 것을 권고했다(2008년 1월 16일 서울중앙지법은 조용수에게 무죄를 선고했다).

멀쩡한 사람을 간첩으로 몰아 사형에 이르게 한 판결에

배석해 '반대한다'는 말 한마디도 하지 않았다. 2007년 대선 출마 당시 문제가 되니까, 자기는 소장배석판사로서 발언권이 없었다며 발뺌했다. 얼마나 비겁한 일인가. 그런데 애석하게도 이게 진실이다. 사람은 돈도 주고 밥도 주고 지위도 주는 밥줄에 목줄이 잡혀 따라가기 마련이다. 지금 기득권 세력은 굉장히 공고한 '이권 연합'으로서 조폭이 단결하는 것과 다름없다. 세상이 이래선 안 된다.

일부가 '이권 연합'을 한다는 것은 나머지를 뜯어먹겠다는 얘기다. 이것에 맞서 뜯어 먹히는 나머지가 연대해서 이긴다는 것은 쉽지 않은 일이다. 서로 생각도 다르고 믿지도 못하니 이길 수 있을지에 대한 확신도 없다. 그럼에도 불구하고 연대하는 방법밖에 없다.

그런데 정치인과 일반인의 연대란, 생각이 같은 사람들이 아닌 생각이 다른 사람들이 하는 것이란 인식을 가질 필요가 있다. 그렇기 때문에 '절차에 의한 연대'가 필요하다. 필수 '목표'를 정해놓고, '무슨 일이 있어도 이 연대는 깨지지 않는다'라는 전제가 있어야 한다. 그리고 '어떻게 도달할 것인가'에 대한 전략과 우선순위를 절차로 정해야 한다. 토의하고 통할 수 있는 여지가 있는 한 끝까지 합의점을 찾아야 한다. 수렴되지 않는 차이점이 붉어진다면, 절차에 의해 결정해야 한다. 서로가 유리한 룰rule을 차지하려고 줄다리기만 하다 줄이 끊어지는 것은 천하의 바보짓이다. 다수결, 제비뽑기, 팔씨름, 닭싸움, 동전 던지기 등 모든 수단을 다 동원해서 연대하고 비전을 제시해야한다.

한국 정치의식의 보수성을 지적하며 '절차적 민주주의'와 '사회적 자유주의'를 제시했다. 위의 책에서 "자유주의와 사회주의의 여러 갈래 중에는 서로 손을 잡을 수 있는 여지가 굉장히 넓다"며, "이것이 바로 '정치·사법의 자유주의'와 '소외계층의 복지'를 결합한 제도"라고 설명하기도 했는데, 한국에서 자유주의와 사회주의의 결합을 용인할 수 있는 여지가 있는가?

우리는 사회주의보다는 자유주의에 대한 거부감이 더 큰 것 같다. 해방 공간에서는 다들 사회주의가 정답이라고 생각했고, 지금까지도 한국은 굉장히 평등지향적인 사회다. 사실 이건 좀 왜곡된 평등인데, 마르쿠제Herbert Marcuse(1889~1979) 같은 사람은 이를 '억압적 평등주의'라고 불렀다. 한마디로, 모난 돌이 정 맞는다는 얘기다.

한국은 많은 부분에서 사회주의적 요소를 바탕에 둔 사회다. 그런데 수십 년 동안 공포분위기였으니, 드러내 놓고 '나는 사회주의자다'라고 말할 수 없었던 것이다. 여기에서 조금 더 자유로워지면, 사회주의적 성향이 훨씬 설득력을 가질 수 있게 될 것이다. 반면 우리 사회에서 자유를 이야기할 때는 대개 강자의 자유라고 생각하는 경향이 커서 자유주의에 대한 거부감이 있다. 다른 사람의 자유를 귀중히 여기는 풍조에서 내 자유의 소중함을 상호적으로 느끼기보다는 주입식 교육에 의해 '자유'라고 하면 '방종放縱으로 빠질까' 겁내는 아주 이상한 현상이 뿌리내렸다. 그러나 자유주의의 '자유'는 기본적으로 '평등한 자유'다. 돈이 있는 자나 없는 자나 동등한 대접을 받는 법치주의, 한국에서도 중고등학교에서 늘 외우는 "법 앞에

서 평등"이라는 이념이 바로 자유주의에서 표방하는 "평등한" 자유를 뜻하는 것이다. 이런 일이 가능하려면 무엇보다도 권력자의 범죄나 비리를 일반인과 마찬가지로 샅샅이 수사해서 처벌할 수 있는 정치적 바탕이 마련되어야 한다. 그런 바탕을 헌법이라고 하고, 권력이 헌법에 복종해야 한다는 이념을 헌정주의라고 하는데, 한국은 헌법 문구는 그럴싸한지 몰라도 실제 사법의 작동은 중요한 대목으로 갈수록 권력이 우위에 있다. 헌정주의 체제를 확립하기 위해서는 무엇보다 개인이 국가에 대항할 수 있는 자유권에 대한 인식이 확산되어야 한다.

부잣집 자식과 가난한 집 자식이 경쟁한다고 할 때 원천적인 불평등이 있다. 부잣집 자식은 인생에서 실패할 기회가 100번 정도 허용이 된다면, 가난한 집 자식은 한번 실패로 인생이 끝나버리는 다시는 오를 길이 없는 불평등이 있다. 빚을 갚다가 연체하면, 바로 신용불량자가 돼버린다. 그런데 이것은 불평등일 뿐 아니라, 부자유다. 이런 식으로 젊을 때부터 기회를 차단당한 사람이 어떻게 자유로울 수 있겠는가. 더구나 당하는 사람만 처참한 게 아니다. 이기적인 인간이라고 해도 바로 옆집에 굶는 사람이 있으면, 마음이 불편하다. 돈 많은 부자라고 해도 옆집에 거지가 사는데 그걸 편하게 여길 사람이 어디 있나. 사람이란 다 그렇다. 가난한 사람의 형편이 좋아지면 부자에게도 좋은 일 아닌가.

특히 젊은 세대들이 열심히 노력하면 일정한 목표에 근접할 수 있다는 희망과 기대를 가실 수 있는 체제여야, 이들이 생산 활동에 종사할 수가 있다. 그런데 이게 안 되면, 인생을 포기하거나 테러를 하거나 그렇게 되는 거다. 개인의 문제만이 아니라, 사회 체제에도 책임이 있다. 지금 이 세대는 과잉생산을 넘어 지나친 풍요를 걱정해야 하는 시대를 살고 있다. 그런데도 인류의 절반은 아직 굶주림에 시달린다. 10조 원을 가진 자가 100조 원을 가지지 못해 아등바등하는 틈에, 수십억 명의 인구가 고통 받고 있다. 개인의 욕심은 성취동기로 작용할 수 있지만, 이 정도의 욕심은 죄악이다. 그렇기 때문에 공동체가 권력을 발동해 부익부빈익빈이 무제한으로 기승을 부리지 못하게 막아야 한다. 이런 생각을 한국에서는 오직 사회주의라고만 치부하는데, 자유주의 안에도 이런 발상의 흐름이 아주 두

껍게 흐른다. 존 스튜어트 밀John Stuart Mill(1806~1873), 케인즈 John Maynard Keynes(1883~1946) 등이 그런 자유주의자들이었고, 러셀Bertrand Russell(1872~1970), 롤즈John Rawls(1921~2002)를 거쳐 센Amartya Sen(1933~), 크루그만Paul Krugman(1953~) 등으로 이어진 흐름이다. 이 흐름이야말로 스미스Adam Smith(1723~1790), 벤담Jeremy Bentham(1748~1832), 맬서스 Thomas Malthus(1766~1834), 리카도David Ricardo(1772~1823), 제임스 밀(1773~1936) 등을 온전히 이어받은 자유주의의 주류다.

지난 19대 대선 때 안철수 문재인 두 후보에게 '개헌'을 말하라고 주장했다. 지금 정치권에서 개헌에 대한 논의도 이루어지고 있다.

　　드골Charles De Gaulle(1890~1970)은 1944년 프랑스가 연합군에 의해 해방된 뒤, 파리로 금의환향해 임시정부 수장을 맡았다. 곧바로 제헌의회가 구성되고 의회제 헌법을 만들려고 하자, 드골은 '대통령제를 채택하지 않으면 정계를 은퇴하겠다'고 협박했다. 하지만 프랑스 제헌의회는 이를 무시했다. 결국 드골은 1년 반 뒤 정계에서 은퇴했다.
　　1948년 한국에서도 똑같은 일이 벌어졌다. 제헌국회가 내각제 헌법을 만들었는데, 이승만(1875~1965)이 김성수(1891~1955)에게 '이렇게 가면 자기는 안 하겠다'고 하니 김성수가 유진오(1906~1987)에게 '대통령으로 모셔야 될 분이 저렇게 나오니 어떻게 하느냐'며 하룻밤 사이에 헌법안을 고쳤다는 것이다. 시작은 같은데, 결과는 정반대다.
　　한국 헌법은 그대로 지켜만 진다면, 의회제에 가깝다. 대통령이 국무총리와 권력을 분점하기만 하면 된다. 궁극적으로는 제도의 문제가 아니라, 문화의 문제다. 대통령이 되면 다들 그 앞에서 껌뻑 죽는다. 지금 새누리당 의원 중 20명만 박근혜 대통령에게 반대 의사를 표하면, 아무것도 못한다. 헌법상 그렇다는 말이다. 지금 논란이 되고 있는 연금 개혁안에 대해서도 새누리당 의원 20명만 '그런 식으로는 안 된다'고 하면, 박근혜 아니라 박정희가 다시 와도 대통령 마음대로 정책을 밀어붙일 수 없다. 한국에서 개헌이 필요한건 맞지만, 지금 이걸 하지 않으면 안 될 것처럼 말하는 것은 잘못이다.

그렇다면 어떤 식의 개헌이어야 하나.

기본적으로 개헌은 나라의 기본 틀을 제대로 정해보자는 각도에서 접근해야 한다. 가령 헌법재판관이라는 제도도 1987년에 만들어진 거다. 대통령이 3명, 대통령이 임명한 대법원장이 3명, 국회에서 여당이 2명, 야당이 1명을 임명한다. 사실상 8대 1이 되는 거다. 고쳐야 하지 않겠는가. 그런데 이 불합리를 바꾸려면, 대법관 임명제도뿐 아니라 애당초 법관 임용제도 자체를 고쳐야 한다. 이밖에도 헌법을 수정해야 할 대목은 어림잡아 수십 가지다.

중요한 것은 개헌 논의가 사회적으로 광범위하게 이뤄져야 한다는 것이다. 사람들이 이해하고 납득할 수 있게 헌법 개정이 진행되어야 한다. 최소 10년 정도의 공론을 거쳐야 한다. 이 정도는 되어야 충분하다. 뉴질랜드의 경우, 단순다수 소선구제 선거제도에서 비례대표제로 바꾸면서 10년이라는 공론화

과정을 거쳤다. 우리도 이렇게 시간을 들여 국민에게 하고 싶은 얘기를 다 해보라고 공론화해야 한다. 그러면, 국민 스스로가 정치사회화가 된다. 이 자체로도 좋은 정치커뮤니케이션 교육이 되는 것이다. 눈앞의 자기 이익만을 계산한 정치인의 개헌 주장은 개선改善이 아니라 개악改惡밖에 안 된다.

'87년 체제' 전환 이후 절차적 민주주의는 쟁취했지만, 내용적 민주주의는 아직 부족하다고들 한다. 최장집 고려대 명예교수는 이에 '민주화 이후의 민주주의'가 필요하나고 주장했다. 현재 부족한 내용적 민주주의를 극복하려면, 가장 시급한 것은 무엇인가.

한국에서 절차적 민주주의가 실현된 적은 없다. '87년 체제'를 '민주화民主化'라고 부른 것도 하나의 수사일 수 있지만 오도誤導한 면이 있다. 민주주의란, 어떤 시점에서 완성되는 것이 아니다. 미국이나 영국 역사에 특별히 민주화라고 할 시기가 없다. 언제 민주화가 됐으며, 절차적 민주주의는 언제 완성됐느냐고 묻는 것 자체가 말이 안 된다. 절차적 민주주의는 헌정주의憲政主義를 멋있게 표현한 말로, 완성되는 게 아니다. 프랑스나 독일을 보라. 그 사회는 절차가 완성되었나? 끊임없이 무전유죄無錢有罪가 있다. 앞으로도 계속 법치法治를 위해 나아가야 한다. 법치는 완성되는 것이 아니고, 강화되는 것이다. 한국에서의 갑甲질이 유럽이라고 없겠는가. 다 있다. 차이는 한국보다 유럽이 갑질을 당한 사람이 법에 호소해서 구제받을 가능성이 높다는 사실이다.

절차적 민주주의가 완성된 다음에 실질적 민주주의로 가

는 것이 아니다. 두 용어는 서로 다른 관점을 표현하는데, 절차적 민주주의 관점은 민주주의를 '제도'로 바라보는 것이고 실질적 민주주의 관점은 '이상'으로 보는 것이다. 둘 다 '완성'이란 개념이 없다. 우리가 민주주의 강화를 원한다면, '민주화 이후의 민주주의'가 아니라 '민주주의의 강화를 원한다'고 말해야 한다. '민주화 이후의 민주주의'는 문구 자체가 형용모순이다. '민주화가 됐다'면서 무슨 민주주의를 더 말하는가.

지난해 1월 〈프레시안〉 칼럼에서 "권력의 노예가 되어 굴종하면서 (하지만 날마다 전전긍긍 두려움에 떨면서) 살 것인지, 아니면 자유의 공기가 사회에 충만해질 때까지 미력이나마 기여하면서 살 것인지를 선택해야 한다"며 한국에서 자유주의는 찬밥신세라고 했다. 이유가 뭔가. 〈프레시안〉 기사 "한국에서 자유주의는 왜 '찬밥신세'를 못 면하나" 참고

　　박근혜 대통령이 자유민주주의를 얘기하지만, 박정희 전 대통령은 한국적 민주주의를 얘기했다. 기가 막힌 아이러니다. 학자들, 지식인들이 이런 아이러니에 휩쓸리는 것은 엄청난 잘못이다. 박정희 유신 시절, '왜 자유민주주의를 안 하느냐?'는 비판에 그들은 '자유민주주의는 서양의 얘기고 사치스럽기 때문에 우리는 한국적 민주주의를 해야 된다'고 주장했다. 따라서 한국은 서양의 자유민주주의 체제로 진입한 적이 없다. 약자는 밟고 보는 아주 잔인한 체제이다. 한국·싱가포르·일본 모두 경제성장을 했음에도 불구하고 '자유 없는 사회illiberal society'다. 이런 사회가 외견상 민주주의 흉내를 내니까 '자유 없는 민주주의illiberal democracy'라는 용어가 만들어진 것이다.

일례로, 이명박 정권 때 대학총장 직선제를 뒤집어 이상한 선거 절차를 만들었다. 그럼에도 절차대로 뽑은 사람을 총장으로 임명해야 할 것 아닌가. 그런데 교육부는 절차대로 선정된 경북대 총장후보에 대한 임용제청을 거부했다. 조·중·동을 비롯한 언론은 이 사실을 보도하는 시늉만 낸 채 덮어버렸다. '말로만 민주주의', '말로만 자유 사회'의 단면이다. 이런 것도 선거라고 부르는, 억지가 통하는 것이 '자유 없는' 사회의 특징이다. 어떤 정치학자는 이를 선거만 하는 '일렉토럴리즘electoralism'이라고 부르는데, 정확히 말하면 '선거하는 척만 하는 체제'라는 뜻이다. 러시아 푸틴이 대통령을 두 번한 뒤 총리를 했다가 또 대통령을 하는 그런 식인 거다. 이런 사회를 자유주의라고 할 수는 없다. 자유민주주의에서 거리가 멀다는 점에서, 한국도 러시아와 크게 다르지 않다.

역시 지난해 1월 〈프레시안〉 칼럼 중 "한국의 정치문화는 기본적으로 대의제의 이념을 수용하지 못한 채, 정부라고 하면 바로 행정부를 연상하는 틀에 사로잡혀 있다. 정부라고 할 때 의회를 연상하지 않고 행정부를 연상하는 정치의식은 본질적으로 정치권력을 한 사람의 우두머리에 귀속시키는 하향식 정치의식이다"라고 했다. 정치문화·정치의식은 제도의 직접적인 원인이 클 텐데, 어떻게 바꿔야 하나. 〈프레시안〉 기사 "'제왕적 대통령제' 어떻게 끝낼 것인가?" 참고

'내각제'라는 말을 영어로는 의회제 시스템parliamentary system 또는 내각제 시스템cabinet system이라고 부른다. 보통은 '의회제'라는 용어를 대표적으로 사용하고 내각제는 특별할 때

사용한다. 왜냐면 그 체제에서 특징적으로 중요한 것은 의회가 결정한다는 것, 즉 행정부의 권력이 의회에 귀속된다는 것이다. 동양에서는 통상 내각제라는 말을 많이 쓰는데, 동양적 사고방식에서 '정부'라고 하면 '행정부'만 보이기 때문이다. 조선시대 고종 때 홍영식(1855~1884)이 미국 시찰을 갔다 와 보고하기를 '미국에서는 왕을 백리새천덕伯理璽天德, president이라고 부르더라'고 했단다. 홍영식의 눈에는 대통령이 왕으로 보였던 것이다. 그의 눈에는 미국 정치제도에서 의회가 얼마나 중요한 역할을 하고 있는지 전혀 보이지 않았던 것이다. 요새 한국에서는 '대통령 중심제'라는 말조차 흔히 사용되는데, 어디에도 이런 말은 없다. 대통령제는 어디까지나 의회중심제의 한 갈래에 해당한다.

정치 의식을 상향식으로 바꾸려면, 국회의 권한을 제자리로 돌려놔야 한다. 그러려면 먼저 국회의원 수를 늘리고 비례대표제를 채택해야 한다. 1963년 제5대 대통령 선거에서 박정희는 윤보선에게 15만 표 차이로 아슬아슬하게 이긴 후, 선거라면 치를 떨었다. 67년과 71년에도 부정선거를 통해 간신히 당선된 박정희는 결국 유신 쿠데타로 선거를 없애고 체육관으로 갔다. 그러면서 '선거는 낭비고 골치 아픈 것'이라는 이야기를 교과서에 실어 주입했다. '세뇌'가 얼마나 심한지 지금도 대다수 국민은 선거를 귀찮은 것으로 인식한다. 프랑스는 선거로 뽑는 공무원 수가 4만 7,000명이다. 미국은 소방서장, 교육위원회, 산림위원회, 보안관, 어떤 주는 주의 법무장관, 재무장관, 감사원장 등을 선거로 뽑고, 각 지방의 판사들도 선거로 선출하는 곳이 많다. 이렇듯 선거로 선출하는 회의체, 즉 정부의 수가 미국에는 8만 5,000개다. 한국의 국회의원 수가 오히려 많은 편이라고 주장하는 사람 중에는 미국에 비해 많다는 식으로 말하는 사람들이 있는데, 이것은 미국의 연방의원 숫자 535명밖에 모른다는 자기 고백과 같다.

철학적인 이야기, 혹은 근본에 대해 말하는 것은 상당한 용기가 필요하다. 특히 눈에 보이는 현상에 대해 시시 때때로 하는 것이 아니라, 근본적인 문제를 이야기할 때 나름대로 외로움 또는 어려움 같은 게 있지 않은지?

질문에 '근본적'이라는 단어가 나와서 하는 얘긴데, 나는 근본주의자도 아니고 내가 하는 말이 특별히 근본적이라고 생각하지도 않는다. 나는 현상의 이면에 무슨 신비한 이치가 숨어있을지 모른다는 발상 자체가 우매하다고 보는 사람이고, 이념이나 규범보다는 실제적 이득과 필요에 초점을 맞춰야 생산적인 방향의 논의가 가능하다고 보는 사람이다. 단, 다른 사람이 잘 보지 않는 국면이나 차원을 파헤치려는 것은 맞다. 앞에서도 말했듯이, 스스로를 돌아보면 남들이 흔히 하는 말을 따라 하지 않는 것이 내 기질이자 팔자인 것 같다. 흔한 말 중 맞는 말은 다 알기 때문에 따라할 필요가 없고, 틀렸다면 틀렸으니까 따라하면 안 된다. 모든 틀린 말을 다 고칠 수 없고, 그 중에 관심이 있는 것을 나름대로 추적하고 확인해 고쳐 말한다. 듣는 사람 입장에서는 불편한 게 당연한 거다.

어릴 때 외로움을 많이 느꼈지만, 지금은 인간이란 원래 외로운 존재라고 생각한다. 과거 외로울 때는 《논어》에 나오는 '인부지이불온 불역군자호人不知而不慍 不亦君子乎'를 외우며 삭혔는데, 지금은 '내가 죽고 없어져도 세상이 특별히 나빠질 리는 없다'고 했던 버트런드 러셀Bertrand Russell(1872~1970)의 태도가 더 맘에 든다. 어려움을 가장 많이 느낄 때는 내 강의를 듣는 학생이나 청중이 "어렵다"고 말할 때다. 그런 반응은 사실 "관심이 없다"거나, "관심이 있다고 생각하지만 주제가 가리키는 방향 말고 엉뚱한 곳을 바라보고 있다"는 뜻이기 때문이다. 이 두 가지는 일반적으로 소통을 가로막는 대표적인 장애물인데, 그만큼 극복하기 어려운 일이다.

수년간 시간강사 생활을 하다 2001년 전북대에서 15년째 학생을 가르치고 있다. '정치학자로 산다'는 것은 어떤 의미인가.

　　정치학자에도 여러 종류가 있다. 일반적으로 인간을 어떤 범주로 묶더라도, 내부는 다시 여러 갈래로 나뉜다. 따라서 정치학자를 대표해 답변할 수는 없고, 내가 어떤 종류의 정치학자인지를 말하는 것으로 대신하겠다. 정치학이 인문학이라고 생각하며, 과학에서 기법 일부를 응용해 쓸 필요는 있지만 과학을 본받으려고 하면 안 된다. 복잡한 논의가 필요한 얘기지만, 거칠게 말해 물리적 대상을 주제로 한 자연과학의 시각을 '사회과학'이랍시고 답습해 인간을 물리적 대상으로 취급하는 풍조가 심해지는 것이다. 또 정치학이든 뭐든 모든 학문은 진실을 추구하는 만큼, 문장의 참과 거짓을 구분하는 기준에 관한 최소한의 수련이 학자의 자격 요건이어야 한다고 생각한다. 정치학의 경우, 통계학이나 논리학과 같은 기법은 물론이고, 반드시 인식론적 탐구가 일종의 예비과정으로 강습돼야 한다. 대학에 들어와 통계학을 배우기 전에 수학을 10여 년 배워야 하듯이, 논리적 사유의 훈련과 문장의 진위 구분을 초중등 교육과정에서 훈련해야 한다. 특히 역사책에 나오는 문장과 신문이나 방송에 나오는 문장의 일관성과 진위를 따지는 훈련을 받으며 자란다면, 그들이 나중에 유권자로 성장했을 때 정치의 품격이 달라질 것이다.

　　마지막으로 '도덕'은 인간에게 행동의 지침을 알려주는 것이 아니라, 우리가 서로를 이해하는 통로라고 생각한다. 다시 말해, 도덕은 학문의 주제라기보다는 삶 속에서 먼저 실천해야 하는 주제라는 말이다. 실천은 개인의 기질·소원·여건에 따라 다를 수밖에 없기 때문에, 내 기준으로 다른 사람의 행동을 재단하려는 순간 가장 도덕적이지 않은 길로 빠진다. 사회질서를 위해서 꼭 필요한 최소한으로 강제하고, 나머지 옳고 그름은 각자의 선택에 맡기는 것이 바람직하다. 나와 다르게 행동하는 사람에게도 소원이 있고 가치가 있다는 사실을 이해할 수 있게 인도하는 것이 도덕의 역할 중 가장 중요하다.

앞으로 꼭 이루고 싶은 꿈이 있다면?

사람들이 서로 사랑하는 사회, 사랑까지는 못하더라도 서로 참아주는 사회가 됐으면 좋겠다. 홍세화 씨가 '똘레랑스tolerance'라는 말을 '관용寬容'으로 대중화시켰는데, 번역이 잘못됐다. 수용을 뜻하는 '용容'보다는 참을 '인忍'자를 써서 '관인寬忍'으로 했다면 어땠을까. 쇼펜하우어Arthur Schopenhauer(1788~1860)가 고슴도치 딜레마에 대해 얘기한 게 있다. 고슴도치들이 추워서 서로 살을 맞대려고 가까이 하니, 가시에 찔리는 거다. 멀리 가면 또 춥고, 가까이 가면 가시에 찔리고. 이를 반복하다가 언제부터는 적당한 거리를 유지하면서 체온을 나눌 수 있는 방법을 터득했다고 한다. 마이클 오크쇼트M. Oakeshott(1901~1990)는 이를 인용해 '고슴도치가 시민적 결합의 원리를 깨우쳤다'고 말했는데, 이게 '관인'이다. 필요한 만큼 서로 온기를 나누면서 서로 참는 것. 동양에 '불가근불가원不可近不可遠'이라는 말이 있는데, 이는 인간관계가 너무 가까워도 안 되고 너무 멀어도 안 되는 즉 '균형均衡의 관계'가 되어야 한다는 뜻이다.

영어식으로 '톨러레이션toleration'이라고 하든, '똘레랑스'라고 하든, 모두 주안점은 '참아준다'는 데 있다. 어떻게 자신이 반대하는 남의 의견을 받아들일 수 있나. 다만 자신이 반대하고 싫어하는 것을 참고 공존함으로써 평화를 유지하는 것이 문명사회의 원리다. 이렇게 '관인하는 사회'가 됐으면 좋겠다. 그래야 연대가 가능하다. 나아가 우리가 원하는 삶이 이런 것 아니겠나. 사상의 자유, 양심의 자유, 표현의 자유, 발언의 자유, 반대의 자유 등을 관인하면서 평화롭게 공존하는 지혜의 핵심이다. 그러고 여유가 있다면, 옆 사람이 너무 가난해 고통 받고 있다면 도와주고. 그렇게 고통을 덜어주면 얼마나 좋을까. 옆 사람이 아프면 내 마음도 아프지 않은가. 아주 이기적인 관점에서 보더라도 남을 돕는 것은 좋은 일이다. 남을 돕는 것만큼 자존감을 채워주는 일도 없다(웃음). 이런 사회가 되었으면 좋겠는데, 내가 할 수 있는 일이 얼마나 있을지 모르겠지만, 기여하고 싶다. 최소한 지금보다는 더 나빠지지 않았으면 좋겠는데…. 어쨌든 정치에서 불거진 문제 중 우리가 생각만 제대로 한다면 고칠 수 있는 게 아주 많다.

동시대를 살아가는 청년들에게 해줄 말이 있다면?

'진실을 포기하지 말라'고 말하고 싶다. 요즘 같은 세상에서는 진실이 무엇인지 헷갈린다. 옛말에 '자기가 아는 것을 안다고 하고 모르는 것을 모른다고 하는 것이 참으로 아는 것'이라고 했다. 권력이 주입한 것을 믿어서 마음이 편해질 것이라고

생각하는 것은 착각이다. 물론, 어쩔 수 없이 세상에 적응해야 하기 때문에 권력이 하는 소리가 좀 이상해도 일단 접어두고 생업에 종사하는 건 정상적이고 건강한 거다. 이건 진실을 포기하는 게 아니다. 그러나 이상하다고 생각한 게 있는데 사정상 더 이상 캐고 들어가지 않기로 했다면, 바로 거기까지가 진실이다. 사정 때문에 더는 궁금해 하지 않았다고 이상하지 않은 일로 둔갑하면 안 된다. 의문이 있는 것을 '아니'라고만 하지 않았으면 좋겠다. 궁금한 점이 해소될 때까지 캐 들어가는 것이 생명의 원천이다. 여건 때문에 캐 들어가지 못했다고 궁금증까지 말살하는 것은 어리석은 짓이다. 내 경우, 인생에서 경험한 쾌락 중에서 몰랐던 걸 알게 되는 것만큼 즐거운 쾌락이 없다.

박동천에게 자유란 무엇인가.

　　　자유는 본능이다. 자유는 본성이다. 자유는 영혼의 울림이다.

인터뷰 담당 조경일, 손어진

이래경

다른백년 이사장·전 호이트 대표

자유는 타자와의 대화이자,

나의 채찍질이다

2013. 10. 8

*2016년 04월 현 직함임을 밝혀둔다.

이
래
경

1984년 독일의 호이트그룹이 국내 영업을 시작했고, 1988년에 합자 형태의 법인 '호이트한국(주)'이 설립되었다. 유체동력학적 기술과 첨단 전자제어 지식을 결합한 산업기계를 제작하고 공급하는 회사라고 들었는데, 어떤 인연으로 사업을 시작한 것인가?

당시 대부분의 한국인이 그랬던 것처럼 부모님이 적은 수입으로 6남매를 키우느라 생활이 매우 빠듯했다. 집안에 가진 것도 없고 대학에서 두 번씩이나 쫓겨나 졸업장도 없이 사회생활을 시작했다. 그때부터 '이 사회에서 인정받으려면 반드시내 사업을 해야 한다'는 명확한 목표를 가졌다. 그래서 1984년에 내 사업으로 오퍼상 일을 시작했고 그때 만난 기업 중 하나가 '호이트VOITH'라는 독일 기업이었다. 호이트에서 들여온 철도 차량부품이 초기부터 대단한 성과를 거두면서 한국철도차량 사상 최초로 독자 설계한 '전후구동식 새마을동차'를 만들게 되었다. 이 분위기가 국제하계올림픽이 열리는 계기로 이어져 1988년 독일 본사에서 내게 한국에 현지 법인을 차리자는 제안이 왔다. 그 요구를 받아들여 '호이트한국'이라는 법인을 만들었다. 그렇게 주주 겸 대표이사를 맡아 여기까지 왔다.

외국 회사와 협력해 한국에서 자리를 잡는 과정에 어려움은 없었나?

　70~80년대의 오퍼상은 밑천 없는 사람들에게 성공을 만들어가는 신기루 같은 통로였다. 나는 운 좋게 매우 좋은 파트너를 만났다. 독일 사람들은 한 번 상대방을 신뢰하면, 그 관계를 오랫동안 지속하는 편이다. 물론 내 자신이 그들의 기대 이상으로 열심히 일했다. 몇 년의 세월이 흐르면서 한국철도차량 분야와 독일 호이트그룹 내에서도 나는 유명한 인물이 되었다. 호이트그룹은 전 세계에 200여 개의 법인과 전체 직원 4만 명을 거느린 연 매출 10조 원 규모의 기업인데, 이 4만 명 종업원 중에 창업주 가족을 빼고 지분을 갖고 있는 사람은 나 하나뿐이다. 그만큼 독일 친구들이 나에게 신뢰를 보내고 있다.

73학번으로 서울 공대 금속학과 출신이다. 당시 '금속학'은 다소 생소한 분야였을 텐데, 어떻게 가게 됐나?

　대학교에 들어가기 전까지 내게 가장 큰 영향을 준 것은 기독교였다. 고등학교 때 우연히 읽은 헨리크 센케비치의 《쿠오 바디스》라는 소설에서 기독교인들이 원형경기장에서 맹수들에게 물려 죽으면서도 신앙을 포기하지 않는 이야기가 굉장히 감동적이었다. 그래서 'Youth For Christ (YFC)'라는 보수적인 종교반에서 활동을 열심히 했다. 미국의 빌리 그레이엄이라는 목사가 주도한 '믿으면 구원받는다'는 의신론依信論을 바탕으로 만들어진 고교생 써클이었다. 지금은 의신론이 우리 사회를 질곡桎梏시키는 잘못된 신앙이라고 생각하지만, 당시에는 이것을 믿였고 고등학교 3학년 시절에도 일주일에 세네 번씩 새벽기도를 나갔다. 학교에서는 매일 점심시간이면, 전도하기 위해 돌아다녔다. 그렇게 열렬히 신앙생활을 하던 소년이었다.

신학대학을 가려고 했지만, 어머니의 반대가 심했다. 당시 어머니는 '여호와의 증인' 신자였다. 당시 대부분의 한국 여성들이 그렇듯 우리 어머니의 삶도 한 편으로는 시대상황에, 다른 한 편으로는 6남매를 키워야 하는 어려운 가정상황에 종교 없이는 견디기 어려웠던 것이다. 그러나 '여호와의 증인' 신자들의 가장 큰 장점은 원칙적이고 타협하지 않다는 것인데, 현실과 맞지 않는 부분이 많았다. 나와 어머니는 매일같이 교리논쟁을 했다. 어머니의 꿈은 내가 여호와의 증인이 돼서 '형제감독' 즉, 여호와 천국의 왕국 목회자가 되는 것이었고, 나는 신학을 해서 개신교의 목회자가 되는 것이었다. 어머니의 반대를 무릅쓰고 신학대학에 갈 수도 없었고, 그렇다고 해서 어머니의 요구를 받아들일 수도 없었다.

신학대 진학을 포기하고 방황하고 있을 때 평소 존경하던 고1 담임선생님이 우리나라에선 소재산업이 매우 중요하다는 이야기를 해 주셨다. 당시 포항제철이 완공돼 쇳물을 쏟아내던 시기였는데, 그 이야기를 듣고 금속·철강 소재가 산업 입국에 매우 중요하다는 생각에 주저 없이 서울대학교 금속공학과에 들어갔다. 사실 고등학교 졸업식 때 상장을 독차지할 정도로 공부를 잘하던 모범생이었다(웃음).

대학에 막 입학했을 당시는 유신이 시작된 바로 이듬해(1973년)였다. 스산했던 시절, 대학생 이래경은 어떤 청년이었나?

그때까지 나는 '유신維新'이 뭔지도 몰랐다.(박정희 독재정권은 1972년 10월 17일 선포된 '10월 유신체제'에 따라 12월 17일 국민투표로 '조국의 평화통일을 지향하는 헌법개정안'(약칭 '유신헌법')을 확정했다. (한국 헌정사상 7차로 개정된 제4공화국의 '유신헌법'은 정권 유지를 위한 대통령의 권한 강화를 주 내용으로 하고 있다. '유신헌법'의 '유신'은 일본 명치유신에서 가져왔다. - 인터뷰어) 당연히 대학교에 들어가서도 소위 '문제 서클'과는 가까이하지 않았다. 대신 다른 이유로 몇 가지 큰 충격을 받은 일이 있었다. 공대에 진학했지만, 인문학적 갈증이 매우 컸기 때문에 인문학 강의를 많이 들었다. 그런데 첫 번째 선택한 강의에서 읽은 데카르트의 《방법서설》과 E.H.카의 《역사란 무엇인가》라는 두 권의 책이 내 기본적인 종교관을 '확' 흔들었다. 다니던 교회 목사에게 '내가 왜 교회를 떠나는가?'에 대해 장장 7장의 편지를 남기고 교회를 떠났다(하지만 지금도 내 신앙은 기독교다). 그 뒤 독서토론회에 열심히 나갔는데, 사회문제의식이 있는 서클이라기보다는 당시 나오는 소설들을 편하게 따라 읽는 모임이었다. 조세희의 《난쟁이가 쏘아올린 작은 공》, 황석영의 《객지》 등에서부터 세계명작 작품도 읽고 가벼운 소설들도 많이 읽었다. 지금 생각해 보면 그때 읽었던 책들이 내가 편협한 사고에 빠지지 않고 삶의 균형을 잡는 데 매우 도움이 된 것 같다.

또 다른 충격은 당시 정치현실에 대한 것이었다. 대학시절 초기 나는 학내에서 민청학련 사건으로 많은 학생들이 잡혀 들어간 사실에 관심조차 없었고, 그저 내 생활에만 바빴다. 그러면서도 점점 이상한 느낌이 들었다. 1학년부터 2학년까지 총 4학기를 다니는 동안 한 학기에 2개월 이상 강의를 들어 본 적이

없었다. 개강하면 곧바로 휴교를 했는데, 이것이 정상적이지 않다고 생각하게 됐다. 이런 나의 생각들이 독서토론회에서 읽고 있던 책 내용과 연결되면서 내게도 조금씩 사회의식이 생겼다. '뭔가 잘못됐다'라는 생각이 커지기 시작했다.

당시 대학가에서는 박정희 유신독재 정권에 항의하기 위해 대학생들이 시위 도중 죽기도 하고, 붙잡혀 강제 징집을 당하거나 제적을 당하는 경우가 허다했다. 그런데 조용한 독서토론회 일원이었던 이래경이 75년 '김상진 할복자살 사건' 이후 서울공대 시위를 주도했다.

1975년 4월에 독서토론회의 멤버 중 하나였던 문리대 미생물학과 박우섭 씨(현 인천남구청장)가 4·3시위로 정학을 당했고, 4월 11일에는 농대 축산학과 김상진 씨가 박정희 대통령에게 보내는 공개장을 쓰고 할복자살을 했다. 이것은 내게 커다란 충격이었다. 당장 야밤에 그때 다니던 교회 건물에 가 새벽까지 '인간해방 선언문'이라는 제목의 유인물 3,000장을 만들었다. 그리고는 새벽 5시에 등교해 준비한 유인물을 공대 강의실과 화장실 곳곳에 뿌렸다. 유인물에 "아무리 서울공대생이 산업의 주역이라고 하지만 이런 상황에서 침묵을 지켜선 안 된다. 무언가 행동을 해야 한다"라고 썼지만, 그날 이후에도 공대에서는 아무 일도 일어나지 않았다. 당시 거의 모든 대학이 반정부 시위에 참가했는데, 서울대 공대만 정상적으로 수업하고 있었다. 4·19 혁명 시절에도 공부를 계속했던 일종의 '서울공대 전통'이었다.

그러다 4월 17일경, 농대 학생들이 공대 건물을 기습해 시위를 부추기는 선동을 하고, 곧바로 자취를 감추었다. 농대생들의 선동으로 학교 잔디밭에 수백여 명의 학생들이 모였는데, 그것을 집회 세력으로 이끌 사람이 없었다. 그래서 강의를 듣던 중에 뛰쳐나와 집회를 주동하게 된 것이다. 평소 답답했던 속이 후련해지고 상큼해지는 느낌을 받았다. 시위가 끝난 후 청량리에서 막걸리를 진탕 먹고 집으로 돌아오는데, 형사들이 집 앞을 지키고 서 있었다. 그래서 아버지와 어머니가 보는 앞에서 '잠깐 조사받고 오겠다'고 하고 붙잡혀 갔다. 당시 친 이모부가 안기부 내 대학 및 종교담당 수석과장이었는데, 그 덕분에 3일 만에 그냥 풀려났다. 그러나 학교로 돌아가 보니, 나를 포함해 당시 학교에서 불온시했던 서클 리더 7명 모두가 데모한 이튿날 제적됐다. 지금도 그 친구들에게는 마냥 미안하다.

어떻게 조용하던 청년이 앞에 나가 시위를 마이크를 잡고 시위를 주도할 생각을 했나?

젊은 사람이라면 누구나 '욱'하는 경향이 있다. 그땐 나도 순간 '욱'했던 것 같다. 기본적으로 나는 기독교 신앙에 의해 보수적인 사람이었지만, '예수신앙'의 핵심이라 할 '나라와 정의'를 위해 자기를 던져야 한다는 것에 동의했다. 그 상황에서 침묵하고 출세를 위해 공부만 한다는 것은 나로서 도저히 참을 수가 없는 일이었다. 솔직히 당시 순간에는 어떤 판단을 깊이 할 수 있는 겨를이 없었다. 평소 나를 굉장히 좋아했던 교수가 강의실을 나가지 말라고 막았지만, 뿌리치고 나섰다. 집회를 주도하는 사람들이 없어서 내가 앞서 나가 김상진 열사를 위해 묵념하고 짧은 웅변과 만세삼창을 하고 노래했다. 그 후 잔디밭 자리에 앉으니, 연이여 학생들이 우후죽순처럼 나와 사자후獅子吼를 토해냈다. 비록 그것 때문에 경찰에 붙잡혀가고 제명을 당했지만, 지금도 전혀 후회하지는 않는다. 다시 돌아가도 똑같은 선택을 했었을 것이다.

학교에서 제적당한 후 인생이 어떻게 흘러가던가?

학교에서 쫓겨난 지 한 달 만에 인생이 360도 바뀌었다. 보름 만에 신체검사를 받으라는 영장이 나왔고, 바로 입대했다. 당연히 군대는 가야 한다고 생각했지만, 최전방으로 떨어질지는 몰랐다. '인제 가면 언제 오나, 원통해서 못 살겠다'라고 불릴 정도로 유명한 강원도 인제를 넘어, 원통사단에 혼자 배치됐다. 당시 훈련소에서 교육받은 수천 명 중 나처럼 집회를 주동하다가 갑작스레 군대로 온 십여 명만 골라서 전방 여러 부대로 산개해 보낸 것이다. 운동권 출신들이 겪은 감옥살이는 당시 내가 겪은 군대 생활에 비하면 아무것도 아니었다. 너무 힘들었다. 솔제니친의 《이반데니소비치의 하루》라는 소설에서 묘사한 그대로였다.

한편으로는 고생했지만, 다른 한편으로는 책과 세상에 대해 많은 공부를 하고 제대했다. 같은 부대에서 김삼수라는 친구(현 산업대학교 경제학과 교수)를 만났는데, 그 친구에게서 박현채의 《민족경제론》, 조용범의 《후진국 경제론》, 리영희의 《우상과 이성》등의 책을 추천받았다. 그렇게 사회과학 서적들을 읽기 시작한 것이 독서토론회 이후 본격적으로 사회의식을 갖게 된 계기였다.

제대 후에는 먹고 살기 위해서 취업을 해야 했는데, 당시는 인력 부족이 심각했던 터라 '아남산업'이라는 곳에 쉽게 취업할 수 있었다. 거기서 일을 하고 있는데, 어떻게 알았는지 서울대 공대 산업경영연구회와 산업사회연구회 써클 출신 친구들이 함께 공부하자며 찾아왔다. 그들과 같이 E.H.카의 《소비에트 혁명》, 스위즈의 《자본주의 비판이론》, 모리스 돕의 《자본주의 발달사》 등 여러 책을 전부 원서로 읽었다. 그러면서 '자본주의는 망한다. 사회주의는 필연이다'라는 생각을 했다. 지금 생각하면 참, 단순하고 순박했다고나 할까. 그러나 당시 상황과 환경에서는 어쩌면 당연한 수순이었다.

노동운동을 잠깐 했다고 들었다. 어떻게 시작하게 됐나?

노동운동을 깊이 하지는 않았다. 당시 내가 일하던 아남산업은 세계 최초로 전자오락기를 만든 미국 텍사스인스트루먼트TI사로에 기능품을 반제품으로 하청 수출하는 기업이었다. 이 전자오락기가 세계시장에서 엄청나게 팔렸다. 나는 생산 관리를 맡고 있었는데, 급증한 수요에 맞춰 물량을 대려니 8,000여 명에 달하는 여공들에게 하루 12~16시간씩 무리하게 생산을 강요했다. 군 장교 출신인 미국인 총감독을 보조하면서 한달이고 두 달이고 내내 여성 노동자들을 들볶았다. 그러다 보니 생산라인에서 일하던 아가씨들이 잠깐 쉬는 시간에도 복도에서 고목 넘어지듯 푹푹 쓰러져 그대로 잠들었다. 이를 보고 참다못해 감독하고 있던 미국인과 크게 싸우고, 사표를 던지고 나와 버렸다.

그렇게 회사에서 나와 노동운동을 하겠다고, 야전잠바를 입고 부평 근처 공장을 전전했다. 그런데 아무리 취업을 하려해도 나를 받아주는 공장이 없었다. 다들 내 손을 보고는 '당신은 이런 곳에 올 사람이 아니다'라고 했다. 아무리 거짓말을 해도 안 받아 주더라. 지금도 나는 당시 노동자로 취업했던 사람들은 정말 어떻게 현장에 들어갔는지 신기하기만 하다. 결국 인천소재 대우중공업 직업훈련소에 들어갔는데, 며칠 만에 위에서 훈련생의 머리를 깎으라는 명령이 내려왔다. 차마 그것을 견딜 순 없었다. 그러면서 한 가지 들었던 생각은 '나라는 존재는 노동자들과 마음을 같이 할 수는 있어도, 내가 억지로 그 사람들 속에 함께 노동하면서 살 수는 없구나' 하는 것이었다. 이것이 가장 솔직한 한계와 고백이었다. 그 길로 노동운동을 하려고 노력했던 몇 개월간의 방황을 접었다. 그리고는 아버지의 소개로 한

무역회사에 취직했다. 회사에 취직을 하고도 계속 서울대 제적
생들과 만나 토론회도 하는 등 여러 가지 활동을 했다.

1980년에 다시 학교로 돌아갔다. 5년 만에 복학하니, 어떤 기분이
들었나?

　　1979년에 10·26 사건이 발생해 그 덕에 내가 졸지에 서
울대 공대 제적생 대표로 복학하게 됐다. 새로운 인생이 또다
시 시작된 것이다. 당시 '서울대 복학생협의회'는 대단한 영향력
을 갖고 있었다. 법대 대표로는 이범영, 사회대는 이해찬, 인문
대는 이철, 의대는 서광태, 사대는 고은수 등이 있었다. 당시 서
울대의 움직임은 복학생협의회에 초점이 맞춰져 있었다. '군바
리 전두환'이 전면에 등장한다고 잔뜩 긴장하고 복학생협의회
를 중심으로 시위를 준비하고 있었지만, 정작 나 자신은 공부

를 해야 한다고 생각했다. 물론 복학생대표로 학교와 교수들에게 따질 것은 따지고 요구할 것은 요구했지만, 시위를 위해 대학 밖으로 나가는 것에 대해서는 반대했다. 대신 그동안 직장생활에서 모은 돈으로 대방동에 입시학원을 차려 박인배(현 세종문화회관 대표), 박우섭 등과 함께 저녁에는 중학생을 가르치면서 낮에는 학교에 다녔다. 그러나 군부 세력의 긴박한 움직임에 학생들의 시위가 갈수록 심해지는 것을 계속 모른 척할 수는 없었다.

내가 운영한 입시학원에는 시간당 3,000~5,000매가 나오는 당시 최고급 윤전기가 있었다. 그러니 재학생 후배들이 시위가 있을 때면 밤마다 와서 윤전기를 쓰겠다고 했다. 그래서 아예 5월 초에는 그것을 총학생회에 기증해버렸다. 5·18 광주민주화운동이 터지기 하루 전날, 전국 대학교 학생회장단이 이화여대 앞에 총집결했는데 그때 나는 집에 있었다. 학과 후배가 전화로 "선배님, 빨리 피하십시오. 경찰이 학생회장단을 다 연행해 갔습니다"라고 하길래, 곧바로 집을 나와 대방동 학원에서 며칠을 기거했다. 며칠 후, 후배들이 찾아와 "광주에서 큰일이 났습니다. 서울 시민들에게 진실을 알려야 합니다"라고 하길래, "같이 죽을 일 있느냐, 제발 좀 참아라"라고 말렸다. 하지만 결국 광주의 진실을 알리는 유인물이 입시학원에서 제작됐고, 서울에서는 5월 23일 처음으로 구로공단에 뿌려졌다. 유인물을 나눠주던 후배들은 현장에서 다 잡혔고, 경찰은 나를 이해찬 선배와 이들과의 연결고리로 상황을 만들어 수배자 신세가 되었다. 6월 13일 계엄령 선포되면서 나를 포함한 100여 명에게 공개 수배령이 내려졌다. 친구 집에서 숨어서 TV를 보고 있는데, 수배자 명단에 내 이름이 '이래경'이 아니라 '이태경'으로 나온 것을 봤다.

또다시 내 인생이 생각하지 못한 방향으로 흘러가고 있었다. 집에서는 어머니가 혈우암으로 위독하니, 그만 자수하라고 했다. 고민 끝에 친형님을 만나러 나오다 그 자리에서 형사에게 잡혀 자수한 셈이 되었다. 이번에도 이모부 덕분에 그럭저럭 29일간 조사만 받고, 기소중지로 나왔다. 그러나 어머니가 돌아가셨다. 학교에서는 두 번째 제명을 당했기 때문에 다시 학교로 돌아갈 수 없었다. 결국 어려운 집안사정으로 다시 취업을 해야 했다.

무역회사에 다닐 때 문교부라는 이름으로 몇 차례 전화를 받았다. 어느 날 문교부(사실은 안기부) 직원들이 나를 시내 호텔 방으로 불러 '오사카, 동경, 베를린 중 네가 가고 싶은 곳에 가서 하고 싶은 공부를 해라. 돈은 우리가 다 제공하겠다. 한국에 돌아온 뒤에는 대학교 교수 자리도 보장해 주겠다. 대신 해외에서 공부하는 동안 교포 사회에서 일어나는 일을 주간 보고 해 달라'고 제안했다. 말 그대로 나를 그들의 끄나풀(앞잡이)을 만들려는 수작이었다. 기가 막혀서 웃었다. "내가 아무리 공부가 고프다고 한들, 그런 식으로 공부하겠나. 있을 수도 없는 일이고 그렇게 하지도 않을 거다"라고 단호하게 거부했더니, 자기들이 제안한 것을 평생 입 닫고 비밀을 무덤에 갈 때까지 지키라고 협박했다. 이게 다 기무사, 보안사, 중앙정보부라고 하는 당시 첩보기관이 하는 일이었다. 평범한 사람을 끄나풀로, 무고한 사람들을 간첩으로 만드는 일이다. 당시 대학교수 중 첩보기관 끄나풀로 공부했던 사람들이 많이 있다고 그들에게 들었다.

그렇게 사업을 가꾸고 키우는데 집중했다. 그렇다면, 고敝 김근태 의장과의 인연은 어떻게 시작된 것인가?

　　1983년 내가 전국민주청년학생총연맹(민청학련 또는 민청련) 결성과정에 개입하면서 거기서 '김근태'라는 인물을 만났다. 초기 의장이 김근태였고, 부의장이 장영달과 이해찬, 상임위 의장이 최민화였다. 처음 나는 서울대 공대와 성균관대와 연락을 책임지는 간사 겸 상임위원이었는데, 어쩌다 보니 민청련 중심인물 중 하나가 된 셈이었다. 그러다 1년쯤 지나서 집안이 기울고 내 생활도 어려워져 민청련 상임위원을 그만두고, 사업을 시작했다. 그런데 내가 민청련에서 나온 이후인 1985년, 남영동에서 '김근태 고문사건'이 터졌다. 그 소식을 듣고 정말 가슴이 찢어지듯 아팠고 또 미안했다. 당시 나는 1선도 아니고 2선도 아닌 3선에 있었다. 내가 할 수 있는 일은 민청련 부설 민족민주문제연구소에서 발간하는 《정세연구》라는 격월간지 발간 비용을 한 달에 50만 원씩 지원하는 일이었다. 80년대 중반부터 90년대 중반까지 아무리 내 상황이 어려워도 한 번도 지원을 중단한 적이 없었다. 10년 동안 지원한 금액만 5,000만 원 쯤 될 것이다. 당시로써는 꽤 큰돈이었다. 김근태 선배가 감옥에서 나온 뒤에는 편하게 지낼 수 있도록 오피스텔을 빌려 여러 사람과 만날 수 있도록 지원했다. 그러던 그가 1993년 가을 무렵 내게 '정치에 입문하려 하니 도와 달라'고 했다.
　　그때 우리가 만난 곳은 성북구 우이동 산골 속에 있던 '명상의 집'이라는 천주교 피정장소였다. 본인 성격에는 교수나 신부가 더 잘 어울린다는 것을 알고 있지만, 그것을 하기에는 너무 늦었고 그나마 역할을 할 수 있는 정치에 입문하겠으니 도와달라고 했다. 그가 이 이야기를 일부러 '명상의 집' 예수님 상 밑에서 하는 것을 보고, 예수님에게 하는 자신의 약속처럼 느껴졌다. 그렇게 그를 돕게 되었다. 1994년 국회의원으로 당선된 뒤에도 계속 도와달라고 하니, 그 사람이 살아온 과정을 지켜본 사람으로 거절할 수가 없었다. 결국 내가 후원회 책임을 맡게 되었다. 당시 후원회 실무자가 지금 민주당 유은혜 의원이었고, 내가 후원회 운영위원장을 맡으면서 '한반도 재단'을 만드는 데 주도적 역할을 했다.

'김근태 후원회' 위원장을 하면서 옆에서 정치권을 보며 가장 힘들었던 점이나 안타까웠던 점은 무엇이었나?

김근태가 제일 어려웠던 시기가 언제였느냐고 묻는다면, 역설적으로 DJ와 노무현 집권 10년이었다고 할 수 있다. 김근태 선배는 세상을 보는 시각과 방향은 DJ와 전적으로 공유하고 있었으나, 현실 접근에서는 매우 달랐다. 이 점에서 나는 DJ를 매우 정략적인 마키아벨리 형 인간이었다고 본다. 그는 동교동계라는 충성적 계파운동을 통해 필요하다면 구태의연한 타협적 정치를 했다. 어쩌면 그것은 불가피한 현실 정치였을 것이다. 반면, 김근태는 초짜라고 놀림을 당할 만큼 원리원칙을 대단히 중시한 철저한 민주주의자였다. 계파를 떠나 토론과 숙의를 통해 결정하는 것이 진짜 민주주의라고 여겼다. 평민당 대선 후보 선출방식 과정에서 이 둘의 의견이 충돌한 이후, DJ와 동교동계는 김근태를 견제하기 시작한 것 같다. 실제로 DJ는 평민당 초기, 부총재로 김근태를 발탁한 것 외에는 그를 중용해서 함께한 적이 없다.

김근태와 노무현 전 대통령과도 애증관계였다. 김근태는 철저한 현실 파악 속에 지성과 논리에 의해 움직이는 사람이었다. 반면, 노무현은 다분히 즉흥적이고 감정적이었다. 그 두 분의 차이는 니체가 쓴 《비극의 탄생》에서 나오는 아폴로적인 요소와 디오니소스적 요소 같았다. 김근태가 아폴로적 인간이었다면, 노무현은 디오니소스적 인간이었다. 그 둘이 협력을 잘했다면 시너지 효과가 매우 컸을 텐데, 그러지 못했다. 노무현은 본인이 대통령이 됐긴 했지만, 운동권의 대부로 실질적인 정통성을 갖고 있는 김근태에 대한 자격지심이 너무 컸던 것 같았다. 노무현 정부 5년 동안 이 두 사람은 끊임없이 갈등했다. 어느 날은 내가 김근태 선배에게 "그냥 노무현을 밟아라"라고 직언했더니, "어떻게 만들어진 참여정부인데 그럴 수 있나. 내가 노무현 대통령과 싸우면 참여정부가 무너진다"고 하더라. 그렇게 나라 걱정 앞에는 한없이 심약한 양반이었다. 두 사람의 모습은 민주개혁진영의 내부가 차마 공개적으로 내놓고 말하지 못한, 속병을 앓는 자기모순과 같은 것이었다.

'일촌공동체'라는 새로운 사회운동을 시작하게 된 계기는 무엇이었나?

노무현 정부가 출범할 때 매우 중요한 사건 하나가 터졌다. 2003년 7월 인천 부평구 청천동에서 30대 엄마가 아이 셋을 데리고 고층 아파트에서 투신자살을 했다. 그것은 우리 시대의 철저한 고발이었다. 노무현 정부가 이 사건을 심각하게 들여다봤어야 했다. 그런데 그 상황에 대해서는 눈을 감고 대신 '권력은 시장으로 넘어갔다, 분양 원가를 공개하는 게 말이 되느냐, 장사꾼 논리대로 해야 한다'라는 참으로 한심한 발언을 했다. 김근태가 보건복지부 장관을 하던 시절인 2004년 12월, 대구에서 다섯 살 남자 아이가 벽장 속에서 굶어 죽는 사건이 발생했다. 그때 내가 김근태 장관을 대신해 부인인 인재근(현 민주당 의원) 씨와 함께 대구로 내려갔다. 당시 현장 담당 사회 국장이 사건 브리핑을 하는데, 요지가 '이번 일은 우리가 갖고 있는 인력·행정력으로는 어떻게 할 수 없는 불가항력적인 사건이었다'라고 말했다. 브리핑 도중에 내가 "때려치워라. 사람이 죽었는데 무슨 변명만 하고 있느냐?"라고 소리를 질렀다.

이 사건을 계기로, 이제는 우리가 정부만을 믿어서는 안 되고 시민사회가 함께 나서야 한다고 생각했다. 그때부터 본격적으로 '신자유주의에 몰입된 지금 우리 사회는 잘못 가고 있다'는 글을 쓰기 시작했다. 이제는 '성장과 출세 패러다임에서 벗어나 상생하는 사회로 패러다임을 바꿔야 한다'고 주장했다. 시민 스스로 상생하는 문화, 인간과 생명을 소중히 여기는 사회를 만드는데 일조하자는 결심으로 '일촌공동체'를 기획하고 2007년 3월에 법인으로 설립했다.

일촌공동체를 설립하고 난 후에도 복지국가소사이어티와 같은 시민사회단체와 함께 계속 활동을 하고 있다. 지금까지의 이래경의 삶을 움직인 가장 큰 원동력은 무엇이었는가?

시대와 상황이 요구할 때마다 나는 마음속에서부터 거부

할 수가 없었다. 그것을 피하려고 하면, 마치 목에 가시가 걸린 것 같았다. 각 시대의 흐름에는 그때마다의 시대정신이 있는 것 같다. 우리가 일제 치하에 있을 때는 '독립'은 가장 중요한 시대 정신이었다. 그다음에는 '국민의 먹고사는 문제를 해결해줄 수 있는 경제발전'이 시대정신이었다. 많은 사람들이 우리나라 경 제발전의 일등공신은 '박정희'라고 생각한다. 물론 그가 역할 을 한 부분도 있지만, 최고 공신은 차라리 '조봉암'이었다. 만약 조봉암이 농지개혁을 계획하고 실현하지 않았다면, 우리나라 경제발전은 없었을 것이다. 박정희는 장면 정부 때 만들어 놓은 경제발전 초안에 기초해 자신이 쿠데타로 집권 한 뒤 이를 실천한 것이었다. 여기서 박정희를 평가하는 것은 자립경제의 기치로 중공업과 산업재 중심의 경제발전을 추진하고 이루어 냈다는 점이다. 제3세계에서는 감히 꿈꿀 수 없는 일을 해낸 것을 높이 사고 싶다. 이후 먹고사는 문제가 해결되면서 사람들이 요구한 것은 '민주화'였다. 유엔의 제1 아젠다가 바로 '인권 Human Right'이고, 제2 아젠다가 '참정권'이다. 참정권은 민주주의의 핵심으로 민주국가라는 것은 국민들 스스로가 국가의 중요한 결정에 참여하고 결정할 권리를 갖게 되는 것을 의미한다. 이 점에서 지난 대선에서의 국가정보원(과거 안기부, 기무사) 등 권력기관의 개입은 민주적 기초와 원칙을 뒤흔드는 매우 중차대한 도전으로 받아들여야 한다.

참정권 이후, 시대정신은 바로 '사회경제적 권리'다. 인간이 인간답게 살 수 있도록 하는 제반 조건, 즉 필요한 재화와 서비스를 제공받을 권리가 바로 오늘날의 시대정신이다. '복지국가'는 우리 시대의 가장 핵심적인 과제이자 거역할 수 없는 시대정신이다. 내가 좋아하는 인도의 경제학자 아마티아 센은 복지국가가 지향해야 할 철학을 단 한마디로 '인간에 대한 안전보장Human Security'이라고 규정했다. 그는 단지 인간의 존엄을 유지할 최소한의 재화와 서비스의 제공을 넘어서, 한 인간으로서 자신에 내재한 잠재력을 최대한 발현할 수 있도록 북돋아 주는 적극적 개념으로 더욱 발전되어야 한다고 주장했다.

'보편적 복지냐, 선별적 복지냐'와 같은 논쟁을 보고 있으면, 그래서 참 한심하다. 복지는 기본적으로 보편적이다. 왜냐하면 모든 인간은 자연의 위대한 산물 또는 하나님의 섭리적

창조물이고, 따라서 우리 모두에게 그리고 개개인으로서 가치와 존엄은 예외 없이 보편적이기 때문이다. 중요한 것은 '현실적 조건 안에서 어떻게 가장 적합하고 효과적으로 보편적 복지를 실현하느냐' 하는 것이다.

70년대 20대였던 이래경은 '정부 민주화'를 요구했다면, 2013년 60대 이래경은 국가를 상대로 '복지국가'를 요구하고 있다. 그동안 어떤 변화가 있었나?

　　청년일 때는 '나는 누구인가?' 하는 대자적 의식과 자신의 생각이 분명하지 않았지만, '이건 아니다'라는 막연한 분노감으로 운동을 했다. 어떤 정립된 체계나 사상을 가지고 시작한 것은 아니었다. 그게 바로 청년 정신이다. 이순耳順의 나이에 이른 지금 '사람들이 살아가는 도리와 우리 사회가 이렇게 가야한다 하는 방향성을 마음속으로 깊이 느끼며 살고 있다.

개인적인 이익을 추구하는 사업장을 운영하면서 동시에 공동체적 가치를 추구하는 일에도 상당 부분 시간과 돈을 할애하고 있다. 어떻게 나의 몫을 다른 이들의 몫으로 나눌 수 있는가?

　　'인간은 과연 도덕적인 존재인가'라는 근본적인 질문을 해본다. 이것은 매우 철학적이고 자유주의의 본질적인 문제다. '도덕'에 관한 여러 입장이 존재하는데, 첫 번째로 '도덕은 쓸데없는 것으로 인간은 될 대로 되라는 식으로 즐기며 살면 된다'고 하는 입장이 있다. 다른 하나는 '도덕은 인류가 살아오면서

긴 역사 속에서 끊임없이 진화한 내용이다. 그렇기 때문에 도덕
은 사회와 국가를 유지하는데 검증된 적합하고 실제적이며 정
당한 게임의 법칙이다'라는 입장이 있다. 세 번째는 도덕이란
'인간으로서 마땅히 가지고 있는 내면의 핵심 의지다'라는 입
장이다. 내가 강조하고 싶은 것이 바로 세 번째 입장이다.

하나의 열린계가 스스로의 한계에 이르면, 이 장애를 뛰
어넘기 위해 새로운 계로 이동하는데 이것을 '창발현상'이라
고 한다. 인간은 이 창발현상에 의해 자연계에서 생물계로, 그
리고 인간계로 이동한 것이다. 이 과정에서 인간은 '나는 누구
인가?' 하는 대자적 의식을 한다. 마치 파스칼의 '나는 생각하
는 갈대이다' 혹은 데카르트의 '나는 생각한다, 고로 존재한다'
는 말처럼 '나는 누구인가' 하는 질문에 답하면서 창발현상으
로써 인간이 완성된 것이다. 이 창발의 핵심에 바로 도덕적 의
지가 있다. 도덕은 우리 내면에 빛나는 도덕률로 자리하면서 인
간이기 때문에 스스로 하고자 하는 의지에 따라 행해지는 것이
다. 이것은 위대한 재창조의 작업으로 새로운 것들을 창조하는
능력을 갖춘다. 새로운 것들을 창조한다는 믿음을 가지고 나름
내면의 도덕을 실현하고 있다.

개인의 몫과 공동체의 몫의 가치가 충돌하지는 않는가?

지금도 내 수입의 1/3은 세금, 1/3은 내 개인과 가족, 그
리고 나머지는 다른 이들을 위해 쓴다. 1년에 1억 원이 넘는 금
액을 지원한 지 벌써 7년 정도 됐다. 처음 결정할 때는 매우 주
저했던 기억이 있지만, 이후에는 무심하리만큼 사무적이고 자

동적으로 이루어지더라.

다행히 내 처는 허영과 사치를 모르는 사람이다. 그러니 내가 무슨 짓을 하든지 나를 믿어주고 일체 이 부분에 대해서는 개입도 언급도 하지 않는다. 대단히 고맙게 생각한다. 내 기본 봉급은 생활비로 가져가지만, 그 외에 수입인 경영수당과 배당이익은 대부분 사회활동을 하는 지인이나 단체를 후원하는 데 쓴다. 정직하게 말하면 가끔은 '내 자신과 가족을 위해 허영도 부리고 호사도 하고 싶다'하는 생각이 들 때도 있지만, 잠시 생각일 뿐 곧바로 떨쳐 버린다.

이래경에게 자유란?

인간이란 필연과 우연의 접점에서 자기의 의지에 따라 새로운 것을 만들어 간다. 사르트르는 '인간은 자유를 추구하는 존재, 아니 자유 그 자체'라고 선언했다. 또 '인간은 인간의 미래'라고 외쳤다. 참으로 멋진 선언이고 이것이 자유주의의 핵심이라고 본다. 그렇지만 이 자유를 추구하는 과정 속에는 '나는 무엇이고 타자는 무엇인가? 개인이 먼저인가. 공동체가 먼저인가?'라는 중요한 화두가 반드시 발생한다.

나와 타자의 관계를 불가의 용어 '불일不一이요 불이不二', 즉 '하나도 아니고 둘도 아니다'라고 설명하고 싶다. 결국 나와 타자는 분리가 무의미하게 서로 맞물려서 함께 간다는 뜻이다. 타자를 자기 삶의 내용으로 받아들이는 것이 바로 '진보'적인 것이고, 나아가 타자를 나 자신처럼 소중히 여기며 같이 살아가는 것이 '진보적 자유주의'라고 생각한다. 자기 삶에 대한 자각을 통해 자연스레 '인간 개개인의 삶이라는 것이 온 우주와도 바꿀 수 없을 만큼 소중하다'는 인식의 기초 위에 동일한 존재로서 타자와 만날 때 비로소 연대가 있고 진보가 있고 새로운 창조의 역사가 있는 것이다.

한마디로 나에게 자유란 '시대를 살아가는 자신과 타인을 향한 대화이자 채찍질'이다.

이 시대를 살고 있는 청년들에게 하고 싶은 말이 있나?

《중용中庸》을 읽을 때마다 참 좋다. 보통 '중용'을 적당히 균형 있게 사는 것이라고 생각하는데 그런 뜻이 아니다. 성철 스님의 표현을 빌리자면 중용은 '쌍차쌍조雙遮雙照'다. '쌍차'란 양 끝을 모두 버린다는 뜻이고, '쌍조'란 모든 것을 들여다본다는 뜻이다. 좌와 우의 양 극단을 버려 그야말로 공空의 상태가 될 때 비로소 모든 것을 제대로 바라볼 수 있게 된다는 것이다. 모든 것을 버린 쌍차雙遮의 빈 마음, 청정한 마음으로 모든 것을 살펴본 후에야 '올바름'을 판단하는 게 바로 중용인 것이다. 도올 선생은 이것을 '호문好問, 호찰好察, 집기양단執基兩端'이라고 설명했다. '끊임없이 질문하고 끝까지 살펴본 후, 양 끝을 모두 포용하여 판단한다'는 뜻이다.

젊은이들에게 치열하게 우리 사회에 대해 고민하고 부딪쳐 보고 무엇이든 실천해보라고 얘기하고 싶다. 도올의 중용 이야기를 빌어 세 가지 관점으로 이야기 한다면, 첫째는 '시중時中'으로 '모든 존재는 시간의 흐름 속에 있다'는 뜻이다. 하나님조차도 시간을 초월해서 존재할 수 없다. 우리의 삶이 시간의 흐름 속에 있으면서 이에 제한받고 규정된다고 할 때 오늘 이 시점이 나에게는 가장 중요한 것이다. 시대정신 속에 사는 삶이야말로 가장 보람된 것이다. 두 번째는 '능구能久'다. 공자가 '안회'라는 제자를 가리켜 '나는 어떤 결심하지만 달이 바뀌면 마음도 변하는데, 안회는 한 번 무언가를 결심하면 끝까지 지켜간다'면서 늘 칭찬했다. 한 번 마음을 정하면 의지를 가지고 지켜나가는 실천의지가 소중하다. 자신이 옳다고 믿는 곳에 젊음을 던져라! 마지막은 '지미知味', 즉 '삶을 음미하라'는 말이다. 세상의 모든 사람들은 아침저녁으로 두세 번씩 식사를 하는데, 그 중에 음식의 참다운 맛을 아는 사람은 별로 없다. 인생에 대한 가치와 의미를 자각하고 자신의 삶을 음미하고 살피라는 것이다.

일촌공동체를 설립할 때 그 기본정신을 해월海月 최시형 선생에게서 가지고 왔다. 첫 번째는 '경인경물敬人敬物', 인간과 자연에 대해 경외심을 갖자는 뜻이다. 두 번째는 '심인심고心人心告', 생활 속에서 만나는 타인을 사랑하고 걱정하며 그들을 위해 마음속 하느님侍天主에게 간절히 기도한다는 뜻이다. 마지막은 '여인여락與人與樂'으로 사람들 속에 함께 머물면서 그 사람들과 삶의 즐거움을 함께 한다는 말이다. 여기서 말하는 '락'은 기쁨과 더불어 슬픔, 아픔, 애달픔, 고통 등을 모두 포괄한다. 이 '삼인사상三人思想'을 일촌공동체를 통해 실현했으면 하는 소망이다. 동시에 삼인정신은 자유와 함께 내 스스로에게 던지는 경고이자 내 삶의 잣대이다.

인터뷰 담당 손어진, 정인선

제윤경

공약은 '뻥'이 아니라 '아이디어'다

2015. 8. 19

개인사에 대해 잘 알려지지 않았는데 학창시절 제윤경은 어떤 학생
이었나?

개인사에 대해 이야기하는 것을 별로 좋아하지는 않는다.
나는 91학번인데 처음에는 학교에 만족하지 못했다. 원래 내가
다닐만한 학교가 아니라고 생각했던 것이다. 그런데 입학 후 나
만 이렇게 잘난 척 해서는 안 되겠다는 생각이 들었다. 그리고
신입생 오리엔테이션에서 처음으로 운동권 분위기를 접했는데
어린 마음에 멋있어 보였다.

강경대 열사가 91학번이다. 또한 김기정 분신자살 사건이
발생하면서 웬만한 1학년들은 선배들 손에 이끌려서 가두집회
에 나가는 분위기였다. 특히 우리 학교는 운동권이 유난히 많
은 여대로 학교에 대한 불만을 사회 불만으로 표출하는 분위기
였다. 입학하자마자 한 학기 수업을 거의 안 했다. 학내 분규가
나서 총학생회장이 제적을 당하고 장기간에 걸친 단식농성 중
이었다. 연일 대자보 속에서 살았던 기억이 난다. 그리고 나는
방송반이었는데 무거운 기계를 낑낑대면서 들고 학교를 다녔던
기억이 난다.

그런 분위기에 이끌려 운동을 했는가. 아니면 해야겠다는 의지가 있어서 참여했는가?

나는 처음부터 적극적으로 참여하지는 않았다. 가끔 가두집회에 쫓아다니는 정도였다. 당시에는 워낙 큰 집회가 많았고 같은 학년 아이가 죽었으니 그 정도는 자연스러운 분위기였다. 이것은 운동권만의 일이 아니라고 생각했던 것이다. 학생운동을 하는 느낌은 없었다. 그리고 방송반은 위계질서가 분명한데, 선배들과 소위 '학습'이라는 것을 했다. 특히 '사적유물론' 등 사회과학학습은 필수라 빠질 수도 없었다. 이런 학습을 하면서 1학기를 보냈고 1학년 말부터 학생운동을 본격적으로 시작했다. 그때 처음으로 이렇게 사는 것이 나에게 맞는다는 생각이 들었다. 1992년, 1박2일로 연세대에서 '전국연합발족식' 집회를 하는데 살아있다는 느낌을 받았다.

방송반이었으면 집회에서 발언도 많이 하지 않았나?

방송반에서 1학년은 짐꾼이었다. 마이크를 옮기고 설치하고. 1학년 2학기 때 방송도 조금씩 했지만 일상적인 일이었다. 2학년 때 새로배움터(오리엔테이션)에서 〈난쟁이가 쏘아 올린 작은 공〉을 방송극화했던 기억이 있다. 그때 나는 소녀를 매수하는 남자역을 맡았다. 내 목소리가 얇고 몸집이 작으니 주인공 소녀역을 하라고 했는데, 그런 이유로 맡는 것은 싫다고 다른 동기에게 넘겼다. 그리고 선배들의 반대를 무릅쓰고 시연을 보여서 남자역을 따냈다. 이후 방송반을 그만두고 본격적으로 후배들과 '학습'을 했다. 방송반에서 하는 것은 공개된 학습단이고, 선배들이 비밀학습단을 꾸렸는데, 그곳에서 학습을 받고 공개된 학습단에서 후배들의 학습을 지도하는 역할을 했다.

대학에서 심리학을 전공했는데 어떻게 재무컨설팅이라는 전혀 다른 분야에서 일하게 되었나?

많이 다르지 않다. 전공대로 사는 사람이 얼마나 되겠나. 경제와 관련된 일은 경제학과 출신이 다뤄야 한다는 편견이 있는데, 거시 경제와 가계 경제는 다르다. 오히려 가계 경제는 사람들의 심리적 기제가 잘 작용한다. 그렇다고 내가 심리학 공부를 열심히 한 것은 아니다. 굳이 전공과 연계성을 찾는다면 재무설계회사에 입사했을 때, 다른 사람들은 금융사가 만든 재무관리 틀에 맞춰서 상담하지만 나는 그렇지 않았다. 그보다는 사람들이 왜 돈을 쓰는지, 심리적 배경이 궁금했다. 상담하면서 왜 그렇게 빚을 내서라도 투자를 하려고 하는지 그 마음에 대해 관찰했다. 그리고 그것을 자극하는 질문을 했다.

2003년부터 본격적으로 일을 했는데 상담한 고객들이 만족스러워 했다. 속마음을 끌어내는 상담을 했기 때문이다. 상담하러 온 사람들을 불편하게 만들지 않으려고 노력했다. 사실 나도 돈 관리를 잘 하는 사람이 아니다. 그렇기 때문에 상대에게 교과서 같은 얘기를 하는 것은 성격에 맞지 않았다. 우리에게는 재정적으로 문제가 있는 분들이 상담을 하러 찾아온다. 소득은 높은데 빚이 늘어난다든가, 사기 당한 걸 감당할 수는 있는데 조급한 마음이 든다거나 하는 사람들이다. 이분들도

반신반의하면서 온다. '뻔히 지출 줄이라고 하지 않겠나. 정답은 정해져 있지 않겠나'. 그런데 상담할 때 오히려 '지금은 크게 문제없다. 방식을 약간만 바꾸면 된다' 하고 부담 주지 않는 선에서 조언한다. 이분들이 실행할 수 없는 안은 나도 줄 수 없다. 나는 사람들이 지출관리를 잘 못하는 것을 충분히 이해한다. 나도 내 자신을 불신하기 때문에 심리적으로 만든 장치들이 있다. '이것만은 아예 저지르지 말자', '이 범위 내에서 자유롭게 쓰자'는 결심들이다. 돈 관리를 하는 게 직업이라고 해서 돈돈거리는 것도 싫고 돈에 구속당하는 것도 싫다. '최대한 쉽게 관리할 수 있는 방식', '쓰고 싶을 때는 마음껏 쓸 수 있는 방식'. 이런 스타일에 대한 조언을 많이 했다. 쓰고 싶은 대로 다 쓸 수도 없고 안 쓰겠다고 허리띠를 졸라 맬 수도 없다. 양극단으로 사람들을 괴롭히는 사회에서 이 두 가지 방법은 모두 틀렸다고 봤다. '쓰고 싶은 데에는 많이 쓰고, 마음껏 쓰기 위해서는 다른 곳에 덜 쓰자'. 이런 원칙 몇 가지 만들어놓으면 된다고 조언하니 사람들이 상담 받으러 왔다가 즐거워했다. 자기 스타일에 대해 고민하고 어디에 돈을 쓸 때 가장 즐거운지, 어떤 지출은 내가 절대 양보할 수 없는지를 고민하게 해주니까 말이다.

자기 스타일을 찾아내는 것도 어떻게 보면 심리학과의 영향이 있었던 것 같다. 공부는 안 해도 심리학 전공이 주는 무언의 압력이 있기 때문이다. 바로 자꾸 사람을 분석하게 만든다는 것이다. 대학 시절, 동기들과 수업에는 안 들어가도 '네가 그렇게 말하는 걸 보니 어렸을 때 상처가 있었던 것 같아', '너 혹시 이런 열등감이 있었던 것 아니니?' 하면서 서로에 대해 분석하다가 엉뚱한 곳으로 흐르곤 했다. 이런 습관이 일을 하는 데 도움이 되었던 것 같다.

재무라는 새로운 공부를 하다 보면 힘이 들었을 것 같다. 수치들이 복잡하지 않나?

나는 숫자를 많이 보지 않는다. 지금도 숫자에 약하다. 그런데 오래 일을 하다 보니 경험에 의해 숫자들이 쌓이는 것 같다. 예컨대 '2000년대 초반 가계부채 지수'라든가 '가처분소득 대비 가계부채 비율' 같은 것은 머릿속에 억지로 넣어도 못 외웠을 것이다. 거시경제 교과서에는 복잡한 공식들이 많이 나올 수 있지만 거시경제 학자도 아닌 내가 우리나라 경제에 대해 진단을 내릴 필요는 없지 않나? 거시경제 학자들과 나는 공부하는 분야가 다르기 때문에 주눅 들지 않는다. 가계 경제에도 수치는 있지만 어려운 공식은 없다. 오히려 가계 경제는 이론도 별로 없고 표준 지표도 부재한 상황이다. 가계지표를 표준화할 때는 굉장히 많은 가구의 총 조사가 필요하다. 그러나 우리나라 인구 총조사는 인구의 20%밖에 조사하지 못하고 있고, 통계청 조사도 오류가 많다. 따라서 표본 집단을 추출하는데 너무 일반화하는 경향이 있는 것이다. 어떤 경우에는 우리가 조사하고 상담 결과를 분류한 게 더 정확할 때도 있다.

가계경제와 금융쪽을 자세히 보게 된 것이 IMF를 겪으면서 영향을 받았기 때문인가.

그렇지는 않다. 우연히 입사한 회사가 재무설계회사였고, 교육을 하라는데 뭘 해야 할지 몰라 상담사를 쫓아다니면서 연구하고 분석하다 보니 조금씩 알게 됐다. 재무설계회사에서 재무관리하는 분들은 대부분 금융상품 판매에 종속되어 있다. 내가 입사한 회사도 그런 경향이 강했다. 나는 일하는 방식이 스스로 납득이 되어야 일을 하는 스타일이다. 현장에서 일하는 상담사들을 쫓아다니다 보니 상담사들이 판매에 급급한 상담을 하고 있고 그걸 위해서 분석을 작위적으로 하는 경우를 여러 번 봤다. 답이 정해져 있는 분석을 하는 것이었다. 나는 그게 잘 이해되지 않았다. 그런 식으로 하지 않는 상담사들의 실적은 좋지 않았지만 훨씬 설득력 있었다. 이렇게 상담하면 고객들에게 도움이 되겠다는 생각이 들어 그 내용을 표준화하는 작업을 했다. 대부분 교육 교재들은 금융사가 단지 판매를 잘하기 위해 만든 것들이었기에 나는 그런 교재에 충실하지 않고 고객들의 사례를 중심으로 내용을 만들었다.

　　이런 면은 고등학교 때 서클 활동을 한 것이 도움이 많이 됐다. 당시 청소년 YMCA와 교회에서 연극 창작 활동을 했는데 시나리오 대본도 써보고 연극 연출도 해봤다. 대학에서 학생운동을 할 때에는 대동제를 기획해 보기도 했다. 선거도 정책에서부터 캐치프라이즈·이미지까지 기획의 종합판 아닌가. 학회장과 학생회장을 하면서 이런 부분에서 주도적으로 결정해야 하는 경우가 많았다. 학교에서는 조용한 애였는데 외부에서는 짱을 많이 했다(웃음). 이런 경험들이 기존의 틀에 따라가

기보다는 주도적으로 판단하고 결정할 수 있게 만들었다. 이로 인해 상사와 마찰이 심하기도 했다. 그래서 원래 사업을 할 생각이 없었는데 결국 내가 사업을 시작하지 않으면 안 되더라. 의외로 겁이 많고 소심한 구석이 많다. 그런데 어느 순간 정신을 차려보니 내가 사업을 하고 있었다(웃음).

에듀머니는 '시민의 눈높이에서 교육한다'고 하는데 재무설계는 일반 사람이 알기 어렵다. 콘텐츠를 어떻게 해야 알기 쉽게 설명할 수 있을까.

콘텐츠 자체가 쉽고 어렵고의 문제는 아니라고 본다. 내가 어렵지 않게 얘기할 수 있는 이유는 어려운 것을 잘 모르기 때문이다(웃음). 나는 내 경험에서 다른 사람들의 경험을 이야기한다. 거시경제의 원칙은 어려울 수 있지만 굳이 고객들에게 이를 설명할 필요는 없다. 그런 내용은 학자들이 경제구조를 분석하기 위한 도구지 사람들에게 설명하는 도구는 아니다. 시민들에게는 기본적인 삶의 내용을 이야기해야 한다. 또한 쉽다고 해서 모든 사람들의 귀에 들어오는 것은 아니다. 나는 꽂히게 말하는 방법, 즉 '공감'이 중요하다고 생각한다. 공감해야 하니까 분석했고, 상담하는 과정에서 '저 사람이 왜 집을 못 사서 안달일까? 내 집 마련이 왜 중요한 이벤트인가?'하는 의문을 가졌다.

나는 사람들에게 '왜 집이 있어야 하나요? 집값이 오르잖아요'라고 꼭 물어본다. 때로는 경제 이론서를 보면서 해답을 찾기도 하는데, 집값이 오를 것이라는 기대심리가 사람들로 하여금 집을 사야 한다는 조급증을 만들어 낸다고 한다. 또한 이사 가는 게 싫으니까 전세 사는 게 불안하다. 이러한 주거 불안이 투기적 욕구와 결합해 집을 사야 한다는 강박증을 만들어내는 것이다. 이런 식으로 분석하면서 대답을 얻고, 이 불안이 어떻게 사람을 잘못된 선택으로 이끄는지 상담을 통해 묻는다. 실제로 사람들이 느끼고 있을 법한 것들 혹은 무의식의 영역으로 접어든 것을 행동유형을 통해 분석하거나 이론에서 찾아서 알려준다. '만약 집을 살 경우 향후 현금 흐름이 이렇게 된다. 이만큼의 빚을 갚기 위해서 20년 간 이만큼의 생활을 포기해야 한다. 이것을 포기해도 좋을 만큼 집이 중요한가?', '집값이 올랐을 때 돈을 버는가. 집값이 오르면 왜 좋은가? 돈을 버나? 그럼 언제 팔 건가?' 이런 것들을 계속해서 물어본다. 이런 내용을 정리해 '사실은 뭐에 홀린 거다. 다시 차분히 앉아서 생각해보라' 라고 하는 것이 전달 포인트다. 사람들이 눈치 못 채고 있지만 자기 안에 숨겨져 있는 것들을 끄집어내는 것이 우리의 역할이다.

　　나는 기본적으로 메시지를 전달하기 위해서는 대중들의 욕구에 대한 이해가 있어야 한다고 본다. 우리는 확성기가 없다. 내 신분이 교수도 아니고 명문대 출신이나 유학파도 아니다. 사람들에게 많이 전파 되려면 꽂히는 얘기, 즉 언어를 연구할 수밖에 없다. 그래야 한번이라도 돌아본다. 그래서 이에 대한 가이드라인이 부재한 열악한 조건과 환경 속에서 스스로 연구했다. 나는 절실하게 파고드는 것이 재밌다. 필요해서 시작했지만 묘한 쾌감이 있다. 이처럼 일하는 방식을 불편하게 바꾸는 것이 좋다. 상대의 입장으로 돌아가서 '왜 관심이 없을까?'

라고 생각해본다. 거기서부터 출발해야 한다. 결국 어렵기 때문이 아니라 매력이 없기 때문이다. 심리학에서 보면 '각성상태냐 아니냐, 의식이 활성화되느냐 아니냐'이다. 매력이 없으면 각성이 안 된다. 자극이 안 되기 때문이다. 나는 지금도 끊임없이 고민한다.

나는 롤링주빌리 운동도 처음부터 불같이 일어날 줄 알았다. '어떻게 빚을 할인해서 팔지?'라는 생각에 꽂혀 운동을 시작했다. 참여정부 당시에는 정부가 다수의 열악한 채무자들을 염두에 두고 파산·면책 정책을 입안했기 때문에 그렇게 심각한 문제가 아니었다. 그런데 2010년쯤 이 사람들이 추노꾼에게 쫓기는 노예 신세가 되어 있었다. 어떻게 이럴 수 있는가. 만나는 사람마다 이 얘기를 했다. '이해되느냐. 나는 이해 안 된다. 문제지 않느냐?'물었다. 다들 놀라기에 불같이 일어날 줄 알고 기획했다. 그런데 잘 안 되서 작년에는 심리적으로 힘들었다(웃음). 기대가 높으면 실망도 크니까.

나도 그런 생각을 한 적이 있다. 다 자신들의 문제인데도 불구하고 대중들이 왜 공감해주지 않는가에 대한 안타까움을 느꼈다. 왜 그런 것일까.

무심한 것이다. 나도 이에 대해 약간 좌절감을 느꼈다. 작년에 성공한 소셜 캠페인 중에 이효리의 '노란봉투'가 있다. 그 캠페인을 보니 연예인이 움직이니까 한방에 된다는 생각이 들더라. 우리나라의 지적 수준은 이것밖에 안 되나 하는 좌절감이 들었다. 행동경제학을 공부하면서 느낀 바가 있는데, 우리나라 사람들은 교육을 그렇게 받았다는 것이다. 사람들 속에는 감정적·직관적으로 하는 의사결정과 뒤집어보고 비판하는 결정 프로세스가 있다. 우리나라 사람들은 후자의 의사결정 프로세스 훈련이 안 되어 있다. 입시경쟁에 몰두하느라 생각하는 것 자체를 거세당하면서 교육받았기 때문이다. 나는 파고 들어가는 성향이 있어서 이런 프로세스가 어느 정도 발달한 것 같다. 어릴 때 어머니가 일찍 돌아가시고 집에 어른들이 없었다. 그래서 혼자 생각하는 시간이 많았다. 고등학교 때는 휴학을 하기도 했다. 이처럼 남들과 다른 경로로 가면서 생각이 꼬리에 꼬리를 무는 습관을 갖게 됐다. 지금은 아이들을 키우면서 이러한 프로세스가 즐겁게 훈련되도록 하고 있다. 아이들이 끊임없이 생각의 꼬리를 물고 고민할 수 있도록 시간을 준다. 타고난 기질도 약간 있는 것 같다. 우리 아들을 보니 가르쳐준 적도 없는데 꼬리에 꼬리를 물고 질문을 한다(웃음).

우리나라 사람들은 굉장히 감정적이고 즉흥적이다. 그래서 직관력은 발달했는데 검증하는 의사결정 프로세스가 발달되어 있지 않다. 본인이 얼마나 감정적으로 의사결정을 내렸는지 인정하는 것이 기분 나쁜 것은 아니다. 사람이니까. 이런 방식으로 중요한 재무사건에 대해 정보처리를 한 단계 더 거치는 것이다. 예를 들어 1억짜리 집이 3억이 되면 우리 안에 감정계좌가 생긴다. 감정계좌에 2억이 입금된 것이다. 근데 실제계좌에도 2억이 입금되었는가? 1억짜리 집이 5억이 될 수도 있는데 3억에 팔면 손해인가 이익인가? 이런 질문을 하면 사람들이 웃는다. 함정이 뭔지 아니까. 우리의 감정계좌는 이를 손해로 인식한다. 그러나 실제로는 이익이다. 결국 감정계좌 때문에 빚만

남는다. 1억짜리 집을 사기 위해 5천만원 빚을 냈더라도 의심하는 의사결정 프로세스가 발달한 사람이라면 3억에 팔고 1억짜리 집으로 이사 갈 것이다. 그리고 2억의 차액을 실제 계좌에 입금할 것이다. 그리고 다시는 그런 행위를 반복하지 않을 것이다. 그런데 사람들이 그렇게 하는가.

사람들이 이런 얘기를 들으면 의사결정을 바꾸나?

안 바꾸는 사람이 대부분이다. 그래도 한번쯤 반성해보는 것이 중요하다. 바꾸는 사람은 우리의 고객이 된다. 하지만 교육만으로는 되지 않는다. 어릴 때부터 이런 식의 교육을 받았더라면 가능하지만 성인 교육만으로는 한계가 있다. 독일의 경우 어렸을 때부터 끊임없이 이성계좌 발달을 교육한다. 그것이 바로 합리적 의사결정에 대한 훈련이다. 그러나 우리는 이런 것을

훈련하지 않는다. 아이들을 이렇게 위험천만한 세상에 살게 할 거면서 말이다. 언젠가 경제 시스템이 붕괴되면 사람들은 정신 차릴 것이다. 우리는 아직도 17세기 네덜란드 튤립 광풍이 벌어졌을 때 사람들이 튤립 한 뿌리를 사기 위해 연봉의 6배를 지불했던 것을 이야기 한다. 그 사람들이 언제 정신을 차리냐면 튤립 값이 폭락했을 때다. 그때서야 튤립이 꽃이라는 사실을 깨닫는다. 재밌지 않나. 이렇게 극적으로 교육해야 집값이 폭락했을 때 집이 집으로 보이게 될 것이다. 이런 교육을 2006년부터 9년째 하고 있다. 몇 년 째 우려먹어도 전혀 진부하지 않다. 10년째 투기적이니까(웃음).

박원순 시장 캠프에서 부대변인을 맡은 것을 시작으로 정치계로 입문했다. 어떤 계기가 있었나?

참여연대에서 나를 추천했다. 참여연대 실행위원으로 활동하고 있었는데, 투기에 대해 문제점을 제기하다 보니 민생 파트에서 위원으로 결합해주면 좋겠다고 했다. 그때 박원순 시장이 출마한다고 사람들이 흥분해 있었을 때다. 당시 나는 민생 단위 실행위 회의에 있었는데, 참여연대는 단체의 특성상 캠프에 들어갈 수 없었고 나는 잘 알려진 실행위원이 아니었기 때문에 나보고 들어가라고 했다. 누군가 민생정책을 만들고 핸들링할 필요가 있었기 때문이다. 부대변인을 할 생각은 없었다. 언론도 잘 모르고 대변인이 뭔지도 잘 몰랐다. 부담스러워서 안하려고 정책팀 쪽에 합류를 했다가 시장님이 부대변인을 하라고 해서 했다.

캠프에서 만들었던 정책들 중 실행되고 있는 것은 무엇인가?

대부분 실행되고 있다. 내가 제안한 것이 금융복지센터인데 현재 많은 채무자들이 구제받고 있다. 내가 직접 만든 정책이 실현되는 것은 매우 보람 있다. 공공임대 공약도 내가 정책팀에서 싸워서 첫 번째 공약으로 넣은 것이다. 공약은 '뻥'이 아니라 '아이디어'의 문제다. 실행계획을 어떻게 짜든지 간에 주거 문제를 외면해서는 안 되기 때문에 반드시 들어가야 한다고 주장했다. 8만호를 공약으로 세웠는데 조기에 실행됐다. 이런 일들은 정말 재미있다.

문재인 캠프에서 공동선대위원장을 할 때 '막말논란'이 있었다.

당시 '나는 정치를 못하겠다'고 생각했다. 그렇게 심한 막말은 아니었다. 주변에서는 정치를 할 거면 호재라고 하더라. 하지만 나는 너무 싫었다. 어떤 역할로 주목받으면 모를까, 사람으로 주목받는 것은 싫었다. 그래서 대중적으로 많이 알려진 분들은 사는 게 힘들겠다고 생각 했다. 그렇게 좋은 기억은 아니다.

그것 말고도 캠프 안에서 의사결정의 답답함을 경험했다. 되는 일도 없고 안 되는 일도 없었다. 사공이 많아서 결재라인이 도대체 어딘지도 모르겠더라. 누가 정치는 원래 비효율적이라고 했는데 나는 이런 얘기에 동의하지 않는다. 나는 오늘 결정하면 내일 바로 처리하는 스타일이다. 그런데 정치권에서는 계속 회의만 하고 안건은 돌고 돈다. 그리고 어디선가 실종되어

버린다. 그런 방식이 못마땅했다. 민주적인 것은 비효율적일 수밖에 없다고 하는데, 그것은 무책임한 얘기다. 진짜 민주적이려면 그 사람이 하면 된다. 자기가 가지고 있는 안을 직접 실행하면 되는 것 아닌가? 전체 구성원이 논의해야 할 가치가 있는 것이라면 모르겠는데, '가계부채 관련한 행사를 어떻게 진행할 것인가?'같은 안들이 공전하고 있는 것은 웃긴 일이다. 비효율의 문제가 아니라 무책임의 문제다.

새정치비전위원회에 있을 때도 비슷한 문제가 발생했나?

비전위는 전혀 이해 안 되는 시스템이었다. 의미 없는 것을 열심히 하는 비전위원들이 존경스럽다고 생각했다. 비전위에 들어간 초기에 내가 단지 액세서리에 불과하다는 것을 눈치챘다. 바쁜 분들이 절박한 심정으로 야당을 바꿔보겠다고 모였는데 결국 정치인들의 쇼였다. 정말 화가 났다. 백승헌 변호사님은 정말 일을 잘 하셨다. 회의도 압축적으로 진행하고 도출해야 할 과제를 분명하게 제시하고. 대단하다고 생각했다. 나는 구경만 했다(웃음). 정치를 잘 몰라서 개혁안을 낼 게 별로 없었다. 내가 할 수 있는 말은 '민주당이 뭘 몰라서 못합니까. 알아도 안하는 거지. 민주당에는 온갖 개혁안이 다 있잖아요. 캐비닛에.' 이런 말들만 얄밉게 했다(웃음).

앞으로도 정치권에서 부르면 같이 할 의사가 있나?

늘 겪어본 뒤에는 하지 말아야지 이런 생각을 한다. 그러면서도 제도 개선이 필요한 영역이 굉장히 많기 때문에 '이번이 마지막이다', '이번에 한 번 더 속는다' 하는 심정으로 아마 할 것 같다.

사회적기업으로는 문제를 해결할 수 없다는 한계를 느껴서 정치권에 들어간 것인가? 시민사회계열에 있는 사람이 정치권에 들어가면 '결국 정치하려고 그랬던 것이 아니냐' 하는 비아냥을 받는 상황에서 시민사회와 정치권은 어떻게 관계를 설정해야 할까?

정치에 참여할 수 있는 창구를 다양화해야 한다. 출마나 보좌관이 아니더라도 정책결정과정에 참여할 수 있는 거버넌스가 필요하다. 보좌관 수는 줄이고 비례대표를 늘려 국회 및 외부에서 다양한 이해관계를 대표하는 사람들이 한 자리에서 논의 할 수 있는 거버넌스가 있으면 좋겠다. 내가 비서관이라면 금융위로부터 뜯어낼 자료가 산더미다. 이런 내용을 알려줘도 못하고 있는 것이 현재 의원들이다. 얼마 전에 야당 의원실에서 가계부채 관련해서 국감 때 질의를 하려고 하는데 어떤 것을 정부에게 질책을 하면 좋겠냐고 물어본 적이 있다. 그러기에 내가 야당이 무슨 낯짝으로 정부에게 할 말이 있냐고 했다. '네?' 하고 반문하기에 '야당이 한 게 있어야 정부를 야단치죠' 라고 했다. 하다못해 대부업법 개정도 새누리당이 했다. 새누리당이 상임위로 끌고 가서 논의한 것이다. 법안 발의했던 야당 의원 은 마치 자신이 통과시킨 것처럼 생색만 냈다. 당신들이 새누리 당보다 더할 때가 많다고 했더니 대답을 못하더라. 아마도 나를 찾아온 것을 후회했을 거다(웃음).

따라서 이런 일을 의원이나 보좌관말고도 할 수 있는 거버넌스를 꾸릴 필요가 있다고 본다. 얼마전 이러한 거버넌스 구축에 관한 얘기를 정무위에 있는 친한 보좌관한테 했는데 좋다고 해놓고는 흐지부지됐다. 무책임한 것이다. 의원이나 보좌관에게는 이런 거버넌스를 꾸릴 힘이 충분히 있다. 그러하니 자리만 만들어 달라. 예컨대 사안 별로 금융위 관계자들이 참여하는 정기회의 모임을 만드는 것이다. 의원들이 참여도 안하는 '토론회'라고 불리는 쇼를 열지 말고. 금리와 관련된 거버넌스 체계를 만들어 정부 관계자·대부업체·연구원 그리고 우리 같은 사회적 기업 등 이해당사자들이 참여하는 것이다. 모두 모이면 그 자리에서 논의를 통해 개선책을 마련한다. 그리고 다음 회의 때 그러한 정책들이 제대로 실행되지 않으면 바로 정부에게 책임을 묻는 것이다. 이런 거버넌스 체계가 있다면 덜 답답하지 않을까? 우리가 정치제도 안에서 안을 실행할 수 있다면 굳이 보좌관이 되려 하거나 의원으로 출마하려고 하지 않을 것이다. 나는 이렇게 정치구조가 바뀌었으면 좋겠다. 친한 의원 중 한 명에게 정무위로 가면 월급 안 줘도 되니까 나를 비상근 보좌관으로 써달라고 했을 정도로 답답함이 크다. 이런 거버넌스가 있으면 다양한 범위에서 참여가 가능할 것이다. 재밌을 것 같지 않나? 다들 표 때문에 정신이 나가서 할 수 있는데도 안 하는 것이다. 그래서 비례대표가 중요하다고 생각한다.

그동안 활동하면서 계속 이 일을 해야겠다고 결심하게 된 계기가 있는가.

앞에서도 이야기했던 금융복지상담센터이다. 현재 서울시에서는 금융복지상담센터가 운영 중이고 성남에서도 만들어져 경기도까지 확산되고 있는 단계이다. 하나의 직업을 만든 것이기도 하기에 뿌듯하기도 하다. 물론 아직 100% 실행된 것은 아니다. 서울시의 경우 파산센터처럼 운영되고 있기 때문에 조금 못마땅하지만 어쨌든 시작이 되었다는 데 의의가 크다고 본다. 성남시의 경우에는 우리가 직접 위탁을 받아 모델을 만드는 작업까지 하고 있어 내가 하려는 금융복지상담센터 모델을 그대로 실현할 수 있을 것이라는 기대가 된다. 이러한 활동들은 제도를 바꾸는 일이기 때문에 굉장히 뿌듯하다.

사회적 기업은 돈이 되는 일도 아닌데 꼭 해야겠다는 의지는 어디에서 나오는 것인가?

어린 시절 나는 우리 집이 가난하다고 해서 돈 버는 데에만 몰두해서 부유해지는 것은 싫었다. 가난하기 때문에 느끼는 열등감도 싫었다. 이런 환경과 무관하게 주눅 들지 않는 사람이 되면 좋겠다는 생각이 들었다. 그런데 어느 순간 돈으로부터 자유롭다는 것이 돈이 많은 게 아니라 돈으로 나를 가치평가 하지 않는 것이라는 사실을 알게 되었다. 이런 포인트로 사람들을 교육하고 자기만의 가치에 충실할 수 있도록 도와주면 좋겠다는 생각이 들었다. 돈을 벌어야 하지만 필요한 만큼 벌고 맞춰서 생활하고, 불편하지 않을 만한 원칙을 수립해 놓으면 된다. 물론 한 때는 나도 집이 있고 안정된 생활을 했으면 좋겠다고 생각했다. 하지만 모든 것을 다 가질 수는 없다. 하나를 얻기 위해서 하나의 불편을 받아들이는 연습을 해야 한다.

사회적 기업을 운영하다 보니 보람도 있고 얻는 것도 많다. 돈만 벌겠다고 뛰어다닐 때보다 지속가능성도 있다. 매년 성장하는 것도 사실이다. 그러다보니 계속 하게 되고 성과를 보고 보람을 느끼니 또다시 추진력이 생긴다. 그리고 내가 일을 좀 잘하는 것 같다(웃음). 어떤 일을 앞두고는 잠을 못 잔다. 꿈에서도 계속 신경 쓴다. 구멍이 나지 않게 운영하려면 항상 초긴장 상태에서 살아야 한다. 가끔 이게 싫을 때도 있지만 이 과정을 지나서 일이 진행 되는 것을 보면 보람을 느낀다. 그래서 일을 자꾸 벌이고 다니는 것 같다(웃음). 누군가는 '왜 자꾸 일을 벌이시나요?'라고 묻는다. 그러면 나는 '나 믿고 벌인다'고 대답한다(웃음).

여성으로서 일을 하는데 어려움이 많을 것이다. 엄마로서 여성으로서 겪는 어려움은 무엇인가?

여성으로서 직원들과의 관계가 어렵다. 현재 우리 회사에는 남자직원이 없는데 내 스타일에 문제가 있기 때문인지 사실 잘 모르겠다. 일도 사실 여자들이 더 잘한다. 여자로서 대외활동을 할 때는 일장일단이 있는 것 같다. 특히 내가 일하는 분야는 남자가 많아서 여성이기 때문에 기회가 오는 경우도 많다. 이런 점을 고려하면 여성으로서 사회활동을 하면서 겪는 일들은 여성이 생각하기 나름인 게 아닐까.

육아와 일을 병행하는 건 힘든 점이 많다. 그런데 아이들이 일을 하는데 힐링을 주는 부분도 크다. 아이들이 있기 때문에 일도 더 잘하는 것 같다. 아이들이 어렸을 때는 사무실과 집을 합쳐서 아이들을 자주 볼 수 있게끔 했다. 아들이 방학일 때는 집에 봐줄 사람이 없어서 강의하는데 데리고 갔다. 그런데 강의하는데 옆에서 자꾸 말을 걸어서 혼났다. 형식의 파괴를 어릴 때부터 경험하는 것 같다(웃음). 아이들하고 되도록 시간을 많이 보내려고 한다. 특히 아침은 꼭 같이 먹는다. 우리 딸이 대안학교에 다닐 때는 내가 그 학교에서 경제 강의를 해주기도 했다. 이런 식으로 아이들과 좋은 소통의 시간을 갖는다.

청년들에게 해주고 싶은 얘기는?

두려움을 일단은 다 내려놓고 하고 싶은 것을 찾아 시작해라. 우리 아이만 봐도 불가능한 것은 아닌 것 같다. 우리 아이는 큐레이터가 되고 싶다고 한다. 그러면 나는 '큐레이터에는 여러 종류가 있어. 현대 갤러리에서 큐레이터를 하고 싶다면 넌 잘못 태어났어. 재벌 딸이거나 돈을 1억씩 쓰고 유학을 다녀와서 비정규직 큐레이터가 되어야 해. 그런 걸 원하는 건 아니지 않니?'라고 현실적인 얘기를 해준다. 그리고 '넌 뭐가 하고 싶은 거니? 단지 큐레이터가 되고 싶은 거니?'라고 물으니 미술에 담긴 여러 사람들의 삶에 대해 얘기하고 싶다고 하더라. 그래서 '그렇지. 그럼 그런 일을 해라' 라고 말했다. 어떤 갤러리의 직업으로서의 큐레이터가 아니라 왜 큐레이터가 되고 싶은지, 큐레이터가 되어서 네가 하고 싶은 게 무엇인지를 묻는 거다. 아이가 어떻게 하면 되냐고 물어서 '그냥 하면 되지'라고 답했다. 길거리에 작품을 설치할 수도 있고 그런 사회적 기업이 있으면 찾아보거나 만들어도 볼 수도 있다.

그래도 안정적인 직업, 주거, 결혼 등 현실적인 장벽에 부딪히지 않을까.

청년들에게 강의할 때 항상 얘기하게 되는데, 이 모든 문제는 결국 다 재무문제다. 그것을 벗어나서 살고 싶은 대로 살 수 있도록 설계하는 것이 우리가 하는 일이다. 집 문제도 앞으로 많이 바뀔 것이라고 생각한다. 나는 기본적으로 내가 원하는 삶을 살기 위해서 내 생활 수준을 어느 정도 조정해야 한다고 본다. 50평대 예쁜 집을 위해서 얼마나 많은 노동이 필요한지를 많이 봤다. 매일 반복되는 쓸데없는 노동. 사는 게 사는 것 같지 않은 노동. 그게 왜 필요한지를 생각해 보니 다 허상이

더라. 사실 그렇게 크고 예쁜 집은 필요 없다. 그렇게 생각해 보면 짐을 최소화하게 되고 그러다보면 가전제품도 최소화하게 된다. 결국 필요한 돈은 최소화되고 버는 돈에 대해 자유로워지는 것이다. 그러나 이러한 삶은 다른 사람들의 일반적인 삶과는 다르기 때문에 불안하게 느껴진다. 그렇다고 다른 사람들의 삶이 좋나? 알고 보면 더 불안하다. 많은 사람들이 그 길을 간다고 해서 좋은 거면 그렇게 살면 되겠지만 알고 보면 다 빚에 허덕이고 있다. 많은 청년들이 공무원 준비와 대기업 취직에 매달리는데, 합격하면 집이 생기나? 빚내서 집 사야 하는 것은 마찬가지다. 하기 싫은 일을 하면서도 빚 갚느라 허덕이고, 내 아이는 더 잘 살았으면 하는 생각에 교육비 잔뜩 지출하고. 이런 삶이 행복할 수 있을까?

우리 딸한테도 꼭 대학에 가야 한다는 생각은 하지 말라고 했다. 고3인데 일단 내년에는 수능을 안 보고 해보고 싶은 걸 해보기로 했다. 배우자도 최소화하는 것에 동의하는 사람을 만나면 된다. 사무실 딸린 방 한 칸에 살면 어떻나. 얻는 게 있으면 잃는 게 있다. 얻는 게 크니까 얻는데 집중해야 한다. 삶의 '나머지'는 그에 맞추는 게 필요하다. 내가 원하는 삶을 '나머지'에 맞추는 것은 아니지 않나? 나머지에 맞춘 삶도 알고 보면 빚더미다. 이 허상을 보여주는 것이 내 역할이다. 젊은 친구들한테는 '그 길로 가봤자 다 노예다. 살아 있듯이 살고 싶지 않나. 하고 싶은 일에 집중하라'고 말한다. 하고 싶은 일은 좋아서 하니까 전문성도 생긴다. 애정이 있으니까 더 파고들게 된다. 40대가 되어도 전문성을 갖고 성장할 수 있다.

제윤경이 생각하는 자유란?

　　자유에는 대가가 따른다. 예전에 《멋진 신세계》를 읽으면서 허슬리가 던지는 문제 제기가 무겁다고 생각했다. 많은 사람들이 자유를 갈구하지만 이를 얻기 위해 대가를 치르고 싶어하지는 않는다. 오히려 기꺼이 자유를 포기한다는 것이다. 하지만 나는 자유롭지 않으면 안 되는 기질이 있는 것 같다. 우리 애들을 봐도 DNA가 그런 것 같다(웃음). 충분히 대가는 있다. 치러야 한다. 그것이 불편을 감수하는 것이다.

　　지금 청년세대들은 자신들의 문제가 어느 시대보다 최악이라고 생각할지도 모른다. 하지만 그렇지 않다고 본다. 청년세대에게 안타까운 것은 우리 세대에는 사회변혁을 얘기했지 청년운동만을 얘기하지는 않았다는 것이다. 청년세대만이 할 수 있는 것이 사회전체 변혁운동이다. 왜냐면 청년의 나이에는 누구를 먹여 살려야 하는 부담이 없기 때문이다. 기성세대가 되면 자식을 누일 집이 필요하게 되니까 여기에서 이탈하게 된다. 20대는 가장 과격하고 급진적일 수 있는 자유가 있다. 기성세대들을 야단칠 수 있는 운동이 필요하다. 예컨대 조성주씨의 톤, 즉 '80년대 운동권들 반성해라'식의 이야기가 지금 청년들에게 필요한 운동이라고 본다. 지금의 문제는 노동운동 밖, 운동권들이 짜놓은 프레임 밖에 있는 더 비참한 사람들을 돌아봐야 할 때라고 얘기해야 하는 것이 청년이다. 청년들이 자유롭다는 것에 대해 자각하고 자유에 따른 대가도 두려워하지 않았으면 좋겠다. 우리 세대는 아무것도 없었고 새로 만들어야 했다. 제도권 진입은 상상조차 할 수 없었고 국회의원들과 제도

개선을 함께 논의한다는 것은 불가능했다. 정치권은 길거리에서 화염병이나 던져야 돌아봤다. 지금은 제도 안에서 얘기할 수 있는 것도 많다. 예전에 비해 조금 덜 아픈 대가를 치르고도 자유로운 삶을 선택 할 수 있다. 단체도 예전에 비해 훨씬 많아졌다. 매체도 많다. 과거에는 집에 《공산당 선언》이 있다고 잡혀가던 말도 안 되는 시기였다. 과거를 너무 잊어서는 안 된다. 자유로운 삶은 아프고 불편하지만 재밌고 신나지 않은가.

인터뷰 담당 정초원, 오진주

강천剛泉

김낙중

나는 여전히 '무기수'

국회법인 한반도 평화통일시민단체협의회 상임고문

2013. 12. 23

김낙중

1931년 일제 식민지 치하의 조선에서 태어나셨다고 들었다.

내가 태어난 해에 일본이 중국을 침략해 만주사변을 일으켰다. 전쟁 통에 태어나 화약 냄새를 맡으며 자랐다. 6살 때는 일본 비행기들이 중국을 향해 날아다녔다. 그 후 일제 말기에 지금은 서울농업대학이 된 경성농업이라는 중학교에 들어갔다. 당시 일본이 태평양전쟁 중에 일반 중학교에 다니는 학생들을 모두 근로동원으로 보냈다. 반면 농업학교의 학생들은 학교 실습지에서 일을 하고 기숙사에서 숙식을 했기 때문에 동원에서 제외됐다. 그래서 일부러 농업학교에 갔다. 그러다 거기서 폐병에 걸려 잠시 고향 파주에 내려갔다가 회복 된 후에 다시 서울로 와서 서울중학교 2학년에 입학해서 학교를 다녔다.

광복 후 1950년 당시 스무 살이던 시절 6·25전쟁이 있었다. 우리는 간혹 전쟁이라는 단어를 가볍게 쓰곤 하는데 선생님이 직접 겪으셨던 전쟁이란 무엇이었나?

나는 8·15를 '광복'이나 '해방'이라고 생각하지 않는다. 8·15는 세계대전에서 일본이 패망하면서 일제가 강점하고 있던 것이 끝난 것뿐이다. 조국해방이 아니라 일제보다 힘이 센 나라들에 의해서 남북으로 분할 점령된 것이다. 일제의 점령지에서 다시 미소의 점령지로 바뀐 것을 마치 우리가 해방된 것으로 착각하면 안 된다. 더구나 수백 년간 함께 살았던 한반도가 남과 북으로 갈라졌다. 미국은 미국이 원하는 정권을, 소련은 소련이 원하는 정권을 세웠다. 각각 자기들이 제일이라고 생각하며 서로를 괴뢰라고 하면서 말이다. 그냥 '8·15'라고 말하는 게 맞다.

내가 스무 살 때 6·25가 터졌는데 당시 서울중학교 5학년을 다니고 있었다. 전쟁이 터지고 부모님이 계시는 파주에 갔다. 걸어서 무악재 고개를 넘어 파주로 가는데 가다 보니 여기도 시체, 저기도 시체가 즐비했다. '왜 이렇게 서로 싸우면서 죽여야 할까?'라는 생각을 하면서 내려갔다. 고향에 도착해 아버지를 도와 밭도 매고 책도 보면서 지냈다.

그러던 중 인민군이 남쪽으로 내려가면서 의용군을 모집했다. 난 당연히 의용군 모집대상이었다. 내 초등학교 동창들은 거의 다 의용군에 나가서 3분의 1 이상 죽었다. 나는 그 길로 도망을 쳐서 산골짜기에 땅굴 파고 숨어서 살았다. 밤이면 몰래 밥을 가져다 먹으며 한 3개월쯤 살았다. 그러다 인천상륙작전이 시작되어 미군과 국군이 올라온 것을 보고 혹시 학교에 다시 다닐 수 있을까 하고 굴에서 나와 서울로 올라갔다. 학교는 미군이 주둔해 철조망이 쳐 있었다. 주변을 두리번거리고 있는데 영어 선생님이었던 분이 나와서 왜 왔느냐고 물었다. 내가 공부를 하려고 왔다고 하니 전쟁 중에 학교가 언제 개학할지 모른다고 하면서 대신 미군부대에서 접시 닦는 일을 해보지 않겠느냐고 하셨다. 다시 고향에 내려가는 것보다 여기서 상황을 지켜보는 것이 낫겠다 싶어 그 뒤로 1·4 후퇴가 시작되기 전까지 3개월쯤 접시를 닦았다.

그러다 중공군과 인민군이 서울까지 내려와 나도 미군 꽁무니를 따라 부산까지 내려갔다. 부산에 있으면서도 계속 미군 부대 안에서 접시닦이를 하면서 먹고 살았다. 부대 밖으로 한 발자국만 나가도 국군으로 나가야 했기 때문이다. 나이가 좀 들어 보이면 몇 살이냐고 물어보고 죄다 국군으로 잡아갔다. 그러던 중에 학교의 학생들은 국군 징집 보류라는 광고가 나왔다. 중학교든 대학교든 학교에 등록하면 합법적으로 군대를 안 갈 수 있다는 것이다. 지금까지 일하면서 받은 월급으로 당시 부산으로 옮겨 온 서울중학교에 다시 등록했다. 학교에 들어와서 보니 권세가 있거나 돈 있는 집 자식들은 다 부산에 피난 와서 학교에 다니면서 합법적으로 징집보류를 받고 있는 것이 보였다. 나는 중학교 6학년이 될 때까지 낮에는 일을 하고 야간에는 학교를 다녔다. 매일 일선에서 밀려오는 죽은 젊은이들의 시체와 부상자들을 보면서 나는 학교에 갔다. 이 모든 현실이 너무 참혹하고 비참했다.

거기서 졸업을 하고 대학은 서울대 사회학과로 갔다. 인생이 무엇인지 따져보기도 전에 서로 죽이는 사회 속에서 살다 보니 이것을 좀 이해하고 싶었다. 도대체 이놈의 사회가 무엇인데 사람을 서로 죽이라고 하는 것인가에 대한 답을 찾고자 했다.

1954년 부산에 있을 때 삭발을 하고 소복을 입은 채 '탐루探淚'라고 적힌 등불을 들고 단독 평화 시위를 했다.

　　당시 부산에서 이승만 박사가 휴전이 성립하지 않도록 하기 위해 대학생들에게 '휴전반대, 북진통일' 데모를 시켰다. 나는 내 스스로 미군부대에서 통역하고 학교에서 공부한답시고 군대도 가지 않았으면서 '휴전반대, 북진통일'을 외치는 것은 말이 안 된다고 생각했다. 나는 의용군도, 국군도 아니고 그저 도망꾼일 뿐이었다. 이렇게 비겁하게 살 바에는 하루를 살아도 떳떳하게 살다가 가는 것이 낫다고 생각했다. 깨끗이 목욕하고 머리도 박박 깎고 속옷도 갈아입었다. 백의민족이란 말에 따라 하얀 한복으로 갈아입고 등불 하나를 들고 거기에 눈물을 찾는다는 뜻인 '탐루'라는 글을 쓰고 광복동거리로 나갔다. 남과 북 양쪽에서 그렇게 많은 사람들이 죽어 가는데 누구 하나 전쟁을 그만하고 같이 평화롭게 살아야 된다고 하는 사람이 없었다. 그래서 죽음을 결심하고 "도대체 눈물을 가진 사람이 이 땅에 없느냐? 평화적으로 같이 살길을 찾자는 사람은 하나도 없느냐?"고 하면서 외치고 다녔다.

눈물의 의미를 아는가? 어떤 사람이 다른 사람의 눈에서 물이 흐르는 것을 보고 '얼마나 아프길래, 얼마나 슬프길래?' 하고 그 눈물의 의미를 알게 하는 것이 바로 인간의 '얼'이다. 사람의 얼이 병들어 있으면 다른 사람의 눈에 흐르는 눈물을 봐도 아무렇지도 않다. 지금도 그렇지만 그 당시에도 너나 할 것 없이 얼이 병들어서 다른 사람의 아픔과 슬픔, 그리고 눈물의 의미를 이해하지 못했다.

사람들이 나더러 '통일운동가'라고 한다. 그러나 나는 통일운동가 이전에 평화주의자다. 통일보다 우선 평화가 중요하다. 자기가 싫어하는 원수를 전부 없애고 먼저 통일을 하는 게 중요한 것이 아니다. 단순히 하나가 되는 게 중요한 게 아니라 더불어 사는 게 중요한 것이다. 그런데 사람의 얼이 건강해서 서로의 눈물의 의미를 이해할 수 있을 때 같이 살 수 있게 된다.

왜 혼자 그런 시위를 하신 건가? 당시 생각을 같이 하던 사람들은 없었나?

대학 동기들 몇몇 사람에게 눈물을 찾는 조직을 만들자고 했는데 함께 한다고 하는 사람이 아무도 없었다. "너의 말은 맞지만 그걸 지금 어떻게 할 수가 있느냐"라면서 다 뒤로 물러나는 분위기였다. 지금까지도 북쪽에 대해 조금만이라도 언급하면 '종북從北'이라고 몰아세우는데 그때는 더 심각했다. 그러니 혼자일 수밖에 없었다. 그래서 북한과 평화적으로 통일을 이루어야 한다는 시위를 단독으로 하게 됐다.

청년들을 위한 통일 방안을 만들어 당시 이승만 정부에 정식으로 제출했다고 했다. 어떤 내용을 담고 있었나?

부산경찰서에서 등불시위를 하던 나를 붙잡았다. 그리고 내게 "평화적 통일을 어떻게 할 거냐"라고 물었다. 가만히 생각해 보니 내게 뚜렷한 대안이 없었다. 그 길로 도서관에 가서 자료를 뒤져가며 1년에 걸려 '통일독립청년공동체 수립안'을 만들었다. 그것의 핵심은 '대한민국과 조선민주주의인민공화국이 평화적으로 공존하면서 젊은이들이 하나의 공동체를 만들 수 있도록 길을 열어 달라'고 하는 것이었다. 생각이 다르고 체제가 다르다면 그냥 따로 살면서 교류하고 평화적으로 살면 되는 것이 아니냐는 거다. 일본과 미국이 과거에는 서로 싸워 수많은 사람들이 죽었지만 지금은 두 국가가 서로 왔다 갔다 하면서 평화롭게 산다. 독일과 프랑스도 마찬가지다. 그런데 코리아는 한번 싸운 전쟁을 끝내지 못하고 지금도 으르렁거리며 타도를 주장한다. 이것은 말도 안 된다. 이제껏 서로 죽이라고 강요를 당했는데 그럴 게 아니라 공존을 통해 같이 살 수 있고 통합을 할 수 있는 방안을 찾자는 주장이었다.

1955년 봄에 정식으로 '통일독립청년공동체 수립안'을 이승만대통령이 있는 경무대에 제출했다. 헌법에 있는 청원의 권리로 청원서로 보냈다. 일주일 만에 치안국에서 나를 불러 취조를 했다. 나보고 타도해야 할 북이랑 같이 살자고 하는 것을 보니 "너 빨갱이가 아니냐?"라고 했다. 그래서 "나는 사회주의를 주장한 적도 없고, 사적소유를 없애자고 주장한 적도 없다. 다만 생각이 다르고 체제가 다르면 따로 살면서, 자식들한테만은 서로 죽이라고 가르치지 말고 같이 살길을 만들어 가자고 이야기한 것뿐이다"라고 했다. 그러나 그들은 끝까지 나를 미친 사람 취급하며 결국 청량리 정신병원으로 보냈다.

아직 전쟁의 잔상이 크게 남아 있던 시기에 독단적으로 북한에 갔다. 왜 그리고 어떻게 그것이 가능했나?

결국 치안국에서 우리 아버지를 불러 나를 정신병원에서 인계받아 가게 했다. 그렇게 집에 와서 가만히 생각해보니 치안국에서 "김일성이 또 전쟁준비를 하고 있을지도 모르지 않느냐"라고 했던 게 생각났다. 그래서 "북으로 가자. 가서 직접 한번 알아보고 내가 구상한 '통일독립청년공동체 수립 안'을 제안하자"고 생각했다.

아마 내가 파주에서 태어나지 않았으면, 지금껏 이런 생을 살지 않았을 거다. 운명이다. 내가 태어나고 자라면서 가재 잡고 헤엄쳐 놀던 곳이 바로 고향 파주에 있는 통일동산이었다. 통일동산 앞에 임진강과 한강이 합쳐지는 조강이 있는데 이 조강과 그 앞에 바다에는 휴전선이 없다. 휴전 협정상에 통일동산에서 한 3~4km 올라와서 임진강으로 내려가는 샛강이 있다. 여기서부터 휴전선을 그린 것이다. 다만 휴전 협정상 조강 쪽은 현재 지배하고 있는 남과 북이 알아서 하라고 되어 있다. 이 조강을 따라 북으로 가기로 마음먹은 것이다.

내가 단독 북진을 하던 날에 비가 부슬부슬 내렸다. 하필 그날이 6월 25일이었다. 에어매트리스에 바람을 넣어서 강을 따라 둥둥 떠내려갔다. 오른쪽이 이북이고 왼쪽이 이남이어서 혹시 서해로 떠내려갈까 봐 오른쪽으로 붙으려고 안간힘을 다 했다. 좁은 데로 떠내려가야 하는데 한강하구의 밀물이 올라와 출렁거리는 바람에 매트리스를 놓쳐서 허우적거리며 겨우 오른 쪽에 도착했다. 나지막한 철조망이 있고 그 뒤쪽으로 보리밭이 있었다. 보리밭을 가로질러 갔더니 민가가 있어 들어가니 할머 니 한 분이 있었다. 내가 "평양에 가는 사람인데 잠시 쉬어 가 도 되느냐"라고 하니, 아랫목 뜨듯한 데서 쉬라고 했다. 한 30 분쯤 쉬고 있는데 "손들어!" 하면서 인민군들이 들어왔다. 할머 니가 날 쉬게 하고 나가서 신고한 것이다. 내가 그들에게 비닐 에 싸서 고무줄로 차고 왔던 '통일독립청년공동체 수립안'을 보 여주며 "이것을 평양에 전달하기 위해서 왔다"고 하니 풀어주 었다.

그곳에서 사형 선고를 받았다고 들었다. 그럼에도 선고 집행 없이, 1 년이나 있다가 다시 내려왔다. 그동안 무슨 일이 있었던 건가?

평양에 간 지 일주일 만에 방학세 내무상에게까지 갔다. 그가 내게 누가 보냈느냐고 해서 보낸 사람이 없이 스스로 왔 다고 했다. 하지만 내가 남한 군인들과 북한 군인들에게 한 번도 들키지 않고 여기까지 온 것을 믿지 않았다. 자기들이 잔뜩 지뢰를 묻어놓았는데 어떻게 안 터지고 왔느냐는 거였다. 나는 잘 모르겠고 모든 것이 우연이라고 했다. 결국 고작 몇 분을 만나고, 평양 내무성 예심처라고 하는 감옥에 보내졌다. 바로 옆방에 박헌영 씨도 있었는데 그의 심복 부하들이 김일성을 죽이려는 반역을 꾀했다는 의심으로 2년이 가깝게 갇혀 있었다. 그것을 보면서 '국가의 부수상이었던 박헌영 씨도 의심을 못 풀어서 2년이 되도록 못 나가고 있는데 나 같은 피라미 대학생이 암만 우연이라고 말해도 통하겠느냐'라는 생각이 들었다.

기도를 했다. 정신을 집중해서 어떻게 하면 좋을지 생각했다. 결론은 그들이 믿고자 하는 대로 남쪽에서 보내서 왔다고 하는 것이었다. 그래서 자백하겠다고 했더니 자세히 쓰라고 하는 것이다. 그런데 뭘 잘 알아야 쓰지 어떤 것을 써야 할지 막막했다. 그때 여기 오기 전 경무대에 '통일독립청년공동체 수립안'을 냈을 때 나를 잡아다 취조한 치안국 사람들이 생각나면서 나를 치안국 중앙분실장이 보내서 왔다고 썼다. 거짓말로 가득 쓴 것이다. 그랬더니 나보고 "진즉 썼으면 이렇게 고생 안 하지 않느냐"라면서 다음날 나를 기소했다. 이제는 간첩으로 기소되어 머리를 박박 깎고 사형만 기다리는 신세가 됐다.

그러나 당시 북으로서는 남쪽에서 평화적 통일방안을 가져온 사람을 없애는 것이 하나도 이로울 것이 없었다. 당시 북한도 국제사회에 평화통일을 주장하고 있었기 때문이다. 아마도 정치적으로 나를 이용해서 다시 남한으로 보내자는 결정을 한 것 같다. 죽이려고 머리까지 다 깎아놓고는 결국 죽이지 말자고 결정하고 며칠 후에 나를 다시 부른 것이다. 그들은 "휴전선에 데려다 줄 테니 남쪽으로 가서 너를 보낸 사람한테 가서 네가 가져온 평화통일방안을 그대로 동의는 못하지만 토의할 용의가 있다고 전해라"고 했다. 그런데 내가 내 꼴을 보니 머리는 박박 깎였지, 단식하는 바람에 살이 많이 빠졌지 이 몰골로는 바로 남한에 올 수가 없다는 생각이 들었다. 이대로 가면 남한 치안국에서 '그것 봐라, 네가 다 죽게 되어서 돌아오지 않았느냐'라면서 미친놈 소리밖에 듣지 못할 거라 생각했다. 그러니 더 있게 해달라고 애걸복걸했다. 며칠을 토의한 후 나를 지금의 압록강 하구의 황금평에 있는 상의군인병원으로 후송했다. 거기서 머리도 자라고 건강도 회복된 후에 딱 1년 만에 남한으로 오게 됐다. 내가 6·25 한국전쟁 날에 건너갔고, 그다음 해 6월 22일에 그들은 나를 휴전선에 데려다 놓았다.

간첩을 찾기에 혈안이 되어 있던 시기가 아니었나. 남한에 다시 돌아왔을 때 많은 의심을 받았을 것 같다.

휴전선에서 나를 먼저 발견한 것은 미군이었다. "Stop!(멈춰!)" 하고 총을 들이댔다. 내가 "I'm a citizen of Seoul!(난 서울 시민이다)"이라고 했더니, 나를 태워 미군 수용소로 데려갔다. 3개월에 걸친 취조를 받았다. 그곳에서 나는 "왜 자꾸 너희가 나를 취조하느냐? 날 한국에 넘겨라"라고 요구했다. 그랬더니 "그래, 남한 경찰로 가면 좋을 거다"라며 나를 남한 치안국에 특수정보과 중앙분실에 넘겼다. 그때가 1956년 가을쯤이었다.
치안국으로 옮겨진 후 미군의 그 말을 이해할 수 있었다. 나에게 대한민국의 고문사를 쓰라면 잘 쓸 수 있을 것이다. 왜

냐면 50년대 고문, 60년대 고문, 70년대 고문, 90년대 고문을 다 경험했기 때문이다. 고통을 주는 목적은 같으나 자국이 안 남게 하는 고문방식으로 고문 기술이 달라졌다. 그때의 고문은 일제시대에 독립 운동가들을 잡아서 고문하던 것을 그대로 이어받은 것이었다. 했다. 결국 간첩 및 국가보안법 위반으로 기소가 돼 경찰로 넘어갔다. 여기서 1년 동안 북에 있으면서 무슨 간첩교육을 받았느냐는 취조를 집중적으로 받았다. 나는 대부분의 시간을 그곳 병원에서 지냈을 뿐이었다. 북에서 잡혔을 때는 남한의 치안국을 경험해봤기 때문에 치안국에서 보냈다고

거짓말을 할 수 있었지만, 지금은 정말 아는 게 없었다.

취조를 하면서 나를 이렇게도 매달고 저렇게도 매달아 물속에 집어넣고 별짓을 다 했다. 고통스러움은 사람으로 하여금 그저 '예, 예' 할 수 있게 만든다. 그런데 너무 고통스러워서 '예'라고 하려고 해도 아는 게 하나도 없으니 그냥 '아니오'라고만 하니까 온갖 방법으로 고문을 했다. 이후 검찰에 넘겨져 간첩 및 국가보안법 위반이라는 죄명으로 기소되었다. 재판 결과 간첩죄는 무죄로 판결되었으나 국가 보안법 위반죄로 1년 징역형을 받게 되었다. 그러나 나는 대한민국을 뒤엎을 생각도 없었고 군사기밀을 갖다 준 것도 없기 때문에 억울하다고 상고했더니 2심에서 집행유예로 풀려나게 됐다. 집행유예도 억울하다고 해서 대법원에 상고하니 1960년 4·19가 난 직후에 면소판결免訴判決이 났다. 이렇게 이 사건은 끝났다.

당시 남과 북의 집권자들을 보면서, 입으로는 자유를 말하고 평등을 말하지만 자본주의 사회에서 돈이 없는 국민들의 자유, 공산주의 사회에서 권력이 없는 인민들의 평등이란 자기의 부와 권세를 확장하기 위한 감언이설에 불과하다는 생각을 했다. 평화통일이 진정으로 필요한 민중들에게는 강력한 외국을 등에 업은 권력자들의 요구를 뿌리칠 수 있는 힘이 없기 때문에 당국들의 권력투쟁을 위한 동포 간의 상쟁에 내몰리고 있는 것이란 생각을 했다.

간첩죄는 무죄 판결을 받았다고 하셨다. 그럼에도 이후 다시 투옥되고 사형까지 구형받은 것이 여러 번이다. 무슨 일이 있었던 건가?

1961년에 5·16 군부 쿠데타가 일어난 것에 대해 고려대 학생들이 데모를 했다. 당시 나는 고려대 대학원을 졸업하고 석사논문을 준비하고 있었다. 고려대는 내가 일전에 '통일독립청년공동체 수립안'을 내기 전에 서울대를 자퇴한 후 다시 들어간 학교였다. 4·19 혁명 전 4·18 때도 고려대에서 데모가 있었고, 5·16 때도 먼저 고려대에서 데모가 일어나니 박정희 정권이 이것을 때려잡기 위해서 무언가 명분이 필요했다. 그들은 '김낙중이 북에서 간첩교육을 1년간 받고 돌아와 그 내용을 바탕으로 고려대 애들을 뒤에서 선동하고 있다'는 묘책을 세웠다. 각종 신문에 '간첩 김낙중을 체포했다'고 대서특필로 보도하기 시작했다. 우리 아들이 당시 초등학생이었는데 아버지가 간첩이라고 TV에 크게 나왔던 거다. 이 사건으로 나는 군법회의에 회부되어 느닷없이 사형을 선고받았다. 이것은 반정부 운동이 조용해지자 3년 6개월의 징역형을 언도 받는 것으로 마무리 지어졌다. 군사 정부가 학생 탄압용으로 나를 이용한 것이었다.

징역형을 복역한 뒤에 노동문제연구와 노동운동에 뛰어들었다. 당시 산업화로 인해 많은 농민들이 노동자로 변하면서 문제가 많이 발생했기 때문이다. 고려대 노동문제연구소를 직장으로 삼아 노동자들을 대상으로 노동교육을 하고, 농민들을 대상으로 하는 협동 교육을 했다. 그런데 이것도 오래가지 못했다. 박정희 대통령은 1972년에 장기 집권을 위한 유신헌법을 만들었고 이에 반대해 학생들이 유신반대 투쟁을 시작했는데, 정부 당국은 학생들을 공포 분위기로 진압하기 위해 다시금 간첩사건이 필요해졌던 것이다. 나는 또다시 간첩으로 지목을 받았다. 그즈음 독일 에버트 재단의 초청을 받아 독일의 노동문제

세미나에 참석하려고 여권을 신청했었는데, 그 기록을 가지고 '간첩 김낙중이 독일로 가서 동독을 거쳐 북한으로 탈출하려했다'라는 소설을 구체적으로 썼다. 그 사건으로 '간첩예비죄'라는 죄명으로 무기징역을 구형받고 7년간 징역살이를 했다.

이후 실제로 북한 사람과의 접촉이 있었다고 들었다. 그 만남이 수차례 이어졌고 심지어 돈을 받아 남한에 북한의 지령을 받은 친북 정당을 세우려고 했다는 이야기가 있다. 사전에 모의 된 것이 아니라면 왜 바로 신고하지 않았나? 위험한 행동을 하고 있다는 인식이 없었나?

수감 생활 후 '민족통일촉진회'라는 단체에서 정책위 의장으로 일했다. 1989년 국회 주최 한 통일관련 공청회에 참석해 '한꺼번에 통일하려고 하지 말고 단계적으로 이뤄가자'는 4단계 통일방안을 발표했다. 그런데 며칠 뒤 어떤 30대 중반의 한 젊은이가 내게 전화를 했다. 자기를 부산의 어느 대학 강사라고 소개하면서 내가 북에 왜 갔는지 쓴 《굽이치는 임진강》이라는 책을 열 번을 읽었고 나를 한번 만나고 싶다는 것이었다. 어느 날, 그 젊은이 두 명이 정말로 나를 찾아왔고, 함께 거실에 앉아 있었다. 그런데 그 중 한 명이 벌떡 일어나더니 "조선민주주의인민공화국 김일성 주석님께서 보내서 왔습니다. 선생님께서 국회에서 발표하신 단계적 통일방안에 대해서 전적으로 좋은 생각이라고 하시면서 '평화통일을 위해서 협력해주시길 바란다'는 뜻을 전하기 위해서 왔습니다"라고 하는 거다. 나는 처음에는 서울 남산 중앙정보부에서 날 떠보기 위해서 이 사람들을 보낸 게 아닌가 하는 생각이 들어 "당신들, 나를 시험하기 위해서 나온 거 아니오?"라고 했더니, 아니라고 하더라. 그것만으로도 믿을 수 없어서 갸우뚱하니 그 젊은이가 "제가 선생님께서 옛날 평양에 와서 말씀하신 자술서의 내용을 다 읽었습니다. 그것을 보고 선생님께서 남한으로 돌아오셔서 당했던 일들을 보니 과거에 북에 오신 것이 남쪽에서 보낸 것이 아니라는 확신을 가졌습니다"라고 했다. 그때 나는 이 사람들이 진짜 북에서 온 사람들이라는 것을 확신했다. 남한에 와서는 내가 이북에서 허위진술을 하고 왔다는 말을 한마디도 안했기 때문이다. 그러곤 헤어졌다.

한국의 실정법상 북한에서 온 사람과는 허가 없이 접촉할 수 없으며, 신고하지 않을 경우 처벌을 받는다는 것도 분명히 알고 있었다. 그러나 내가 신고를 하면 그들에게는 사형이나 무기징역이 선고될 것이 당연했다. 나와 내 가족의 안위가 걱정됐지만, 결국 나는 신고를 할 수가 없었다. 이후에도 몇 차례 더 방문한 그들과 함께 여러 가지 민족 문제들을 토의했다. 물론 나와 북측 당국의 의견 사이에는 많은 차이가 있었지만, 그들을 설득하기 위해 최선을 다했다.

시간이 조금 지나 나는 당시 민중당 사무총장이었던 이재오의 끈질긴 설득으로 민중당 활동을 시작하게 되었다. 민중당 대표를 하면서 당시 갈라져 있던 야당 세력들을 합치려고 노력했다. 그런데 어느 날, 지난번에 찾아왔던 젊은이가 또 나를 찾아와 "선생님 민중당 대표를 축하합니다. 열심히 해주십시오"라고 하더니, "정치하는 데 도움이 됐으면 해서 보내신 선물입니다" 하고 보따리를 주고 갔다. 그가 간 뒤에 펴보니 달러로 한 200만 달러가 들어 있었다. 돌려줄 새도 없이 가버려 남

겨진 돈을 가지고 어떻게 해야 고민을 했다. 그런데 그때 한국 정치는 정말 돈이 없으면 할 수가 없는 것이 현실이었다. 그런데 우리 사람들은 다들 돈이 없었다. '이왕 이렇게 생긴 돈 공적으로 잘 쓰면 되지 않겠느냐' 하는 생각을 했다. 그래서 남대문시장에 가서 달러를 한화로 바꿔 당시 몇몇 정치인들에게 나눠주고 나머지는 장독 밑에 숨겨뒀다. 우리 할멈한테 지금까지 구박을 받는 것은 그 달러를 잔뜩 묻어놓고도 자기를 위해서 선물 하나도 사다 주지 않았다고 하는 것이다(웃음). 생전 돈 한 푼 제대로 벌어다 준 적 없으면서 달러를 쌓아두고도 내색하지 않았으니 서운해했던 거다(웃음). 단지 그 돈은 나나 우리 가족을 위해서 쓸 수 있는 것이 아니었다.

　　얼마 가지 않아 1992년 남한 당국에 의해 체포되었고, 사형을 구형받아 무기징역을 선고받게 되었다. 이북에서 간첩교육을 받고 온 것이 사실이었고, 이번에는 이북에서 달러를 받고 나라를 전복하려는 지령을 받았다는 것이다. 다시 감옥에 투옥되었고, 1998년 김대중 대통령 정부에 의해 형집행정지로 집에 오긴 했지만, 나는 여전히 '무기수'이며, 투표권도 없고, 해외여권도 나오지 않는 부자유한 신분의 소유자다. 지금도 나에게 나라를 전복하려 하는 '간첩'이라고 손가락질하는 이들이 있다. 나에게만 그치면 괜찮은데 우리 가족들도 쉴 틈 없이 괴롭혀 왔다. 그것이 마음 아프다.

'정답사회'에 사는 우리이다. 남들과 다른 행보는 용납되지 않는다. 어린 시절부터 그런 것에 연연하지 않으셨던 것으로 보이는데 남다른 어떤 신념이 있으셨던 건가?

　　중학교 시절 폐병에 걸렸을 때 나는 '인간은 죽을 건데 왜 태어났을까'라는 고민을 했다. 그 당시 폐병이면 거의 죽었다. 매일 남대문 도서관에 가서 '인생은 무엇이고 살고 죽는 것이 무엇인가'라는 고민을 하면서 종교와 철학에 관한 책을 많이 읽었다. 그래도 답을 얻지 못해, 일요일 아침 10시에는 새문안교회를 갔다가 2시에는 조계사에 가고, 4시에는 YMCA에서 하는 함석헌 선생님의 노자 장자 강의를 들었다. 기독교, 불교, 유교를 다니면서 무엇이 참된 삶의 의미일까를 물었다. 그런 와중에 6·25가 터진 것이다. 전쟁이 터지면서 '우리가 왜 서로를 죽여야 하는가'라는 고민을 하게 된 거다. 그러면서 생각이 다르고 체제가 다르다고 해서 죽여야 하는 것이 아니라 더불어 살아야 한다는 결론을 내렸다. 그리고 그렇게 살자고 결심했다.

　　지금도 신문을 보거나 라디오를 듣고 있으면 가슴이 아

프다. 상대방을 서로 인정을 하지 않는 상태다. 내가 60년간 한 결같이 한 일은 서로를 타도의 대상으로 생각하지 말고 잘못한 것이 있으면 용서하고 같이 평화롭게 더불어 살 길을 찾자는 것이었다. 지금은 '평화통일시민연대'라는 곳에서 상임고문으로 일하고 있고 국회에서 여야와 시민단체가 함께하는 '한반도평화통일시민단체협의회'에서도 활동하고 있다. 여당과 야당을 막론하고 왔다 갔다 활동하다 보니 누군가는 나보고 기회주의자라고도 한다. 하지만 나는 귀가 두 개가 있는 이유는 이쪽 얘기도 듣고 저쪽 얘기도 들으라고 있다고 믿는다. 양쪽의 이야기를 잘 듣고 이것을 잘 조화시켜야 한다. 음양이 하모니를 이루면 오케스트라가 된다. 조화를 시키면 아름다운 교향악이 되고, 조화를 못시키면 잡음이 된다.

'구동존이求同存異'라고 말이 있다. 다르지만 같은 것을 찾아서 서로 조화의 길을 찾아가자는 거다. 예를 들어 남자와 여자는 다르다. 서로 부딪힌다. 다름을 전제로 하고 하모니를 만들기 위해서 다른 사람을 만나는 것이 결혼이다. 여자는 이리로 가자고 하고 남자는 저리로 가자고 하는 모순이 있는데, 이 모순을 조화롭게 극복하는 것이다. 이 모순을 극복하는 과정이 바로 삶이다. 혹시 다름에서 오는 속상한 일이 있으면 서로 다른 걸 인정하고 함께 길을 찾아가야 된다. 그렇게 나는 나의 길을 걸어왔다.

'과연 통일을 꼭 해야 하는가'라는 의문을 가지고 있는 사람들이 많다.

"통일을 해서 뭐하냐"라고 하는데 그게 맞다. 지금 통일이 중요한 게 아니다. 남한은 아직 남북통일을 얘기할 자격이 못된다. 남쪽사회 내부에서 계층 간 지역 간 갈등부터 해결하고 그러고 나서 남북을 얘기해야 한다. 북한사회에서 못 살겠다고 도망 나온 탈북자들이 다시 돌아가는 경우가 있다. 한국에 와보니 바닥에서 살 수가 없는 거다. 남북통일이 중요한 게 아니라 함께 더불어 사는 게 중요하다. 그런데 더불어 살려면 아픔을 서로 느낄 수가 있어야 한다. 옆에서 굶주리는 사람이 있는데 몇 백 억 불을 쌓아두고 외국은행에 빼돌려 자기 새끼만 물려주려고 하는 것은 얼이 병들어 있는 것이다. 남한사회 내부에서조차 고통에 시달리는 사람들의 입장을 제대로 이해하지 못한다.

통일이 아니라 평화가 선행이다. 네 가족, 내 가족, 박 씨네 가족, 이 씨네 가족 다 다르니까 따로 살 수 있다. 다르지만 크게 보면 같은 민족이다. 저 미국에 사는 흑인도 같은 한 겨레다. 한겨레의 입장에서 보면 '니 꺼, 내 꺼'라고 하면서 서로 죽일 일이 없다. 가족, 씨족이라는 좁은 범위를 넘지 못해서 서로 자기네 가족만 챙기는 것이다. 그런데 요즘은 자기 가족도 안 챙기고 자기만 챙긴다. 내게 통일이란 민족통일의 차원이 아니라 인류통일의 문제다.

내가 강조하고 싶은 것은 인류가 하나가 되는 길을 제시하는 것이 코리안의 임무라는 것이다. 인류가 하나 되는 일에 코리아만이 가능한 이유는 우리는 지금껏 다른 국가를 정복하기 위해 침략한 일이 없기 때문이다. 3·1운동 정신이 위대하다고 생각하는 이유가 우리는 독립해서 살아야 한다고 주장하면서도 폭력에 호소하지 않았다는 거다. 평화라고 하면 제일가는 민족이 지금 남북 간에 갈등을 겪고 있다. 이 갈등을 남과 북의 젊은이들이 해결할 수 있다. 언론이 아무리 차단되어 있다고 하더라도 인터넷으로 소통하게 되어있다. 우리가 살 길은 갈등을 폭발시키는 게 아니고 갈등을 조화시키는 것이다. 남과 북이 조화하는 것만이 같이 상생하는 길이라는 걸 알아야 한다. 코리아가 소련의 탱크나 미국의 비행기, 누구의 힘에 의해서가 아니라 우리가 우리 서로를 용납하면서 하나의 길을 찾아갈 때에 선구자 역할을 할 것이다.

함석헌 선생님은 코리아를 '세계문명의 쓰레기통'이라고 강조했다. 고려시대에는 인도문명에서 들어온 불교, 이것이 폐단이 생겼고 조선시대에는 유교, 도교라는 중국문명이 들어와서 살았다. 근데 이것도 노론 소론 싸워서 끝이 났다. 그리고 뒤에 일제가 들어오면서 지중해의 서양문명이 들어왔다. 나일 강에서 흐른 이집트 문화와 로마 문화가 합쳐져 대서양으로 가서 영국으로 갔다가 미국을 통해서 남쪽으로 왔다. 육지로는 동유럽을 통해서 러시아를 통해서 북쪽으로 들어왔다. 세계문명이 하나는 위로 하나는 아래로 음양이다. 이 양과 음이 코리아에 들어와 만나 싸울 것인가 조화를 이룰 것인가 하는 결정이 남아 있는 것이다. 인도문화권, 중국문화권, 지중해문화권이 코리아 역사 속에 흘러들어와 다 겪으며 살았다. 우리의 DNA 속에 다 들어 있다. 통일은 하나의 지배체제를 만든다는 것인데, 하나의 지배체제가 필요한 게 아니다. 같이 더불어 사는 게 필요한 거다. 코리아가 세계사 속에서 자기 구실을 할 때가 온다고 생각한다.

함께 더불어 살아가기 위해 변화되어야 할 것은 무엇이 있을까?

　　남쪽에서의 문제는 가진 자와 못 가진 자의 차이가 너무 크다는 거다. 부동산과 현금의 소유 분포를 그려보면 상위층 10%가 모든 부동산과 현금의 대부분을 가지고 있다. 없는 사람은 하나도 없다. 마르크스가 자본주의제도를 부인하면서 사유재산제도를 없애야 된다고 하면서 지적한 것이 사유재산제도를 절대적으로 생각하는 것은 문제가 있다고 하는 것이었다. 절대적인 것은 그 어디에도 없다. 공산주의의 문제는 권력이다. 모든 것을 권력 가진 자가 결정한다. 권력이 있으면 자유가 있고 권력이 없으면 다 노예가 되는 것이다. 북은 권력독재고 남쪽은 금金력독재이다. 모든 사람은 저마다의 가치가 있고 존중받아야 할 사람들인데 어떤 권력자나 부자에 의해서 노예가 되는 일은 없어야 한다.

　　1989년에 통일이 되기 전에 서독에 갔다. 의료, 교육 다 공공이어서 국가가 다 부담했다. 의료비, 교육비 걱정을 할 필요가 없었다. 그런데 동독을 보니까 정부가 사회화라는 이름으로 국유화를 했는데 권력을 쥔 사람들이 맘대로 하는 거다. 결과적으로 서독에 비해 동독은 3분의 1밖에 못 살더라. 동독사람들이 서독을 보니 이게 진짜 사회주의라는 생각을 했다. 돈이 없어도 의료혜택을 받는 것이 사회주의가 아니고 무언가. 이렇게 해서 동독사람의 민심이 서독으로 간 것이다. 그런데 우리는 남북이 갈라져서 서로 싸울 궁리만 하고 자기가 쌓아놓고 있는 재산은 나눌 생각을 안 한다. 미국도 빈부격차가 심하기는 하지만 재벌들이 자진해서 사회로 환원을 많이 한다. 하지만 한국은 가족주의가 심해서 돈을 벌면 자기 새끼한테 물려주려고 외국으로 빼돌린다. 지긋지긋하게 갈등이 심하다.

남한사회 내부에 갈등이 심하게 많은 이유는 그 갈등의 밑바닥에 물질적 욕망이 가득하기 때문이다. 그래서 이야기하는 것이 재산제도에 있어서 '공동상속제도'의 도입이다. 한집안에서만 아니라 사회적 차원에서의 공동상속 제도를 해야 한다. 예를 들면, 아무개의 재산이 몇 조 원이라고 하면 그것을 공동상속의 대상으로 보고, 적어도 몇 백 억 원은 사회의 공동상속기금에 내놓고 이 기금을 새로 자라나는 18세 혹은 20세의 젊은이들에게 똑같이 나누어 주어서 사유화하는 것이다. 부자건 가난한 사람이건 그들의 자식은 똑같이 공동상속을 받는 거다. 상속의 형태는 회사의 주식형태도 될 수 있다. 예를 들면 어느 회사의 사원이면, 그 공동상속기금에서 그 주식을 사서 주면 회사는 내 회사가 되는 것이다.

전쟁 이후 60년이 지났음에도 우리는 아직도 휴전 상태 속에 살고 있다. 이 긴 싸움의 종결을 위해 선행되어야 할 것은 무엇이 있겠는가?

미소美蘇냉전이 끝난 것은 고르바초프가 수상이 되면서 무기경쟁을 포기하고 일방적으로 무기를 줄이면서 가능한 것이었다. 당시 미국과 소련은 이미 충분한 핵무기를 가지고 있었다. 우리 역시도 현재에 있는 것만 가지고도 충분히 남북이 다 같이 죽을 수도 있다. 북은 생존을 위해 핵을 절대로 포기 안 할 거다. 카다피도 핵을 포기했다가 망했다. 그런데 한국은 지금 북한과 전쟁할 것도 아니면서 그 많은 무기들을 어디다 쓰려고 계속 사들이는지 모르겠다. 국방부에서 수조를 들여서 무기를 사들이는 것은 다름이 아니라 미국의 군수산업이 가장 많은 로비자금을 쓰기 때문이다.

끊임없는 군비 경쟁으로 서로를 위협하는 일을 이제는 멈춰야 한다. 이미 충분한 무기가 있음에도 불구하고 외세의 눈치를 보며 계속해서 사들이는 것도 그만해야 한다. 평화통일을 하자고 하면서 서로를 믿지 못하고 뒤돌아서서 끊임없이 공격력을 키워나가는 것이 얼마나 모순인가.

누군가에게는 '평화주의자'라는 존경을, 다른 한편에서는 '우리 사회를 위협하는 악마 같은 존재'라고 손가락질 받았다. 한 사람의 비난에도 쉽게 쓰러지는 우리이다. 참 모진 삶이 사셨다는 생각이 드는데. 삶이 원망스러웠던 순간이 많았을 것 같다.

그저 살아 있는 동안에 삶의 바른길을 찾아가는 게 내 임무라고 생각했다. 나에게도 갈림길이 참 많았다. 그때마다 앉아서 간절한 마음으로 기도했다. 그 마음으로 결정하고 선택하면서 갔다. 여기에 있어서는 믿음이 필요하다. '진리요 생명의 길을 찾아가는 것, 그것이 나의 사명이다'라는 것을 믿어야 한다. 나는 찬송가 중에서 '내 주의 뜻대로 하옵소서'라는 찬양과 '참 아름다워라'라는 찬양을 좋아한다. 내가 어찌할 바를 알지 못할 때, 무엇을 할 수가 없을 때 '내 주의 뜻대로 하옵소서'라는 찬송을 한다. 그리고 이전에 간첩으로 몰려서 사형을 받았다가 사형은 면하고 감옥에 갇혔을 때 본 풀하나가 그렇게 아름다울 수가 없었다. 풀, 나무, 새소리 등이 너무나 아름다웠다. 이게 나를 지켜온 내 생활의 자세인 것 같다. 물론 지난 세월 녹록하지 않았다. 사형을 다섯 번이나 구형받았다. 셀 수 없이 많은 어려움이 있었고 돌아보니 백 년, 천 년을 살았던 것처럼 까마득하다. 그러나 후회하지 않는다. 83년을 살아오면서 이렇게 살아서 청년들을 마주하는 것이 또 얼마나 기쁜가.

더불어 이 시대의 청년들에게 한마디 해 주신다면?

이 사회에 참 많은 갈등들이 있다. 갈등이라는 것은 욕망과 욕망의 부딪힘이다. 부처는 욕망을 버리라고 했지만 나는 욕망을 버리라고 하지는 않을 거다. 욕망은 필요한 거다. 하지만 욕망을 부리게 하는 엑셀레이터가 있다면 욕망을 멈추게 하는 브레이크가 있다는 것도 알아야 한다. 갈등이 생겼을 때 브레이크를 잡을 때가 있고 엑셀을 밟아야 할 때도 있다. 인생의 행로는 이 둘을 잘 조화롭게 작동하는 것이 중요하다. 그렇게 하모니를 만들어야 한다. 혼자서는 아니다. 누군가와 함께 이 사회에서 아름다운 그림을 만들어 가는 거다. 그런 그림을 만들어 주시기를 부탁한다.

김낙중에게 자유란?

자기 운명의 주인이 되는 것이 자유다. 노예라는 것은 시키는 대로 하는 것이다. 자유민주주의는 그 국가의 국민이 자기 의사에 의해서 모든 것의 주인이 되는 것이다. 그런데 그 자유의 전제 조건은 각자 저마다의 의사를 표현할 수 있어야 하는 것이다. 그렇게 서로 강제하지 않는 거다.

자본주의 사회에서는 돈 없는 사람의 자유는 고용주의 자유다. 시키면 시키는 대로 해야 한다. 사회주의사회에서는 권력 가진 사람이 시키는 대로 사는 거다. 피동적으로 사는 것이다. 자유민주주의는 사람들마다 능동적인 주체가 되는 것이다. 주체가 되도록 하는 게 민주주의인데 어떤 말을 하면 '너는 빨갱이다, 반동이다'라는 것은 아니다. 생각이 다를 수 있기 때문에 다른 얘기를 해도 설득을 할 수 있어야 하는 게 대화다. 설득이 제대로 먹히려면 이 의미를 서로 이해할 수 있어야 한다.

나와 다르다고 해서 무조건 비판한다고 해서 해결되는 문제가 아니다. 입장을 바꿔보고 이해하려는 노력, 다름을 받아들이려는 용납의 자세가 자유인의 필수조건일 것이다.

인터뷰 담당 김예리, 손어진, 조경일

김근수

평신도 신학자

신앙은 보험이 아니다…
예수의 삶을 보라

2014. 7. 24

최근 《교황과 나》라는 책을 썼다. 프란치스코 교황 방한과 맞물려 좋은 반응을 얻고 있는데, 2014년 현재 대한민국에 어떤 영향을 끼칠 것으로 기대하나.

《교황과 나》라는 제목을 붙인 것은 교황과 내가 일대일로 앉아서 커피 마시는 정도의 평등함과 당당함을 강조하기 위한 것이다. 보통 가톨릭 신도는 교황에 대해서 무조건적인 저자세가 있는데, 교황이나 나나 다 똑같은 하나님의 자녀라는 생각에서 출발했다.

이번에 방한하는 프란치스코 교황은 파격적이고 개혁적인 메시지를 던질 것이라고 기대한다. 첫째, '종교가 가난한 사람을 편드는 것이 본래의 일'이라는 인식이 부각될 것이다. 둘째, '가난한 교회'를 추구하라는 메시지가 한국의 불교나 개신교에 충격적인 메시지가 될 수 있을 것이다. 교황 또한 그렇게 살아왔지만, 예수의 삶 자체가 그런 메시지를 갖고 있다.

일부 가톨릭 신도들이 교황의 방한 일정을 수정해 달라는 서명 운동이 있었다. 꽃동네 방문 외 제주 강정마을과 밀양 송전탑 건설 현장 방문이 일정에 포함되지 않았다며, 한국 천주교 준비위원회를 강하게 비판했다.

　　교황 방한 일정을 제안하고 조정하는 핵심에 방한 준비
위원회가 있다. 교황청이 현지 상황을 모르기 때문에 준비위가
제안한 일정을 받아들인 것이다.

　　'교황이 어디를 가야 하는가'라는 질문에는 '지금 예수가
한국에 온다면 어디부터 가겠는가'를 생각해보면 답이 나온다.
그에 맞게 일정이 정해져야 한다. 지금 예수가 한국에 오면 먼
저 청와대로 가겠는가. 가장 아파하고, 고통 받고, 멸시받는 사
람에게 갈 것이다. 아마도 먼저 세월호 유가족에게 갈 것이다.
그래서 나도 일정을 그렇게 짜면 안 된다며 조정을 요구했지만,
받아들여지지 않았다.

　　(프란치스코 교황은 방한 내내 사회적 약자를 위로하는 모습을
보였다. 14일 경기도 성남 서울공항에서 탈북자와 외국인 노동자가 포
함된 환영단과 인사했으며, 세월호 유가족에게 "마음속에 깊이 간직하
고 있다. 가슴이 아프다. 희생자들을 기억하고 있다"고 말했다. 이어 15
일 대전에서 열린 성모승천대축일 미사 전 교황은 유가족을 다시 만나
단원고 웅기·승현 군 아버지들이 38일간 도보 순례 내내 메고 다녔던
십자가와 '세월호 참사를 잊지 말아 달라'는 의미의 노란 리본 배지를 건
네받았다. 교황은 16일 오전 시복식 카퍼레이드 도중 차에서 내려 세월
호 특별법 제정을 촉구하며 34일째 단식하고 있는 단원고 유민 양의 아
버지 김영오 씨를 위로했다. 오후에는 충북 음성 꽃동네를 찾아 장애인
및 노약자에게 은총을 베풀었다. 18일 교황은 서울 명동성당 미사에 밀
양 송전탑 반대 주민, 쌍용자동차 해고 노동자, 제주 강정마을 주민, 용
산참사 유가족, 일본 위안부 피해자를 비롯한 탈북자 및 납북자 가족,

장애인, 경찰, 환경 미화원 등 약 1,000여 명을 초청했다. - 인터뷰어)

연세대 철학과를 졸업하고 독일 마인츠 대학에서 성서 신학을 전공했다. 독일에서 성서 공부를 하다 남미로 건너가 로메로Oscar Romero 대주교의 땅, 엘살바도르 예수회가 운영하는 중앙아메리카 대학UCA에서 해방 신학을 공부했다. 철학에서 신학으로, 유럽에서 남미로 가는 결정을 하게 된 계기는?

어렸을 때부터 가톨릭 신부가 되고 싶었다. 그에 앞서 철학을 공부하고 싶기도 했다. 연세대를 졸업하고 군대를 전역한 뒤, 광주 가톨릭 대학교에 진학했다가 2학년 때 독일에서 신학 성서를 공부했다. 돌아보건대, '잘했다'는 생각이 든다. 철학을 안 하고 신학을 했다면 경험과 사색을 충분히 거칠 수 있었을지 의문이다.

신학 성서에는 예수와 가난한 사람들이 등장하는데, 영화로 치면 '예수'와 '가난한 사람들'이 주연 배우라고 할 수 있다. 독일은 성서 관련 학문이 무척 발달했기 때문에 학문적으로 충실히 연구된 여러 자료를 접할 수 있었다. 하지만 워낙 부자 국가이고 안정된 사회이다 보니, 도통 가난을 느낄 수가 없었다. 이렇게 공부하면, 성서의 분위기를 온전히 느끼기 어렵다는 생각이 들어 '가난한 사람이 사는 나라, 가난한 신학을 공부하는 나라'를 찾기 시작했다. 그것이 남미, 그중에서도 엘살바도르였다.

특히 엘살바도르에 간 결정적인 이유가 있었다. 예수에 관한 가장 권위 있는 해방 신학자 혼 소브리노Jon Sobrino 선생

이 있었고, 군부 독재에 저항하다 피살된 오스카 로메로Oscar Romero 대주교가 있었다. 또 1981년에서 1992년까지 내전으로 3만 명이 죽은 나라다. '소브리노-로메로-내전'라는 이 모든 요소가 신학을 공부하기에 정말 좋을 상황이라는 생각이 들었다.

남미 현장에서 '가난'을 경험하며 신학을 공부하기란 쉽지 않았을 것 같다. 한국·유럽과 달리, 남미에서 경험한 것은 무엇이었나.

　엘살바도르에 가기 전, 독일에서 소브리노 선생에게 연락했다. 거기서 공부하고 싶다고 했더니, 당시 내전이 끝난 지 얼마 안 돼 치안이 좋지 않을 뿐 아니라 아시아 사람은 돈이 많다고 생각해 강도의 표적이 되고 있어 신변을 보장할 수가 없다고 만류했다. 하지만 내가 운명에 모든 것을 맡긴 채 가겠다고 하니, 오라고 했다. 경제생활은 알아서 하되, 대신 학비는 받지 않겠다고 했다. 그렇게 3년 동안 수업을 듣고, 토론하며 아시아인 최초로 소브리노 선생의 제자가 됐다.

남미 사람들의 가난한 삶을 보니, 독일에서 보던 성경과 다른 점이 보였다. 독일에서 예수를 봤다면, 남미에서는 진짜 가난한 사람을 본 것이다. 독일에서는 가난한 사람과 예수를 학문적으로 연구하고, 남미에서는 이를 실존적으로 연구할 수 있었다. 가난한 사람의 눈으로 성서를 보기 시작했고, 이를 토대로 한국에서 4개 복음서를 재해석했다. 아마 국내에서 이런 책을 쓴 사람은 처음일 것이다.

해방 신학자로 알려졌지만 '해방 신학, 민중 신학'이라는 용어 대신 '현장 신학'을 사용하고 있다. 예수와 가난한 사람을 만나는 신학적 장소 또는 삶의 자리를 뒷받침하는 신학을 가리켜 '현장 신학'이라고 말했는데, 구체적인 의미는 무엇인가.

'해방 신학'은 가난한 사람을 편드는 신학이다. 가난한 자 편에 서서 그들의 일을 내 일처럼 생각하며, 교회보다는 가난한 사람을 관찰하는 것이 먼저다. 해방 신학이 남미에서 생긴 신학이라면, 민중 신학은 한국적 상황에서 생긴 것이다. 해방 신학은 1960년대 후반부터 남미에서 경제적 가난, 정치적 억압, 사회적 소외 등과 같은 현상을 통해서 생겼기 때문에, 한국의 민중 신학보다 20여 년 빨리 연구됐다. 해방 신학은 교회 개혁을 굉장히 강조하고 있지만, 민중 신학은 교회 개혁보다는 사회 개혁을 요구하는 데 더 앞장선다. 그러다 보니, 교회 안에서 해방 신학자들이 탄압을 많이 받았다.

현장 신학이라는 용어는 해방 신학이 가지고 있는 부정적인 이미지를 씻고, 민중이라는 단어가 가지고 있는 부정적인 어감에서 벗어나 현장을 강조하는 의미로 새롭게 명명했다. 이 용어를 다른 사람이 받아 줄지는 모르겠다(웃음). 현장 신학의 특징은 교회보다 현장을 우선한다는 사실이다. 현장이란, '고통과 갈등', '가난'이 어우러진 곳을 말한다. 또 현장 신학은 개신교와 가톨릭 간에 교파 구분이 두드러지지 않아, 더 좋다는 생각이 든다.

엘살바도르에 살면서 기억에 남는 것이 있다면?

엘살바도르에 갔을 때가 결혼 직후였기도 해서 현지 강도를 우려해 상류층이 사는 동네에서 석 달을 살았다. 이후, 가난한 사람들이 사는 시골에서 방을 알아보니, 정말 험악하더라. 전기는 들어왔지만, 밤은 어둡고 컴컴했으며 치안도 불안했다. 그래서 근처 성당을 찾아가 신부님께 공부하러 왔는데 신변이 위험하다고 했더니, 의외로 멋진 해결책을 줬다. 바로 동네 조직폭력배 두목을 부르더니, '한국인 부부가 신학을 공부하러 왔으니 너희가 이들을 보호해줘야 한다'는 다짐을 받았다.

또 '부부 신변에 이상이 생기면 가만두지 않겠다'고 경고했다. 그러자 조폭 두목이 부하들을 집합시켜 우리 부부한테 무슨 일이 생기면 다 죽이겠다고 엄포를 놨다. 그렇게 3년 동안 조폭들에게 보호를 받으며 지냈다(웃음). 졸지에 유명 인사가 된 것이다. 지금도 그곳에서는 '한국인 호세'라고 하면 유명하다. 신부님이 지역에서 굉장히 존경을 받고 있어 가능한 일이었다.

하지만 나머진 다 힘들었다. 당시 엘살바도르 시골은 한국의 1960년대 이전의 삶을 살고 있다. 우리도 현지인들처럼 바닥에는 거적을 깐 채 낡은 이불을 덮고 잤다. 아내가 고생을 많이 했는데, 고맙게도 나를 많이 이해하며 함께 버텨 줬다.

《교황과 나》를 탈고하기 전인 지난 6월 로마 교황청이 있는 바티칸 현지를 다녀왔다. 추문과 비리로 바람 잘 날 없던 교황청에 이른바 '개혁 교황'이라고 불리는 '프란치스코'로 인한 개혁의 바람이 불고 있다고 했는데, 교황은 어떤 분인가?

프란치스코 교황 스스로 많은 것을 내려놓고 개혁에 앞장서려 하는 것이 눈에 보였다. 교황청과 결탁된 마피아를 공식적으로 파문시킨 일이라든지, 부패한 교황청의 바티칸 은행 관리를 모두 해고한 일 등이 그렇다. 무엇보다 개혁적으로 보이는 부분은 실제로 가난하고 청빈한 그의 삶이다. 하숙방에서 자며 공공 식당을 이용하고, 교황 전용 엘리베이터도 쓰지 않고 직원용을 같이 이용하는 등 한국의 어지간한 성직자보다 가난하게 산다고 말할 수 있다. 이것은 앞서 교황들과 엄청난 차이다. 교황이라는 지위 자체가 지나친 예우와 존경을 받았는데, 이번 프란치스코 교황은 그런 관례를 없앤 것이다.

개신교 기독교인들을 포함해 일반인이 갖는 천주교 교황의 이미지가 좋은 것만은 아닌 것 같다. 다른 종교 입장에서는 교황의 서민적인 모습을 칭송하는 것에 대해 이해하지 못할 수도 있다. 일반인이 교황을 어떻게 받아들여야 하나.

가톨릭에서 교황을 칭송하는 것은 영웅 숭배와 아무 관계가 없다. 나 또한 그렇다. 그분이 좋은 면이 있기 때문에 좋다고 하는 것이지, 그를 좋게 보이기 위해 꾸며낸 얘기는 하나도 없다. 합리적, 철학적으로 꼼꼼히 분석해도 프란치스코 교황은 훌륭한 분이다.

오히려 가톨릭은 개인 숭배를 나쁜 것으로 본다. 마리아도 우리가 믿는 신앙의 대상이 아니라, 우리와 똑같은 신자 중한 명일 뿐이다. 다만, 우리보다 좀 더 예수와 가까이 있었고 실제로 자신이 예수의 어머니였기 때문에 의미를 부여할 뿐이다. 일부 개신교에서는 천주교가 마리아를 해석하는 데 있어 엉터리 교육을 하고 있다고 지적하는데, 다소 불쾌하다. 물론, 신자들이 오해받을 정도로 가톨릭은 마리아에 대해 많은 이야기를 한다. 고쳐야 하는 부분이다. 다시 한 번 강조하지만, 마리아는 신앙의 대상이 아니라 우리와 같은 방향을 바라보는 똑같은 어머니, 할머니 중 한 명일 뿐이다.

교황은 종교의 수장이면서 동시에 정치적 영향을 가진 봉건제의 잔재 같은 느낌이 있다. 교황의 위치나 지위가 정치권력 등 여러 부분에 영향력을 행사하고 있지 않은지.

교황청이 '나라'로 존재하는 것은 20세기에 들어와 생긴 일이다. 1923년 이탈리아에 파시스트 정권이 들어서면서 무솔리니 정부와 교황청이 '라테란 조약'을 맺어 교황청이 자리한 땅을 하나의 나라로 인정해 독립시켰다. 이후 유엔이 바티칸 시를 국가로 승인하며 가입시켰다. 현재 교황청은 가톨릭 교회라

는 종교 단체의 중심지이자, 한 나라의 영토이다. 이 자격으로 교황은 교회의 수장이지만, 유엔에서 국가 원수로서 연설을 하고 다른 나라를 방문하면 국가 원수로 대접받는 것이다.

교황이 가진 이 두 개의 얼굴은 조금 불편할 수 있다. 많은 가톨릭 신학자들은 교황이 가진 국가 원수로서 정체성을 해체하고 종교의 지도자로만 남기자고 주장하고 있다. 이런 개혁 없이 현 상태를 유지하는 것은 좋지 않다고 생각한다. 교황청이 한 나라로 유엔에 가입한 것도 해체하고, 지금 영토는 유엔의 여러 국가들의 인정 하에 치외 법권 지역 또는 중립국으로

뒈야 한다. 불교나 개신교 어느 단체도 종교가 국가로 존재하지 않듯이 말이다.

천주교에서 가장 개혁되어야 하는 부분은?

천주교는 평등하고 민주적인 분위기가 별로 없는데, 하루 빨리 고쳐져야 한다. 예를 들면, 주교 선출 및 임기와 사퇴 등에 있어 신자의 의견이 반영되어야 하고 여러 가지 방법으로 권력을 분산시켜 축소해야 한다. 지속적으로 얘기하고 있지만, 언제 고쳐질지는 모르겠다.

신자유주의로 인한 양극화가 극심한 상황에서 한국 교회도 자본주의에 영합하는 모습을 보여, 큰 실망감을 주고 있다. 가난한 교회를 추구하며, 실천 방안으로 교회 재산과 수입 및 지출을 10분의 1로 줄이자는 소위 '십일조 운동'을 제안했다. 이런 방법으로 교회를 바꿀 수 있을까?

'십일조 운동'은 교회가 가진 재산을 10분의 1로 줄이자는 것, 즉 교회 재산의 90%를 버리자는 것을 상징적으로 표현한 것이다. 현재 기독교나 천주교가 갖고 있는 재산은 가난한 사람이 볼 때 배신감을 느낄 정도로 많다. 무슨 일이든 돈으로 해결하려고 하는 생각이 큰 문제다. 그리스도교에는 어떤 일을 하기 전에, 일단 돈부터 끌어들이는 습관이 있다. 이것은 일반 기업이나 NGO에서 하는 일이지 그리스도교가 할 일은 아니다. 예수는 돈을 걷어서 교회나 성당을 짓지 않았다.

프랑스의 경우는 국가가 교회 재산을 많이 빼앗았기 때문에 대체적으로 가난하다. '십일조 운동'의 실질적인 방안은 무조건 현재 교회가 가진 재산을 버리는 것이다. 해마다 많은 건축비가 드는 성당을 몇 개씩 짓지 말고, 차라리 그것을 팔아 가난한 사람들에게 나눠주자는 것이다. 그렇게 하면 성당에 오히려 사람이 꽉 들어찰 것이다.

헌금을 줄이고 지출을 줄이자. 신부들은 골프장 가지 말고, 고급 차 타고 다니지 말고, 성당 안에 식복사를 고용하지 말고, 인건비도 크게 줄이자. 재산, 수입, 지출 다 줄이고 가난하게 살면 어떤가. 골프장에 다닌다는 신부가 가난한 사람에게 눈을 돌릴 수 있겠는가.

마태오복음에서 예수의 가르침은 '빈자와 약자를 개인이 아닌 공동체의 문제 즉, 구조적인 '악의 문제'로 보고 정치·종교 권력에 저항했다'라고 할 수 있다. 예수를 따르는 그리스도인이라고 해도 구조적인 사회악에 더욱 도전하고 저항하려고 할 때 두려운 것은 사실이다. 이것을 극복할 수 있는 힘은 어디에서 나온다고 생각하나.

예수는 정치범이었다. 이런 관점에 대해 불경스럽다거나 낯설게 받아들일 사람도 있겠지만, 실제로 당시 십자가 처형은 정치범에게 부여되는 형벌이었다. 유대교에서 신성 모독에 해당하는 죄는 돌로 쳐 죽였다. 정치범은 로마군이 데려다가 십자가 처형으로 죽였다. 요즘은 사회 개혁 운동이나 정치권력에 대항하면 '좌빨'이나 '종북' 얘기가 나온다. 그러나 그런 이야기를 견뎌야지 어떻게 하겠는가. 사실상 이런 수모는 아무것도 아니다. 이를 두려워한다면. 신앙 생활을 해서는 안 된다. 지금 가톨릭이나 개신교 신자 상당수가 신앙을 마치 보험의 한 형태로 택하고 있다. 예수를 팔아먹는 장사꾼같이 말이다.

현재 종교인에게 성서 시험을 보게 한다면, 적지 않은 사람이 낙제 점수를 받을 것이다. 신학교에서도 교수는 피고용인이기 때문에 고용인의 눈치를 본다. 자기를 해임할 수 있는 사람의 눈치를 보면 행동과 글이 자기 검열에 들어가게 된다. 최대한 튀지 않게, 개혁적이지 않게, 반항적이지 않게 스스로 말과 글을 다듬는 것이다. 무서운 일이다. 그런 사람들을 가리켜 '어용 신학자'라 부른다. 할 말은 안 하고, 최대한 다듬어 듣기 좋은 말만 하는 사람들, 그들은 고통 받는 사람들이 있는 곳에 가지 않는다.

이를 극복할 수 있는 것은 올바른 신앙심이다. 예수에 대한 존경심이자 예수에 대한 공감이다. 우리가 예수에 대해 정확히 알면 행동이 저절로 바뀔 것이다.

4개 복음서(마르코복음, 마태오복음, 루카복음, 요한복음)를 바탕으로 한 시리즈 중 《슬픈 예수》(21세기북스 펴냄)와 《행동하는 예수》(메디치 펴냄)를 출판했고, 현재 《가난한 예수》와 《기쁜 예수》를 준비 중인 것으로 알고 있다. '예수의 삶'을 다룬 책이 2014년 한국 사회에 주는 메시지는 무엇인가.

메시지를 주기 위해서 쓴 것도 있지만, 쓰다 보니 그 안에 메시지가 있게 된 것 같다. 나는 느낀 것을 쓸 뿐이다. 이번에 교황도 바뀌고 그를 중심으로 가난한 사람을 존중하는 분위기가 생기다 보니, 나 역시 그 흐름을 타게 된 것 같다. 겨우 책 한두 권 낸 사람인데, 언론에서 많이 주목해 줬다. 일반인이 볼 때는 책 대부분이 그저 특정 종교의 경전 해설서에 불과하다. 보통 이런 경우에는 자기가 속한 교계 언론에서만 다루는데, 일반 언론에서도 많이 거론됐다.

이 책들은 신학 공부 30년을 통한 사색의 결과다. 특히 '이 사회를 가난한 사람의 눈으로 보자'는 것이 주요 메시지다. 그런 차원에서 내가 세운 몇 가지 원칙이 있다. 강연료 받지 않기다. 작년 8월부터 강연만 20회가량 다녔는데, 차비도 받지 않았다. 책을 팔아서 생긴 돈은 그냥 기부한다. 언론사 원고료도 전부 기부했다. 이는 나의 신학 활동이다. 이를 통해 들어온 돈은 내 호주머니에 1원도 넣지 않는 것이 나의 신념이다. 신학자가 자꾸 돈맛을 알면, 마음이 흐트러지고 건방져질 것이라는 생각이 든다. 명예와 인지도 같은 것에 휘둘리면, 사람이 '버린

다'고 생각한다. 스스로를 경계하기 위해 책과 관련한 돈은 받지 않는다.

《행동하는 예수》 표지에 김수환 추기경, 문익환 목사, 전태일 열사, 체 게바라, 넬슨 만델라 전 대통령, 프란치스코 교황 등 예수와 닮았다고 생각하는 인물을 담았다. 닮았다고 볼 수도 있지만, 전혀 다른 성품으로 각자의 삶을 살았던 사람이다. 이들을 '행동하는 예수'라고 비유한 이유는?

예수와 비슷한 삶을 살았다고 생각한 사람을 뽑다 보니, 실제로 가난한 삶을 살며 역사의 희생자를 편들었던 사람을 선택하게 됐다. 이들이 종교를 갖고 세례를 받았는지 여부는 상관없다. 좁은 의미에서나 의미가 있지, 하나님 눈에는 아무런 의미도 없다고 생각한다. 인간의 눈으로 보면 '개신교냐 가톨릭이냐'가 중요하겠지만, 결국 가난한 사람을 위해 살았는지 아닌지 외에 중요한 것은 없다.

'체 게바라 평전'을 보면, 인격적인 결함과 관련한 증언이 많이 나온다. 예수와 닮은 사람으로 꼽힌 사람들조차 완벽할 수는 없는 것 같다.

인격적인 결함은 단점이 아니다. 인간성의 표현이다. 나도 단점이 많다. 용기는 있지만 행동으로 옮길 때 주저하고, 더 행동해야 하는데 뒷소리가 싫어서 주춤거릴 때도 많다. 태생적으로 외로움을 많이 타다 보니 숨어버리고 절필하고 싶은 욕망도 아주 크다. 매일같이 붓을 꺾고 싶은 충동에 시달린다. 그런데 가만히 기도하다 보면, '그러면 안 되지!' 하는 마음이 든다.

예수를 닮은 삶, '예수의 삶'을 요약하자면?

인간은 외로움을 가장 두려워한다. 외로움은 나이에 관계 없이 자기가 갖고 있는 고뇌의 깊이와 관계가 있다. 예수는 참 외로운 사람이었다. 그의 외로움은 가족, 제자들에게 이해받지 못한 것에서 비롯됐다. 심지어 예수가 사랑했던 가난한 사람들조차 그를 이해하지 못했다. 예수가 십자가 위에서 죽어갈 때 너무도 외로웠을 것이다. 가족도, 제자도, 가난한 사람도 다 도망가고 그나마 남은 사람은 그를 향해 삿대질했다. 누가 죽는 다고 하면, 와서 애도하고 인사하지 않나. 하지만 그는 죽을 때까지 외로웠다.

예수의 삶을 한마디로 표현하면, '가난한 사람을 위해서 자기 목숨을 버린 삶'이라고 할 수 있다.

평신도 신학자가 하는 이야기가 때로는 '광야에서 외치는 소리'로 들릴 수도 있을 것 같다. 기성 교단에 소속된 사제나 목회자와 달리, 교계를 향해 자유롭게 비판하며 개혁을 요구하는 목소리를 내고 있다. 이에 많은 이들이 공감하고 있지만, 한편으로는 교계 기득권 세력의 불편한 시각도 있을 것 같다.

가톨릭이나 개신교 중 개혁파는 20퍼센트 정도도 채 되지 않는다. 성직자 중에서 그렇고 성도의 80퍼센트 이상도 보수파이다. 산술적으로 보면 내 편이 한 명, 반대 편은 네 명이다. 하지만 내가 다수에 속하는 것이 중요한 게 아니라, 옳은 말을 하는 게 중요하다. 예수와 다른 예언자들도 항상 주변에 반대자가 많았다. 나는 그저 평범한 사람이다. 내가 보수파의 비난을 미리 막을 수도 없고, 그 비난을 내가 다 감당할 수도 없다. 결국 신앙으로 극복해야 한다.

그러나 생각보다는 견딜 만하다. 내 사회적 지위나 서 있는 자리 때문에 말이 바뀐다면, 나는 이상한 사람일 것이다. 내가 사제가 됐어도 할 말은 했을 것이다. 어떤 사제가 자신이 사제이기 때문에 할 말을 못 한다고 하면, 그건 거짓말이다. 종교 단체처럼 핑계가 많은 데가 없다. 마음만 먹으면 얼마든지 자신의 행동을 합리화할 수 있는 곳이다.

라틴어, 스페인어, 독일어, 그리스어, 영어 등 5개 외국어를 구사하며 제주에서 외국어 학원을 운영하고 있다. 특별히 여러 외국어를 공부한 이유가 있는가.

이유라기보다는 삶과 학문의 터전을 그곳에 뒀기 때문이다. 현지에서 살면서 공부하기 위해 외국어 공부를 했다. 머리가 나쁜 편이지만, 장점 중 하나가 끝까지 포기하지 않는 것이다. 그냥 될 때까지 했다. 남보다 못하다는 생각이 들면, 극복하고자 끝까지 노력했다. 그것뿐이다.

천주교 가정에서 그리스도인으로 성장했다. '청년 김근수'는 어땠는가.

순교자 집안에서 태어났고, 조상 중에 순교자가 많았다. 조부와 조모가 박해를 피해 산에 숨어 살면서 옹기를 구웠다. 가난하게 살았다. 원래 그런 순교자 집안에서 그대로 성장하면, 극도의 보수가 되는 게 정상일 수도 있다. 하지만 나는 대학에서 데모도 하고, 광주 신학대학에 다니면서는 5·18 민주화 운동 분위기도 2년 정도 경험했다. 그러나 독일에서 신학을 공부하면서 지식적 고뇌로 더 개혁파가 된 것 같다. 학문적 탐구를 통해 개혁파로 자리 잡은 다음, 남미에서 해방 신학을 공부하면서 완전히 자리를 굳혔다. '가난한 자들과 함께하는 것이 예수의 길'이라고 생각하면서 방향이 바뀐 것이다.

사제의 길을 포기하고 지금과 같이 평신도 신학자의 길에 들어서기란 쉽지 않았을 것 같다. 이 과정에서 새로 겪은 어려움은 없었나.

사제의 길을 포기했을 때 가족과 친지를 비롯한 주위 많은 분이 아쉬워했다. 그때 내게는 정서적 외로움뿐 아니라, 경제적인 외로움도 있었다. 2002년 제주도로 내려가 8평짜리 반지하 월세에서 딸과 아내까지 세 명이 살았다. 그러면서 영어 개인 과외를 시작으로, 학원까지 열게 됐다. 돌이켜보면, 하나님이 내가 한 끼도 굶지 않게 해주신 것 같다(웃음). 딸과 아들, 그리고 아내까지 지금 나는 아주 행복하다.

비교적 늦은 나이에 결혼했다. 자유로운 신학도의 사랑과 결혼 이야기가 궁금하다.

다른 이야기를 하고 싶다(웃음). 사랑에 대해 말하고 싶다. 가정법假定法으로 사랑에 대해 논하는 것은 의미가 없는 거 같다. 기혼자들이 부부싸움 할 때 종종 가정법 질문 탓에 다투기도 한다. '당신 내가 죽으면 장가갈 거야?'와 같은 질문 말이다(웃음). 그런 의미에서 '상대방이 가지고 있지 않은 것은 바라지 않는다'라는 원칙이 필요하다. 예를 들면, 아내가 내게 바라는 게 있겠지만 내게 없는 것이라면 아예 바라지 말아야 한다. 내가 갖고 있지 않은 것을 바라면 그것은 곧 불만이 되고, 나는 미안해하게 될 것이다. 있는 것에 기뻐하고, 있지 않은 것에 대해 무리하게 요구하지 않는 것이 사랑을 지속할 수 있는 힘이라고 생각한다.

앞으로 어떤 꿈을 꾸고, 또 어떤 삶을 살고 싶은가.

항상 '건강, 지혜, 용기를 달라'고 기도한다. 건강하지 않으면 사회에 기여하는 것은 둘째 치고, 오히려 부담될 것이다. 또한, 지혜가 없으면 내가 하는 말이 그냥 무의미한 소리가 된다. 그리고 내 감정에서 비롯되거나 인기를 얻으려고 글을 쓰지 않고, '오직 진실을 용감하게 쓸 수 있게 해 달라'라고 기도한다.

내가 앞으로 어떻게 활동하느냐는 '하나님이 내게 무엇을 시키는가'에 달려 있다. 그것 또한 열심히 해 보려 한다. 나의 말과 글, 행동에서 제일 중요한 것은 '옳은가, 그른가' 여부다. '나에게 유익한가, 나에게 도움이 되는가'를 생각하지 않는다. 그밖에 개인적 소망은 유럽과 한국을 오가면서 새로운 신학의 흐름을 읽고 계속 공부하며, 이를 책으로 쓰며 살고 싶다는 것이다.

동시대를 사는 청년에게 해 주고 싶은 말이 있다면?

이번에 이탈리아에 가보니, 그곳 청년들은 개인적 자유를 많이 누리지만 직장이 변변치 않고 흔들리는 것을 많이 봤다. 사회보장제도 덕에 먹고는 살지만, 인생의 목표가 뚜렷하지 않을 것 같았다. 내가 청년들에게 하고 싶은 말이 있다면, '의로운 길을 가라'는 것이다. 내가 어쭙지않은 인생을 살면서 자랑할 수 있는 게 하나 있다면, 불의한 사람을 위해서 행동한 적이 한 번도 없다는 것이다. 그거 하나는 자랑할 수 있다. 또한 결혼해도 행복하고, 안 해도 행복하다고 말하고 싶다. 결국 어떤 상황에 처하든 자기 스스로 행복을 추구하면 된다고 생각한다.

또 여러 외국어를 배우라고 하고 싶다. 보통 한국에서만 산다는 것을 전제로 앞날을 준비하는 경우가 많은데, 이제는 세계로 생각의 폭을 넓혀야 한다. 여러 외국어를 하다 보면 살 수 있는 지역이 넓어지고 지역이 넓어지면 직업의 분야도 넓어진다. 직업은 자기가 하고 싶은 것을 하면 된다. 어떤 이는 나에게 '그렇게 공부하고 고작 학원 강사나 하고 있느냐'라고 할지 모르지만, 난 내 직업에 대한 만족도가 아주 높다. 신학도 하고 가족도 부양하고 내가 하고 싶은 것을 하며 살고 있다.

김근수에게 자유란?

우리는 보통 자유라는 말을 자주 쓰는데, '자유'와 '해방'이라는 단어는 구분되어야 한다. 'freedom'과 'liberty'는 다르다. 자유는 억압된 상태에서 벗어나 내 의지대로 하고 싶은 것을 하며 사는 것이 주된 목적이고, 해방은 부정적인 것에서의 탈피가 주된 목적이다. '자유인'이라면 해방과 자유를 함께 설명해야 한다. 경제적 가난, 정치적 억압, 사회적 소외에서 벗어난 해방도 필요하고, 내가 살고 싶은 형태의 삶을 원하는 그런 선택의 자유도 필요하다.

지금의 한국 사회와 유럽은 자유는 중요시하지만, 해방은 별로 다루지 않고 있다. 반대로 남미는 해방은 다루지만 제대로 된 자유는 영위하지 못하고 있다. 자유와 해방을 함께 추구했으면 좋겠다. 이를 위해 내가 현재 '무엇에 얽매어 있는가'를 반성해보면 좋겠다. 부모의 기대나 바람, 사회적 관습 등에 사로잡혀 있지는 않은지. 우리는 각자 생각의 포로이기 때문에 생각에 자신을 가두는 경우가 많다. 평생 바꾸기 어려운 것이 '자기 생각에 갇힌 자신'이다. 하지만 마음만 먹으면 얼마든지 쉬운 일이 될 수도 있다.

또한 가난한 사람 편에 서거나 가난한 사람을 도울 때 주저하는 마음이 생기거나 어딘가 부자연스럽다고 느낄 수 있다. 이것은 그들을 바라보는 '시선의 문제'이다. 가난한 자들보다 내가 우위에 있는 기분으로 물질적인 도움을 주겠다고 생각하기 때문이다. 경제적 관점이 들어간 가부장적 태도다. 하지만 보다 중요한 것은 '그 사람과 나를 똑같이 생각하는 마음'이다. 하나님이 우리를 볼 때 그 사람이나 나나 똑같이 소중하고 동등하게 본다. 우리는 하나님 앞에서 똑같은 피조물인 것이다. 이 시각으로는 보면, 어디서든 당당할 수 있다. 다른 사람과 내가 똑같이 중요하다고 느낄 때 우리는 비로소 자유로울 수 있을 것이다.

인터뷰 담당 이재환, 손어진, 조경일

김중배

20대를 전포세대로 만든 죄인, 속죄한다

2015. 2. 24

김중배

인터뷰에 응해주셔서 감사하다.

나이는 많이 먹었지만, 사람과 사람 사이의 장벽을 허무는 것을 좋아한다. 인터뷰 제안을 받고 1년여를 망설였다. 스스로 나의 삶을 돌이켜봤을 때 실제로 내가 사회적으로 활동했던 삶은 자유인自由人으로서보다는 다분히 제한인制限人으로서의 궤적軌跡이었다. 날 때부터 있었던 '자유의 융기隆起' 같은 것이 80여 년을 살면서 거의 다 사라져 버리고, 오히려 움츠러든 요즘이지 않나 한다. 평생을 언론에 종사해왔는데, 가끔은 지난날 내가 써왔던 것에 대해 다시 생각하며 '아, 이건 잘못된 말인데!' 하는 것이 있다. 잘못 쓴 것 중에는 나 스스로 고치면 되는 것도 있지만, 나 혼자 고쳐서는 대세를 바꿀 수 없는 언어들이 이 시대 대한민국에 횡행하고 있다. '언론言論'이란 말도 그 예 중의 하나이다.

'언론'이라는 개념은 보통 학습과정에서 배운 '조선시대 사간원, 사헌부, 홍문관' 내지는 주로 〈한성순보〉·〈독립신문〉·〈조선일보〉 등의 신문을 비롯한 근대적 의미의 방송, 통신 매체 등으로 이해된다.

언론을 '언관言官, 사관史官'과 비견할 때는 보통 '정상頂上 권력에 대한 가차 없는 비판을 하는 영역'을 의미한다. 우리 역사를 되돌아봐도 신라시대의 고운孤雲 최치원 선생(857~?)이 쓴 글에서 원효시대(617~689) 때 언론은 '생각하고 의논한다'는 뜻의 '사의도思議道'라고 했고, 이것에서 '언도言道'라는 말이 나왔음을 알 수 있다. 그런 의미에선 '언론'의 원형격인 '말 길'은 보다 보편적인 소통의 생태를 가리키는 것으로 보아야 옳다. 언론이라는 개념은 조선의 율곡선생(1536~1584)에 와서 절정을 이루었는데, 그는 '언로言路는 혈로血路와 같다'고 했다. '말 길이 막히면 동맥경화와 같이 나라가 부패한다'는 뜻이다.

이런 언론의 개념이 현대에 와서는 신문이나 방송 등 미디어를 중심으로 쓰이게 됐다. 이제는 팟캐스트, SNS 등 인터넷을 통해 만인에 의한 언론 행위가 가능해졌다. 그렇지만 여전히 사람들에게 언론은 조·중·동, KBS, MBC 등을 중심으로 하는 소위 대형 언론매체로 인식된다. 주요 언론이라 불리는 신문·방송 스스로도 자기들만 언론이라고 한다.

2012년 만들어진 〈뉴스타파〉에서 이듬해 5월 해외 조세 피난처에 관한 탐사보도를 했을 때 모든 미디어가 그것을 따라 보도했다. 그러면서도 그들은 엄연히 언론의 역할을 하는 〈뉴스타파〉를 '인터넷 방송매체, 좌파매체' 등으로 치부했다. 자기들만 언론이고 다른 언론은 매체라는 것이다. 마찬가지로 그들은 북한의 평양중앙방송을 '북한 언론'이라고 하지 않고 '북한 매체'라고 한다. 이렇듯 이미 대세가 된 말이 굉장히 많다. 그것을 문법학자가 아무리 잘못됐다고 지적해도 언중言衆이 그렇게 말하면 어쩔 수 없이 쓰게 된다. 그러나 국민 이전의 인민人民,

모든 백성이 말하고 의논하는 '말 길'의 흐름을 '언론'이라는 바른 이름으로 되돌리는 게 중요하다.

선생께서 처음 접하고 이해했던 '언론'은 무엇이었나.

소학교 시절, 언문諺文을 배웠다. 그때는 어릴 적부터 한문이나 붓글씨를 배웠다. 중학생이 되면서 우후죽순으로 생겨난 신문사 덕에 신문에 관심이 있었던 것 같다. 지금도 신문에 '독자투고'란이 있지만, 학생 때 재미삼아 투고를 했던 적이 있는데 게재되기도 했다. 그냥 이 정도지, 어떤 비범한 사람들처럼 '나는 이 길로 가야겠다'고 생각했던 것은 아니었다. 다만 책은 조금 많이 읽었던 것 같다.

8·15 광복을 맞아 일제가 물러가고, 아직 정부가 수립되기 직전에 초등학교 5학년이었다. 당시 반에서 나를 포함한 몇몇은 일본 강점기에 나온 방인근(1899~1975), 김내성(1909~1957) 등의 한국 소설을 많이 읽었다. 수업시간에 선생님 말씀은 안 듣고 책을 읽다가 들켜서 맞기도 했다(웃음). 그러다 6·25 한국전쟁이 터지고 북한 인민군이 들어오면서 조선문학가동맹(1946년 출범)과 같은 기관지도 더러 읽었다.

1934년 태어나 일제 식민 지배, 태평양전쟁, 한국전쟁 시기에 유소년기를 보냈다. 혼란스러운 사회에서 식민 교육을 받거나 전쟁 물자를 대는 등 강제 노역을 해야 했고, 정부의 지시에 따라 행동하고 결정해야 하는 부분이 있었다. 당시 어떤 생각을 하던 소년이었나.

어려서 자각을 못 하고 있다가 나중에 깨달은 것이지만, 일본 제국의 식민으로 태어나 8·15 해방이 된 후, 대한민국 정부가 수립되지 전까지 국적이 없는 그야말로 '세계 시민'이었다. 무국적자無國籍者라고 하기는 싫고(웃음). 1948년에 대한민국 정부가 수립된 후에야(좋은 일인지 아닌지 모르지만), 대한민국 국민이 될 수 있었다. 한국전쟁 당시 실제로 인민군이 한반도를 점령한 2~3개월 동안은 조선인민민주주의공화국의 인민이었을 수도 있겠다. 다들 자기 삶이 가장 기구하다고 생각하기 때문에 내 삶이 기구했다고 하고 싶지 않은데, 나도 너무 오래 산 것 같다(웃음).

한국전쟁은 많은 아이들에게 세계에 대한 관심이나 시각을 눈뜨게 해준 계기가 됐다. 초등학교 입학하던 해에는 제2차 세계대전이 진행 중이었고, 동아시아에서는 일본이 미국과 태평양전쟁(1941~1945)을 치르는 중이었다. 학교에 일본 선생님을 비롯해 여자 선생님이 많았는데, 우리를 정말 잘 보살펴 줬다. 어떤 여 선생님은 사택에 오라고 해서 습자習字 도구를 선물해줬다. 그런데 일본이 전쟁을 시작하고 전쟁 물자가 부족해지면서 우리를 완전히 노동자 취급했다. 선생님의 인솔 하에 어린 학생들을 모심기에 대동했다. '근로 동원'이라고 했지만, 징용이었다. 당시 논에는 거머리가 많아서 정말 고생했다.

나는 전라도 광주에서 학교에 다녔는데, 무등산에 가서 송근松根(소나무 뿌리) 캐는 일도 했다. 송근에서 기름(송근유)이 나오니까 그렇게라도 일본의 전쟁 물자를 조달하고자 했던 것이다. 당시 일본인들은 말도 안 되는 무모한 전쟁에 우리를 이용했다. 그런데 그때는 당연히 그렇게 해야 하는 줄 알고 강제 노동에 따라다녔다. 지금 초등학생들을 그렇게 부려 먹으면, 아마도 혁명이 날 것이다(웃음).

8·15 해방은 우리에게 무정부 상태를 의미했다. 자유란 개념은 없었지만, '이게 자유인가' 하는 생각도 해봤다. 결국 이 세상을 마주 보게 된 일이었다. 그런데 조금 있으니, 남북 간 전쟁이 터져 많은 사람들이 죽었다. 지금 학생들은 상상하기 어렵겠지만, 고등학교 1학년 나이에 의용군으로 끌려간 친구들이 있었다. 그 중 몇 명은 죽었다. 인민군이 내가 있었던 호남 쪽을 거의 무혈점령했는데, 전투에 의한 사망자라기보다는 1950년에 있었던 '보도연맹 사건'으로 많은 사람이 죽었다. 나중에 안 사실이지만, 무등산 가까이에 있는 지산동에 사람을 모아놓고 죽을 사람더러 자기 구덩이를 파라고 한 뒤 죽였다고 한다. 죽음의 참상이었다. 이런 것을 겪으면서 '유년시절 부모님으로부터 받았던 사랑이 가득한 인생(세상)과는 다른 것이 있구나' 하는 생각이 싹텄다.

소설책을 좋아하던 소년이 법대에 들어갔다. 전남대학교 법학과 1회 졸업생이었다.

그때나 지금이나 부모가 자식에게 법대나 의대에 가라는 것은 왜 만고萬古의 진리일까(웃음). 세상이 변해도 변하지 않는 측면이 있어 안타깝다. 궁핍한 생활로, 6년을 다녀야 하는 의대를 못 갔다. 당시 전남대에 법대가 처음 생겨 17~8명의 학생을 뽑는다고 해서 갔다. 사람은 적응하는 동물이라고 하던데, 나 같은 사람은 적응을 잘 못하는 사람이었다. 수업은 엉터리로

들었지만 학점은 따야하니 시험을 보긴 봤는데, 내 시험답안을 채점하는 교수님들에게는 곤혹스러웠던 것 같다.

　　당시 전남대 법대 학장으로 계셨고 101세로 최근 고인이 된 기세훈(1914~2015. 초대 가정법원장과 사법연수원장 역임. 前 인촌기념회 이사장) 선생께서 나를 불러 "자네 답안지는 논문 같기도 하고 수필 같기도 하네!"라며, 학점을 줄 수도 없고 안 줄 수도 없어 결국 교수들끼리 합의해 학점을 주긴 준다고 했다. 그때만 해도 학생과 교수 간의 열린 교감交感 같은 게 있었던 것 같다. 이런 시절, 광주에서 문학동인 활동을 하기도 했다. 사실 그런 쪽이 더 재미가 있었다. 소설도 썼다 시도 썼다, 내 스스로 창작에는 소질이 없다고 생각하고 엉터리 문학평론도 해봤다 (웃음).

1957년 〈한국일보〉에서 기자 생활을 시작했다.

〈한국일보〉에서 견습기자(지금의 수습기자)로 일하면서 장
기영(1916~1977. 한국은행 부총재, 한국일보·코리아타임스 창간, 박
정희 정권 부총리 역임)이라는 사람과 인연을 맺게 됐다. 참 특이
한 사람이었는데, 기자들이 현장에 나가기 전에 출장비를 받으
러 사장실에 가면 그 때마다 자기 멋대로 백지에 출장비를 써주
곤 했다(웃음). 그러면서 "현장에 가면 분명 유혹이 있을 거네.
당연히 뇌물을 주면 받지 말고 어느 정도 주는지 확인하고 와서
나한테 보고하면 그 돈을 주겠네"라면서 기자들이 현장에 나가
허위 기사를 쓰지 못하도록 했다. 당시만 해도 〈동아일보〉가 압
도적인 1위였고, 〈경향신문〉이 그 뒤였다. 그런데 장기영 사장
은 항상 사장실 칠판에 '정상이 보인다'라고 써놨다(웃음).

〈한국일보〉는 그때만 해도 굉장히 파격적인 시도를 했다.
견습기자가 쓴 기사인지 소설인지 모를 글을 신문에 내기도 했
고, 젊은 사람을 편집국장으로 앉히기도 했다. 돌이켜보면, 당
시 동료들과 함께 재밌게 신문을 만들었다. 〈한국일보〉가 조간
신문이었기 때문에 기자들이 밤늦게까지 기사를 쓰다 보면, 금
방 밤 11시, 12시가 됐다. 그러면 기자들이 통행금지 때문에 집
에도 못 가고, 편집국으로 스멀스멀 기어들어와 날이 밝을 때
까지 술을 마셨다(웃음). 당시 기자들은 지금보다 더 많이 술을
마셨다. 그리고 다음 날 아침 통행금지가 풀리면 천막을 씌운
지프차에 열댓 명을 태워 집에 보내주곤 했다. 견습기자 출신이
많이 일할 수 있게 해줬고, 그래서 참 재밌었다.

고등학교 은사였던 고故 고재기高在驥 선생은 나 같은 사
람에게 관심을 두고 〈한국일보〉에 실린 내 기사에 늘 피드백을
했다. 언젠가 내가 '휴전선 르포'를 썼는데, 선생께서 내게 편지

를 보내 "잘 썼네. 그런데 자네는 취재는 조금해서 기사를 길게 쓰는 기능이 있는 것 같네. 허나 기자는 그렇게 하면 안 되네"라고 했다. 정곡을 찌른 거다. 정말 내 일생의 진정한 스승이었다. 내가 기사를 쓰는 굽이굽이마다 편지를 보냈다. 이 분의 조언과 격려로 기사 쓰기 훈련이 많이 됐다.

그 뒤로 기사를 쓰는 자세가 바뀌었나?(웃음)

노력은 하나, 여전히 미달이다(웃음).

1963년에 들어간 〈동아일보〉에서 기자와 논설위원으로 일하다가 1982년부터는 기명 칼럼을 쓰기 시작했다. 위에서 결정한 것인가.

지금은 하루에도 수십 개의 칼럼이 나오지만, 그때만 해도 칼럼이 희귀한 시대였다. 〈조선일보〉의 '선우휘 칼럼'이 유일했다. 〈동아일보〉 칼럼은 '건넛집에서 이렇게 하니 우리 쪽에서도 해야 하지 않나' 하는 발상에서 시작됐다. 그런데 어떻게 하다 보니, 나 같은 사람에게도 차례가 왔다. 1973년부터 논설위원을 하고 있었고, 칼럼을 쓴 이후에도 논설위원만 약 16년을 했다.

20년 넘게 기자로 활동하면서 처음 기명 칼럼을 쓰게 됐을 때 소회가 어땠나? 다짐, 혹은 원칙이 있었는지?

기명 칼럼을 쓴다는 건 상당한 압박이 있는 자리였다. 특히 〈조선일보〉에서 글을 쓰는 이들은 주필主筆(편집 방향과 기사 게재 여부를 주관하는 최고 책임자)로, 이미 명성이 있는 사람들이었다. 나는 주필도 아닌 논설위원인데다가 상대가 안 된다고 생각했다. 그래서 여러 가지 연구를 했다. 아트 버크월드Art Buchwald(1925~2007)같은 유명 칼럼니스트가 《워싱턴 포스트》 등에 쓴 칼럼을 흉내 내려니 힘들더라(웃음). 〈동아일보〉 1986년 3월 6일 자 '입술 떨려도 진실만은…'이 첫 칼럼이었는데, 이 글이 기사를 쓰는 다짐 또는 원칙에 대한 답이 될 수 있을지 모르겠다(웃음).

당시 칼럼은 군사정권의 감시 대상이 됐다. 때로는 정부기관의 조사를 받기도 했고, 1984년에는 잠시 일본 도쿄대 연구소로 보내지기도 했다. 권력의 위협 속에 어떻게 계속 글을 쓸 수 있었나?

박정희 정권 초기만 해도 중앙정보부(1961~1981)가 언론을 그렇게 탄압하지는 않았다. 가혹행위는 없었고, 몇 번 불려가 조사받은 정도였다. 어느 해 전라도에서 큰 물난리가 있어 취재 차 가 있는데, 당시 박정희 국가재건최고회의 의장이 비상열차를 타고 내려와 수해복구에 동참했다. 당일 내 기자 직감으로 수해복구 인력이 많아도 너무 많다고 느꼈는데, 아니나 다를까 박정희 의장이 가고 난 다음날에는 현장에 사람이 하나도 없더라. 그래서 그날 '볼 때와 안 볼 때'(〈동아일보〉 1963년 7월 11일 자 현지 르포(2) '가난과 주림과 한숨만이…')라는 제목으로 기사를 썼다(웃음). 그랬더니 그걸 가지고 나중에 왜곡보도라고 괴롭히더라.

박정희가 1972년 유신 선포에 이어 계엄령을 선포한 이후, 사회부장에서 논설위원으로 옮기면서 학생들이 데모하는 것을 단 한 줄도 쓰지 못했다. 당시 〈동아일보〉는 석간신문이었다. 그때만 해도 가판(신문의 초판, 즉 1판을 일컫는 말로 〈동아일보〉는 2005년 4월 2일 이후 가판을 내지 않고 있다)이 굉장히 많이 나갔는데, 각 가정이나 지방에 배달되는 최종판에 몰래 데모기사를 넣고 종적을 감추기도 했다(웃음). 그러다 인쇄 과정에서 들켜 해당 기사 발행이 중단되는 등 정권의 기사 검열이 갈수록 심해졌다. 정말, 비참한 시절이었다. 그래서 '이발사들에 의하면 요즘 귓병 환자들이 많아졌다'더라 하는 식의 어처구니없는 기사를 머리기사로 올린 적도 있다. 해서도 안 되는 그런 글…. 우리의 소심한 저항이었다(웃음).

칼럼을 쓰기 시작하면서는 안기부(1981~1999년, 국가정보원으로 개편되기 이전)에 불려다녔다. 이때부터 정부기관이 언론에 대한 지식을 갖게 된 것 같다. '어떤 사람이 쓴 글을 보고 그 사람이 다음에는 이런 글을 쓸 거다'라는 점을 대충 파악한 것이다. 그때부터는 미리 압력을 가하기도 하고, 전화로 위협도 했다. 그러면 나는 '알겠다. 다시 생각해보겠다'라며 끊었지만 내용을 바꾸지는 않았다. 지금도 참 가슴 아프게 생각하는 게, 어느 날 새벽 집 위층에 있다가 아래층에 내려와 보니 눈이 퉁퉁부은 딸이 덜덜 떨며 앉아 있더라. 밤새 안기부 사람의 전화를 받았던 것 같다. 우리 딸이 전화를 받으니, 거기다 대고 '네 가족 다 죽인다. 어쩐다'라며 퍼부었던 것 같다. 어린애가 충격을 받아서 잠도 못 자고 거기 계속 있었던 것이다. 그렇게까지 했던 사람들이다. 지금은 그 딸이 시집가서 손자도 낳고 그 손자가 군대에 가서 내가 면회도 가고 그랬다. 세월이 이렇게 흘렀다(웃음).

기자를 비롯해 언론에 종사하는 사람들도 사주가 운영하는 회사에서 일하는 노동자다. 이들 역시 때로는 국가의 통제를 받기도 하고, 사주에게 압력을 받기도 한다.

최근 공개된 '이완구 녹취 파일'은 충격이었다. 그러나 이것이 대한민국 언론의 현실이다. 이승만, 박정희, 전두환의 언론통제는 표독하고 교활한 측면이 있어 소위 우리말로 (어울리지 않는 것 같지만) '당근과 채찍'이 있었지만, 요즘은 권력이 직접 손에 피를 묻히기보다는 하수인을 통해 통제한다. KBS, MBC 사장을 자기 권력의 하수인에 적격인 사람을 선임(일명 '낙하산 인사')해 대집행하는 수법이다.

언론 통제의 방식이나 양태는 다르지만, 과거나 지금이나 굉장히 가혹하다. 정부의 언론 통제 상황에서 회사는 자기가 죽는 줄도 모르고 계속 자기 노동자들을 죽이고 있다. 해고하는 것은 목을 자르는 것이 아닌가. 이명박 정권에 이은 박근혜 정권에서 얼마나 많은 기자와 PD가 잘려나갔는가. 지난 1월 MBC가 회사의 부당한 처우를 풍자한 권성민 피디를 또 잘랐다. '대집행'의 몰상식한 잔혹함이 끝날 줄을 모른다.

이런 상황이 반복되는 것을 보면, 마음이 아플 것 같다.

오죽 답답했으면, 지난달 9일 당시 이완구 국무총리 후보실 앞에서 기자회견을 한다고 같이 가자고 해서 늙은 놈이 주책없이 가서 떠들었다. 그때 이완구의 녹취 파일은 '이완구의 양심선언'이라고 했다. 그리고 "우리가 이완구를 살리자. 이 사

람이 총리후보직에서 사퇴하고 인간으로서 첫걸음을 다시 딛게 하자. 이것이 이완구를 살리는 길이다. 이완구는 인간으로 환생하라!"고 외쳤다. 그랬더니 경찰이 와서 '집회 및 시위에 관한 법률이 어쩌고저쩌고' 하던데, 모르겠다. 사람을 구하고자 한 말인데…(웃음).

그래서 내가 더더욱 자유를 말하기 어렵다. 공포와 폭력으로부터의 자유, 예술이건 학문이건 새로운 것을 창조하는 자유, 더 나은 삶을 위한 무엇을 향한 자유, 피동적인 반사로서의 자유가 아닌 적극적인 자유. 이런 자유를 모색하면서 삶을 살아야 하는데, 노동은 저렇게 '피폐상태'다. 언론뿐만 아니라, 대다수의 노동자들이 그런 자유를 찾기 어려운 시대, 특히 표현의 자유를 억압하고 착취하고 질식시키는 시대에 살고 있다. 내가 너무 격했나(웃음).

1991년 자본의 논리에 잠식되어가는 언론현실을 개탄하며, 30여 년간 일해 온 회사를 나왔다. 이후 한겨레신문(1993~94), 참여연대(1994~99), 언론개혁시민연대(1998~2001), MBC(2001~2003), 언론광장(2004~), 자유언론실천재단(2014~) 등의 활동을 이어갔다. 특히 시민사회단체 활동가의 삶을 살기란, 쉽지 않았을 것 같다.

〈동아일보〉를 나오면서 다시는 글 쓸 기회가 있을까 생각했다. 그러나 상당한 행운이 있었다. 당시 〈일요신문〉에서 칼럼을 써달라고 해서 계속 글을 쓸 수 있었고, 이게 최저생활비는 되더라. 또 참여연대 대표를 오래 하니까 친구들이 "참여연대 대표는 얼마 받고 다니느냐?"라고 묻길래, "마이너스 얼마 받고 다닌다"라고 했다(웃음). 시민단체 대표들이 돈을 받고 다니는 줄 아는, 오히려 자기 돈을 내고 다니는데 그런 인식이 전혀 없는 '꼰대'들도 있다. 그런 삶을 쭉 살아왔다.

자본이 없는 신문사와 시민운동 조직의 어려움은 예상했던 것보다 더 컸을 것 같다. 돈이 갖는 힘을 현실적으로 경험하고, 자본의 필요성을 피부로 느끼셨지는 않았나?

자본주의 사회에서는 물적 토대가 있어야 하니까 당연히 돈이 없으면 어렵다. 한겨레신문을 짧게나마 경영하면서 우리나라 신문의 현황을 적나라하게 봤다. 사실 신문사는 구독료로 운영되는 것보다는 광고로 운영된다. 그런데 소위 대기업 재벌 광고주들은 자기 기업에 좋지 않은 기사를 쓰는 매체를 기피하고, 노골적으로 광고를 끊는다며 압력을 가한다. 독립적인 신문은 여기서 절대적인 고민을 하게 된다. 구독료를 많이 올릴 수 있으면 좋지만, 그것은 또 쉽지 않은 문제. 만약 한겨레가 구독료를 올린다고 해도 계속 읽을 열성 독자들은 3~4만 명 정도일 거다. 그것에 비하면, 공영방송 MBC는 경영이라는 측면에서 천국이었다. 광고주들이 저절로 달라붙고, 좋은 프로그램을 잘 만들면 경영이 원활했다. 그렇게 자본이 갖는 힘이 컸다.

그럼에도 불구하고 삶이라는 것이 돈이라는 것만으로 유지되고, 어떤 문제가 해결되는 것은 아니지 않나. 참여연대의 젊은 활동가를 보면, 박봉 속에서 불철주야 열정적으로 일한다. 정말 대단한 젊은이들이다. 하지만 분명한 것은 이들이 이 일을 일생동안 할 수 있는 것은 아니라는 것이다. 이들에게 나이가 들어도 시민사회단체 활동을 통해 전망이 있다는 것을 보여줘야 한다. 모든 사람이 박원순 서울시장이나 김기식 새정치민주연합 의원, 박원석 정의당 의원과 같은 길을 걸을 수 있는 것도 아니다. 그들에게 어떤 미래를 보여줘야 하는데, 어떻게 해야 하나 고민이 컸다.

앞으로 하고 싶은 활동이 있나.

지금이 또 한 번의 '문명 전환기'로 보인다. 문명의 변곡점에는 거칠게 이야기해서, 두 가지 요인이 있었다고 보는데, 하나는 기술의 발전이고 다른 하나는 미디어의 변화인 것 같다. 제국이 형성되기 위해서는 대大 전원田園을 유지할 수 있는 수로의 개설이 있어야 했다. 어떤 나라든 치수治水를 통해 왕권을 확립하지 않았나. 그런데 이런 산업기술은 오늘날 한계를 맞이 했다. 이것은 디지털기술, 나노기술, 바이오 기술에 이르는 다양한 기술로 대체되고 있다.

두 번째가 바로 '미디어의 변화'다. 문자가 발명되고 사람의 말이 기록되면, 인간 문명은 정말 획기적으로 변했다. 특히 사고의 획기적인 변화를 일으킨 것 중 하나가 '은유'라고 생각한다. 우리가 쓰는 말과 문자에 많은 은유가 발생했고, 이 은유법은 사람들의 상상과 이야기에 윤활유로써 자양을 주고 활력을 줬다. 그러니 박근혜 대통령도 이야기 중에 '불어터진 국수'라는 표현도 하는 게 아닌가(웃음).

인쇄술에 견줄 나위도 없이, 인터넷의 발달은 미디어를 통한 언론의 기능은 더욱 다양해지고 보편적이게 됐다. 이런 것이 우리 문명을 바꾸는 데 일조한다. 사실 나는 말을 하나 발명하고 싶은데 '호모 언론인'을 만들고 싶다. 인간 속에 있는 여러 가지 요소 중에서 '말하고 논하는' 특징을 표현하는 것인데, 실제로 미디어의 발전으로 만인이 언론인의 역할을 할 수 있게 되었기 때문이다. 나 같은 꼰대가 어떤 지혜를 내놓을 때 근사할 수 있게 되는 게 아닐까(웃음).

그러나 무엇보다도 이 사회의 젊은이들이 지금의 비인간적인 폭력의 고통과 억압의 고통에서 벗어날 수 있는 계기를 만드는 일, 이들이 자신의 후손에게 나처럼 부끄러운 자가 되지 않게 하기 위한 계기를 만드는 일에 종군하고 싶다. 팔십이 넘었지만, 근래 각계 단체 사람들과 87년 체제를 넘어 진정한 민주주의의 새 지평을 열고자 하는 모임에 동참하고 있다. 의미 없이 말만 하는 것이 아니라, 계속 행동하고 동참하고자 한다.

조금이라도 더 민주적인 세상에서 살아야 하지 않을까?

그게 안 되니까 세월호 참사로 딸 유민이를 잃은 김영오 씨가 40일 넘게 단식한 것이다. 나는 그때 그 사람이 꼭 죽을 것 같았다. '저 사람 죽으면 안 돼…'라면서 단식에 동참하려고 했지만, 어떤 무리가 서울 광화문 광장 인근에서 폭식 투쟁한 것은 말할 것도 없고 김 씨를 향해 "뒈지지도 않을 거면서 쇼한다"라고 한 것을 듣고 "민주주의고 나발이고 인간이란 무엇인가, 인간성을 살릴 수 있는 일은 무엇인가"를 고민했다.

동시대 청년들에게 하고 싶은 말이 있다면?

당신들을 삼포, 사포, 오포를 넘어 전포 세대로 만든 죄인으로서 속죄한다. 내가 무슨 말을 할 수 있겠는가. 말 하면서도 무리라고 생각하지만, 우리 젊은이들이 절실하고 각박한 가운데 새로운 시대를 열어가기 위해 자기 나름대로의 전망을 얻으려고 노력하는 과정에서 인간이 혼자 힘으로는 살아갈 수 없구나 하는 것을 자각할 필요는 있겠다. 친구가 적이 되면 안 되지 않은가. 언제까지 그렇게 살아야 하는가. 그렇게 살려고 태어난 것은 아닌 것 같다. 우리 조상들 말에 '백지장도 맞들면 가볍다'고 했다. 현재 우리 젊은이들이 만유인력뿐만 아니라 신기술이 강철판 같이 짓누르는 전대미문의 막중한 자본독재의 압력 속에 살아가고 있지만, 이것을 혼자가 아닌 함께의 힘으로 저항해야 하지 않을까. 손이 닿는 대로 마주 잡고, 조금 더 밀도가 짙어지면 어깨동무도 하고 그렇게 연대의 정신을 가지고 이 길을 함께 걸었으면 좋겠다. 그게 내가 살 길이고 우리가 살 길이다. 나 같은 나이 든 자들도 그런 고민과 어깨동무에 기꺼이 동참하고 싶다. 그런데 언제까지 살 수 있을지 모르지만…. 눈물이 날 것 같다(웃음).

김중배에게 자유란?

'자유'를 자유주의로 이야기할 때는 그것이 갖는 폭이 다르고 양면이 있기도 하다. 극단적으로 말하면, 신자유주의 체제에서 자유를 누리는 쪽과 핍박을 받으며 자유를 착취당하는 쪽이 존재한다. '신자유주의'라는 이름 아래, 자기가 죽는 것도 모르게 혹은 자기가 스스로 결단해 죽음에 이르는 경우가 얼마나 많은가. 1년에 1만 5,000여 명이 목숨을 끊는다고 한다. 하루에만 40명이 목숨을 끊는다. 날마다 이런 식이다. 이런 세상을 어떻게 해야 할까?

중국의 젊은 네티즌 이야기인데, 중국 정부에서 천안문

사태를 뜻하는 '6월 4일'(1989년 4월 15일 호요방 당총서기 사망 이후 폭발한 민주화 요구에 대해 중국 정부는 무력으로 맞섰다. 6월 4일 새벽 장갑차를 앞세운 채 천안문 광장에 모임 시민들을 유혈 진압했고, 이로 인해 민간인 3,000여 명이 부상하고 200여 명이 사망했다)을 쓰지 못하게 했더니, 나중에는 5월 31일에 나흘을 더해 '5월 35일'이라고 표현했다고 한다. 참, 젊은이들다운 재치다. 이들이 요즘 자살자를 가리켜 '피被자살자'라는 말을 쓴다고 한다. 맞는 말이다. 오늘도 죽고 있는 수많은 자살자 중에 분명 많은 이들이 바로, 피자살자다. 군대에서 죽은 사람들 역시 더 이상 말할 것도 없는, 너무나 분명한 피자살자다.

나와 동갑이면서 존경하고 좋아하는 여성이 있는데, 바로 제인 구달Jane Goodall(1934~)이다. 그는 침팬지 연구를 통해 '생명 주권'을 이야기한다. 나는 자유를 '인간 주권'이라고 생각한다. 인간에게는 자기 주권을 자각하고 원래 진화의 방향으로 자신을 끌어나가는 힘의 원천이 있다고 생각한다. 이 '인간 주권'을 가지고 잠재하는 야만성을 함께 다듬어 인간다운 진화의 길을 열어야 한다. 그렇기 때문에 이 '인간 주권'의 자유는 평등한 상관관계 함수로 모두에게 주어져야 하는 것이다. 만유인력이 참 절묘한 것 같다. 칼 폴라니Karl Polanyi(1886~1964)는 '만유인력이란, 중력을 뚫고 나는 새의 힘'이라고 했다. 땅을 딛고 비상하는 힘, 모두에게 적용되는 그 힘이 자유가 아닐까.

인터뷰 담당 손어진, 조경일

468